ADHD 사용 설명서

How to ADHD:
An Insider's Guide to Working with Your Brain (Not Against It)
by Jessica McCabe
Originally Published in 2024 by Rodale Books, an imprint of Random House,
a division of Penguin Random House LLC, New York.

Copyright ⓒ 2024 by Jessica McCabe
All rights reserved including the right of reproduction in whole or in part in any form.

Korean Translation Copyright ⓒ 2025 by The Business Books and Co., Ltd.
This edition published by arrangement with Rodale Books,
an imprint of Random House, a division of Penguin Random House LLC,
New York through EYA Co., Ltd., Seoul.

이 책의 한국어판 저작권은 (주)이와이에이를 통해
저작권자와 독점 계약을 맺은 (주)비즈니스북스에게 있습니다.
저작권법에 의해 국내에서 보호를 받는 저작물이므로 무단 전재와 복제를 금합니다.

ADHD 사용설명서

지나치게 산만하고
충동적인 뇌와
슬기롭게 살아가는 법

제시카 매케이브 지음
정미나 옮김

북라이프

옮긴이 | **정미나**

출판 편집자로 오랫동안 일했으며, 이 경험을 바탕으로 현재 번역 에이전시 엔터스코리아에서 출판기획 및 전문 번역가로 활동하고 있다. 주요 역서로는 《행복한 커플은 어떻게 싸우는가》, 《밥 프록터 부의 법칙》, 《불확실한 걸 못 견디는 사람들》, 《우유부단한 인생이 꼭 알아야 할 선택의 심리학》, 《우리가 사랑할 때 물어야 할 여덟 가지》, 《평균의 종말》, 《비터스위트》, 《인생학교: 섹스》, 《인생학교: 정신》, 《인생학교: 시간》 등이 있다.

ADHD 사용 설명서

1판 1쇄 발행 2025년 5월 2일
1판 2쇄 발행 2025년 9월 13일

지은이 | 제시카 매케이브
옮긴이 | 정미나
발행인 | 홍영태
발행처 | 북라이프
등 록 | 제2011-000096호(2011년 3월 24일)
주 소 | 03991 서울시 마포구 월드컵북로6길 3 이노베이스빌딩 7층
전 화 | (02)338-9449
팩 스 | (02)338-6543
대표메일 | bb@businessbooks.co.kr
홈페이지 | http://www.businessbooks.co.kr
블로그 | http://blog.naver.com/booklife1
페이스북 | thebooklife
인스타그램 | booklife_kr
ISBN 979-11-91013-85-6 03180

* 잘못된 책은 구입하신 서점에서 바꾸어 드립니다.
* 책값은 뒤표지에 있습니다.
* 북라이프는 (주)비즈니스북스의 임프린트입니다.
* 비즈니스북스에 대한 더 많은 정보가 필요하신 분은 홈페이지를 방문해 주시기 바랍니다.

비즈니스북스는 독자 여러분의 소중한 아이디어와 원고 투고를 기다리고 있습니다.
원고가 있으신 분은 ms2@businessbooks.co.kr로 간단한 개요와 취지, 연락처 등을 보내 주세요.

이 책에 쏟아진 찬사

TEDx 강연을 통해 씩씩하게 자신의 흑역사를 공개하고 극복 과정을 이야기하는 제시카 매케이브를 알게 되었다. 매케이브의 이야기는 ADHD가 있는 많은 사람들에게 큰 도움이 되리라 생각했다.

2024년 초, 미국의 한 서점에서 매케이브가 자신과 유튜브에서 소통한 분들의 경험을 담아 출간한 책을 발견하고 즉시 사서 읽었다. 스페인어와 포르투갈어 번역본이 나온 것은 알고 있었기 때문에 출판사에서 이 책의 추천사를 의뢰했을 때 굉장히 기뻤다. 저자가 전해 주고 싶은 내용이 워낙 방대해서 번역이 쉽지 않았을 텐데 우리말 번역이 수려한 점도 추천사에 빼놓을 수 없다.

《ADHD 사용 설명서》는 ADHD를 가지고 살아가는 한 여성이 쓴 책이다. 저자 본인의 경험은 물론 온라인을 통해 소통한 많은 ADHD 환자들의 생생한 목소리를 담았다. 병원에서 얻을 수 없는 구체적이고 피부에 와닿는 도구들로 가득하다. 독자들은 저자가 펼쳐놓은 수많은 도구 중 자신에게 필요한 도구를 찾아내기만 하면 된다. 그래서 책을 읽고 있노라면 온갖 보물로 가득 찬 동굴을 탐험하는 느낌이 든다. 나한테 꼭 맞는 도구가 있을까? 어디에 있을까? 보물찾기처럼 즐겁게 읽을 수 있는 책이다. 그리고 이 보물창고에는 분명 답이 있다.

_반건호, 경희대학교 의과대학 정신건강의학과 명예교수
《나는 왜 집중하지 못하는가》 저자

ADHD가 있는 모든 사람들이 수년 동안 숨죽여 간절히 기다려 온 책! 우리 세계에 요정 대모가 있다면 바로 제시카 매케이브일 것이다. 저자는 ADHD에 대한 정확한 이해를 바탕으로 한 탁월한 직관과 통찰력을 갖추었으며, ADHD로 인한 고통을 지혜로 바꿔 힘겹게 얻은 기쁨을 우리 모두를 위한 선물로 만들어 냈다. 여러분이나 여러분이 사랑하는 사람에게 ADHD가 있고 지금 포기하기 일보 직전이라면 이 책을 권한다.

_에드워드 할로웰 Edward Hallowell, 하버드대학교 의과대학 교수·정신의학 박사
《하버드 집중력 혁명》, 《ADHD 2.0》 공저

제시카 매케이브는 ADHD와 함께 살아가고 성장하는 경험을 솔직하고 지적이며 따뜻한 시선으로 써냈다. 이 책은 단순한 가이드를 넘어선다. 마치 예전부터 간절히 원했던 친구, 코치, 심리치료사처럼 곁에서 여러분을 도와주며, 자신의 독특한 뇌를 이해하고, 일상에서 필요한 기능적 기술을 향상시키며, 그 과정을 통해 스스로를 사랑할 수 있도록 이끌어 준다. 나 역시 이 책을 읽으며 많은 것을 배웠고 동료들과 내담자들에게 자신 있게 추천하고 있다.

_샤론 살린 Sharon Saline, 심리학 박사·《부모들이 모르는 우리 아이 ADHD 이야기》 저자

《ADHD 사용 설명서》는 ADHD 증상으로 고민하는 모든 이들이 꼭 읽어야 할 필독서다. ADHD 친화적 구성과 독자들이 있는 그대로의 자신을 좋아하도록 도와주는 실질적 전략에 이르기까지 저자는 세심한 주의를 기울여 독자들이 삶의 다음 단계로 도약하기 위해 필요한 것들을 알려 준다. 또한 솔직하게 자신의 경험을 풀어내어 ADHD를 겪고 있는 사람들에게 격려와 용기를 북돋아 준다. 무엇보다도 저자는 신경다양적인 뇌를 가지고 산다는 것이 어떤 것인지를 굉장히 잘 알고 있다.

_캐롤라인 매과이어 Caroline Maguire, ADHD 코치

제시카 매케이브는 ADHD를 직접 경험하고, 고민하고, 눈물 흘리며 깨닫고, 연구하고, 마스터했다. 물론 그의 여정은 아직도 진행 중이지만 그 여정에서 많은 것을 배웠고, 자주 성공하며, 일이 잘 풀리지 않을 때도 스스로를 더 긍정적으로 바라볼 수 있게 되었다. 이제 책을 통해 자신이 어렵게 얻은 지혜를 나누며 독자들의 여정을 더 순탄하게 만들고, 우리가 함께하고 있다는 사실을 상기시켜 준다. 매케이브는 ADHD를 가진 사람들이 가장 필요로 하는 친구다.

_아리 터크먼 Ari Tuckman, **심리학 박사·ADHD 전문가**

《ADHD 사용 설명서》는 친밀감과 사람을 휘어잡는 카리스마로 ADHD가 있는 사람들을 잘 이해할 수 있도록 이끌어 주면서 내 주의력을 붙잡은, 그 어려운 일을 해낸 책이다. 수많은 사람들의 삶을 구하고, 인간관계를 개선하고 더 단단해지도록 도와줄 최고의 ADHD 가이드북이라 확신한다.

_피나 바넬 Pina Varnel, **웹툰 〈ADHD 에일리언〉 작가**

이 책은 ADHD에 관한 과학적 지식 전달은 물론 ADHD의 취약성을 감소시키는 전략과 구체적인 생활 꿀팁을 절묘하게 조합한 수작秀作이다. 저자는 이 책을 통해 왜 자신이 현대 ADHD 교육의 대표적인 목소리로 인정받고 있는지를 다시 한번 증명해 냈다. 독특한 운영 체재를 가진 ADHD 뇌를 가진 사람들을 위한 궁극의 책으로 추천한다.

_다니 도너번 Dani Donovan, **ADHD 콘텐츠 제작자·《디 앤티플래너》**The Anti-Planner **저자**

일러두기

- 이 책의 인명과 지명 등의 표기는 원칙적으로 국립국어원 외래어 표기법을 따랐다.
- 내용 이해를 돕기 위해 옮긴이가 추가한 내용은 괄호로 표기하고 '―옮긴이'로 표시했다. 이 외에 별도 표기가 없는 하단 각주는 저자 주다.
- 말풍선에 담긴 인터뷰이 정보 중 국가명을 제외한 '주'(州) 표기는 모두 미국 내 지명이다.
- 저자가 새롭게 정의하거나 설명을 덧붙인 주요 용어들은 506쪽 '용어풀이'에 정리되어 있다.

호기심 많고 혁신적이며 방랑을 좋아하는 이들을 위해.
프로젝트를 선도하고 위험을 감수하며
문제를 해결하는 이들을 위해.
너무 많은 일을 해내고도 할 일을 충분히 다하지 못하는 것 같아
걱정하는 이들을 위해.
그것이 자신이 아는 유일한 방법이기에
남들과 다르게 행동하는 이들을 위해.
즐겨 드나들던 도서관에서 이런 책을 마주했더라면
4년제 대학교 진학의 꿈을 실현했을지도 모를
과거의 나와 같은 또 다른 나들을 위해.
이 책에 담긴 내용들을 알고 있었더라면
나를 이해하고 지지해 주기 위해 보낸 그 시간들이
좀 더 수월했을 나의 엄마를 위해.
이 책을 넘겨보며 자신을 발견했을지도 모를 나의 아빠를 위해.
ADHD 브레인들과 그들을 사랑하는 하트들을 위해.
모쪼록 여러분에게 이 책이, 있는 그대로의 자신이 되어
바라는 일을 이루는 데 힘이 되어 주길.

안녕,
브레인 여러분!

나는 유튜브 채널 〈How to ADHD〉 구독자들을 '브레인'Brains이라고 부른다. 구독자들을 내 채널로 이끈 것이 그들의 뇌이기 때문이다. 구독자들이 내 채널을 보는 목적이 자신의 뇌에 대해 배우기 위해서라는 점도 또 하나의 이유다.

사랑하는 사람이 ADHD가 있어서 그들을 더 잘 이해하고 싶은 마음에 내 채널에 들어온 사람들은 '하트'Hearts라고 부른다.

들어가는 글

> 글을 쓰는 이유는 하고 싶은 말이 있어서가 아니라
> 해야 할 말이 있기 때문이다.
>
> _스콧 피츠제럴드

안녕, 브레인 여러분!

여러분이 내 책을 찾았다니! 이렇게 책으로 만나다니! 어찌 이리 반가운지! 맞다. 드디어 내가 책을 썼다.

나는 ADHD Attention Deficit Hyperactivity Disorder(주의력결핍/과잉행동장애)를 앓고 있다. 이런 내가 어쩌자고 책을 쓰는 일에 덜컥 덤벼든 것일까? 평소 워낙 물건을 잘 잃어버리고 까먹기 대장이라 지난 7년 동안 배운 너무도 중요한 정보들을 꼭 기억하고 싶었기 때문이다. 내가 유튜브 채널 〈How to ADHD〉를 시작한 이유도 ADHD에 대해 알게 된 모든 정보를 한곳에 잘 모아 두었다가 언제든 필요할 때 찾아보려는 마음에서였다.

그렇게 채널을 개설하고 몇 년이 흘렀다. 나는 채널을 운영하면서

ADHD가 있는 사람들이 흔히 마주하는 눈에 보이지 않는 장애물과 이를 극복하는 방법에 대해 구체적이고 깊이 이해하게 되었다. 채널에 거의 매주 공유한 영상들은 내가 ADHD를 겪으며 살아온 여정의 매 단계에서 알게 되었거나 배운 모든 것들의 기록이다. 이를 통해 나를 비롯한 수백만 명의 사람들이 자신의 뇌와 슬기롭게 협력하는 법을 배울 수 있었다.

솔직히 말하면 팀원들과 함께 제작한 영상이 굉장히 많아서 쌓인 정보의 양에 살짝 두려울 정도다! 가끔은 차례를 뒤적이거나 내 채널, 또는 내 머릿속을 검색 키(Ctrl+F)로 간편하게 검색해 원하는 정보를 찾을 수 있으면 얼마나 좋을까 싶을 때도 있다.

그런 바람이 실현될 때까지 나와 내 채널 커뮤니티에 가장 도움이 되었던 중요한 정보들을 정리해 책으로 만들기로 했다. 그러면 표지, 차례, 용어풀이까지 갖춘 꽤 쓸모 있는 정보 보관처가 될 것 같았다. 꽉 막힌 듯 답답할 때 사용할 만한 전략들을 떠올리게 해줄 참고도서처럼 말이다. 게다가 책은 그동안 내가 잃어버린 노트들처럼 어쩌다 버스에 두고 내려도 세계 어디서든 새로 구입해 볼 수 있지 않은가. (안녕, 전 세계의 브레인 여러분!)

무엇보다 책을 쓰고 싶었던 진짜 중요한 이유가 있다.

내 TEDx 강연을 보고, 내 유튜브 영상을 정주행하고, 댓글 창에 들어가 보고, 나와 같이 커피를 마시며 이야기하는 경험을 책을 통해 독자들에게 제공하고 싶었다. ADHD를 통해 깨달은 것들을 다른 사람들에게도 전해 주고 싶었다. 즉, 우리의 뇌가 작동하는 방식에 대한 깊은 이해와 연대감, 우리가 목표를 이루는 과정에서 겪는 어려움들에 대한 맞춤 전략인 도구상자를 아낌없이 나누는 것이다. ADHD가 있는 사람들이 겪고 있는 보이지 않는 장애물들을 가능한 한 많이 알려서 그 장애물에 걸려 넘어졌을 때 더 이상 스스로를 탓하지 않고 지혜롭게 헤쳐 나가도록 하고 싶었다. 나는 이 모든 바람을 이 책에 담았다.

이 일은 워낙 야심 찬 프로젝트여서 어떻게 해내야 할지 막막했지만 이 책을 활용해 결승선까지 도착할 수 있었다. 좌절감이 들 때면 책에 쓴 전략을 응용하거나 각 장의 관련 사례들을 읽으면서 글을 썼다. 그리고… 짜잔, 마침내 책이 나왔다!

지금 여러분의 손에 들려 있는 이 책은 지난날의 나에게 무척 필요했지만 없었던 책이다. 아마 여러분에게도 필요했지만 찾을 수 없었던 책일 수 있다. 그러니 이 책을 'ADHD를 이해하고 잘 사용할 수 있게 도와주는 설명서'라고 생각해 주길 바란다. 충실한 통찰과 연구·전략 그리고 공감을 가득 담아 우리의 뇌가 작동하는 방식을 설명하고 받아들일 수 있도록 안내할 것이다.

여기에는 ADHD를 관리하기 위한 확실한 해결책은 없다. 하지만 ADHD를 겪고 있는 사람들을 위한 커뮤니티와 전문가들, 개인적 경험, 다양한 연구를 통해 모은 유용한 전략들이 가득하다. 이러한 전략들이 왜 필요한지 깊이 탐구하다 보면 여러분 저마다의 삶과 뇌에 맞는 전략을 찾을 수 있을 것이다.

이제부터 여러 장에 걸쳐 소개하는 정보와 전략은 ADHD를 가진 사람들에게 힘을 실어 주고, 그들을 사랑하는 사람들에게도 깊은 이해와 더불어 든든한 지원군이 되어 줄 것이다. 아울러 이 책이 모든 이들에게 유익하고 유용한 통찰을 선사하리라 믿는다.

ADHD에 대한 가장 완벽한 안내서

이 책은 ADHD 뇌를 위해 ADHD 뇌가 쓴 책이다. 사실 ADHD 뇌는 책 읽기를 힘들어하는 편이다. 주의가 산만하거나 지루함을 빨리 느껴서 방금 읽은 내용을 까먹기도 하고, 어디까지 읽었는지 놓치거나 5분째 같은 단락만 멍하니 보느라 책을 제대로 읽지 못할 때도 있다.

이런 이유로 나는 이 책을 ADHD가 있는 사람들이 편하게 읽을 수 있도록 썼다. 여백이 많고, 단락은 짧고, 책을 붙잡고 있기에 부담이 없도록 구성했다. 책 전반에 읽기 '지름길'을 자주 넣어 지루하지 않게 했고, 본문 중 일부 대목을 강조하는 다양한 디자인적 요소들과 소제목만 쓱 훑어봐도 주된 개념을 파악할 수 있게 했다.

중간중간에는 유튜브 〈How to ADHD〉 커뮤니티에서 브레인들이 했던 말을 인용해 담았다. 독자들이 이 책의 도구들을 잘 응용할 수 있게 장애물을 헤쳐 나가고 자신의 뇌와 협력하는 방법 등과 관련해 브레인들의 개인적 경험담을 함께 실었다.

책의 전반적 구성은 모든 장을 순서대로 쭉 읽어도 되고 중요한 정보를 빠뜨리지 않으면서 흥미를 끄는 장을 먼저 읽어도 된다(어쨌든 우리는 흥미 위주로 움직이니까!). 모든 장은 대체로 다음과 같이 구성되어 있다.

① 나의 경험담

모든 장이 각 장의 주제와 관련된 나의 이야기로 시작한다. ADHD가 있다면 대체로 공감할 만한 내용이다. 때때로 읽는 재미를 더하기 위해 비유나 과장, 농담을 집어넣기도 했다. 다소 문학적인 글에 별 매력을 못 느끼거나 비유적 표현보다 직접적인 사실을 알고 싶다면 도입부는 대충 읽고 넘어가도 된다. 아니면 건너뛰어도 상관없다.

종종 정서적으로 무거운 주제도 다룬다. 제9장 '감정의 바다에서 나를 구하는 법', 제10장 '마음이 통하는 관계를 만드는 법', 제12장 '서로에게 힘이 되는 마음 사용법'의 도입부가 특히 더 그렇다. 나로선 이런 주제에 관한 내 경험을 솔직히 밝히고 싶지만 이런 문제를 직면하기 어렵거나 괴로운 사람들은 이 장들을 건너뛰고 읽어도 된다.

② 내가 배운 사실들

나의 여정에서 가장 도움이 되었던 정보뿐만 아니라 내 채널 커뮤니티에서 가장 깊은 공감을 일으켰던 정보를 알려 주는 섹션이다. 과학 이야기를 이해하기 쉽게 전하는 내 강의 영상이 마음에 든다면 이 섹션이 잘 맞을 것이다.

나는 이 책에 여러 검증을 거친 연구 결과와 ADHD 코치가 쓴 책들, 의사·연구가를 비롯한 이 분야 전문가와의 대화 등 신뢰할 수 있는 자료를 적극 활용했다. 다만 이렇게 실린 각각의 주제들과 관련된 내용이 한 권의 책에 담을 수 없을 만큼 많고, 지금도 계속 새로운 연구가 발표되고 있다. 더 알고 싶다면 이 책에 실린 정보를 출발점으로 삼아 더 깊이 배워 보기 바란다.

③ 도구상자

각 장의 도구상자에서는 ADHD 뇌와 맞서지 않고 슬기롭게 살아가기 위한 전략 도구들을 소개한다. 이 전략 중에는 연구를 통해 뒷받침된 ADHD 코치들 사이에서 보편적으로 권장되는 전략도 있고, 내 채널 커뮤니티와 내가 도움을 받고 있는 전략도 있다. 각 도구상자에는 증거에 따른 주된 전략 4~5가지와 각 전략의 활용법이 들어 있다.

다만 도구상자에는 ADHD로 인해 맞닥뜨리는 장애물을 어려움 없이 한 방에 제거해 줄 마법의 지팡이는 없다. 누구에게나 대체로 큰 효과가 있어서 자주 사용하는 전략이 있는가 하면 가끔 꺼내 쓰는 두어 가지도 있다. 그리고 어떤 전략을 써도 아무런 효과가 없는 날도 있을 것이다.

모쪼록 이 책을 다 읽을 때쯤엔 선택지가 가득한 자신만의 도구상자가 생기길 바란다. 내 경험으로는 이런 도구상자가 '더 열심히 노력해'라는 포스트잇을 붙인 것과 다를 바 없는 헛된 구호보다 낫다. 당장은 쓸 일이 없어 보이는 도구도 언제든 필요한 순간이 생기면 잘 활용할 수 있을 것이다.*

---

* 부록1에 '도구상자 워크시트'를 마련해 놓았다. 그 페이지를 복사하든, 찢든, 그대로 두고 쓰든 원하는 대로 활용하길 바란다. 워크시트 빈칸에 사용하고 싶은 도구 3가지, 열심히 사용할 기간(일부 전략은 편안해지거나 습관이 들기까지 시간이 걸릴 수 있다), 해당 도구의 목적을 쓰면 된다. 도구를 3가지로 한정한 데는 나름의 이유가 있다. 나는 일주일에 하나씩 도구를 배우며 7년 동안 이 도구상자를 만들었다. 그런데도 버거울 때가 있었다. 우리가 한꺼번에 이것저것 다 해보려는 뇌를 가졌더라도, 현재 사용하고 있는 도구들이 편해지거나 더는 쓰기 싫을 때 새로운 도구를 늘리는 것이 좋다.

④ **새로운 관점을 제안하는 이야기**

내 경우엔 수개월이나 수년간 특정 주제를 연구하고 나면 그 주제에 대한 관점이 바뀌는 경우가 많았다. 각 장 마지막에서는 이런 관점의 변화에 대한 이야기를 담았다. 내가 이런 에피소드를 넣은 까닭은 어떤 주제든 단 하나의 관점만 있는 게 아니며, 언제나 새로운 뭔가를 발견할 수 있음을 일깨우기 위해서다. 여러분이나 나나 언제 어느 때든 새로운 정보와 새로운 관점을 접할 수 있다. 그것이 바로 뇌가 지닌 경이로움 중 하나다.

책이라고? 맞다, 이번엔 책이다

이렇게 《ADHD 사용 설명서》가 나왔다. 이 모든 일의 시작은 나의 뇌와 더 잘 협력할 방법을 찾으려는 개인 프로젝트였다. 얼마 지나지 않아 그룹 프로젝트로 발돋움했다. 미처 부탁도 하기 전에 내 채널 커뮤니티에서 나를 돕기 위해 뛰어들어 준 덕분이었다. 이 책 내용의 많은 부분이 여러 브레인, 하트, ADHD 전문가, 연구가 들과 이야기를 나누며 배운 것임을 밝히고 싶다.

수년 동안 우리는 'ADHD와 함께 살아가는 의미'에 대해 깊고도 다양한 의견을 나눴다. 그 결과 깨달은 현실적인 목표는 ADHD가 있는 사람이 '정상적이 될' 방법이 아니라 '제 기능을 할' 방법을 찾는 것이었다. 역설적이게도 때로는 제 기능을 하는 것이 다소 '신경전형적'neurotypical(뇌신경 체계가 전형적으로 발전한 상태. 신경다양성에 대비되는 사고방식을 의미하며 신경다양적, 신경다양인이 아닌 상태나 사람을 의미한다.―옮긴이)이지 않은 행동인 경우도 있다. 그래야 우리가 정신적으로 더 건강하고 행복해져 우리 자신에게나 사랑하는 이들에게나 너그러워질 수 있기 때문이다.

이제 내가 배우고 터득한 모든 것을 독자 여러분에게 전해 주려 한다. 이 책이 세상에 나와서 정말로 뿌듯하다. 애써 책장을 펼쳐 준 독자 여러분에게 감사드린다. 여러분의 뇌가 이끄는 대로 마음껏 이 책을 탐험하길 바란다. 이 책은 여러분의 뇌를 위해 쓰였으니, 부디 여러분의 뇌가 이 책을 즐거워하길. 그리고 이 책을 통해 우리를 처음 알게 된 사람이 있다면 인사를 건네고 싶다.

반가워요, 브레인!

우리의 커뮤니티에 들어온 것을 환영해요.

언어와 관련된 일러두기

언어와 관련해 내가 최고로 중요하게 여기는 원칙은 '얼마나 접근하기 쉬운가'다. ADHD를 가진 많은 사람들이 언어의 접근성 문제에 부닥친다. 우리의 뇌 작동 방식에 대한 정보를 얻기 위한 접근성, 우리에게 필요한 지원에 대한 접근성, 서로에 대한 접근성 등이다. 심지어 우리 자신과 스스로의 목소리에 대해서도 접근성의 어려움을 겪고 있다.

나는 접근성을 줄이거나 막는 언어는 내 채널 커뮤니티에서 쓰지도 허용하지도 않는다. 그런 언어는 공격적이고 수치감을 주며 대화나 의견을 차단시키기 때문이다.

접근성을 이끌어 내는 언어도 있다. 예를 들어 '장애'disability는 법적 보호와 편의accommodations에 접근하게 해준다. '결함'impairment은 우리가 무엇이 필요하고 어떤 부분에서 어려움을 겪는지 설명해 준다. '반응억제'response inhibition, '확산적 사고'divergent thinking, '작업기억'working memory 등은 연구에 기반을 둔 용어다. 우리와 주치의들에게 신경전형적인 뇌와 비교해 ADHD 뇌의 결함과 강점을 알고 그에 맞는 치료를 하게 해준다. '지옥의 소용돌이'doom spiral나 '브레인 스무디'brain smoothie 같은 일상적 표현들은 고학력자가 아니어도 누구나 쉽게 ADHD의 어려움을 나누는 커뮤니티에 참여하게 도와준다.

그런가 하면 자기 자신이나 사랑하는 사람의 정체성을 구분하기 위해 쓰는 언어도 있다. '정체성 우선 언어'identity-first language나 '사람 우선 언어'person-first language다. '신경다양인'neurodivergent이나 '신경전형적' 같은 표현이 여기에 해당된다. 사람들은 어떤 유형의 언어가 적절한가를 놓고 뜨거운 논쟁을 벌인다. 일부 커뮤니티에서는 자신들에 대한 호칭을 비롯해 이런저런 언어의 사용을 금지하고 있다. 물론 내 채널은 아니다.

어떤 언어를 쓰느냐는 중요한 문제지만 특정 언어의 사용을 엄격히 강요하면 그 특정 언어를 누구보다 필요로 하는 이들의 접근을 막을 수도 있다. 인지 유연성이 낮거나, 올바른 표현을 기억하고 사용하는 능력이 부족하거나, ADHD에 대한 이해가 많이 취약한 환경에서 살아가는 이들이 그렇다. 또한 자신들을 표현하는 데 다른 용어를 쓰는 것이 더 편안한 이들이나 자아정체성과 자아수용 과정에서 다른 단계에 있는 이들을 소외시키거나 고립시킬 수도 있다. 더군다나 일부 사람들은 '올바른' 언어를 악의적으로 이용해 우리 ADHD 커뮤니티를 악의적으로 왜곡해서 쓰려 하거나 '올바르지 않은' 언어를 수용하고 지지하는 사람들도 있다.

내 원칙은 개인이 선호하는 언어를 사용하는 것이다. 내 식대로 말하자면 '브레인 주인의 선택'에 맡기는 것이다. 그런 이유로 나는 선호도가 확실한 경우엔 특정 커뮤니티가 대체적으로 사용하는 언어를 따르기도 한다. 우리 커뮤니티에서는 사람들이 같은 대상을 지칭할 때 서로 다른 용어를 쓰는 경우도 많다. 나는 이런 경우엔 다양한 용어를 번갈아 사용한다.

궁극적인 나의 바람은 교육과 이해를 통해 ADHD를 둘러싼 근본적인 낙인에 맞서 싸우고, ADHD로 살아가는 경험이 충분히 정상적으로 여겨지게 하는 것이다. 어떤 용어를 사용하더라도 그 경험에 내포된 의미를 존중받는 것이다. 나 자신을 비롯해 누구든 나를 경시하는 마음 없이, 그냥 녹색 눈을 가진 있는 그대로의 나로 여겨 주길 바란다. 이 책에서 내가 쓰는 언어들이 이러한 목표를 이루는 데 도움이 되었으면 좋겠다.

나는 나를 지칭할 때, 정체성 우선 언어와 사람 우선 언어를 문맥에 따라 둘 다 쓴다. 특히 내 불안감이나 트라우마에 대해 얘기할 때는 'neuro-spicy'(신경계에 매운맛이 있는) 등 커뮤니티에서 만들어 낸 격의 없는 용어도 즐겨 쓴다.

내가 쓰고 있는 단어 중에는 적응하기까지 시간이 다소 걸린 것들도 있다. 오랫동안 쓰기를 주저했던 '장애'라는 표현이 그런 예다. 내가 이 말을 쓰기 주저했던 건 '장애인차별'ableism이 우리 사회에 깊이 뿌리내려 있다 보니 나에게도 그런 장애인차별이 크게 내재화되어 있었던 탓이다. 하지만 그보다 더 큰 문제가 있었다. 나 자신이 장애인으로서의 정체성에 수반되는 보호와 편의를 주장할 '만큼의 장애가 있다'고 생각하지 않았다는 점이다. 그런 보호와 편의 없이 지내는 게 '당연하다'고 여겼고, 이런 생각을 부추긴 게 나의 내재화된 장애인차별임을 오랜 시간이 지나서야 깨달았다.

부디 '장애'라는 말의 사용이 나의 내재화된 장애인차별을 떨쳐 버리게 하고, 다른 사람들 또한 자신의 장애를 인정하며 그에 따른 적절한 지원과 보호를 받을 수 있기를 바란다. 그냥 내 생각일 뿐이지만 심지어 임신을 비롯해 많은 것들이 장애로 여겨질 만하다.

미국장애인법Americans with Disabilities Act, ADA에 따르면, 장애란 "일상생활의 중요한 활동 한 가지 이상에 지속적 제약을 주는 정신적·신체적 결함"을 뜻한다. 집중이나 일, 의사소통도 이처럼 중요한 일상생활에 해당되지 않을까. 내 경우엔 이런 사실을 깨닫고 포용한 것이 도움이 되었다.

장애를 둘러싼 낙인이나 나의 장애를 터놓고 말하는 문제에서 나는 출발점부터 유리했다. 나와 엄마는 장애가 있다는 공통 정체성을 가졌다. 엄마는 태어날 때부터 한쪽 다리가 짧았다. 몇 차례 수술로도 교정이 되지 않아 특수 제작된 신발이나 목발, 휠체어를 쓰며 이 세상을 헤쳐 나갔다. 엄마는 재능 있는 전문 언어치료사이자 내가 아는 사람 중 가장 강하고 가장 유능한 여자였다. 엄마가 하고 싶은 일에서 배제되었다는 소식을 들었을 때 당황스러워하던 목소리가 아직도 귓가에 선하다.

"내가 목발을 짚는 것 때문에 교실에서 아이들을 가르칠 수 없다니. 그게 무슨 말이에요? 카펫을 깔면 되잖아요!"

다행히도 유치원에서는 엄마 말대로 해주었다! 엄마는 자신에 대해 궁금해하는 사람 누구에게나 장애를 터놓고 말했다. 마트에 가면 아이들이 엄마를 물끄러미 쳐다보곤 했다. 그러다 "다리가 왜 그래요?"라고 물으면 아이의 부모들은 얼굴이 시뻘게져 허둥지둥 아이를 데려가며 야단쳤다.

"그러지 마세요. 아이가 물어보게 놔두세요!"

엄마는 오히려 부모들을 말렸다. 엄마는 아이에게 흉터가 어쩌다 생겼는지 조곤조곤 설명해 주고, 흉터를 만지는 법을 보여 주며("봤지? 괜찮아!"*), 이동 보조기의 작동 원리를 알려 주기도 했다.

엄마는 알았다. 그렇게 설명해 주면 아이들이 엄마의 모습을 자연스럽게 받아들이고 몸의 움직임에 차이가 있음을 이해하는 데 도움이 된다는 것을. 그렇게 터놓고 말하면 아이들이 자신과 '다른' 사람들을 낙인찍지 않고 이상하다는 편견을 갖지 않는다는 것을 말이다.

엄마는 누구든 엄마의 장애에 대해 궁금해하는 사람이 있으면 그 사람이 아무리 어색해해도 대화에 참여하도록 이끌었다. 사람들 사이의 의사소통 방식은 저마다 다를 수 있지만 언어는 대화를 통해 진화한다는 사실을 알았기 때문이다.

엄마는 장애를 가진 학생들에게 효과적인 의사소통법을 알려 주었다. 학생들 각자의 상태에 맞는 보완대체의사소통Augmentative and Alternative Communication(입이나 글로 언어를 구사하거나 이해하는 데 장애가 있는

---

* 장애를 가진 사람을 만나면 그 사람의 성향을 살펴보는 것이 좋다. 궁금한 걸 질문해도 괜찮은지, 도우미견이나 이동 보조기를 만져도 괜찮은지, 바라는 도움은 없는지 등을 조심스레 물어본다. 사람마다 필요한 것과 성향이 다르니 지레짐작하면 안 된다.

사람들을 위해 말과 글을 보완하거나 대체하는 의사소통 방식—옮긴이)을 이용해, 그들의 목소리와 욕구가 사람들에게 잘 전달되기를 바랐다.

이렇게 다른 의사소통 방식을 쓰면 장애를 가진 학생들이 말하는 법을 배우기가 더 힘들지 않을까 많은 사람들이 염려했지만 엄마는 그렇지 않다고 생각했다. 결국 학생들이 스스로 필요한 것들을 찾고 얻어 낼 수 있는 길로 나아갈 거라고 믿었다.

나는 다섯 살 때부터 매년 여름마다 엄마의 교실에서 자원봉사를 했는데, 이제 엄마의 교실 규칙을 내가 하는 활동의 지침으로 삼고 있다. 몰랐던 것을 배우고, 저마다의 다름을 인정하며, 모든 목소리가 경청되어야 한다고 믿는다.

엄마는 학생들에게 언어 모델을 만들어 주며 할 수 있는 한 대꾸를 해보도록 했다. 이런 식의 대화로 학생들은 안도감과 효능감을 맛보며 사람들과 더 쉽게 대화를 했고, 시간이 지나면서 점점 더 섬세한 의사소통 방식을 익혔다.

이것이 나의 엄마, 매케이브 여사이자 엄마가 가르친 수많은 학생들의 '아베카' 선생님이 교실 안과 밖에서 나에게 보여 준 멋진 본보기였다. 엄마를 기리며 나는 지금도 엄마의 그 길을 따르고 있다. 이 책 안에서나 밖에서나 두루두루.

차례

이 책에 쏟아진 찬사	• 5
들어가는 글	• 11
언어와 관련된 일러두기	• 19

제1장   나는 ADHD입니다

기대에 부응하지 못하는 사람으로 산다는 것	• 31
나를 향한 여러 기대들	• 33
내가 배운 첫 번째 사실들	• 40
시행착오로 가득한 첫 도구상자	• 45
내가 시도하지 않았던 딱 한 가지	• 47

제2장   ADHD를 둘러싼 오해와 진실들

나는 ADD가 아니다	• 55
내가 배운 두 번째 사실들	• 59
많은 사람들이 ADHD를 숨기는 이유	• 68
ADHD를 제대로 이해하기 위한 도구상자	• 74
당신은 지금 아주 잘하고 있다. 계속해라!	• 77

제3장   내 안의 야수를 길들이는 법

집중력의 묘약에는 한계가 있다	• 83
내가 배운 세 번째 사실들	• 87
집중력 조절을 위한 도구상자	• 95
잡음에 대한 변호	• 107

제4장 뇌의 실행기능을 향상시키는 법

새해 ADHD 받으세요 · 113
내가 배운 네 번째 사실들 · 116
실행기능 보완을 위한 도구상자 · 124
수동 모드에 대처하는 법 · 137

제5장 잠 못 드는 뇌를 위한 최적의 수면법

수면 부족의 나비 효과 · 143
내가 배운 다섯 번째 사실들 · 146
숙면을 위한 도구상자 · 154
올빼미형일까, 종달새형일까? · 168

제6장 균형 있는 삶을 위한 시간 관리법

시간의 음모 · 175
내가 배운 여섯 번째 사실들 · 179
시간 감각을 높여 주는 도구상자 · 188
스케줄 젠가는 이제 그만! · 200

제7장 산만한 뇌에 동기를 불어넣는 법

나 vs. 뇌 · 207
내가 배운 일곱 번째 사실들 · 210
뇌를 반짝반짝 빛나게 하는 도구상자 · 221
때론 공을 놓칠 때도 있다 · 237

제8장　깜빡깜빡하는 뇌를 위한 기억력 사용법

건망증에 대한 대가 · 243
내가 배운 여덟 번째 사실들 · 248
작업기억의 공간을 넓혀 주는 도구상자 · 256
까먹는 일의 즐거움 · 268

제9장　감정의 바다에서 나를 구하는 법

감정의 파도에 휩쓸리다 · 275
내가 배운 아홉 번째 사실들 · 281
감정 신호를 잘 다루기 위한 도구상자 · 291
때로 감정이 우리를 집어삼킬지라도 · 303

제10장　마음이 통하는 관계를 만드는 법

우리 모두는 친구가 필요하다 · 311
내가 배운 열 번째 사실들 · 315
단단한 관계를 만드는 도구상자 · 330
친구가 무슨 소용일까? · 344

제11장　ADHD를 더 힘들게 하는 것들

ADHD를 가진 사람으로 산다는 것 · 351
내가 배운 열한 번째 사실들 · 357
ADHD만의 문제가 아니다 · 377
내면의 나침반을 따르기 위한 도구상자 · 383
ADHD라는 꼬리표가 선물한 것 · 390

제12장 서로에게 힘이 되는 마음 사용법

모든 건 ADHD 때문이다	· 397
내가 배운 열두 번째 사실들	· 402
관계를 지키기 위한 도구상자	· 413
"어떻게 할까?"	· 430

제13장 우리가 세상을 바꾸는 방법

나는 방향을 바꾸기로 했다	· 437
내가 배운 열세 번째 사실들	· 442
신경다양성에 대한 열린 대화	· 450
성인 ADHD 치료가 개선되면	· 451
세상을 변화시키기 위한 도구상자	· 455
네 개의 눈으로 세상을 바라보기	· 466

스토리와 결말	· 473
잠깐, 한 가지만 더!!!	· 487

부록	· 497
참고문헌	· 505
용어풀이	· 506
감사의 글	· 512

제1장

나는 ADHD입니다

**너 자신이 되어라!
… 아니, 그렇게 말고!**
_사회의 참견

기대에 부응하지 못하는 사람으로 산다는 것

살아오는 동안 줄곧 나 자신이 누군가의 기대에 부응하지 못하는 사람처럼 느껴졌다. 어렸을 때는 곱게 땋은 머리에, 건조기에서 방금 꺼낸 따뜻하고 깨끗한 재킷을 입고, 엄마가 차로 학교에 바래다주면 등교해 새 책을 조용히 읽었다. 그러다 하교 시간이 되어 아빠가 나를 태우러 올 때쯤에는 꾀죄죄하고 부스스한 몰골에 책가방은 지퍼가 열린 채 엉망인 모습이었다. 재킷은 어디에 뒀는지 까맣게 잊어버려 안절부절못하며 떨고 있었다.

학교에 갈 때는 사람들의 기대에 걸맞은 모습이지만 집에 올 때의 내 모습은⋯ 그냥 나였다. 세상 사람들이 흔히 가지는 보편적 기대에 어긋난 모습의 나.

사람들은 여덟 살쯤 되면 혼자 옷을 입고, 신발 끈이 풀리지 않게 잘 매고 다니고, 책가방의 지퍼를 잘 닫을 줄 알아야 한다고 기대한다. 그것을 그 나이대의 기본값으로 본다. 서른 살이 되면 회사에 제시간에 출근하고, 공과금을 잘 챙겨 내고, 차에 기름이 떨어지기 전에 넣을 줄 알아야 한다고 당연시한다.

나는 이런 기본적 기대엔 영 부응하지 못했지만 때때로 기대를 넘어서기도 했다. 학교에서 매년 치르던 표준화 시험에서 두각을 보였다. 학년 수준별로 각 과목의 성적을 내는데, 초등학교 3학년 때 독해 과목에서 'PHS'를 받았다. 선생님에게 PHS가 뭐냐고 물어봤더니 선생님도 모르겠다며 교장 선생님에게 물었다. 교장 선생님은 'Post High School'(고등학교 졸업생 수준)이라고 알려 주었다.

그렇다. 나는 책 읽기를 정말 좋아했다. 고등학교 때 작문 쓰기 과제가 있었다. 주제는 잘 기억나지 않지만 나는 글을 제대로 써보고 싶었다. 오리 농장에서 알을 사와 부화시킨 다음, 새끼 오리들을 잘 키워 내 욕조에서 수영을 가르치려고 마음먹었다. 이쯤에서 짚고 넘어가자면 그 과제는 과학전람회가 아니라 영어 과목 숙제였다. 왜 그렇게까지 열의를 쏟았는지는 나도 잘 모르겠다. 하지만 과제를 제출하는 날 새끼 오리 세 마리를 데리고 등교한 학생은 나밖에 없었다.

대학에 다닐 때는 뮤지션이던 당시의 남자친구를 돕고 싶어서 음악 관련된 수업을 여러 개 신청했다. 작곡가가 될 생각도 없으면서 작곡 수업을 들으며 수학을 활용해 곡을 쓰는 방법을 배웠다. 그런데 내가 그 방면으로도 꽤 재주가 있었다. 담당 강사는 내가 살면서 내내 들어 왔던 말을 했다.

"자네에겐 아주 뛰어난 잠재력이 있어!"

나를 향한 여러 기대들

내가 때때로 기대를 넘어설 수 있다는 사실 때문에 오히려 기본적인 기대에 부응하지 못하는 경우엔 나도, 주변 사람들도 더 답답해했다.

좋은 딸 되기

딸로서 나에게 주어진 기대는 부모님에게 자랑스러움을 안겨 주는 일이었다. 나는 그 기대에 잘 부응하지 못해 쩔쩔매기 일쑤였다. 내 방을 깨끗이 치우거나, 숙제를 잘하거나, 식탁 예절을 지키는 등의 일에 서툴렀다. 그래서 다른 식으로 좋은 딸로 인정받으려 애썼다.

내가 중학생 때 엄마가 자동차 사고를 당했다. 엄마 친구 두 명이 사망했고, 엄마는 목숨은 건졌지만 완치가 불가한 척추 골절 부상을 입었다. 양쪽 차량의 운전자 모두 보험 미가입자였던 데다 언어치료사였던 엄마가 졸지에 일을 못 하게 되면서, 경제적으로 안락했던 우리 가족은 위기에 처했다. 엄마는 하는 수 없이 무리하게 업무에 복귀했다.

내가 열다섯 살에 배우 일을 시작한 이유도 로스앤젤레스에서 자라며 그 일이 내 나이대에서 부모를 부양할 만큼의 돈을 벌 수 있다는 것을 알았기 때문이다. 나는 통증으로 힘들어하는 엄마가 더 이상 일을 하지 않길 바랐다. 엄마의 고통을 없애 줄 수는 없지만 더 편하게 살게 해줄 수 있을 것 같았다.

부모님이 결혼생활에 힘들어할 때는 심리치료사 역할을 자처했다. 동생이 정신건강에 심각한 문제를 겪을 때는 동생과 부모님 사이에서 중재자가 되려고 애썼다. 가끔은 동생에게 부모 역할도 해주었다.

상당한 상담치료를 받고 나서 이런 나의 행동이 정신건강상 좋지 않다는 걸 깨달았다. 하지만 그때는 좋은 딸이 되고 싶고, 장애가 있는 엄마를 편히 살게 해주고 싶은 마음이 간절했다. 당시 나는 할 수 있는 모든 일을 했다. 내가 아주 '키우기 힘든' 자식이라는 생각 때문에 더 그랬다.

수업에 집중하기

학생으로서 나에게 주어진 기대는 수업 진도를 잘 따라가는 일이었다. 초등학교 때는 시험을 보다가 창밖을 보며 멍때리거나 주의가 산만해지기도 했다. 하지만 내가 똑똑한 편인 데다 하루 종일 한 교실에서만 수업하는 환경, 학업 욕구를 자극하는 칭찬 스티커와 상장 덕분에 학교생활을 무난히 해나갈 수 있었다. 그런데 중학교에 올라가면서 학습 동기를 스스로 끌어내고, 수업별 교재를 잘 챙기고, 숙제도 혼자 힘으로 해야 하는 상황이 되자 학교생활이 엉망이 되었다.

열두 살 무렵에 내가 너무 힘들어하자 엄마가 나를 데리고 병원에 갔다. 의사는 나에게 ADD Attention Deficit Disorder(주의력결핍장애)라는 진단을 내렸다.[*]

매일 자극제를 복용하도록 처방받았고 약 덕분에 집중이 더 잘되

---

[*] 자세한 내막을 얘기하자면 사실 엄마가 나를 데리고 병원에 갔을 때 의사는 내가 ADD일 리가 없다고 말했다. 내가 '너무 똑똑하다'는 이유였다. 엄마는 의사에게 그런 의견을 내주어 감사하다며 다른 전문가에게 진찰을 받게 해달라고 부탁했다. 그 전문가는 '똑똑하지 않은 것'이 ADD의 징후는 아니라며 제대로 된 평가를 내려 주었다.

었다. 약을 먹는 것 말고는 딱히 달라진 게 없는데도 GPA(내신 성적)가 전반적으로 올랐다. 이미 하고 있던 노력이 갑자기 효과를 나타냈다. 적어도 내가 아는 사람들이 보기엔, 내 ADD는 잘 치료되었고 이제는 더 이상 문제가 없을 거라 기대했다.

하지만 약을 복용하면서 새로운 기대가 생겼다. 이제는 "딴전 그만 피우고 학교 갈 준비 해야지?"라는 말 뒤에 "약 먹었어?"라는 말이 따라붙었다. 이제 보편적 기대에 부응하지 못해도 핑곗거리가 없겠다는 생각이 들었다. 전 과목 A를 받고 '같이 수업하기 좋은' 우등생이 되어야 할 것 같았다.

학교 수업과 숙제를 꼬박꼬박 하고 따로 시간을 내서 과외활동까지 하는 것 외에도 나에겐 해야 할 일이 또 있었다. 매달 진료 예약일을 잘 기억했다가 병원에 가서 처방전을 받아 약이 떨어지기 이틀 내에 약을 새로 채우고 제때 챙겨 먹어야 했다. 아침에 일어난 뒤에 약을 먹되 그날 밤에 잠을 자고 싶으면 너무 늦게 먹어도 안 되었다. 게다가 약이 잘 안 듣거나 깜빡하고 약을 안 먹은 날에는 예전보다 훨씬 더 힘들었다.

대학 학위 취득하기

우등생으로서 나에게 주어진 기대는 대학 졸업이었다. 나는 대학교 입학 지원 마감일을 번번이 놓쳤다. 하지만 전문대 입학시험은 아주 잘 봤다. 진로지도 상담사는 나에 대해 걱정이 안 된다며 4년제 대학교에 무난히 편입할 수 있을 거라고 했다.

진로지도 상담사가 나에게 가진 신뢰가 무색하게도 어쩌다 보니 나는 또 다른 기대에 부응하지 못하고 말았다. 이번엔 대학생으로서 필수과목 이수를 위해 해야 할 일인 학사 관리를 제대로 하지 못했다. 내 희망 전공은 저널리즘이었는데 작문 수업이 아닌 펜싱 수업을 듣는가 하면 앞에서 얘기했던 음악 수업뿐만 아니라 발레, 오페라 수업도 들었다. 내가 부르는 오페라 가사를 이해하기 위해 이탈리아어 과목까지 수강 신청했다.

어느 학기에는 졸업을 위해 필요한 수업인 통계학을 들어야겠다고 결심하고선 깜빡하고 등록 기간을 놓쳤다.* 교수님은 어쨌든 수업을 듣게 해주었다. 우선 그 수업을 이수하고 다음 학기에 정식으로 수업을 등록하면 내가 취득한 학점을 인정해 주겠다는 조건이었다.

통계학은 만만치 않은 과목이다. 나는 강의를 빠짐없이 듣고 하루에 두 시간씩 과제에 매달린 끝에 A를 받았다. 그런데 다음 학기에 수강 신청하는 것을 까먹었다. 그해 내내 캠퍼스에서 그 교수님을 보면 숨을 만한 곳을 찾느라 바빴다. 1년이 지난 후에야 겨우 용기를 낸 나는 이제라도 그 수업에 등록하면 전에 취득한 A학점을 인정받을 수 있는지 교수님에게 물었다. 교수님은 시간이 너무 지나서 수업을 다시 들어야 한다고 말했다. 나는 너무 절망스러워 학교를 아예 그만두었다. 통계적으로 볼 때 내가 빠른 시일 내에 졸업할 가능성이 그리 높지 않을 것 같았다.

---

* 솔직히 필요하지도 않은 수업을 그렇게 많이 듣게 된 이유의 반은 제때 수업을 등록하지 않은 탓이었다. 일찍 수강 신청을 한 학생들이 필수과목을 다 선점해서 그 수업들밖에 남아 있지 않아 어쩔 수 없이 그렇게 된 측면도 있었다.

성공하기

나는 학생으로서 잠재력을 제대로 발휘하지 못하자 이번엔 여러 가지 일에 대한 경력을 쌓으며 잠재력을 발휘해 보려 했다.

대학을 중퇴한 이후, 연기에 다시 도전하기로 마음먹었다. 예전에 연기 선생님이 나를 소속 극단 단장에게 소개했을 때, 그 단장이 나를 좋게 봐주었으니 한번 도전해 보고 싶었다.

연기자가 되기 위해 나는 다른 목표들과 다름없는 노력을 기울이며 열정을 쏟아부었다! 단, 주의가 산만해지거나, 대사 외우기 같은 지루한 일을 하거나, 다른 사람이 말하는 동안 귀 기울여 듣거나, 좀 가만히 있어야 할 때는 예외였다. 알고 보니 프로 배우가 되기 위해 필요한 자질의 90퍼센트가 이런 것들을 잘 해내는 것이었다.

초반엔 드문드문 배역을 따냈지만 시간이 지나면서 연기할 기회가 점점 줄어들었다. (예고! 이어서 섭식장애에 대한 솔직한 얘기가 나오니 읽고 싶지 않으면 건너뛰어도 된다.)

내 매니저와 에이전트는 내 연기 경력을 끌어올리기 위해 갖가지 아이디어를 냈다.

"살을 5킬로그램 정도 **빼면** 우리가 파일럿 역을 맡게 줄게요."

나는 새로운 다이어트를 시작하거나 이런저런 운동을 시도했지만 성과가 나타날 만큼 꾸준히 이어 가지 못했다. 의욕을 잃고 포기하거나, PT 비용을 댈 만한 여윳돈이 없거나, 최근에 알아낸 다이어트법을 따라 하기 위한 식품 건조기 등을 사지 못했다. 내가 섭식장애(정신적인 문제로 인해 음식 섭취에 장애가 생기는 질환. 대표적인 질환으로 거식증과 폭식증이 있음—옮긴이)를 논할 자격이 되는지는 잘 모르겠지만 섭식장애에 걸렸던 건 사실이다(365쪽 'ADHD와 식이 관련 문제' 참조).

나는 결국 5킬로그램을 빼지 못한 채 부끄러움과 좌절감을 안고 오디션장에 들어갔다. 똑같은 배역을 놓고 경쟁하는 다른 사람들은 나보다 더 날씬하거나 예뻐 보였다. 그리고 준비가 잘된 듯 자신감에 차 있었다. 나는 대사조차 기억이 나지 않았다. 배역 하나를 맡기 위해 며칠을 공들여 준비하고도 캐스팅 책임자에게 '괜한 시간 낭비를 하게 해서 미안할' 정도의 오디션을 보고 말았다.

내가 힘들어하며 쩔쩔맨 일은 연기 활동만이 아니었다. 대학 중퇴 후 10년 동안 15개의 일자리에서 그만두거나 잘렸고, 몇 가지 직종에 도전했다가 포기했다.

직원으로서 내 업무 수행력은 너무 들쭉날쭉했다. 어떤 곳에서는 빠릿빠릿하게 일을 아주 잘했다. 갑부들이 입주하는 실버타운에서 서빙직으로 일했던 첫 직장이 그런 경우였다. 나는 실버타운에 주문을 받는 체계적 시스템이 없다는 것을 발견하고 주문 시스템을 만들었다. 일찌감치 출근해서 본업 외의 일까지 맡아 하다 퇴근했고 나를 필요로 하는 일이 있으면 늦게까지 남아 야근도 했다.

또 다른 직장에서는 남자친구를 만나기 위해 점심을 먹으러 나갔다가 돌아가지 않았다. 기억이 긴가민가하지만 아마 해고되었을 것이다. 근무지에서 나에게 전화를 걸었는데 내가 받지 않은 바람에 잘려서 그 매장에 다시는 가지 않았다.

가정 잘 꾸리기

1990년대에 유년기를 보낸 나는 엄마가 자식 셋을 키우며 일을 하고,

집을 깨끗하게 정돈하고, 가정 경제를 꾸리고, 매일 밤 저녁밥을 해주는 모습을 보며 자랐다. 하지만 서른 살이 되었을 때 나는 내 차조차 깨끗하게 정돈하지 못했다. 글러브박스를 열면 미납 주차위반 딱지가 수북했다. 배우로서의 경력은 지지부진한 채로, 레스토랑 종업원으로 시간제 아르바이트를 하며 집세를 내고 있었다.

집은 너무 지저분해서 창피할 정도였다. 난장판이 되어 내가 도저히 감당이 안 될 때면 엄마가 와서 치우는 걸 도와주었다. 몸을 움직이기도 불편하고 만성통증에 시달리는 엄마가 도와주었다는 얘기다! 엄마는 목발을 짚고 다니며 물건들을 제자리에 딱딱 정돈해 주고, 밀린 설거지를 하고, 내 차까지 정리해 주었다. 나는 팔다리가 멀쩡한데 왜 이 정도 일도 스스로 하지 못했을까?[*]

나는 성인으로서 여자로서 내 가치를 증명하기 위해 간절한 마음으로 오래 사귄 남자친구와 결혼했다. 결혼식을 멋들어지게 치르려고 댄스 학원에 등록하고, 무도회 드레스 스타일에 꼭 맞는 웨딩드레스를 찾고, 왈츠 동작을 외웠다. 이렇게 요란하게 준비해서 치른 결혼 생활은 4개월 만에 끝이 났다.

주변을 둘러보면 내 또래에 눈부신 경력을 쌓고 사람들과 안정적인 관계를 맺으며 손발톱까지 흠잡을 데 없이 완벽한 여자들이 눈에 들어왔다. 그에 반해 나는 빈털터리에 이혼녀였고 레스토랑에서 일하느라 손은 엉망진창이었다(저녁 손님이 예상외로 몰려들어 손질해 둔 레몬이 부족할 때는 레몬 써는 일을 도와야 했는데 여간 힘들지 않았다. 특히

---

[*] 이 문제는 제4장 '뇌의 실행기능을 향상시키는 법'에서 자세히 다룰 것이다.

칼질이 서툰 경우엔 더하다! 그래도 그게 내 부차적인 업무이니 해야지 어쩌겠는가. 게으름을 피울 처지가 아니었다).

내가 배운 첫 번째 사실들

나는 나 자신이 기대에 걸맞은 사람이 아니라는 것을, 적어도 꾸준히 기대에 걸맞게 행동하지 못하는 사람이라는 것을 알았다. 그 이유를 오로지 내가 주변에서 보고 들어 온 관점대로 받아들여 내재화했다.

나는 무책임해

당시의 내 관점에서는 '책임감 있는 사람이라면 시작한 일은 끝까지 해내고, 중간에 그만두거나 미루거나 피하지 않는 것'이었다. 그때의 나는 그럴 만한 경제적 능력도 없으면서 무턱대고 물건을 사놓고는 결제하길 까먹었다. 수업이나 회의, 직장에 번번이 늦거나 제대로 준비도 안 된 채로 갔다. 친구들과 만날 약속을 하고선 딴 데 주의가 팔리거나 감당하기 버거운 상태에 빠지는 바람에 약속을 어겼다.

 생각해 보면 나에게 대놓고 무책임하다고 말한 사람은 없었다. 다만 남들이 비슷한 잘못을 할 때 사람들이 하는 평가를 보며 사람들이 나를 어떻게 생각할지 알 수 있었다.

나는 칠칠치 못해

어렸을 때 나에겐 '덜렁이 제시'라는 별명이 있었다. 그런 별명을 얻을 만도 했다. 내 방은 무슨 폭탄이 터진 것처럼 난장판이었고, 책가방과 책상은 언제나 뒤죽박죽이었다. 툭하면 이것저것 흘려서 얼룩을 묻히고 다녔다.

성인이 되어 이 별명에서 벗어났지만 칠칠치 못한 것에서는 벗어나지 못했다. 나의 어수선한 모습을 보여 주고 싶지 않아서 집에 누구를 초대하기도 싫었다. 친구들이 차로 집까지 태워다 줄 수 있냐고 물으면 결정 기준은 그 친구 집까지의 거리나 나에게 다른 약속이 있는지가 아니었다. 차 안에 물건이 얼마나 쌓여 있느냐가 중요했다.

나는 생각이나 감정, 말에서도 야무지지 못했다. 약속 장소를 헷갈려서 다른 시간이나 다른 장소에 나가곤 했다. 연애를 할 때도 상대를 좋아한다는 확신도 없이 무턱대고 사귀었다. 생판 남인 사람들에게 사생활을 낱낱이 털어놓는가 하면, 정작 내가 좋아하는 사람들에게는 중요한 문제를 얘기할 생각조차 안 했다.

나는 사람들에게 쿨하고 재미있는 친구나 애인이 되고 싶었다. 말을 조리 있고 간결하게 하고 싶었지만 감정이 넘치고 생각이 많았다. 그러다 보니 말이 두서없이 툭툭 튀어나와 매번 사과를 늘어놓는 식으로 대화가 끝났다.

"내가 너무 정신없이 말해서 미안해."

나는 부주의해

나는 학교에 다니면서 선생님들에게 '부주의하다'는 지적을 자주 들었다. 숙제 제출을 깜빡하거나 마감일을 놓치고, 도시락을 안 가져올 때가 많았다. 시험지를 다시 받을 땐 여백에 빨간 펜으로 '부주의한 실수'라는 지적이 휘갈겨져 있었다. 철자 맞히기 대회에 나가면 늘 2등을 했지만 '제대로 공부했다면' 더 좋은 성적을 낼 수도 있었다. '애써 주의를 기울였다면' 선생님의 질문에 대답을 잘할 수도 있었다.

성인이 되었을 때는 이런 사소한 부주의가 더 심각한 뒤탈을 낳았다. 한번은 어떤 회사에 면접을 보러 갔다가 좋은 결과를 얻었다. 회사 측에서는 내가 그때껏 받아 온 어떤 액수보다 높은 급여를 제안했다. 나는 제안을 냉큼 받아들였고 회사에서는 내가 일할 책상을 마련하는 절차에 들어갔고 회사 차량까지 지원해 주기로 했다. 이제야 정말로 어른이 되는 기분이었다! 너무 신이 났다. 적어도 그 전화를 받기 전까지는.

회사에서 신원 조사를 하다 내가 운전면허 정지 상태임을 알게 되었다. 업무에 필요한 회사 차를 내줄 수가 없어 채용이 곤란하다고 통보했다. 면허 정지는 몇 달 전에 깨진 후미등 때문에 딱지를 끊었던 일이 화근이었다. 그때 후미등을 고치긴 했지만 후속 조치를 취하지 않아서 또 한 번의 '부주의한 실수'를 저지른 것이다.

나는 할 일을 충분히 안 하고 있어

나는 더 많은 일을 해야 한다는 생각을 떨치지 못했다. 복용하는 약 덕분에 더 많은 일을 하는 게 가능하기도 했다. 열다섯 살에는 고등학교에 다니면서 아동서 창작 강의를 듣고, 수영팀 활동을 하고, 패스트푸드점에서 아르바이트를 하고, 남자친구를 연달아 사귀면서, 그 와중에 프로 배우가 되기 위한 노력까지 했다. 약을 먹으면서라도 내 뇌와 몸이 감당할 수 있는 한계까지 밀어붙이려 했다.

성인이 되어서도 여전히 이런 페이스를 이어 갔다. 내 경력을 위해, 부모님을 위해, 파트너를 위해, 친구를 위해, 건강한 재정 상태를 위해, 외모를 가꾸기 위해, 내 미래를 위해 등등 언제나 더 할 수 있는 일들이 있었다.

나는 스스로를 밀어붙이며 제2, 제3의 부업을 구하고, 운동 시간을 더 늘리고, 강의를 신청해 들었다. 자기계발서를 읽고, 세미나에 참석하고, 사람들이 권해 준 온갖 전략을 닥치는 대로 다 시도해 보았다. 누군가가 어떤 일로든 나를 필요로 하면 내 일은 제쳐 놓았다. 그러면서도 시작한 일을 해내지 못하면 스스로를 호되게 질책했다.

'게으름 피우지 마. 너는 왜 그렇게 미덥질 못하니. 너무 쉽게 포기하잖아.'

한번은 한 친구가 비효율적으로 일하면서 쩔쩔매는 나를 지켜보다 이렇게 물었다.

"그 일을 더 쉽게 할 방법은 생각 안 해봤어?"

나는 친구를 쳐다보며 대답했다.

"응, 안 해봤어. 내가 어렵게 일하는 게 익숙해서."

모두의 기대에 부응하려고 애쓸수록 오히려 더 못하는 것 같았다. 더 열심히 노력하고 더 빨리 끝내려다 보면 진이 다 빠졌다. 나는 운전대를 잡고 화장을 하며 대사까지 외웠다. 밥도 일하며 먹었다. 친구들과 어울려 놀다가도 싸운 남자친구에게 문자를 보냈다. 어떤 때는 친구들과의 약속을 취소하고 초과근무를 하기도 했다. 결국 내 몸이 따라가지 못하고 피곤해서 나가떨어질 지경이 되어서야 멈췄다. 나는 번아웃에 빠졌다.

사라지지 않고 메아리치는 부정적 생각들

나는 지금도 스스로에게 이런 식의 부정적인 지적을 한다. 이제는 그런 질책이 얼마나 그릇된 생각인지 아는데도 그렇다. 내가 보이지 않는 장애물에 자꾸만 걸려 넘어져 자책하는 것이 그 장애물 이면의 생물학적 기능 때문이라는 걸 아는데도, 수십 년간 굳어진 신경 경로의 활성화 탓에 여전히 그런 질책을 떨치기가 힘들다.

  이 섹션을 쓰고 있던 날, 나는 준비하는 데 몇 달이 걸린 온라인 토론회에서 사회자를 맡기로 되어 있었다. 그런데 일정표를 너무 빠르게 훑어보는 바람에 30분 전에 로그온을 해야 한다는 것을 놓쳤다. 나는 실수를 알아채자마자 사무실로 달려가 서둘러 입장했다. 15분 늦긴 했지만 적어도 토론이 시작되기 전에 들어가서 안도의 한숨이 나왔다. 그런데 얼마 안 가서 안도감은 서서히 공포로 바뀌었다. 노트북 배터리가 3퍼센트밖에 안 남았는데 충전기를 챙겨오지 않은 것 같았다. 그 순간, 사람들이 나를 어떻게 여길지 머릿속에 그려졌다.

  "정말 무책임하군."

  터져 나오려는 눈물을 꾹 참고 뒤죽박죽인 가방을 뒤적거렸다. 내 착각이길, 충전기가 가방 안 어딘가에 있길 바라는 내 모습을 보며 사람들이 이렇게 말할 것 같았다.

  "딱 봐도 부주의한 여자야."

  하지만 나는 여전히 주의를 기울이고 있고 사람들의 기대에 부응하려고 열심히 노력해 왔다. 선생님과 의사, 친구, 부모님, 교수님, 인터넷에서 만난 사람들이 선의로 권해 준 온갖 방법뿐만 아니라 스스로 터득한 방법까지 다 시도해 봤다.

이제 나는 변화와 발전을 통해 대체로 조정이 쉽지 않은 이런 전략들을 넘어섰지만 이번 장의 도구상자에 실어 두었다. 그 이유는 이 전략들이 ADHD를 겪고 있는 많은 사람들이 지지를 얻지 못하고 딱히 타당한 전략이 없을 때 대처하는 방법이기 때문이다. 나에게도 삶의 첫 번째 전략 도구 모음이었다.

시행착오로 가득한 첫 도구상자

내가 초반에 활용했던 전략들은 대략 다섯 가지다. 줄기차게 썼던 전략들을 정리하면 다음과 같다.

① 나는 괜찮아

사람들은 내가 얼마나 힘들었는지 별로 눈치채지 못했다. 내가 아무 문제 없는 것처럼 행동했기 때문이다. 불안감이 깜빡깜빡하는 건망증을 감추는 데 도움이 되기도 했다('내가 그 일을 했던가? 체크해 보는 게 좋겠어. 체크하고 또 체크해야 해!'). 불안감을 쿨함으로 위장하기도 했다('난 괜찮아. 이 정도면 괜찮아.').

사람들의 이름이 잘 떠오르지 않아 머리를 쥐어짜면서도 기억하는 척했다. 다음 주 마감인 일을 시작도 안 했으면서 시작한 척했다. 생활비를 잘 관리하고 있어서 언제든 외식을 해도 아무 무리가 없는 척했다. 필요한 게 없는 척하거나 필요한 게 채워지지 않아도 괜찮은 척했다. 수업에 노트북을 들고 가지 않아도 그냥 손으로 필기하길 더 좋아하는 척했다. 나는 도움이 절실했지만 필요 없는 척했다.

② 다 내 잘못이야

사람들이 어떤 일을 맡기고 기본적 기대에 못 미치는 내 모습을 발견한 상황에서는, 나는 적어도 그 부분에 대해 무척 미안했다. 그러다 보니 내가 잘못한 게 조금도 없는 일에 대해서도 내 잘못이라고 여기며 사과하기 일쑤였다. 늘 내 잘못이었으니까.

사람들이 화를 내면 어떤 문제든 상관없이 무조건 사과했고 사과 뒤에 따르는 질책도 순순히 받아들였다. 어쨌든 그 나이가 되도록 그 정도 일도 잘 못하면 안 된다고 생각했기 때문이다. 나에게 그 정도 분별력은 있었고 내가 잘못한 게 맞는 것 같았다.

③ 제발 기회를 주세요

나는 이런저런 이유로 사람들에게 자주 사정을 했다. 용서해 달라고, 돈 좀 빌려 달라고, 한 번 더 기회를 달라고, 마감 기한을 늘려 달라고. 딱지를 끊지 말아 달라고, 사장에게 나를 자르지 말아 달라고, 내 집이나 차 안을 보고 나를 판단하지 말아 달라고. '만회할' 기회를 달라고, '다음엔 더 잘할 테니' 기회를 달라고 빌었다.

④ 더 잘할게요

나는 사람들의 기대에 부응하지 못하면 때때로 기대를 넘어서기 위해 노력했다. 과하게 주거나, 과하게 일하거나, 과한 계획을 세웠다.

어떤 사람에게 30달러짜리 생일 선물을 사주기로 했다가 깜빡하면 100달러짜리 기프트 카드로 해결했다. 직장에 15분을 지각하면 2시간 더 야근을 했다. 단지 누군가를 또다시 실망시키지 않으려고 밤을 새우기도 했다. 리스트를 짜고, 그 리스트를 빠짐없이 실천하기 위한 리스트를 또 짰다. 그저 제시간에 도착하려는 마음에 몇 시간 앞당겨 나갈 준비를 했다.

잘못될 만한 것들을 샅샅이 생각해서 그 모든 시나리오에 대비한 계획을 세우려 애썼다. 그렇게 해도 어쩔 수 없이 여전히 뭔가를 놓쳤다.

⑤ 더 열심히 할게요

'아주 잠재력이 많다'는 말을 들은 지 얼마 안 지나 받은 성적표에서 숱하게 보면서 뇌리에 박혀 버린 문구가 있었다.

'더 노력이 필요함'.

그래서 잠재력을 최대한 발휘하지 못하면 부족한 것을 채우기 위해 더 열심히 노력했다. 하지만 점점 삶이 복잡해지며 할 일이 많아지자 내가 충분히 노력하지 않고 있다는 생각으로 스스로를 끊임없이 옥죄었다.

내가 시도하지 않았던 딱 한 가지

서른둘, 나는 빈털터리에 이혼한 채로 엄마 집에 얹혀살았다. 신용도 형편없었다. 친구들과 어울려 지낸 게 언제인지 잘 기억나지 않았고 그 친구들이 여전히 나를 좋아할지조차 자신할 수 없었다.

내 뇌는 파업에 들어간 듯했다. 지칠 대로 지쳐 환멸을 느꼈다. 이제는 될 대로 되라는 심정이었다. 견디며 계속해 나갈 방법이 막막했다. 더 잘하거나, 모두를 만족시키거나, 5킬로그램을 빼려면 뭘 어떻게 해야 할지 깜깜했다. 확실한 건 내가 하고 있는 방식이 효과가 없다는 것뿐이었다.

나는 모두의 기대에 부응할 수 없다는 것을 기꺼이 받아들였다. 나는 더 이상 뛰어난 잠재력을 지닌 사람이 아니었다. 어느새 잠재력을 발휘하지 못하는 사람이 되어 가고 있었다.

남들이 나에게 기대하는 틀에 나 자신을 억지로 끼워 맞추느라 정작 나라는 존재가 어떤 사람인지를 헤아리지 못했다. '내 잠재력에 부응하기' 위해, '최고의 나 자신이 되기' 위해 최선을 다한다고 생각했지만 실제로는 내가 아닌 누군가가 되기 위해 애쓰고 있었다.

성공하려면 내가 변해야 한다는 나의 믿음에 처음으로 의문을 던진 사람은 심리치료사도 의사도 엄마도 아니었다. 배우들의 인생 코치였던 앨리슨 로버트슨Alison Robertson이었다. 그때는 내가 10년이 넘도록 배우로서 인지도를 높이기 위해 안간힘을 쓰던 무렵이었다. 어느 날 로버트슨의 연기 워크숍에 참석했을 때 그녀는 인생 코치로서의 자신의 역할을 설명한 후 질문을 받았다.

나는 손을 들고 물었다.

"5킬로그램을 빼려면 어떻게 해야 할까요?"

로버트슨이 미소를 지으며 대답했다.

"살은 왜 빼려고요? 뺄 데가 없어 보이는데요."

나는 고개를 내저었다.

"몰라서 하시는 소리예요. 전 살을 빼야 해요. 배우로 성공하려면 5킬로그램을 빼야 한다고요. 살을 빼려면 어떻게 해야 할까요?"

돌이켜 보면 그 물음은 사실상 이런 말이나 다름없었다.

'에이전트와 매니저가 나에게 갖는 기대에 부응할 방법이 뭘까요? 모두가 나에게 기대하는, 그런 사람이 되려면 어떻게 해야 할까요?'

로버트슨은 이렇게 대꾸했다.

"더 작은 사람이 될 게 아니라 더 큰 사람이 되어야 해요. 지금 당신은 작아져야 한다는 생각으로 스스로를 밀어붙이고 있어요. 당신이 십대 역을 연기하려 애쓰던 10년 전이었다면 나름 타당한 생각이지만 이제는 어엿한 여성이잖아요. 공간을 좀 차지해도 돼요."

나는 로버트슨의 대답이 틀린 말 같아서 짜증스러웠다. 그런데 곱씹어 생각할수록 선명한 깨달음이 있었다. 해낼 수 없는 일을 해내려 더는 애쓰지 말라고 얘기해 준 사람은 로버트슨이 처음이었다. 로버트슨의 얘기를 더 들어 보고 싶었다. 경제적 여건상 두 번밖에 더 못 듣더라도.

나는 식비로 쓸 돈까지 털어 워크숍 참석비를 낸 후, 그다음 회차에 참석해 물었다.

"그럼 제가 뭘 해야 할까요?"

"아무것도 하지 마세요."

"아무것도 하지 말라니, 그게 무슨 말씀이세요?"

로버트슨은 이것저것 다 하려는 나에게 그만하라고 했다. 연기 수업을 그만 듣고, 오디션을 그만 보고, 살 빼려는 노력을 그만두고, 자기계발서도 그만 읽으라고 했다. 남들의 요구와 어려운 사정에 호응해 주는 것도 그만하고, 내 경력과 우정과 인간관계에서 잃어버린 시간을 만회하려 애쓰는 것도 다 그만하라고 했다.

"먼저 노력을 어디에 쏟아야 할지부터 찾아야 해요."

그동안 살아오면서 열심히 노력하는 것밖에 모르다가 아예 노력하기를 그만두라니 겁이 났다. 하지만 멈추는 것 외의 모든 것을 다 해 보지 않았던가.

그래서 뒤처진 삶을 사는 것 같아 멈추지 못한 시간의 초조함 속에서도 나는 모든 일을 멈췄다. 오디션을 보는 것도, 매니저에게 전화하는 일도, 다이어트도 멈췄다. 가족과 친구들의 기대를 저버렸던 지난 실수를 만회하려는 노력도 다 그만두었다.

그랬더니 효과가 나타났다. 평생처럼 느껴지던 그 한 달 사이에 내가 어떤 일에 노력을 쏟아야 할지 깨달았다. 성공하기 위한 일들에 또다시 노력을 쏟는 것이 아니었다. 그런 노력이 효과가 없다는 사실을 이제 알았다. 그토록 오랜 시간 노력했는데도 내가 얻은 것이라곤 극도의 피로뿐이지 않은가. 이제는 성공을 위한 노력보다는 주변 사람들 모두가 효과가 있을 거라고 입을 모으는데도 왜 효과가 없었는지 그 이유를 알아내는 게 중요했다.

다시 로버트슨에게 가서 내 생각을 밝혔다.

"저를 방해하는 장애물이 뭐고 그 장애물을 어떻게 다뤄야 할지 알아내는 일에 노력을 쏟아야 할 것 같아요."

로버트슨은 좋은 생각이라며 공감해 주었다.

"제가 어릴 때 ADD 진단을 받았는데 혹시 그 영향인지도 모르겠어요. 장애물을 다룰 알맞은 전략을 발견해 도움을 받고는, 나중에 다시 쓰려는데 도무지 그 전략을 찾을 수 없었어요. 그래서 그 유용한 전략들을 언제든 볼 수 있게 어딘가에 보관해 두고 싶어요."

"수첩 같은 데다가요?"

나는 고개를 가로저었다. 수첩은 잃어버리기 쉬웠다. 워낙 이것저것 잘 잃어버리니까.

"유튜브요."

유튜브는 잃어버릴 염려가 없었다.*

---

* 로버트슨의 조언은 나에게 정말 큰 도움이 되었다. 부록2에 그 조언을 바탕으로 만든 '허가서' 양식을 실어 놓았으니, 여러분에게도 도움이 되기를 바란다. 어떤 일을 열심히 노력하는데도 효과가 없을 때는 그냥 잠시 멈춰도 된다.

HOW TO ADHD

제2장

ADHD를 둘러싼 오해와 진실들

우리는 자신이 누구인지는 알지만
무엇이 될지는 모른다.
_윌리엄 셰익스피어, 《햄릿》 중 오필리아의 말

나는 ADD가 아니다

유튜브를 시작하면서 채널명을 'How to ADD'로 정하려고 했다. 하지만 놀랍게도 내가 ADD가 아니라 ADHD라는 것을 알게 되었다.

'뭐? 이제는 통틀어서 ADHD라고 부른다고?'

ADHD의 전형적인 이미지가 하나 떠올랐다. 가만히 있지 못하고 산만한, 애니메이션 〈심슨 가족〉의 아들 바트 심슨이었다. 바트 심슨에 비하면 나는 창밖을 멀뚱히 내다보며 공상에 잠기는 스타일이었다. 그런 나에게 주의력결핍 '과잉행동' 장애가 있다니, 이상했다.

얼마 지나지 않아 알게 된 바에 따르면 ADHD 중에는 조용한 '부주의형'도 있었다. 과잉행동은 생물학적 성별에 따라 다르게 나타날 수 있고, 책을 아주 빠르게 탐독하거나, 수업을 방해하거나, 따발총처럼 쉬지 않고 말하는 식으로 표출되기도 한다. 더 알아보니 ADHD의 부주의형과 과잉행동형 둘 다에 해당되는 경우도 있으며, 이런 경우를 '복합형'이라고 부른다.

나는 병원에서 진료를 받으면서 주치의에게 내가 어떤 유형인지 물어봤다. 주치의는 《정신질환의 진단 및 통계 편람》Diagnostic and Statistical Manual of Mental Disorders, DSM을 쓱 훑어보다 말했다.

"지금 다리를 가만히 못 놔두고 있는 거 보이시죠? 그럼 복합형이네요."

주치의는 손목시계를 확인하더니 처방전을 썼다.

"그럼 다음 달에 볼까요?"

'거 참 감사하네요, 선생님.'

나는 다시 구글을 검색했다.

'실행기능executive function, EF? 이게 무슨 말이야? 작업기억? 이건 또 뭔데! 동기 부족? 이런, 젠장!'

아무튼 읽어 보니 내 모든 문제가 내 머릿속 문제만은 아닌 것 같았다. 더 정확히 말해 그런 어려움은 허상이 아니라 진짜 어려움이었다. 엄밀히 말하자면 머리에 있는 문제긴 했다. 그 머리에 뇌가 들어 있으니.

지금까지 나는 내 문제에 대해 제대로 알지 못하고 있었다. 시간을 잘 못 지키고, 정리정돈에 어려움을 겪고, 무책임한 지출을 하고, 칠칠치 못한 사람처럼 느껴지는 것이 20년 전에 진단받은 질환과 관련되어 있는 줄은.

내가 집중하기 어려워해서 약을 먹었지만 나에게 있는 줄도 몰랐던 실행기능 문제와 ADHD가 서로 연관되어 있다는 글을 읽으면서

의아함이 들었다. 20년 동안 1~3개월마다 병원에 진료를 받으러 다녔는데 어떤 의사도 그런 얘기를 한마디도 해주지 않았다니, 이게 말이 되는가!

안도감과 분노, 기쁨, 슬픔의 감정이 밀려들었고 비로소 오명을 벗고 당당해진 것 같았다. ADHD는 내가 생각했던 것보다 더 복잡한 문제를 지니고 있었다. 나는 유튜브를 통해 ADHD를 위한 전략을 알려 주며 그런 전략이 필요한 이유를 설명하는 여러 논문을 잇달아 발견했다. 자신의 뇌가 가진 결함을 알면 울적해지는 사람도 있겠지만 나에게는 이런 정보가 희망이 되었다. 그것이 진짜 결함이라면 반드시 진짜 해법도 있을 것 같았다.

내 유튜브 초기 영상에서는 매주 ADHD의 한 측면을 탐구했다. ADHD와 관련된 어려움 한 가지를 자세히 파고들면서 유용하고 실행 가능한 전략도 함께 소개했다.

ADHD 전문가와 연구가 들을 통해 내 뇌에 대한 다양한 지식을 얻자 예전에는 겪어 본 적 없던 새로운 힘을 얻었다. 관련된 특정 결함들을 알게 되니 자꾸만 걸려 넘어지던 보이지 않던 장애물이 '보였다'. 이제 그 장애물에 이름을 붙이고 헤쳐 나갈 방법을 파악할 수 있었다. 프린터에 에러 코드가 떴는데 그 에러 코드의 뜻을 아는 기분이었다! 종이가 떨어졌다는 뜻인 줄 알고 빈 용지함에 종이를 넣어 줄 수 있으니 애꿎은 프린터를 탕탕 쳐대는 것보다 훨씬 더 유용해진 셈이었다. 확실히 '더 열심히 노력하는' 것보다 도움이 되었다.

내가 배운 사실들에서 기쁨과 정당성을 찾았지만 한편으로 슬프기도 했다. 진작 이런 정보를 알았다면 얼마나 좋았을까? 그 많은 고통을 겪지 않아도 되었을 텐데. 툭하면 인간관계를 망치는 일도 없었을 텐데. 대학도 끝까지 마칠 수 있었을 텐데. 전혀 도움이 안 되는 자기계발서들을 사느라 괜한 돈도 쓰지 않았을 테고.* 더 좋은 딸이 될 수 있지 않았을까?

가끔은 연구 논문을 읽다가 눈물을 줄줄 흘리며 지난날의 나 자신을 안타까워했다. 뭘 해도 실수뿐이어서 답답한데 자신이 어떤 장애물을 마주하고 있는지 알지 못했던 그 어린 여자애가 가여웠다. ADHD 연구가와 전문가 들의 말대로라면 ADHD를 가진 사람들에게는 지극히 정상인 어려움 때문에 어린 시절 내내 자책하며 보냈던 게 아닌가.

하지만 그 슬픔도 내 열정 앞에서 빛을 잃었다. 내가 배우고 알게 된 것들을 도움이 필요한 모두에게 말해 주고 싶은 결의가 타올랐다. 내가 가장 싫어하는 것은 겪지 않아도 될 고통을 겪는 것이다. 내가 겪은 고통에 의미를 부여한다면 그런 억울함도 견딜 수 있을 것 같았다. 내 경험을 통해 남들이 불필요한 고통을 겪지 않도록 도와줄 수만 있다면.

나는 일하고 있던 레스토랑에서 담당 테이블 손님들에게 내 유튜브 채널을 소개했다. 스트레스 해소용 피젯 토이fidget toy(손으로 만지작거리면서 가지고 노는 장난감―옮긴이)와 글리터 보틀을 주며 구독을 부탁하기도 했다.

---

* 이게 참, 나 자신도 그런 종류의 책을 쓰고 있으니 아이러니하다. 어쨌든 이 책은 ADHD가 있는 사람들을 고려한 책이라는 점을 강조하고 싶다!

웹사이트 홍보에 대해 배우고 포스트잇과 피젯 토이를 경품으로 나눠 주면서 영상 시청을 독려했다. 더 많은 사람들이 자신에게 필요한 정보를 얻도록 유도한 것이다. 예전의 나 역시 그런 정보가 필요했지만 내 상태를 잘 알고 있다고 생각했던 탓에 필요한 줄도 몰랐다. 다른 사람들은 나처럼 그런 실수를 하지 않기를 바랐다.

나는 ADHD에 대해 제대로 배웠고 진단을 받은 이후 수년간 쌓인 온갖 억측과 오해를 죄다 버렸다. 이렇게 새롭게 알게 된 사실들에 대해 나 자신도 그러했듯 구독자들 역시 댓글로 열렬한 반응을 보였다. 혼란스러워하는 사람들도 있었다.

"저는 어떻게 여태까지 이걸 몰랐을까요?"

"왜 아무도 내게 ADHD에 대해 이런 얘기를 해주지 않았을까요?"

"잠깐만요, 저에게도 ADHD가 있는 걸까요?"

어떻게 이렇게 잘 알려진 질환에 대해 이해도가 빈약할 수 있을까? 어째서 ADHD가 있는 많은 사람들이 진단을 받고 수년이나 수십 년간 치료를 받으면서도 여전히 그렇게 힘들어할까? 대학 중퇴자가 운영하는 유튜브를 보다 처음으로 자신의 질환에 대해 알게 된 사람들이 이렇게 많은 이유가 뭘까?

내가 배운 두 번째 사실들

ADHD가 있는 사람들뿐만 아니라 ADHD를 다루는 수많은 전문가들 사이에서도 ADHD에 대한 오해가 믿을 수 없을 만큼 심각하다.

이유가 뭘까? 연구를 벌여 상호심사 과정을 거친 후 논문으로 발표되기까지 시간이 걸리는 데다 새로운 정보가 필요한 사람들에게 확산되기까지는 훨씬 더 오랜 시간이 걸리기 때문이다. 다시 말해 우리가 ADHD에 대해 알고 있다고 생각하는 것과 우리의 주치의들이 아는 많은 부분이 이미 해묵은 지식이라는 얘기다.

ADHD가 다른 정신건강 질환보다 덜 심각하다고 생각하는 사람도 많다. 의료 종사자들조차 ADHD에 대해 충분히 배우지 않는 경향이 있다. 어쨌든 ADHD 증상들을 누구나 가끔씩 겪는다. 예능 프로그램에서도 "누구나 조금씩은 ADHD 아닌가?"라는 식으로 묘사하기도 한다. 또한 ADHD는 가족력이 강한데, 본인 자신이 진단만 받지 않았을 뿐 ADHD일지도 모를 사람들이 ADHD 증상을 대수롭지 않게 여기면서 그저 괴상한 기벽에 불과하다는 개념을 더욱 부추긴다.

"저 봐봐, 가만히 있질 못한다니까."

게다가 곳곳에 허위정보가 만연해 있다. ADHD에 대한 부정확한 정보가 소셜 미디어를 통해 빠르게 확산되는 경우가 흔하다. 사람들은 단순한 답에 끌리기 쉬운데 오히려 진실은 골치 아플 만큼 복잡하다.

진실이 복잡하다 해도 자신이나 사랑하는 사람의 정신건강 질환을 정확히 이해하고 있으면 훨씬 유리하다. 그러면 지금부터 ADHD를 이해하는 첫걸음으로 ADHD에 대한 몇 가지 보편적 오해부터 바로잡아 보자.

ADHD가 반드시 주의력결핍을 보이는 것은 아니다

ADHD는 이 질환을 지칭하기에 형편없는 이름이다. '주의력결핍'은 주의력이 부족하다는 의미인데 ADHD 뇌는 때때로 집중을 아주 잘하기 때문이다. 취미 활동, 홀딱 꽂힌 대상, 비디오 게임 등 관심이 쏠리는 것에 특히 더 집중을 잘한다. 다만 집중의 강도나 집중의 대상을 통제하지 못하는 것이 문제다(이 문제는 제3장 '내 안의 야수를 길들이는 법'에서 더 알아보자). 이런 명칭상의 큰 오류는 ADHD 증상이 있는 사람인데도 때때로 집중을 잘한다는 이유로 굳이 진단을 받지 않으려는 경향을 부추긴다.

ADHD가 반드시 과잉행동을 하는 것은 아니다

과잉행동을 보이지 않으면 ADHD가 아니라고 생각하는 사람이 많다. 이런 생각 때문에 진단 시기를 놓치기도 하고, 처음에 ADD(주의력결핍장애)로 진단받았던 사람들은 자신에게 어떻게 ADHD(주의력결핍/과잉행동장애)가 있을 수 있는지 혼란스러워한다.

ADHD는 다음 3가지 유형으로 발현된다.

- 부주의 우세형 Primarily inattentive, ADHD-PI
- 과잉행동/충동성 우세형 Primarily hyperactive/impulsive, ADHD-HI
- 복합형 Combined type, ADHD-C

ADHD를 진단받은 대다수의 사람들이 복합형이다. 즉, 부주의함을 나타내는 증상과 과잉행동/충동성을 나타내는 증상을 모두 갖고 있다. 하지만 부주의 우세형으로 발현되는 ADHD의 경우엔 과잉행동 증상이 조금이라도 있어야만 ADHD로 진단받는 것은 아니다. 같은 질환이라도 발현이 다르게 나타나기 때문이다. 또한 과잉행동/충동성과 관련된 증상이 있다고 해서 모두가 신체적 과잉행동을 보이는 것은 아니다. 언어적 과잉행동을 보이기도 하는데, 여아와 성인 여성에게 흔히 나타나는 증상 중 하나다(나도 말이 정말 빠르다는 얘기를 자주 듣는다). 신체적 과잉행동은 대개 정신적 초조함으로 이어지기도 한다. 게다가 발현의 양상이 오랜 시간에 걸쳐 서서히 변할 수도 있다.

요컨대 ADHD는 경우에 따라 잠시도 가만히 있지 못하는 아이 같은 모습으로 나타날 수 있다. 그런가 하면 어지러운 생각으로 잠 못 이루는 성인이나 공상에 잠긴 눈빛으로 창밖을 내다보는 아이의 모습으로 나타나기도 한다.

ADHD는 신경학적 문제이지 행동적 문제가 아니다

예전엔 ADHD를 행동적 질환으로 여겼고 확실히 그렇게 보이기도 했다. 이제는 ADHD와 관련된 행동적 문제들이 신경학적 이유 때문에 나타나는 것으로 해석되고 있다.

ADHD는 신경발달장애다. 다시 말해 뇌를 비롯한 신경계가 남들과 다른 식으로 발달하고 기능한다. 뇌의 발달과 구조가 근본적으로 달라서 그에 따른 행동의 차이를 일으키는 것이다. 신경전형적 사람(신경전형인)에게 효과 있는 행동적 전략이 ADHD에는 대개 효과가 없는 이유가 여기에 있다.

ADHD가 있는 사람의 행동은 유발 원인이 남들과 다르다. 연구를 통해 증명되고 있듯 ADHD 아동에게는 벌주기가 신경전형인 아동만큼 효과를 발휘하지 못한다. 오히려 즉각적인 긍정적 피드백과 뚜렷한 보상이 더 효과적이다.* 보상은 벌과는 달리 ADHD에 내재된 동기부여 부족 문제를 잘 다뤄 준다(더 자세히 알고 싶다면 제7장 '산만한 뇌에 동기를 불어넣는 법' 참조).

ADHD는 삶에 심각한 영향을 미친다

ADHD의 개별적 증상이 그리 '심각하지 않은 일'처럼 여겨질 수도 있다. 하지만 ADHD를 가진 사람들이 그런 증상으로 겪는 어려움의 정도와 지속성은 정말 심각하다.

ADHD는 일상생활의 여러 면에 깊숙이 영향을 미친다. 개인적으로 나의 ADHD 뇌를 아주 높이 평가하지만 삶의 성적표는 초라하다. ADHD를 치료받지 않을 경우에 특히 더하다. ADHD가 있는 사람들은 이혼당하고, 해고되고, 자동차 사고를 당할 확률이 더 높다.

저명한 ADHD 연구가이자 심리학자인 러셀 바클리Russell Barkley 박사가 입증한 바에 따르면 ADHD는 기대수명에 상당히 부정적인 영향을 미쳐 수명을 평균 12.7년이나 단축시킨다고 한다. ADHD가 삶을 더 힘들게만 하는 게 아니라 더 짧게 단축시키는 셈이다. 여기에 성별, 인종, 사회경제적 지위, 공존하는 정신건강 질환 등의 영향까지

---

*   ADHD 아동의 부모들이 아이가 잘못된 행동을 해서 남들에게 손가락질을 당할 때 굉장히 답답해하는 이유가 이 때문이다. 잘 모르는 사람들 눈엔 훈육이 필요한 것처럼 보이겠지만 이때 정말로 필요한 것은 아이를 지지해 주는 일이다.

감안하면 상황은 더 심각해진다. ADHD가 있는 사람들은 이런 영향을 더 보편적으로 받으므로 자칫 삶의 성적표가 훨씬 더 비참해질 수 있다(제11장 'ADHD를 더 힘들게 하는 것들' 참조).

지금까지 말한 이 요인들이 서로 상호작용을 일으키면 ADHD는 일반적인 기준보다 훨씬 더 심각한 질환이 된다. 단지 귀여운 기벽이라기보다는 확실히 더 심각한 상태에 이를 수 있다.

다각적 치료법으로 효과를 높여야 한다

내가 병원에 갈 때마다 의사들은 자극제가 잘 듣느냐고 물었다. 약은 잘 들었다. 부작용이 있지는 않냐고도 물었다. 부작용은 없었다. 그러면 새로 처방전을 써주는 것으로 진료는 끝이 난다. 이런 식으로 ADHD를 치료했다. 다만 완전히 치료가 된 것은 아니었다.

이에 관해서는 나와 이름이 같은 우리 팀 멤버 제시카의 말이 맞다. "ADHD의 고뇌를 한 방에 싹 해결해 줄 마법의 유니콘 같은 도구는 없어요."

연구에 따르면 ADHD를 다룰 최고의 치료법은 치료 선택지가 한 가지 이상인 다각적 치료법이다. 국립정신건강연구소National Institute of Mental Health에서 ADHD 치료와 관련해서 중대한 연구를 벌인 바 있다. 이 연구에 붙인 명칭 역시 중요한 의미를 띤다. 바로 '주의력결핍/과잉행동장애의 다각적 치료법 연구'Multimodal Treatment of Attention Deficit Hyperactivity Disorder Study 또는 줄여서 'MTA 연구'다. 이 MTA 연구 결과, 약물 치료만으로는 ADHD를 효과적으로 치료하기에 부족하며 심리치료와 명상도 함께 병행해야 가장 좋은 효과를 보이는 것으로 나타났다.

MTA 연구에서는 두 가지 치료 선택지만 살펴봤지만 ADHD를 효과적으로 치료하기 위한 방법은 아주 다양하다. 다각적 치료법으로 활용할 수 있는 몇 가지 예는 다음과 같다.

- 약물 치료

자극제는 ADHD의 가장 보편적인 치료법이지만 비자극적 방식도 여러 가지가 있다. 약물 치료는 사람마다 뇌가 달라서 적절한 약과 복용량을 찾기까지 시행착오를 거칠 수도 있다. 하지만 약물은 대체로 ADHD에 아주 효과적이며 여러 치료법을 통틀어 ADHD 증상을 가장 즉각적으로 개선해 준다. 물론 효과가 일시적이고 시간이 지나면 약효가 떨어지지만 대다수 ADHD 환자들이 약물을 통해 집중력과 생산성뿐만 아니라 심지어 감정 조절에서도 아주 큰 차이를 경험한다.

- 심리교육

심리교육을 통해 자신의 정신건강 질환을 제대로 이해하고 대처하도록 유용한 정보를 가르쳐 준다. ADHD에만 특정된 방식은 아니지만 다각도의 진단과 해법으로 심리교육을 받는 당사자뿐만 아니라 가족들에게도 좋은 결과를 안겨 준다. 자의식 문제로 힘들어하는 ADHD를 가진 사람들에게 자의식을 향상시키고 자신의 뇌와 더 잘 협력하게 이끌어 준다. 정말 놀랍지 않은가?

- **기술교육**

　기술교육은 사회생활 기술, 양육 기술, 일상생활 기술, 조직생활 기술 등 상황에 맞게 초점을 조정할 수 있어 ADHD로 힘들어 하는 사람들과 보호자들에게 두루두루 도움을 준다. 예를 들어 ADHD 아동을 키우는 부모에게는 부모역할훈련Parent Management Training, PMT을 통해 아이에게 ADHD의 어려움을 설명하고 지지하는 양육법을 가르쳐 준다. 성인의 경우엔 경력 관리, 금전 운용, 의사소통, 목표 설정, 우선순위 정하기 등에 초점을 맞출 수 있다.

- **심리치료**

　인지행동치료Cognitive Behavioral Therapy, CBT, 변증법적행동치료Dialectical Behavioral Therapy, DBT, 수용전념치료Acceptance and Commitment Therapy, ACT 등의 몇몇 심리치료법이 ADHD에 아주 효과적인 것으로 나타났다. 이 심리치료법들은 ADHD를 가진 사람들에게 도움이 되지 않는 사고 패턴을 해결해서 기능 결함을 악화시키고 감정을 다루기 힘들게 만들었던 행동을 조정하도록 이끈다.

　심리치료가 가장 좋은 효과를 보려면 심리치료사와 좋은 관계를 쌓아야 한다. 다시 말해 심리치료사에게 자신의 목표를 발전시키도록 도와줄 사람이라는 신뢰가 생겨야 한다.[*]

---

[*] 심리치료사가 ADHD를 비롯해 우리의 경험에서 중요한 여러 요인들에 대해 잘 파악하고 있으면 더 신뢰감이 생길 것이다. 우리의 어려움을 이해해 적절한 치료와 지도를 해줄 수 있기 때문이다.

- 코칭

　ADHD 코치는 ADHD와 연관된 기능 결함을 최소화하도록 돕기 위해 책임 있는 지도로 통찰과 실용적 전략을 알려 주는 사람이다. 목표를 세우고 이루도록 많은 도움을 준다. 대체로 ADHD 코치는 본인도 ADHD가 있고 ADHD 의뢰인만 전문으로 다뤄 경험이 풍부하며 ADHD에 대한 지식도 해박하다.

- 지지

　ADHD가 있다는 건 힘든 일이다. 이런 ADHD를 잘 다루기 위해 중요한 요소 한 가지는 가족과 친구들, 직장이나 학교의 동료들에게 지지를 받는 것이다. ADHD를 겪고 있는 사람들과의 유대는 특히 더 도움이 된다. 그들 사이에서는 보통 사람들과 다르게 작동하는 뇌를 가진 어려움이 정상적인 일로 여겨질 수 있기 때문이다.

　제10장 '마음이 통하는 관계를 만드는 법'에서 지지망을 세우는 방법에 대해 더 자세히 이야기해 보자. 제12장 '서로에게 힘이 되는 마음 사용법'에서는 자기 자신이나 자신이 아끼는 사람을 지지해 줄 방법도 다룬다.

　안타까운 점은 이런 치료 선택지들을 가로막는 장애물들이 존재한다는 사실이다. 고맙게도 많은 전문가들이 무료로 자원을 제공해 주고 있으며, 나도 덕분에 그 자원들을 파고들어 내 ADHD에 대해 차츰 눈뜨게 되었다.

많은 사람들이 ADHD를 숨기는 이유

나는 우리 가족 외에는 ADHD가 있는 사람을 몰랐기에 주변 사람들 모두가 신경전형인이라고 넘겨짚었다. 물론 이제는 그렇게 하지 않는다. 내가 ADHD에 대해 배우는 사실들이 늘면서 내 채널의 공유 게시물도 늘었다. 공유 게시물이 늘면서 내가 혼자가 아니라는 것도 깨달았다.

어느새 세계 곳곳의 사람들이 내 이야기에 댓글을 달며 자신도 ADHD로 어려움을 겪고 있다고 털어놓았다. 누군가에게 내가 어떠어떠한 일을 하기 어려워하는 이유를 설명하지 않아도 되었다. 이제는 "나도 그래요!"라고 맞장구치는 사람이 수두룩했기 때문이다.

ADHD는 내가 알던 것보다 훨씬 더 흔한 질환이었다. 그 어려움은 허상이 아닌 진짜였고 나만 그렇게 힘든 게 아니었다. ADHD가 흔한 질환이라면* 그동안 그 모든 사람들이 어디에 숨어 있었던 걸까? 이렇게나 많은 사람들이 겪고 있는 어려움이 어떻게 주목을 받지도 공론화되지도 않았던 걸까? 대체 그 이유가 뭘까?

ADHD를 둘러싼 수많은 낙인이 있다

ADHD가 있는 많은 사람들이 자신이 받은 진단을 밝히기 불편해하는 이유는 ADHD를 둘러싼 낙인 때문이다. 여러 가지 오해와 잘못된 통념으로 차별받고 있는 것이다. 그런 차별이 불법인데도 고용주와

---

* 　연구에 따라 인구의 3~8퍼센트가 ADHD를 가지고 있다고 한다.

교수, 심지어 의료 종사자들에게서도 차별을 받는다. 자신에게 ADHD가 있다는 것조차 모르는 사람도 있다. 아이에게 '꼬리표'가 생기면 어쩌나 하는 걱정에 진단을 받지 않거나 진단 결과를 알려 주지 않는 부모도 많다(더 자세히 알고 싶다면 제11장 'ADHD를 더 힘들게 하는 것들' 참조).

ADHD 치료에 쓰이는 약물에 대해서도 심각한 낙인이 존재하며, 그 약을 복용하는 사람들에 대한 편견과 차별을 낳고 있다. ADHD를 가진 사람들은 때때로 약 먹는 사실을 숨겨야 될 압박감을 느끼며, 심지어 가장 가까운 이들에게조차 숨기려 한다. ADHD 아동의 부모는 온라인상에서나 바로 앞에서 '약을 먹여' 아이를 고분고분 말을 잘 듣게 만든다는 욕을 듣는다. 심지어 의료인들에게서도 그런 말을 듣는 실정이다.

언젠가 내가 영상에서, 엄마에게 보내는 진심 어린 편지를 공개하면서 '약을 먹게 해줘서' 감사하다고 밝힌 적이 있다. 그로부터 얼마 지나지 않아 인터넷에 돌아다니는 내 사진을 봤는데, 이마에 'EVIL'이라는 단어가 찍혀 있었다.

우리는 신경전형적 동료들과 똑같은 기대를 받는다

ADHD가 있는 사람들은 결함 정도나 치료 및 편의를 제공받고 있느냐의 여부와 상관없이 신경전형적인 동료들과 똑같은 기준을 충족시켜야 하고, 그 기대에 부응하지 못하면 벌이 따른다. 그래서 ADHD가 지닌 특징적 행동을 요령껏 숨기며 기대에 맞추려고 한다. 사람들 앞에서는 가만히 앉아서 주의를 기울이려 노력한다. 그러다 결국 녹초가 되고 진이 빠져서 벽을 멍하니 쳐다보거나 재충전하느라 SNS를 여기저기 기웃거리게 된다.

남들이 이미 우리의 질환을 눈치챘는데도 우리 대부분은 ADHD의 어려움을 잘 다루기보다 그 어려움을 숨기는 요령을 익힌다. 때론 너무 버거운 감정을 과식으로 억누르기도 한다. 가만히 앉아 있는 일에 집중하느라 정작 수업에 집중하지 못할 때도 있다.

집에 누가 온다고 하면 패닉에 빠져 정신없이 청소를 하고, 때때로 손님이 간 뒤에 쑤셔 넣은 물건을 못 찾아 헤맨다('내가 왜 이 멀쩡한 프라이팬을 침대 밑에 처박아 둔 거지?'). 과제를 제때 끝내려고 밤을 새우고는 그 과제를 제출한 수업 내내 잠을 잔다.

ADHD가 있는 사람들은 불안증이나 우울증을 겪기 쉽다. 이때 알코올이나 다른 약물로 자가 치료를 하는 사람이 많다. 불안증이나 우울증이 있으면 ADHD가 가려질 수도 있다.

우리가 얼마나 힘들어하는지 아무도 모른다

ADHD의 개별적 증상 대부분이 '모든 사람들이 때때로 힘들어하는' 증상인 탓에 우리는 그런 증상으로 힘들어하는 것이 정상이라고 생각한다. 다른 사람들도 ADHD가 얼마나 힘든지 잘 모를 수 있다(모르기로 치자면 우리 자신도 마찬가지지만). 남들 눈에 보이는 우리 행동이 빙산의 일각이기 때문이다. 우리는 신경전형적 기대치에 맞추기 위해 기를 쓰고 노력하는데도 겉보기엔 괜찮은 것처럼 보일 수 있다. 정말 괜찮지 않을 때조차도. 그 기대치에 맞추기 위해 혼신을 다하고 있어도 그런 노력이 겉으로 잘 티가 나지 않는다.

대학 시절의 나는 우수한 학점을 받으며 교내 아르바이트도 하고 남자친구도 사귀는 자립적인 모습이었다. 하지만 남들이 못 보는 이면에는 매일 점심을 레몬 쿠키로 때우고, 졸업에 도움되지도 않을 과목에 수강 신청을 하고, 수학 과제를 도와줄 사람인가에 따라 남자친구를 고르는 또 다른 내가 있었다.

나중에야 알게 된 사실이지만 내가 살면서 인연을 맺어 온 사람 중에도 나처럼 빙산의 일각만 드러냈던 이들이 있었다. 놀라운 일들을 성취하며 멋진 삶을 꾸려 가는 것처럼 보였던 사람들이 수년이 지난 어느 날 이렇게 털어놓곤 했다.

"저기 말이야, 나 ADHD야!"

그러고는 겉으로 드러나지 않은 이면에서 발버둥 쳤던 어려움을 줄줄이 쏟아냈다.

ADHD가 있는 사람도 크게 성공할 수 있다. 내가 얘기를 나눠 본 연예인, 의사, CEO도 ADHD가 있었다. 성공한 사람이라고 ADHD가 없다거나 ADHD를 결함이 아니라고 여겨선 안 된다. 우리도 큰 성과를 올릴 수 있다. 다만 적절한 지지가 없다면 그 성공이 삶의 다른 부분에서의 큰 희생이나 우리 자신의 희생으로 이루어지기 쉽다.

필요한 모든 지지를 다 얻을 수 있는 사람에게는 ADHD가 초능력처럼 느껴질 수도 있다. 삶의 바다에 빠져 허우적거리지 않고 자신의 창의성과 초집중 hyperfocus에 온전히 전념할 수 있기 때문이다.

반면에 충분한 지지를 얻지 못한 사람에게 ADHD는 자칫 악몽이 될 수 있다. 가족과 친구들에게 핀잔과 창피를 당하며 끊임없이 변명을 해야 한다. 일을 하다 번아웃이 오고, 모두가 쉬울 거라고 '당연시하는' 일들을 겨우겨우 해낸다. 성공하기까지 남들보다 시간이 더 오래 걸리고 훨씬 더 큰 대가를 치르기도 한다.

손 T. (39세, 캘리포니아주)

"저는 20년 전부터 ADHD가 있는 것 같았지만 진단을 받지 않고 그냥 살았어요. 우연히 제시카의 채널을 알게 되어 차츰 ADHD에 대해 눈을 뜨면서 두 달 전에 진단을 받아 현재는 약을 먹고 있어요. 이제는 제가 살면서 겪는 어려움의 본질을 이해하고 ADHD를 겪고 있는 다른 사람들과도 교류하니 큰 힘이 나요. 물론 약도 많은 도움이 된답니다!"

대니얼 C. (36세, 캔자스주)

"성인이 되어서 ADHD 진단을 받았습니다. 제 직업은 대학교수예요. 예전에 한 달 동안 어려운 강의를 준비해야 했는데 강의 준비를 하기는커녕 책상 앞에 앉아 하루종일 넷플릭스를 봤어요. 아무래도 우울증이 있는 것 같아 심리치료사를 만났는데 상담하고 얼마 후 ADHD를 의심해 본 적이 있느냐고 물었어요. 생각해 보니 여덟 번이나 키를 꽂아 놓고 차 문을 잠근 적이 있었고, 올 A를 받은 성적표에 사인을 깜빡해 학교에 남는 벌을 받기도 했어요. 심리치료사 덕분에 담당 주치의를 찾아가서 ADHD 진단을 받고 나니 마음이 한결 홀가분해졌어요."

브로디 S. (26세, 펜실베이니아주)

"ADHD로 어려움을 겪고 있을 때는 다른 사람들에게 설명하기가 정말 힘들어요. 같은 말을 반복하고 '안녕, 나는 ADHD가 있어.'라고 알리고 다니는 것 같아서요. 변명하는 것처럼 들릴까 봐 그것도 싫고요. 저도 ADHD에 대해 제대로 이해하는 데 1년이 걸렸어요. 상대가 ADHD 뇌를 가지고 산다는 게 어떤 일인지 이해하지 못할 것 같을 땐 숨김없이 털어놓기가 힘들어요. 그래서 주변 사람들이 어떻게 받아들일지 눈치를 살피며 밝히게 돼요."

질 C. (32세, 버지니아주)

"저는 일곱 살 때 ADHD 진단을 받았지만 의학적 장애라는 걸 열네 살이 되어서야 알았어요. 그전까진 성격의 한 특성으로 여겼어요. 매일 밤 숙제하는 데 몇 시간씩 매달려도 정상인 줄 알았어요. 모든 게 어렵고, 선생님들이 답답해하고, 내가 뭐든 제대로 하지 못해서 다른 사람들을 힘들게 해도 다 정상인 줄 알았어요.

저는 ADHD의 전형적인 이미지와는 달라요. 겉보기엔 아주 단정한데 머릿속은 뒤죽박죽이에요. 어수선한 정신을 뒤적여 필요한 것을 찾으려면 시간과 노력이 정말 많이 들어요.

그러다 얼마 전에 깨달았어요. 앞으로도 상황이 달라지지 않으리란 걸요. 그래서 더는 사람들을 원망하지 않고 저 자신도 미워하지 않기로 했어요. 삶을 훨씬 더 기분 좋게 살아갈 수 있을 것 같아요."

ADHD를 제대로 이해하기 위한 도구상자

이제 ADHD를 대하던 내 예전의 접근법이 그다지 효과가 없던 이유가 이해되었다. 더 열심히 노력하는 것은 이미 열심히 노력한 것에 대한 답이 아니었다. 나에게 ADHD가 있으며 내 삶의 여러 부분에 영향을 미치고 그 영향력이 내가 알던 것보다 훨씬 더 심각하다는 사실에 대한 답도 아니었다. 나는 이 점을 이해했기에 이제는 내 어려움에 대해 사뭇 다른 접근법을 취하고 있다. 그 방법을 ADHD를 가진 사람 누구에게나 추천한다.

① ADHD를 진지하게 받아들이기

눈에 보이지 않는 장애들은 무시하기 쉽다. 하지만 ADHD는 굉장한 문제를 일으킬 수 있다. 우리의 보이지 않는 장애물들은 지금 당장은 표시가 안 나더라도 목표를 이루지 못하게 방해해 아무리 노력해도 그 노력을 무력화시킬 수도 있다.

 증상이 '가벼운'* ADHD조차 삶의 여러 부분에 심각한 영향을 준다. 그런 영향을 미치지 않는다면 애초에 진단 대상이 되지도 않았을 것이다.

 ADHD가 있는 것이 별일 아니라며 안심시키거나 직면해 있는

---

* 이 용어는 같은 단어여도 임상용어와 일상어로 쓰일 때 뜻이 달라진다. '어려움의 척도'를 1에서 10으로 잡고 신경전형인의 어려움이 이 척도에서 1~7에 든다고 가정해 보자. 그러면 ADHD를 진단받은 사람들의 어려움은 8~10에 해당되고, 이 중 '가벼운' 증상은 8 정도이니 이미 심각한 일이다!

ADHD의 어려움을 없는 척 무시하면 당장은 마음이 편할지 모른다. 하지만 우리의 결함은 우리가 인정하든 인정하지 않든 엄연히 존재한다. 피한다고 없어지지 않는 숙제처럼. 바라는 대로가 아닌 있는 그대로의 자신을 받아들이고 이해한다면 우리의 자아와 권능감은 훨씬 더 강해진다.

자신의 결함을 인정하면 스스로에게 한계를 지우는 거라고 생각하는 사람이 있다. 내가 깨달은 바로는 오히려 반대다. 내 결함을 인정하고 헤쳐 나갈 방법을 알게 된 후로 기능을 더 못하게 된 게 아니라 더 잘하게 되었다.

ADHD를 진지하게 받아들이는 첫걸음은 '인정'이다. 우리가 자신의 어려움을 인정하고 다루려면 그 어려움이 심각한 것이든 아니든 간에 솔직해지는 것뿐이다. 자신이 갖고 있는 어려움의 심각성을 부정하고 도움이 정말로 필요하지 않다고 생각한다면 이 책에서 소개하는 그 어떤 치료와 전략, 편의, 환경 변화도 소용이 없을 것이다.

② ADHD가 있는 다양한 사람들과 교류하기

연구 자료를 읽는 일이 내 결함을 이해하고 진지하게 받아들이는 데 도움이 되었다면 다른 ADHD를 겪고 있는 다른 사람들과 함께 어울리는 일은 결함을 정상으로 여기는 데 도움이 되었다.

자신이 부끄럽게 여기는 어려움이나 지지가 필요했던 순간들에 대한 얘기를 주고받다 보면 정말 마법 같은 일이 일어났다(칭찬 스티커는 성인에게도 효과가 있다!).

'당연시되는 기대'라는 틀에 박힌 우리는 사라지고 있는 그대로의 우리만 남았다. 호기심 많고 열정적이며, 확산적 사고를 하며, ADHD가 있는 사람에게 구조적으로 맞지 않는 세상에서 살아가느라 발버둥 치고 있는 우리가.

나 자신에게서는 결함만 보였다. 내 ADHD 특성에서 좋은 점이 보이지 않았다. 그런데 다양한 특징을 지닌 ADHD 진단을 받는 사람들을 보고 있으면 그런 면들이 보였다. 그들에게는 재미있고 다정하고 마음을 끄는 면이 있었다. 관대하고 창의적이고 유치한 모습도 있었다. 열정적이고 야심이 있었다. 그리고 나와 다르지 않았다. 나는 ADHD를 가진 사람들이 너무 좋았고 덕분에 어느 순간부터 나를 좋아하게 되었다. 내가 겪는 여러 어려움에도 불구하고 나에게도 가치가 있을지 모른다고 생각했다.

뇌의 작동 방식이 자신과 같은 사람들과 함께 시간을 보내는 일은 정말 끝내주는 경험이다. 차츰 수치심이 사라지면서 우리는 서로의 눈을 통해 자신을 보게 된다. 자신이 재미있거나 재능 있거나 호기심 많거나 야심 찬 사람으로 보인다. 자신이 겪는 어려움도 지극히 정상으로 여겨진다. 그 어려움들이 신경전형인들에게는 이해되지 않겠지만 ADHD가 있는 사람들 사이에서는 정상적인 것이니까.

③ 뇌와 맞서지 않고 협력하기

어떤 일이 잘 안 되는 것 같아 괴로울 때는 더 열심히 노력하는 게 아니라 다르게 시도해야 한다. 다르게 시도하려면 먼저 뇌와 협력할 방법부터 알아야 한다. ADHD가 있는 사람들은 '올바른' 방법으로(올바른 방법이라고 쓰고 신경전형적인 방법이라고 읽어야겠지만) 하려고 억지로 안간힘을 쓰지 않으면 대체로 일을 훨씬 잘, 빠르게 해낸다. 뇌가 몰입 상태가 되면 비범한 실력을 발휘할 수 있다. 따로 시간을 내서 뇌에 잘 맞는 방식을 찾아내면 그만한 보람이 있을 것이다. 그 방법이 관습에서 벗어나는 것처럼 보여도 괜찮다.

참고로, 다음은 내가 뇌와 협력하는 방식이다.

- '당연시되는' 것보다 나에게 잘 맞는 것에 집중하기
- 내가 어려워하는 일들에 활용할 만한 전략 도구상자 갖추기
- 뇌가 가장 잘 작동할 시간에 이따금 나에게 가장 어려운 일을 해보기
- 가능하다면 ADHD 친화적인 상품과 서비스를 선택하기
- 나에게 필요한 도구/편의를 요구하거나 내가 직접 준비하기
- 주어진 과제에 협상의 자세로 접근하기. '과제를 해내기 위해 나에게 필요한 게 뭘까? 과제를 잘하려면 뇌에 필요한 게 뭘까?'

당신은 지금 아주 잘하고 있다. 계속해라!

살아오는 내내 너무 많은 일에서 자주 실패를 하다 보니 유튜브 채널을 개설할 당시엔 스스로에 대한 회의감이 가득 차 있었다. 머릿속 한구석에서 쉴 새 없이 지껄여 댔다.

'넌 이거 못해. 실패할 거야. 늘 그래 왔던 것처럼 얼마 못 가서 포기할 거라고.'

여전히 서빙 일로 생계비를 벌면서 채널을 막 시작했던 때라 포기

하지 않기가 정말로 힘들었다. 끊임없이 장애물에 부딪치고 있었기 때문이다.

어떤 주에는 영상 제작 일정이 뒤처져서 따라잡기 위해 교대 근무를 건너뛰어야 했다. 카메라의 배터리가 방전된 것조차 못 알아챌 때도 있었다. 일하러 다녀야 했기 때문에 영상의 재촬영도 자정이 되어서야 끝낼 수 있었다. 어떤 때는 새벽 1~2시에 끝나기도 했다.

한번은 해당 주제에 대한 조사가 너무 힘들었던 탓에 몇 주가 지나서야 겨우 마음을 추스르고 대본을 쓸 수 있었다. 또 한번은 새 배경막을 아래쪽부터 스팀 다리미로 다리려다 뚜껑이 떨어져 나가면서 뜨거운 물이 얼굴로 쏟아졌다. 결국 얼굴에 화상을 입어 촬영하지 못하고 응급실에 가야 했다.

그야말로 실수 연발이었지만 끝까지 헤쳐 나갔던 것은 내가 하고 있는 일에 대한 깊은 관심 때문이었다. 또한 머릿속에서 떠들어 대는 실패의 목소리가 틀렸다는 걸 증명하고도 싶었다.

그러다 어느 한 주에 이르렀을 때 한계를 느꼈다. 촬영과 편집을 해야 하는데 에피소드의 대본을 쓰지 못했다. 나는 실패할 것 같은 게 아니라 실패했다. 결국 트위터에 이 소식을 전하며 내 채널 커뮤니티에는 이렇게 해명했다.

"제 머릿속의 목소리가 맞았나 봐요. 저는 이런 일을 해낼 수 없나 봐요."

나는 내심 커뮤니티 사람들이 맞장구쳐 주길, 내가 도와주겠다고 내걸었던 약속에서 나를 풀어 주길 기다렸다. 이제 그만해도 된다고 말해 주길 기대했다. 사람들에게 욕을 엄청 먹어도 싸다고 생각했다.

그런데 욕을 먹기는커녕 격려를 받았다.

"무슨 소리예요? 아니에요. 당신은 잘하고 있어요. 계속해 보세요."

계속하기. 나는 그것이 하나의 선택지라는 걸 미처 모르고 있었다. 바보 같은 얘기로 들리겠지만 ADHD를 가지고 살아가면서 ADHD의 어려움을 붙잡고 씨름하는 사이에 나는 어느새 실패를 반복하면 게임 끝이라고 생각하게 되었다. 결국 시간이 다 되거나 이해받지 못한다고. 해고당하거나 절교를 당한다고. 사람들을 실망시키고 나 자신을 실망시키는 한계에 부딪쳐 결국 포기할 수밖에 없다고.

그런데 일단 포기하기를 실패하면 계속 밀고 나가 또 다른 시도를 해야 한다. 안 그런가?

나는 그동안 그만해도 된다는, 즉 포기해도 된다는 허락을 받아 왔다. 이번에도 그만해도 된다는 허락을 기대하고 있었다. 그런데 이번에 내가 받은 허락은 계속해도 된다는 것이었다.

나는 커뮤니티의 격려에 다시 의욕이 솟구쳐 '성공에서 중요한 것은 실패를 피하는 게 아니라 실패에도 불구하고 계속하는 것'이라는 주제로 영상을 만들었다.

그럼 어떤 상황에서든 거듭 실패하더라도 계속 노력해야 한다는 얘기냐고? 그건 아니다. 때로는 실패의 이유가 그 일이 자신에게 잘 맞지 않기 때문일 수도 있다. 맞지도 않는 일인데 가로막는 벽에 계속 머리를 부딪쳐 봐야 머리만 아플 뿐이다. 하지만 자신에게 중요한 의미를 갖는 일이라면 계속해 나갈 수 있다. 설령 실패하더라도 말이다.

실패한다고 해서 실패자가 되는 건 아니다. 실패는 성공의 반대말이 아니다. 그냥 어떤 일을 하다 보면 실패할 수도 있고, 앞으로도 그럴 수 있다.

실패가 거듭되어도 계속해 나갈 수 있는 힘은 다른 사람들의 격려다. 마치 전자오락실 게임에서 남은 목숨이 다해도 게임을 계속할 수 있게 해주는 동전과 같다.

때때로 누군가가 아주 의미 있고 인상 깊은 말을 해줄 때가 있다. 이런 말은 몇 번이고 쓸 수 있는 마법의 동전과도 같다. 나는 그날 이후로도 혹독한 실패를 몇 차례나 겪었다. 수치심과 낙담으로 좌절 직전까지 갈 때마다 마법의 동전을 썼다. 우리 커뮤니티 사람들이 아주 잘하고 있다며 해준 말을 떠올렸다.

"계속해 보세요!"

자신을 하찮은 존재로 여기거나 자신이 지지하는 누군가에게 격려의 말을 건네 봐야 달라질 게 없다고 생각하는 사람이 있다면 부디 알아주기 바란다. 그런 격려를 건네 준 누군가가 없었다면 당신이 들고 있는 이 책은 세상에 존재하지 못했음을.

모쪼록 이 책을 읽은 후 당신의 주머니가 마법의 동전으로 가득 차길 바란다. 지금 당장은 내 동전을 빌려주겠다.

당신은 지금 아주 잘하고 있다. 계속해라.

제3장

내 안의 야수를
길들이는 법

나는 한눈을 잘 팔지만
그것을 현대 기술의 탓으로 돌릴 수는 없다.
손에서 놓쳐 구름 속으로 사라진 풍선들을 지켜보느라
지금껏 보낸 그 많은 시간을 생각하면
도저히 못 그러겠다.

_콜슨 화이트헤드 Colson Whitehead

집중력의 묘약에는 한계가 있다

"제시카, 집중해야지."

사람들은 나에게 집중하라고 주의를 기울이라고 말할 때 내가 얼마든지 해낼 수 있는 것처럼 얘기한다. 당연히 그렇게 할 수 있다고 생각하는 것이다. 하지만 나에게 집중은 동사가 아니라 명사였다. 내가 행할 수 있는 것이라기보다 붙잡고 또 붙잡으려 해도 요리조리 잘 피하고 믿을 수 없는 짐승 같았다.

나는 어떤 신화 속 짐승을 끊임없이 쫓는 기분이었다. 나와 마법의 끈으로 묶여 있지만 장난을 좋아하고 숨바꼭질을 즐기는 짐승 같은, 집중력이라는 이름의 야수를 말이다.

나는 집중할(동사) 수 있을 만큼 충분한 집중력(명사)을 갖지 못하기 일쑤였다. 뭐든 그 순간에 해내려 노력 중인 과제에 대해서는 그랬다. 어찌어찌해서 간신히 집중력을 찾으면 이내 잘 활용했지만 그렇게 되기까지 쉽지 않았다.

어렸을 때 수업 시간에 선생님의 말씀에 주의를 기울이려고 애를 썼는데 금세 단어들과 날짜들이 뒤죽박죽되었다. 아직도 기억에 선하다. 내 이름이 불리자 나 자신도 집중하지 못하고 선생님도 내가 집중하지 못한 걸 알았던 사실을. 그래서 결국 반 아이들도 알게 될까 봐 조마조마하던 마음과 뒤이어 생긴 수치심도.

"죄송해요. 제가 딴생각을 했어요."

나에겐 집중하라는 말은 내 집중력을 붙잡으려는 노력을 그만하고 집중력을 찾은 것처럼 연기하라는 뜻이나 다름없었다. 나는 영화 〈몬티 파이튼의 성배〉에서 말 타는 시늉을 하는 기사들처럼 집중력 야수에 올라탔을 때 하는 모든 제스처를 연기하곤 했다. 올라탈 대상이 실제로는 없으면서 말이다.

바보처럼 느껴졌지만 적어도 집중한 척 연기하는 것은 어느 정도는 할 수 있었다. 손톱이 손바닥을 파고들도록 주먹을 꽉 쥐고 가만히 앉아 있거나 멍하니 책을 쳐다볼 수는 있었다. 실제로는 제대로 집중한 게 아니었지만 그렇게 하고 있으면 수업 중에 이름이 불릴 일은 없었다. 선생님 눈에 거슬리지 않으니 꾸지람을 듣지도 않았다.

내가 정작 어떤 일에 집중하고 있거나 집중력을 찾기 시작한 순간에는 남들이 보기엔 집중하지 않은 것처럼 보일 때가 많다. 대개는 뭘 먹고 있거나 머리카락을 만지작거리고 있을 것이다. 음악을 들으며 몸을 흐느적거리거나 흔들어 대고 있을 수도 있다. 아니면 눈을 감고 있을 때도 있다. 방금 알아낸 것을 빨리 알려 주고 싶어서 친구에게 문자를 하기도 한다. 수업을 듣고 있는 경우라면 5초마다 손을 들어 질문하거나 방금 배운 것을 구글로 검색하려고 스마트폰을 집어 들지도 모른다.

이야기 속에서는 주문을 걸어 마법에 걸린 짐승을 붙잡아 길들이기도 한다. 나도 나름의 마법을 부려서 여러 가지 재료와 주문을 실험해 봤다. 때때로 적절한 조합을 맞추고 내 주문 걸기를 방해하는 요소들이 없으면 정말로 집중력이 나타난다. 시계 소리, 의자 삐걱거리는 소리, 옷에 붙어 있는 라벨 등 주의를 흐트러뜨리는 모든 것에 신경을 끄고 목표한 곳에 이를 만큼 오랫동안 집중력에 올라타 있게 된다.

다만 안타깝게도 주문 걸기에 별난 재료가 필요한 데다 재료가 매번 바뀌는 게 문제다. 어떤 때는 캐릭터 인형 탈을 쓰고 흔들흔들 그네에 앉아 동물 모양 크래커를 먹으면 주문이 잘 통했다. 또 어떤 때는 그네 때문에 손이 아프고, 인형 탈은 너무 덥고, 동물 모양 크래커를 먹으니 동물원에 가고 싶기도 했다(그러면 이런 생각이 꼬리를 문다. '가만, 가장 가까운 동물원이 어디에 있지? 찾아봐야지!'). 무수한 하수 마법사들처럼 내 주문은 때때로 역효과를 냈다.

어떤 때는 그 야수가 나에게 주문을 걸 때도 있었다. 앉아 있다가 몇 시간이 지나 문득 깨닫고 보니, 내가 의자에 다리를 꼬고 올라앉아 밥을 먹는 것도 잊은 채 결혼식 순서를 짜고 있었다. 실제로 누구와 약혼한 것도 아니면서 말이다. 노트북은 여기저기에 포스트잇이 붙은 채 방전 직전이었다. 문자가 17개나 와 있었는데도 알림음을 한 번도 듣지 못했다.

만약 내가 집중을 하다가 자연스럽게 진이 빠지는 상태에 이른 것이라면, 또 열심히 내달리다 속도를 늦출 기회가 있다면 그것은 끝내주는 경험이었다. 반면에 내달리다가 일하러 나가야 할 시간이나 점심 약속을 한 친구와 만나야 할 시간을 넘겨 버렸을 경우엔 난감한 상황이 되었다. 아이러니하게도 나는 집중력을 붙잡는 것만이 아니라 집중하며 내달리다 다른 장애물과 부딪치지 않도록 잘 모는 요령까지 배워야 했다.

ADD, 즉 주의력결핍장애로 진단받고 자극제를 복용한 후에는 누군가가 나에게 묘약을 건네주는 기분이 들었다.

'먹으면 집중력이 나타나게 해줄 거야. 지속 시간은 4~6시간.'

심지어 지루한 일에까지 집중력을 갖게 해주니 정말 마법의 묘약이 따로 없었다. 마침내 나는 집중력을 붙잡느라 내 모든 에너지를 불태우거나 집중력을 불러내는 주문 걸기 한도를(또는 동물 모양 크래커를) 다 바닥낼 일이 없어졌다. 이제는 집중력을 갖게 되어 내 에너지를 필요한 일을 하는 데 쓸 수 있었다.

그렇다 해도 약은 완벽한 해결책이 아니었다. 집중력의 묘약이 약효를 나타내는 순간에 어떤 일을 해야 할지 신경을 써야 하는 문제가 있었다. 일단 약효가 발동될 때 욕조 안에서 SNS를 기웃거리고 있기라도 하면 4시간이 지나도록 욕조 밖으로 나오지 않았으니까.

가끔은 보험이 없거나 새로 든 보험에 적용이 되지 않아 약을 살 돈이 빠듯했다. 또 어떤 때는 약국에 갔다가 빈손으로 나오기도 했다. 그 약의 재고가 없거나 규제 약물이라 신분증을 챙겨 가야 하는데 깜빡했기 때문이다. 새로 처방전을 받기 위한 진료 예약을 깜빡할 때도 있었다(규제 약물이다 보니 떨어져도 처방전 없이 그냥 살 수 없었다). ADHD 약을 선뜻 처방해 주려는 의료인을 못 찾을 때도 있었다.

약이 떨어졌을 때는 모든 것이 예전보다 더 흐릿해 보였다. 집중력 묘약을 먹고부터 집중의 주문을 거는 일에 조금이라도 더 능숙해지는 게 아니라 오히려 더 서툴러졌다. 이제는 필요할 때 집중력을 갖는 것에 너무 익숙해져서 다시 집중력을 찾아야 하는데 약이 없을 때는 훨씬 더 좌절감이 들고 기운이 빠졌다.

물론 나에게 효과가 있고 거의 언제든 이용할 수 있는 묘약을 만난 일에는 감사했다. 다만 그 묘약이 없으면 너무 큰 무력감에 빠진다는 게 싫었다. 집중력 문제는 여전히 현재진행형인 평생의 싸움이라 이제는 붙잡고 씨름하기도 지긋지긋했다. 그래서 ADHD 연구 자료를 파고들기 시작했을 때 가장 먼저 관심을 기울인 주제가 바로 집중력이었다.

내가 배운 세 번째 사실들

나는 20년 동안 주의력이 결핍되어 있는 줄 알았다. 어쨌든 내가 처음에 받은 진단명이 주의력결핍장애이지 않은가. 이 진단명대로라면 뇌가 제대로 작동하기 위해서는 주의력 탱크가 충분히 채워져 있어야 하는데 나에겐 부족하다는 의미일까?

아니, 그렇게 생각한다면 오산이다. 사실 우리에게는 주의력이 충분히 있다. 우리에게 부족한 것은 주의력을 조절하는 능력이다. 혹시

도마뱀이 체내에 온도 조절 능력이 없어 체온 조절을 외부 환경에 의존한다는 것을 아는가? ADHD 뇌는 집중력 조절에 어려움이 있다 (조절의 문제라면 감정, 수면 등 더 있지만 그 얘기는 뒤에서 다룬다).

집중력을 조절하는 능력, 즉 하향식 주의통제top-down attentional control라고도 하는 이 기능은 전두엽 전부前部 피질에 의존한다. 이곳은 뇌에서 가장 마지막에 발달하는 부분으로, ADHD가 있는 사람들은 그 발달 속도가 훨씬 더디다. 심지어 완전히 발달하고 난 뒤에도 여전히 결함이 있다.

이런 이유 때문에 우리들이 집중력을 돋우기 위해 주문을 걸고 묘약을 먹는 것까지도 마다하지 않는 것이다. 사람들은 우리가 눈을 감고 있거나, 빈둥거리거나, 책상 위 물건들을 이리저리 움직인다는 이유로 집중하지 않고 있다고 넘겨짚는다. 하지만 우리는 집중력을 찾으려고 애쓰느라 그러는 것일 때가 많다. 도마뱀이 외부 환경에 의존해 체온을 조절하는 것처럼 우리도 그런 식의 외부적 방법으로 주의력을 조절하려는 것이다.

ADHD의 주의력은 누군가가 문을 열어 놓은 것과 같다

ADHD와 관련해 내가 처음으로 봤던 영상이 생각난다. '저스트 젠'Just Jen이라는 이름으로 영상을 올린 여성은 자신의 주치의가 ADHD의 주의력을 항상 열려 있는 문에 비유했다고 했다. 다른 사람들은 문을 닫고 집중할 수 있지만 ADHD 뇌는 문으로 뭐든 다 들어오게 놔둔다는 것이다. 그래서 다른 사람들은 주의를 기울이지 않을 수 있는 것들을 우리는 무시할 수가 없다고 한다.

"딴 데 한눈팔지 말고 집중해야지."

혹시 선생님에게 이런 지적을 자주 듣지 않았는가? 과학자들이 시선 추적 장치를 활용해 ADHD가 있는 사람들이 자신이 현재 하고 있는 일에서 얼마나 자주 다른 곳으로 주의를 돌리는지 측정했다. 그 결과, ADHD가 있으면 자신이 하고 있는 일에서 다른 데로 눈을 돌리지 않을 수가 없는 것으로 나타났다. 적어도 비ADHD 동료들이 할 수 있는 수준만큼 시선을 붙잡고 있지는 못한다.

딴 데로 주의를 돌리게 되는 건 외부의 방해거리들만으로 그치지 않는다. 우리의 뇌는 걱정이나 부정적 생각, 번뜩이는 새로운 아이디어에 '문을 닫는' 것도 남들보다 힘들어한다. 기억하는 일도 더 힘들어한다(제8장 '깜빡깜빡하는 뇌를 위한 기억력 사용법' 참조). 그 바람에 때로는 잊고 싶지 않은 것을 기억하거나 전하기 위해 애쓰느라 주의가 산만해지기도 한다.

때로 집중은 터널에 더 가깝다

문을 열어 놓는 것과 같은 이런 주의산만성과는 반대인 초집중에 빠지기도 한다. 깊은 몰입에 빠져 초집중 터널 밖의 것은 전혀 의식하지 않으면서 주의를 딴 데로 돌리지 못하게 된다. ADHD 진단을 놓치는 원인의 상당수는 이런 초집중 현상 때문이다. 사람들은 '자신이 원할 때'는 집중을 굉장히 잘할 수 있다는 이유로 ADHD가 있을 리 없다고 생각한다.

하지만 초집중은 ADHD 뇌에서 전형적인, 불안정한 주의력 조절 때문에 나타난다. 우리에게 초집중은 선택이 아니라 빠지면 헤어 나올 수 없는 것이다. 초집중이 일어나면 시간 가는 줄도 모른 채 그 일이 다 끝나고 나서야 벗어난다.

초집중은 때로는 우리에게 아주 유리하지만 그렇지 않을 때도 있다.[*] 딱히 다른 일정이 없을 때 마쳐야 할 과제에 초집중한다면? 정말 환상적인 일이다. 반면에 책 읽기에 초집중하다 정작 그 책을 낭독하기로 되어 있는 북클럽 모임을 놓친다면? 그리 좋을 게 없다.[**]

우리에겐 집중이 워낙 힘든 일이라 공들여 해야 할 일에 초집중하게 될 경우 '어려움에서 탈출하는 카드'를 얻은 기분이 들 수 있다. 이번엔 자신의 뇌와 싸우지 않아도 되니 말이다. 단, 모든 집중에는 대가가 따른다. 초집중으로 시간이 쏜살같이 휙 지나갔는데 실제로는 뇌가 10시간을 내리 일한 거라면 그다음 날에 영향을 미친다. 집중이 더 힘들어질 수 있다는 얘기다.

ADHD의 집중력은 흥미에 따라 결정된다

ADHD 뇌는 만성적으로 저자극 상태에 놓여 있어 자극제 처방을 하는 것이다. 우리는 어떤 일에 흥미를 느끼지 않으면 주의를 기울이기가 더 힘들다. 뭘 배우거나 부탁을 들어줄 때도 마찬가지다.

미국 시트콤 〈팍스 앤 레크리에이션〉의 한 장면이 이런 현상을 전

---

[*] 바클리 박사는 하고 싶지 않거나 그만하고 싶은데도 벗어날 수 없는 이런 상태를 가리켜 보속증 perseveration(어떤 새로운 동작을 하려고 노력하는데도 반복적으로 같은 동작을 하는 것—옮긴이)이라고 일컫는다.

[**] 이 얘기는 역시 ADHD가 있는 수지 이모가 겪었던 일이라며 들려주었다. "그 책 얘기를 하고 싶어서 내가 북클럽 모임을 얼마나 기대하고 있었는데."

형적으로 잘 보여 준다. 매력 터지는 괴짜 앤디 드와이어가 업무 지시를 내리는 사장의 말을 자르고 열띤 목소리로 외친다.

"무슨 일을 하라는 건지 사장님의 말씀이 머리에 잘 들어오지 않지만 그 일에 저의 110퍼센트를 쏟아붓겠습니다. 더 흥미롭게 다시 말씀해 주시면 바로 하겠습니다."

드와이어의 이 말에는 사장을 무시하려는 의도가 없다. 그의 뇌는 뇌 과학자들이 말하는 디폴트 모드 네트워크Default Mode Network, DMN(어떤 일에 집중하지 않을 때 활성화되는 뇌의 신경망으로, 우울, 불안, 산만한 상태에서는 지나치게 활성화된다. ─ 옮긴이)가 활성화되었을 가능성이 높다. 자율주행 모드에서 더 끌리는 대상을 찾아 주의가 산만해져 사장 말을 제대로 듣지 않으면서 '듣고 있었을' 것이다. 솔직히 말해 드와이어가 불쑥 꺼낸 이 말에는 꽤 예리한 메시지가 담겨 있다. 즉, 사장의 요구에 집중할 수 있는 편의를 구하며 자신을 보호하고 있다.

디폴트 모드 네트워크는 신경전형인 뇌보다 ADHD 뇌에서 더 잘 활성화된다.*** 이런 경향은 선택의 결과가 아니라 우리 뇌의 구조 때문이다. ADHD 뇌는 디폴트 모드 네트워크 내에 회백질이 신경전형인보다 많다. 그런 이유로 뇌의 이 부분이 활성화되기도, 활성화가 지속되기도 더 쉬워 한눈팔 거리와 뜬금없는 생각이 들어오게 문이 열려 있다. ADHD가 있는 사람들이 확산적 사고를 더 잘하는 이유가 여기에 있다.

*** 여러 조사에서 본 ADHD에 관한 설명 중 내가 가장 좋아하는 표현은 '마음의 고질적 방랑벽'chronic mind wandering이다.

> **확산적 사고**
>
> 가능성 있는 여러 가지 해결책을 찾아내거나 통통 튀는 생각의 전환을 통해 창의적인 아이디어를 끌어내는 인지과정. 확산적 사고는 보통 즉흥적으로 일어나고 순차적으로 이어지는 경우가 드물다. 그래서 확산적 사고를 하는 사람들은 아이디어가 풍부하고 독특하다.

ADHD는 무엇에 집중해야 할지 잘 모를 때가 많다

우리는 주의력 조절에 어려움을 겪는 것만이 아니라 집중할 대상의 우선순위를 정하는 일도 어려워한다. ADHD가 있으면 신호(해야 할 일)와 잡음(그 일 외의 모든 것)을 구별하는 일이 남들보다 더 힘들다. 어떤 일이 몹시 시급해 보이면 그 일을 우선순위로 삼기 쉽다. 결국 그 일에 집중하다가 종종 더 중요한 일을 희생시키기도 한다.[*]

무슨 일이 시급한지 확실하지 않을 땐 신호가 모두 똑같이 들려서 이러지도 저러지도 못하는 경우도 많다. 그런 탓에 결정장애decision paralysis가 흔하게 나타난다. 선택의 폭을 좁혀 보려 해도 수렴적 사고(주어진 문제를 해결하기 위해 여러 가지 대안을 분석·평가해 최종적으로 가장 알맞은 해결책을 선택해 가는 사고방식 — 옮긴이)가 필요한 일에서 확산적 사고를 하는 우리의 뇌가 자꾸만 고를 선택지를 더 많이 내주어 자칫 위축감에 빠진다.[*] 하지만 해야 할 일들이 다 시급하면 우리는

---

[*] 잘못 선택하면 어쩌나 하는 불안과 우리의 시간관념상의 어려움도 이런 결정장애에 한몫한다.

멀티태스킹 제대로 알기

ADHD가 있는 사람들은 신경전형적인 동료들보다 멀티태스킹의 경향이 더 높다. 안타깝게도 연구에 따르면 멀티태스킹은 우리가 생각하는 것처럼 시간을 절약해 주지 않는다.

동시에 여러 가지 일을 하고 있으면 대단한 기분이 들지는 몰라도 사실 뇌는 한 번에 여러 일에 집중할 수 없다. 말이 멀티태스킹이지 실제로는 여러 일 중 주의를 제대로 기울이지 않아도 되는 일이 있거나 우리가 빠르게 이 일 저 일로 주의를 옮겨 다니는 것이다. 주의를 옮길 때마다 조금씩 시간 손실이 생겨 주의를 딴 일로 돌렸다가 되돌아올 때 다시 그 일에 집중하기까지 최대 25분이 걸릴 수 있다.

멀티태스킹을 하다 보면 실수가 잦게 된다. ADHD가 있는 사람들의 경우엔 여러 일 중 하나를 까맣게 잊어버리는 횟수도 많다.

완전히 주의를 기울이지 않아도 되는 일은 멀티태스킹이 잘된다. 예를 들어 시트콤 재방송을 보며 천 번째쯤 해본 빨래를 개는 것이다. 일하기가 덜 지루해져서 다른 일보다 멀티태스킹 경향이 더 높다(이 부분에 대해서는 제7장 '산만한 뇌에 동기를 불어넣는 법'에서 다룰 것이다).

반면에 주의를 많이 기울여야 할 일을 멀티태스킹 하면 웃지 못할 코미디로 끝나기 쉽다. 예를 들어 처음 해보는 음식을 만들며 아이의 미적분 숙제를 도와준다면 어느 일도 제대로 못하기 마련이다.

그 일들을 동시에 해내려 애쓰다 결국엔 엉망진창이 되어 버리기도 한다.

우리 모두는 잡음이 많은 세상에 살고 있다

지금 우리는 어떤 책이든 몇 초 만에 뚝딱 찾아 주고 게임도 할 수 있는 반들반들한 슈퍼컴퓨터를 주머니에 넣어 다니는 세상에 살고 있다. 워치에서 알림이 울리고, 폰이 윙윙 진동하고, 인터넷 브라우저에 들어가면 팝업창이 연달아 뜬다. 모든 사람들이 서로 주의를 끌려고 경쟁적으로 쏟아지는 자극의 폭격 속에 놓여 있다.

이처럼 엄청나게 방해 요소가 많은 환경에서는 ADHD가 없는 사람들도 집중하기 힘들다. 에드워드 할로웰 박사는 이런 어려움을 '주의력 결핍 성향'attention deficit trait이라고 이름 붙였다.

주의력 결핍 성향은 ADHD와 다르다. 할로웰 박사에 따르면 만약 주의력 유지에 어려움이 있지만 현대 환경의 온갖 한눈팔 거리를 버리고 떠나 시골 생활을 하다가 마침내 평온을 얻는다면 ADHD가 없는 것이다. 그런데 시골에서 생활하다 너무 지루해서 파티라도 벌이기로 작정한다면 우리와 동족이 된 것을 축하한다.

쿤 S.(33세, 벨기에)

"저는 집중해야 할 때는 마치 마지막 남은 치약을 쥐어짜는 듯한 기분이에요. 그 일이 그다지 재미있거나 의욕을 돋우지 않으면 집중하기가 정말 힘들어요."

조슈아 S.(31세, 독일)

"ADHD 뇌는 집중할 때 여러 가지 전략이나 작업 도구가 필요해요. 물을 양동이에 담아 언덕 위로 나르는 것과 같죠. 물론 양동이 같은 도구가 있으면 도움은 되겠지만 기진맥진하게 돼요. 시작하기는 힘들고 그만두기는 쉽죠."

미리엄 R.(30세, 캐나다)

"집중과 초집중은 자전거와 초고속 열차를 타는 정도의 차이예요. 둘 다 목적지로 데려다주지만 하나는 내 쪽에서 안간힘을 써야 하고 다른 하나는 힘들이지 않고 쉽게 이루니까요."

집중력 조절을 위한 도구상자

자, 그럼 뇌에 뭘 해줘야 할까? ADHD 약은 잘 들으면 기적 같은 효과를 발휘한다. 뇌에 필요한 자극을 줘서 집중력을 잘 조절하게 해준다. 하지만 누구에게나 다 도움이 되는 건 아니다. 대체로 하루 일이 끝날 때쯤이나 예상보다 일찍 약효가 떨어져 언제든 유용한 선택지는 아니다.

내가 깨달은 바에 따르면 주의력을 도울 별도의 도구를 마련하는 게 정말 중요하다. 그런 도구가 있으면 집중해야 할 때, 누군가에게 집중하라는 말을 들을 때 선택지가 생긴다. 나의 멋진 친구이자 중학교 교사인 조 멜레카 포크트는 학생들에게 'FOCUS'Figure Out the Cause, and Use a Strategy(원인을 알아내서 전략을 써라)라는 두문자어를 활용해 집중하는 법을 가르친다. 이 두문자어는 '집중'을 명사, 즉 '우리에게 없을 때도 있는 것'에서 동사 '우리가 실제로 할 수 있는 것'으로 바꿔 생각할 수 있도록 도와준다.*

① 신호를 높이고 잡음은 낮추기

해야 할 일의 '신호'를 다른 일들의 '잡음' 속에서 놓치기 쉬우니 신호를 높이는 동시에 주위의 잡음은 줄여야 한다. 어디에 집중할지 더 확실해지고 어김없이 생각이 방랑할 때 되돌아오기도 쉽다.

• 확실한 암시 만들기

ADHD 뇌는 주위 환경의 암시에 신경전형적 뇌보다 더 민감하게 반응한다. 이 점을 이용해 해야 할 일을 일깨워 줄 암시는 시야에 들어오게 하고, 하지 않아도 될 일을 상기시킬 암시는 시야에서 벗어나도록 조정한다(더 자세히 알고 싶다면 265쪽 '단서 활용하기' 참조).

• 일의 순서 정리하기

완수하고 싶은 일을 하기 전에 일의 순서를 차근차근 정리해 놓으

---

* 멜레카 포크트가 친절하게도 교사들이 이 방법을 어떻게 활용하는지 알려 주었다. 505쪽 QR 코드를 스캔해 자료를 찾아보기 바란다.

면 오만 가지 방해 요소들이 유혹해도 경로를 이탈하기가 쉽지 않다. 내 유튜브 채널의 운영 책임자 J2는 이 과정을 '도미노 세우기'라고 부른다. 경로를 깔아 놓을 방법으로는 리스트 작성, 일정표 검토, 침대에서 나오기 전에 그날 하루의 바람직한 일과를 머릿속으로 그려 보기 등 여러 가지가 있다.

- **방해 요소에는 방해 요소로 맞서기**

음악, TV 프로그램, 피젯 토이 등 '한눈팔 거리'를 신중히 골라서 준비해 두면 뇌가 충분히 자극받아 뭔가 더 흥미로운 것에 한눈팔 일이 없어진다.

데이비드 A.(47세, 캐나다)

"저는 개를 산책시키고 명상을 한 다음 일기를 써요. 이를테면 '까먹지 않기' 위해 불안한 걱정거리를 적는 거예요. 커피도 마시고 혼자서 조용히 일할 수 있게 작업 환경을 만들어 놓기도 해요. 그러면 4시간 정도(점심시간 전까지) 집중이 잘돼요."

마이크 G.(33세, 몬태나주)

"저는 약을 먹으면 집중에 방해가 되는 것들을 극복하게 돼서 초집중 상태에 들어가기가 쉬워져요. 포모도로 타이머(할 일들을 실행 가능한 시간 분량으로 나누도록 도와주는 타이머 앱)도 '전환/시작' 문제를 극복하는 데 유용해요. 이 방법을 쓰면 10분 동안 어떤 일을 하도록 집중할 수 있거든요."

나타샤 L. (25세, 플로리다주)

"제가 쓰는 방법은 자극 미터기 채우기예요. 팟캐스트를 들으며 설거지를 하거나 음악을 들으며 청소를 하는 식으로 자극을 높이죠. 하지만 균형을 맞추는 게 중요해요. 집중력을 높이려면 적절한 자극으로 미터기를 100퍼센트에 가깝게 채워야 하죠. 예를 들어 높은 집중력이 필요한 작업을 할 때는 연주곡 같은 낮은 자극을 추가하고, 덜 집중해도 되는 작업을 할 때는 더 강한 자극을 줘요. 이렇게 하면 머리가 딴생각으로 새지 않고 집중력을 유지할 수 있어요."

② 무비판적으로 주의력 되돌리기

우리의 뇌는 어수선한 난장판이다. 이 세상 누구도 자신의 생각을 전적으로 통제할 수는 없으며 ADHD가 있는 경우라면 생각을 통제하기가 더 힘들다. 그래도 다행이라면 흐트러진 주의력을 다시 모으기 위해 쓸 수 있는 전략이 많다는 것이다.

• **마음 챙김**

마음 챙김이란 무비판적인 태도와 호기심을 갖고 의도적으로 현재의 활동이나 생각과 감정에 주의를 다시 모으는 것이다. 예를 들어 설거지를 하고 있다면 손에 닿는 물의 감촉에 주목해 보는 것도 괜찮다. 설거지가 하기 싫어질 때 그 물의 감촉에 주목하는 식이다.

'어라, 이거 재미있잖아. 계속해야겠는걸.'

마음 챙김을 하면 자의식이 향상되고 필요할 때 주의를 다시 돌리는 능력도 강해진다.

- **물리적 장애물 설치하기**

내가 즐겨 쓰는 방법은 포스트잇에 '할 일'과 '하지 않아도 될 일' 리스트를 적어 두는 것이다. 두 리스트 모두 일하는 동안 잘 보이는 곳에 놔두고, 경로에서 벗어나려 할 때 참고하면 좋다.

물리적 장애물을 설치해도 괜찮다. 내 경우엔 요리를 할 때 자꾸 주의가 산만해져서 유아 안전문을 설치한 적이 있다. 요리를 하다 생각이 딴 데로 새면 불 위에 냄비 올려 둔 것을 까먹기 일쑤였는데, 유아 안전문에 부딪치면 다시 주의력이 돌아와서 요리에 집중할 수 있었다.

- **불쑥 생각나는 일은 종이에 메모하기**

갑자기 어떤 해야 할 일이 떠오르면 바로 실행하지 말고 '잠시 주차하듯' 메모해 둔다. 시급한 과제를 마친 뒤에 그 메모를 보면서 정말로 당장 주의를 기울여야 할 일인지 따져 본다. 그런 식으로 떠오른 일들은 알고 보면 생각했던 것보다 중요하지 않은 경우가 많다.

이 전략은 주의산만성 지연 능력, 다시 말해 방해 요소에 대한 반응을 미루고 하던 일을 계속하는 능력을 높이는 데 좋다. 우리의 뇌가 하기 싫어하는 일을 할 때 특히 유용하다.

마달레인 R.(24세, 캐나다)

"저는 매일 5분 명상을 한 후 10분 동안 간단한 요가도 해요. 덕분에 이제는 집중력이 흐트러져도 그 상황을 의식하고 호흡에 주의를 기울이면 천천히 집중하고 싶은 일로 잘 돌아올 수 있어요."

니키 M.(35세, 미국)

"저는 집 여기저기에 고무줄처럼 늘어나는 코일링 팔찌를 놔둬요. 요리처럼 깜빡하면 위험해질 일을 할 때는 꼭 그 팔찌를 차요. 팔찌를 만지작거리면 하고 있던 일이 떠올라요."

프리 P.(78세, 조지아주)

"저는 작은 크기의 리갈패드(줄 쳐진 노란색 노트−옮긴이)에다 한눈팔게 하는 것은 뭐든 다 적어 둬요. 리갈패드를 방마다 놔두고 있어요. 그렇게 적은 '나에게 쓰는 편지'는 업무용 책상에 쌓아 놓았다가 10분가량 여유 시간이 날 때 훑어본 후 가차 없이 버려요."

③ 초집중을 위한 환경과 난간 설치하기

고도의 집중력은 양날의 검과도 같다. 한 가지 일에 지나치게 몰입하면 그 외 모든 것을 잊어버릴 수 있다. 또한 그런 흐름에 빠져들면 다른 모든 것을 잊고 한 가지 일에 집중할 수도 있다.

스스로에게 초집중 상태에 빠질 수 있는 충분한 시간을 주되, 다른 일을 해야 하거나 필요할 때 잘 빠져나올 수 있도록 도와주는 난간도 있어야 한다. 그러면 낭떠러지로 곧장 떨어지지 않고도 초집중을 잘 활용할 수 있다.

- **초집중이 일어날 적절한 환경 만들기**

사람마다 고도의 집중력을 발휘하는 방식이 다르다. 이때 대부분의 사람들은 어느 정도 시간을 할애해 열심히 몰두하려는 노력과 더불어 장시간 집중해서 일할 수 있는 환경도 필요하다. 나는 일을 하기 전에 내 뇌가 다른 일에 매달리지 못하게 하는 동시에 의도적으로 내가 하고 싶은 일에 뇌를 집중하도록 유도한다.*

- **시간 정해 두기**

오랫동안 초집중할 수 있다고 해서 일을 계속하는 것은 이롭지 않다. 때로는 집중력을 제한하고 잠자리에 들기 위해 휴식을 취하거나 음식을 먹거나 몸에 필요한 다른 일을 할 수 있도록 시간을 할애해야 다음 날에도 생산적인 하루를 보낼 수 있다. 이렇게 하면 전반적으로 더 좋은 두뇌 활동과 생산성 향상으로 이어진다. 그러니 잊지 말고 꼭 알람을 설정해 두자.

---

* 물론 이게 늘 잘되는 건 아니다. 그래서 집중하지 못할 때 '입가심 거리'를 끼워 넣는 요령을 익히고 있다. 입가심 거리란 한 가지 일에서 그만 손을 떼고 다음 일로 넘어가도록 짧은 시간에 할 수 있는 활동이다.

- **스스로에게 '빵 부스러기' 남기기**

이제는 정말 그만해야 하는데도 다시 시작할 자신이 없어서 그만하기가 두려울 때가 있다. 초집중 시간을 끝내야 한다면 남아 있는 정신적 에너지를 조금만 끄집어내 다음 두 질문에 답을 해본다.

① 방금까지 무슨 일을 했지?
② 이 일을 계속한다면 어떻게 될까?

여기에 답하며 암시를 남겨 놓으면 동화 《헨젤과 그레텔》의 빵 부스러기가 뿌려진 길처럼 이튿날에 하다 말았던 그 일로 쉽게 되돌아갈 수 있다. 그러려면 일을 다 해치우지 말고 빵 부스러기처럼 남겨 두어야 한다.

피트 W. (32세, 애리조나주)

"저는 적절한 음악과 환경이 갖추어지면 쉽게 초집중 상태에 빠져요. 이를테면 경쾌하되 속도나 가사가 너무 격렬하지 않은 음악이나 비디오 게임 음악이 아주 도움이 돼요. 환경은 빛이 너무 밝지 않고 다른 사람들이 내는 소음이나 알림음이 시끄럽지 않아야 해요."

미리엄 R. (30세, 캐나다)

"저는 초집중 상태가 되면 미리 알람을 맞춰 놓지 않는 한 빠져나오기 힘들어요. 독서든 뭐든 하던 일을 끝장을 볼 때까지 놓질 못해요. 일단 생각에 깊이 빠지면 전혀 예상치 못한 소리만 빼고는 어떤 소리도 안 들려요."

④ 몸을 움직이기

우리는 가만히 앉아 있으면 집중이 더 잘될 거라는 권유를 자주 받는다. 하지만 오히려 하루 일과에 몸을 움직이는 활동을 끼워 넣으면 집중하기가 더 쉽다.

- **운동하기**

운동을 하면 신경전달물질인 도파민과 노르에피네프린이 증가한다. 둘 다 자극제가 집중을 돕기 위해 생성시키는 바로 그 화학물질이다. 운동으로 집중력 상승 효과가 지속되는 시간은 대체로 운동 후 1시간가량이다. 머리를 많이 써야 하는 일을 시작하기 전에 미리 운동을 해두면 좋다.

- **'앉아 있기'의 대안 찾기**

예를 들어 책상 밑에 러닝머신이 달린 스탠딩 데스크를 사용해 걸으면서 일하면 운동의 이점을 챙기면서 '꼼지락거릴' 방법이 되어 준다. 요가 볼, 흔들의자나 회전의자, 바이크 체어 등의 이색 의자도 뇌의 집중을 돕는 자극을 더한다. 일반 의자도 다리에 바운싱 밴드를 묶어 유용하게 활용할 수 있다. 그날 그날 뇌의 필요에 따라 의자를 바꾸는 것도 좋은 방법이다.*

- **다른 공간으로 옮기기**

집중하기 힘들 때는 다른 방이나 건물로 자리를 옮기거나 다른 지역으로 이동하면 환경을 리셋해 재집중하는 데 도움이 된다(나는 이번 장을 애리조나주의 공유 숙소에서 썼는데 효과가 있었다). 집중력을 찾는 문제에서는 경우에 따라 방해 요소가 없는 환경이 중요할 때도 있고, 색다른 환경이 중요할 때도 있다.

> **아나 루이사**(26세, 브라질)
>
> "전 몸을 움직이거나 이동하면서 집중해요. 버스를 타거나 걷거나 해먹에서 흔들거리면 몰입이 잘돼요. 리포트를 쓰다 막힐 땐 보통 밤에 그 리포트를 소리 내 읽으며 녹음해 두었다가 매일 운동하면서 들어요. 이리저리 돌아다니며 읽다가 나무에 부딪쳐서 눈썹이 찢어진 뒤로 방법을 바꿨죠."

---

* 내가 가장 좋아했던 교실은 선생님과 가까운 쪽에 책상과 의자를 배치하고 가장자리에는 소파가 빙 둘려 있던 곳이었다. 그 교실에서는 책임감을 갖고 집중해야 할 때는 책상에 앉고, 불안감이 높거나 깊은 몰입에 빠져야 할 때는 긴장을 풀기 위해 소파에 앉을 수 있었다. 그렇게 그날의 필요에 따라 자리를 선택할 수 있어서 다른 교실보다 훨씬 공부를 많이 하게 되었다.

> **앨리슨 B.**(44세, 버지니아주)
>
> "제가 교사가 된 이유는 돌아다닐 가능성이 있기 때문이었어요. 몸을 움직이면 집중을 훨씬 잘해서요. 그런데 막상 학생들을 가르쳐 보니 가만히 앉아서 하는 일이라 괴롭더라고요. 책상 밑에 일립티컬 머신을 놔두면 그나마 다행이랄까요."

⑤ 뇌를 쉬게 하기

집중을 하면 에너지가 소모된다. 어떤 식의 집중이든 예외는 없다. ADHD를 가진 사람들에게는 '머리가 잘 안 돌아가는 날'이 실제로 존재한다. 뇌의 컨디션이 안 좋을 때는 이를 극복하려고 억지로 애를 써서 극복하는 게 가능하거나 그렇게 해야만 하더라도 그 노력의 이득이 손해보다 큰지를 따져 봐야 한다. 뇌에 휴식이 필요할 때는 잠시 쉬어가는 것이 최선의 선택일 수 있다. 그렇게 해야 이후에 더 잘 집중할 수 있는 기회가 생긴다.

- **뇌 휴식하기**

정신적 에너지가 떨어지고 있는데도 뇌를 계속 써야 한다면 시간을 정해 '뇌 휴식 시간'을 가지는 게 좋다. 잠시 동네를 산책하거나 가벼운 게임을 하거나 창밖을 멍하게 바라보는 것만으로도 뇌의 생산성을 유지할 수 있다. 지치고 예민할 때, 적절한 휴식은 오히려 더 오래 집중할 수 있도록 도와준다. (잠을 자는 것도 훌륭한 뇌 휴식 방법이다.

이에 대한 자세한 내용은 제5장 '잠 못 드는 뇌를 위한 최적의 수면법'에서 더 자세히 다룬다.)

• **쉴 시간 미리 정해 두기**

시간이 오래 걸리고 인지적 소모가 큰 일(기말 시험 공부나 프레젠테이션 준비 등)을 할 때는 가급적 하던 일을 멈추고 쉴 시간을 일정에 꼭 챙겨 넣는다. 점심시간에 공원에 가거나 운동 회원권을 끊는 등 쉴 시간이 있어야 한다. 일주일 동안 그 일에서 손을 떼는 방법도 있다. 이렇게 하면 뇌가 재충전되고 스트레스를 일으키는 자극에서 멀어져 번아웃을 예방할 수 있다.

• **자기통제에서 벗어나 휴식하기**

ADHD가 있는 많은 사람들이 스스로 '편히 쉬는 것을 잘 못한다'고 느끼는 이유는 긴장을 풀려고 노력해도 결국 다른 뭔가를 또 하기 때문이다. 우리는 자기통제에서 벗어나는 것이 곧 휴식이다. 가끔은 뇌가 하고 싶은 대로 그냥 내버려두자. 설령 하고 싶은 일이 새로운 프로젝트여도 상관없다. 그 편이 휴식 활동에 집중하라고 뇌를 다그치는 것보다 더 편안해지는 길이다.

루실라 S. (30세, 멕시코)

"저는 대학생 때 리포트를 잘 쓰는 유일한 방법이 로맨틱 코미디 영화 보기였어요. 20분쯤 리포트를 쓰다가 15분 정도 영화를 보고 나서 다시 리포트를 썼어요. 포모도로 기법과 좀 비슷한데, 이때 영화는 이야기 흐름이 따라가기 쉽고 아직 안 본 영화여야 해요."

엠리스 H. (32세, 캘리포니아주)

"저는 강의 중간중간에 '뇌 휴식 시간'을 가져요. 안 그러면 머릿속에 아무리 많은 정보를 욱여넣으려 해도 안 돼요. 고양이 영상을 보거나 밖에서 잠깐 걷는데 그러면 엄청 효과가 좋아요. 뇌 휴식을 할 때와 하지 않을 때의 결과가 확연히 달라요."

제니퍼 S. (38세, 미시간주)

"저는 육체적으로 힘들고 반복적인 활동을 하면서 뇌를 쉬게 해요. 몸을 움직이느라 정신이 너무 없어서 뇌에서 생각 파티를 벌일 틈이 없어요. 노 젓기나 가벼운 산책도 괜찮고 어떤 일을 하다 중간에 틈틈이 해도 효과가 있어요. 그러면 잠깐이나마 평온한 시간을 갖게 돼요."

잡음에 대한 변호

나는 아루시 아그니Aarushi Agni 기자와 인터뷰하면서 신호를 높이고 잡음을 줄이는 내 나름의 방법을 자랑스럽게 얘기했다. 집중하는 데 도움이 되는 환경 만들기로, 이를테면 게임용과 작업용 컴퓨터 따로 두기, 일정에서 할 일들을 제한해 부담감에서 벗어나기, '할 일'과 '하지 않아도 될 일' 리스트를 포스트잇에 적어 책상에 붙여 놓기 등이었다.

아그니 기자는 생각에 잠긴 표정으로 고개를 끄덕이다 말했다.

"가끔은 잡음이 신호가 되기도 하잖아요."

"그게 무슨 말이에요?"

"일하다 보면 가끔씩 주의를 흐트러뜨리는 생각이 앞으로 집중하고 싶은 새로운 프로젝트가 되기도 하니까요. 정말 아이러니하죠."

아그니 기자가 픽 웃어 보이자, 나는 퍼뜩 생각나는 일이 있어서 천천히 고개를 끄덕였다.

언젠가 일은 안 하고 트위터를 기웃거리고 있었다. 그때 사람들에게 가장 좋아하는 뮤지컬이 뭐냐고 묻는 게시글을 보게 되었다. 그 글의 댓글에 어떤 사람이 〈숲속으로〉Into the Woods라는 뮤지컬이라고 쓴 게 눈에 들어왔다. 내가 안 본 작품이어서 그날 할 일을 건너뛰고 보러 갔다. 그리고 너무 감동한 나머지 그 뮤지컬을 주제로 일종의 영상 에세이를 만들었는데 지금까지도 나의 가장 자랑스러운 성취로 꼽힌다.

집중은 멋진 일이지만 주의가 산만해지는 것에도 나름의 가치가 있다. 산만함에는 혁신의 씨앗이 깃들어 있다. 돌이켜 보니 집중하려고 애쓰다 오히려 창의성이 떨어졌던 경우도 있었다.

유튜브 채널을 시작했을 당시만 해도 내 뇌는 대체로 줄에 얽매이지 않고 자유로웠다. 모래 상자에 들어가 장난을 칠 수 있을 정도였다. 그때의 나는 여러 가지 별별 비유를 생각해 냈다. '종이 괴물'(어지럽게 수북이 쌓인 우편물과 종이를 가리켜 내가 붙인 말), '마법의 응원 동전', '동기부여 다리' 등. 우리가 사소한 것들에 집중하는 이유를 설명하기 위해 영화 〈매트릭스〉 속 배우들처럼 옷을 입었다. 일상적으로 하는 규칙적인 일들이 어떤 도움이 되는지를 설명하기 위해 손가락 꼭두각시 인형을 만들어 도미노를 걷어차게 연출했다. 카메라 앞에서 '숙제 모자'를 쓰고 들썩들썩 춤을 추며 대왕 피자를 먹기도 했다. 나는 집중력을 잘 통제하게 되면서부터 생산성은 더 높아졌지만 이런 창의성은 다소 잃어버렸다.

뇌가 방랑을 하지 않으면 예상치 못한 것을 가지고 돌아올 수 없다. 농사를 지을 때 옥수수를 심으면 옥수수를 얻는다. 반면에 먹을 것을 찾으러 나가거나 그냥 숲을 어슬렁어슬렁 돌아다니면 딸기를 찾을 수도 있다. 아니면 버섯을 발견할 수도 있다. 요정들을 볼지도 모른다(이러면 안 될 이유가 있을까?).

우리 ADHD 뇌는 확산적 사고에 아주 뛰어나다. 다양한 아이디어와 이것저것을 조합해 참신한 문제해결 방법을 생각해 낸다. ADHD가 있는 사람들 중에 발명가, 기술 쪽 얼리어답터, 산업계 리더 등 기존 틀을 깨는 혁신가들이 많은 이유가 여기에 있다. 어쩌면 우리는 집중력을 높이는 데만 모든 에너지를 쏟느라 정작 새롭고 자유롭게 생각을 펼칠 능력을 잊고 있는지도 모른다.

자신이 가진 것을 당연시하면서 가지고 있지 않은 것을 찾는 것은 자연스러운 일이다. 하지만 적절한 균형도 필요하다. 소나기처럼 갑작스럽게 떠오르는 아이디어를 얻으려면 소나기 같은 갑작스러움이 끼어들 수 있는 시간도 가져야 한다.

  이런 이유로 나는 더 적절하게 균형을 맞추려고 노력한다. 집중해야 할 때는 가지고 있는 도구를 써서 집중하되, 스스로에게 방랑할 시간도 내준다. 이제는 내 집중력 야수를 잘 길들였고 집중력을 이끌어 내는 요령도 안다. 하지만 때로는 집중력 야수가 가고 싶은 곳으로 나를 데려가게 놔둔다. 나를 깜짝 놀라게 하도록 내버려둔다. 그러다 보면 함께 짜릿한 발견을 하게 된다.

  우리가 어떤 여정에 있든 간에 우리의 뇌는 방랑을 하게 되어 있다. 그래도 괜찮다. 어떤 경우든, 언젠가는 결국 다시 데려올 수 있으므로.

제4장

뇌의 실행기능을 향상시키는 법

**이제 당신은 완벽해지지 않아도
괜찮은 사람이 될 수 있어요.**

_존 스타인벡 John Steinbeck, 《에덴의 동쪽》

새해 ADHD 받으세요

새로운 사무실로 이사할 날을 앞두고 있으니, 새 학년을 시작할 때마다 가졌던 환상이 슬그머니 일어난다. 이제는 정리정돈을 제대로 잘 할 거라는 환상이다. 마침내 기대에 걸맞은 사람이 될 거라고, 내 공간이 마땅히 그래야 할 모습이 될 거라고, 이번에는 완벽할 거라고. 안 될 게 뭔가? 맨 처음부터 다시 시작하는 건데.*

  나는 새 학년을 맞아 학교에 가기 전 일주일 내내 천국을 만난 듯 낙천적인 하루하루를 보내며 준비를 했다. 책가방, 새 바인더, 색인표, 플래너부터 정리를 해놓고 그대로 잘 관리하기 위해 필요한 서류

---

*   사실 내가 정말로 맨 처음부터 시작한다고는 할 수 없다. 내가 가진 습관, 루틴, 뇌, 어수선함이 어디 가겠는가? 그런 면들이 아직 드러나지 않았을 뿐이지.

철까지 준비했다. 엄마는 서류철 정리 요령을 알려 주며 관리 방법을 설명해 주었다.

새 학년이 시작되고 2주쯤 지나면 그 모든 준비와 엄마가 알려 준 요령은 무색해졌다. 뭐가 되었든 찾을 수가 없었다. 깜빡하고 제출하지 않은 숙제가 책가방 바닥에 과자 부스러기와 뒤섞인 채 구겨져 있어서 엄마가 자주 내가 책가방을 정리하게 도와주었다.

어쩌다 이렇게 된 걸까? 나도 뭐라고 설명해야 할지 모르겠다. 그냥 시스템이 무너져 버렸다.

성인이 되었을 때는 새 지갑과 새 아파트, 새 책상으로 ADHD 새해를 축하했다. 새로운 취미와 우정, 경력, 신용카드를 갖기도 했다. 새로운 집으로 이사한 후, 수납정리함과 청소용품을 사서 물건들을 정리하며 스스로를 자랑스러워하곤 했다. 그러다 2주쯤 지나면 물건을 놓을 자리란 자리는 온통 어지럽고 싱크대에는 그릇이 수북이 쌓여 있었다. 방금 봤던 물건조차 찾으려면 몇 시간씩 뒤져야 했다.

가끔은 새로운 시스템을 알게 되어 새로운 출발을 기대했다.

"그래, 좋아. 금전 관리가 엉망인데 지금까지 해본 방법들은 전부 도움이 안 됐어. 이건 내가 아직 시도해 보지 않은 시스템이야. 내게 딱일지도 몰라."

안타깝게도 내가 생활을 잘 꾸려 가려고 도입한 시스템들은 거의 모두가 시도하는 즉시 실패했다. 실패하는 이유는 대체로 다음 몇 가지가 이래저래 조합된 결과였다. 그 시스템을 깜빡하고 활용하지 않거나 활용 방법을 잊어버려서. 그 시스템을 분실하거나 싫증이 나서. 활용법을 아주 중요하게 보관했는데 어디에 두었는지 찾을 수가 없어서. 새로운 시스템을 나중에 해보자고 다짐하고 실천하지 않아서. 휴대폰이 망가졌는데 백업을 해두지 않아서. 어쩌다 앱을 지워 버렸거나 암호가 기억나지 않아서. 더는 시도해 볼 여유가 없어져서. 살다 보면 그렇듯 청소/요리/정리를 하기로 정해 놓은 날에 몸이 아프거나 친구 집에 놀러 갔다가 다른 날 다시 할 생각도 못하고 얼렁뚱땅 넘어가서. 시스템이 무너지면서 원래는 잘하도록 도와줄 방법들이 모조리 엉망이 되어서. 내 일 때문에, 시간 때문에, 관계 때문에, 경제적 사정 때문에.

완벽하게 정리된 상태로 유지한 경우도 있지만 그것은 내가 시스템을 기를 쓰고 지켜서 겨우 가능했다. 정말 강박적일 만큼 지켰다. 아무리 피곤해도 상관하지 않았다. 그렇게라도 지키지 않으면 모든 것이 무너질 것 같아 옷도 곤도 마리에 近藤 麻理惠(일본의 정리수납 전문가―옮긴이) 스타일로 갰다. 미리 짜둔 식단 계획이 꼬일까 봐 누구와도 밖에서 저녁을 먹지 못했다. 때때로 컬러 연필들을 색깔별로 정리해 놓으면 어수선해지는 걸 막아 줄 유일한 희망처럼 느껴졌다. 누가 빌려 달라고 해도 빌려줄 수가 없었다. 내가 쓸 일이 없는 색이라도.

제대로 해낼 요령도 모르면서 제대로 해내려 노력하다 보니 얻는 만큼 잃는 것도 감수해야 했다. 살다 보면 생기는 별일들이 없어야 가능했기에 그런 별일들을 차단하다 이런저런 손해를 보기도 했다. 물론 이런 방식은 제대로 해내려는 노력의 전반적 목표, 즉 삶을 더 쉽게 살아가는 목표를 망가뜨렸지만 나로선 그것이 원하는 것을 얻기 위해 어쩔 수 없이 감수해야 할 손실로 느껴졌다.

내가 배운 네 번째 사실들

돌이켜 보면 나의 이런 정리정돈 욕구는 자주 내 통제력을 벗어나는 삶에서 통제 비슷한 것을 얻으려는 방법이었다. 어수선해지는 것을 막는 시스템과 규칙을 찾으려고 줄기차게 노력한 이유는 내가 해야 할 일을 더 잘하기 위해서였다. 나 스스로가 엉망진창으로 느껴지고 삶이 뒤죽박죽이라면 뭘 해야겠는가? 정리다.

내가 가진 어수선함은 내 일상에도 눈덩이 효과(어떤 일이 날이 갈수록 커지거나 불어나는 일을 비유적으로 이르는 말—옮긴이)를 불러일으켰다. 무언가를 찾지 못해 지각하고, 늦어서 서두르다 물건을 엉뚱한 곳에 두고, 나중에 정리해야겠다고 생각하지만 결국 까맣게 잊어버린다. 나는 늘 제대로 생활하는 데 어려움을 겪었고, 정리정돈을 하다 보면 더 잘 할 수 있을 거라는 말을 계속 들었다. 그래서 정리정돈에 엄청난 시간과 노력, 돈 그리고 갖가지 자원을 쏟아부었다.

그런데 사실은 우리가 듣는 그 말과는 정반대다. 우리처럼 ADHD를 가진 사람이 어려움을 겪는 이유는 아직 적절한 시스템을 찾지 못했거나 '충실히 지키지 않아서'가 아니다. 실제로는 반대로 생각해야 한다. 우리가 이런 시스템을 충실히 지키는 데 애를 먹는 이유도 우리의 일과 시간, 행동, 감정, 말이 주변 사람들에게 '의도치 않은 영향을 미치는' 이유도, 뇌의 '실행기능'에 문제가 있기 때문이라고.

실행기능이란 무엇일까?

실행기능은 뇌의 CEO와 같다. 장기적인 목표 달성을 위해 효율적으로 계획을 세우고 우선순위를 정해 계속 노력하게 자율적 조절을 돕는 일련의 하향식 인지과정(실행기능)이다.

> **실행기능**
>
> 장기적 목표 달성을 위해 효율적인 계획을 세우고 우선순위를 정해 계속 노력하도록 자율적 조절을 돕는 일련의 하향식 인지과정.

이런 인지과정이 일어나는 뇌 부위는 전두엽 전부의 피질로, 뇌에서 마지막에 발달하는 곳이다. 대부분의 사람들은 실행기능 시스템이 25세 무렵이면 발달이 마무리된다. 그런 이유로 실행기능에 의존하는 많은 기술들을 '어른이 되는 것'과 연관 지어 생각한다. 이를테면 일에 대한 경력을 관리하고, 좋은 결정을 내리고, 공과금을 제때 내고, 여기저기 부딪치지 않고 차를 운전하는 등의 기술이다.

조직 시스템, 재무 시스템, 프로젝트 관리 시스템은 상당수가 실행기능을 지원하기 위해 설계되지만 한편으론 시스템 자체가 해당 시스템을 사용하는 사람의 실행기능에 의존하기도 한다.

이쯤 되면 내가 이어서 어떤 얘기를 꺼낼지 짐작이 가지 않는가?

ADHD 뇌는 실행기능에 결함이 있다

유튜브 채널을 시작했을 때 나는 부주의함이 내가 가진 유일한 결함이라고 생각했다. 지금은 그 부주의함이 주의를 잘 조절하지 못하는 어려움이라는 것을 안다. 그런데 내 결함은 그것만이 아니었다.

ADHD가 있는 사람은 실행기능에서의 어려움 때문에 힘들어하기도 한다. ADHD 뇌에서 대체로 저하되어 있는 실행기능은 다음과 같다.

- 반응억제

목표에 방해가 되는 행동이나 특정 상황에서 부적절한 행동을 억제하는 것을 말한다. 반응억제는 자극과 행동 사이에 정신적으로 일시적 간격을 만든다. 혹시 선생님이 질문을 하자마자 손도 안 들고 큰 소리로 답을 외치거나 회의가 이제 막 시작되려는데 자리를 뜨지 않나? 머릿속에 불쑥 떠오른 생각을 아무 생각 없이 내뱉거나 더는 그러지 말아야 한다는 걸 알면서도 자꾸만 사생활을 시시콜콜 얘기한 적은 없는가? 이런 행동 모두가 반응억제 결함으로 일어나는 흔한 일이다. 일어난 자극에 바로 반응한 것이다.

- 작업기억

뇌에 정보를 일시적으로 담아 놓고 처리를 해서 반응이나 행동을 일으키는 능력이다. 당신이 저녁거리를 만드는 경우를 예로 들어 보자. 당신은 작업기억을 활용해서 냉장고 안을 쓱 훑어본 후 재료들을 머리에 담아 놓고, 그 재료들을 어떻게 조합시킬지 생각한 다음, 음식을 정한다.* (작업기억에 대해서는 제8장 '깜빡깜빡하는 뇌를 위한 기억력 사용법'에서 더 자세히 얘기해 보자.)

---

* 아니면 당신이 나와 같아서 이런 일이 작업기억에 지나친 부담이 된다면 그냥 음식을 주문하거나 캔에서 바로 꺼낸 병아리콩을 먹을 수도 있을 것이다.

- 세트전환

서로 인지적 요구가 다른 일들을 전환해 가며 수행하는 능력이다. 예를 들어 레시피를 읽은 후 요리를 하거나 대화 중에 말을 하는 입장이었다 들어주는 입장으로 바뀌는 경우가 해당된다.

주의력이 필요한 여러 일을 멀티태스킹할 때 바로 이 세트전환에 의존한다. 세트전환은 요구가 바뀔 때 유연성을 발휘하게 한다. ADHD에서는 그 결함의 정도가 심한 편은 아니다. 여러 일을 전환해 가며 수행해야 하는 상황에서 대체로 수행 속도가 더디거나 상대적으로 실수를 더 많이 저지르는 정도다.

이런 실행기능은 우리가 기능을 더 잘하도록 돕기 위해 서로 협력한다. 연구에 따르면 세트전환이 어려운 경우는 작업기억과 반응억제 결함 탓일 수 있다. 다시 전환해서 돌아온 일(예를 들면 상사에게 보낼 메일 작성)의 규칙이 잘 기억나지 않거나 방금 집중해 있었던 일(친구에게 문자하기)의 규칙을 따르며, 여전히 그 일에서 벗어나지 못하면 신속하고도 정확한 세트전환이 힘들다.

이 모두를 종합하면 내가 왜 학생 때 시스템적인 문제에 어려움을 겪었는지 이해가 된다. 나는 수업 중간중간 5~10분 동안 필기를 멈추고 과제가 뭔지 알아낸 후, 다이어리를 찾아 과제를 적고, 책을 정리해 락커로 가서 다이얼식 자물쇠의 비밀번호와 다음 수업에 필요한 준비물을 기억해 내야 했다. 이 모든 걸 하면서 동시에 내 물건들까지 정리하려면 나에겐 아직 발달이 안 된 수준의 실행기능이 필요했기 때문이었다.

ADHD 뇌는 실행기능의 발달 속도가 더디다

인간이 만든 시스템은 대부분 그 시스템을 사용하는 사람이 전형적 수준의 실행기능을 지녔을 것으로 추정한다. 해당 연령대의 정상적 수준으로 작동할 거라고 보는 것이다. 시스템이 아이용이라면 대개는 다루기 쉽게 되어 있거나 부모나 교사의 도움을 받아 사용하도록 설계된다. 대학생용이라면 거의 다 발달된 실행기능 시스템을 지녔을 것으로 추정한다.

사람들은 대학교에 입학한 18세에게는 18세의 실행기능 능력을 기대한다. 아직은 회사 운영 같은 뛰어난 능력을 기대하진 않지만 학사 관리를 잘해야 한다고 기대한다.

ADHD가 있는 사람은 대체로 그런 기대에 못 미친다. ADHD가 있으면 실행기능이 최대 30퍼센트까지 지체된다. 다시 말해 18세의 ADHD 뇌는 12세 수준의 실행기능을 가지고 있을 수도 있다.

그런 이유로 ADHD가 있는 사람들이 '미숙해' 보이고, 버릇없이 구는 것처럼 오해를 받기도 한다. 우리가 지침을 따르지 않거나 기대에 부응하지 못하더라도 기대치를 잘 모르거나 그 기대에 부응하고 싶지 않아서가 아니다. 대체로 우리에게 (아직 또는 지금 당장은) 그런 일들을 잘 해낼 실행기능이 없을 뿐이다.

뜨거운 실행기능 시스템과 차가운 실행기능 시스템

사람들은 순간적으로 너무 흥분하면 자신의 원래 의도나 바람직한 태도와 크게 다른 행동이나 말을 할 때가 많다. 그 이유는 결정을 내리거나 목표에 이르게 도와주는 실행기능 시스템에 두 개의 신경 경로가 내재하고 있기 때문이다.

그중 '뜨거운' 실행기능 시스템은 감정적이고 동기부여적인 경로로, 감정과 위험성이 고조될 때 작동한다. 순간적으로 너무 흥분한 상태가 아니거나 위험성이 낮을 때는 '차가운' 실행기능 시스템이 작동해 대체로 훨씬 더 논리적인 결정을 내린다. 이 차가운 실행기능은 반응억제, 작업기억, 세트전환 같은 인지과정과 관련되어 있다.

사람들은 이 두 시스템 사이에서 빠르게 전환할 수 있다. 두 시스템이 동시에 활성화될 수도 있지만 일반적으로 한 시스템이 다른 시스템보다 우위에 있다.

이는 누구에게나 예외가 없다. 하지만 우리는 이런 전환에 대해 특히 더 잘 이해해야 한다. 실행기능 결함이 우리의 어려움에 상당한 원인이 되지만 이런 결함만으로는 ADHD의 모든 걸 설명할 수 없다. 안 그랬다면 ADHD가 실행기능 장애로 불렸을 것이다.

ADHD를 가진 사람들은 감정의 고조를 겪는다(제9장 '감정의 바다에서 나를 구하는 법' 참조). 동기부여 과정에서도 차이가 있어서 나중의 더 큰 보상보다 지금의 더 작은 보상을 선택하는 경향이 높다(제7장 '산만한 뇌에 동기를 불어넣는 법' 참조). 그런데 문제해결을 잘하기 위한 경우에는 차가운 실행기능이 필요한 동시에 뜨거운 실행기능인 동기부여적·감정적 영향에 크게 의존하기도 한다.

이렇게 보면 내가 정리정돈 시스템을 세우고 관리하던 초반에 어려움을 겪었을 때 문제해결을 잘할 수 있었던 이유가 설명된다. 정리정돈 시스템을 세운 것에 마음이 들뜨고 모든 물건이 제대로 정리된 것을 보는 순간 즉각적인 보상을 얻었던 덕분이다.

다음 수업으로 허둥지둥 옮겨 갈 때 수업 시간에 봤던 인쇄물을 가방에 되는대로 쑤셔 넣으며 '나중에' 정리하자고 비논리적인 선택을 했던 이유도 설명이 된다. 예전에도 매번 그렇게 실수했는데 또 그런 것이다. 다음 수업을 신경 쓰느라 받는 스트레스와 그 수업에 지각할 경우의 뒤탈이 더 눈앞에 닥친 문제였기 때문이다.

뜨거운 실행기능 시스템이 우위에 있을 때는 ADHD가 있든 없든 많은 사람들이 그다지 논리적이지 않은 선택을 한다. 하지만 연구에서 증명되었듯이 자신을 성찰하고 전후 맥락을 살펴 이성적으로 분석하는 차가운 실행기능을 활용하면 더 쉽게 논리적으로 결정할 수 있다. 이는 감정과 동기부여가 충동적인 결정을 내리게 할 때도 예외가 아니다. 이런 기술은 배워서 자기 것으로 삼을 수 있다.

조슈아 S. (31세, 독일)

"저는 ADHD 때문에 '평범한' 상태일 때가 거의 없어요. 아이디어가 마구마구 떠오르거나 멍때리고 있거나 둘 중 하나예요. 대체로 비생산적인 사람으로 지내다가 그동안 미처 못했던 일들을 굉장히 짧은 시간에 마치기도 해요."

마달레인 R. (24세, 캐나다)

"저는 날마다 실행기능 때문에 애를 먹어요. 이 일 저 일 하다 보면 챙겨야 할 사소한 것이 왜 그렇게 많은지! 약 먹기부터 요리 후에 불끄기, 마트에 가기 전 장바구니 챙기기, 파스타 삶은 물을 다 버리지 말고 한 컵 남겨 두기, 남은 음식을 식혀서 냉장고에 넣기, 친구와 만날 약속 잡기, 건조기에서 빨래 꺼내기 등 너무너무 많아요!"

메를레 D. (21세, 네덜란드)

"제가 이런저런 일들로 힘들어하면 대부분의 사람들이 '그냥 해봐'라고 말해요. 그럴 때마다 상처를 받아요. 진짜로 뇌 장애가 있어서 그러는 건데도 저의 어려움을 진지하게 여겨 주지 않아서요."

매기 K. (40세, 펜실베이니아주)

"엄마가 되면서 실행기능의 어려움이 더 늘어났어요. 저 자신뿐만 아니라 아이들까지 보살펴야 하니까요. 아이들에게 꼭 필요한 것들을 해주려 하지만 아이들이 꿈꾸는 완벽한 유년기를 선사해 주기는 어려워요. 가장 최악은 끝도 없는 '왜'예요. '우리 집은 왜 명절 때 쿠키를 안 구워요? 우리는 왜 무서운 보물찾기 놀이를 하면 안 돼요?' 저는 최선을 다해 대답해 줘요. '엄마가 그러고 싶어서 그러는 게 아니야. 엄마도 최선을 다하고 있어.' 그래도 여전히 아이들의 기대를 저버리고 있는 것 같아 안타까워요."

실행기능 보완을 위한 도구상자

대다수의 정신건강 전문가들은 ADHD 증상 자체나 ADHD 뇌의 실행기능상의 상대적 강점이나 약점에만 초점을 둔다. 하지만 살펴볼 가치가 있는데도 그들이 간과하는 부분이 있다. ADHD 뇌의 실행기능 차이를 완전히 없앨 수는 없지만 그로 인해 겪는 어려움을 최소화하는 건 가능하다는 점이다. 실행기능의 차이를 보완하기 위해 우리가 할 수 있는 일은 많다.

① 해내야 할 일 줄이기

ADHD 커뮤니티에서 자주 오르내리는 말이 있다.

"더 많이 하고 싶으면 하는 일을 줄여라."

뭘 하려고 하면 할수록, 따라잡으려 기를 쓸수록 ADHD 뇌의 실행기능 시스템은 더 힘들어한다. 우리는 감당할 수 있는 수준을 넘어설 정도로 일을 떠맡는 경우가 많다. 그러니 ADHD가 있는 사람이 맡은 일을 잘 해내기 위해 할 수 있는 가장 좋은 방법은 그냥 하는 일을 줄이는 것이다.

- **책임의 일부분을 다른 사람에게 위임하기**

이때 개별적인 일을 위임할 경우, 대체로 인지적 자원을 아끼기보다 오히려 더 써야 한다. 다만 책임 영역의 전반적인 일을 위임하면 다른 사람이 일의 수행과 관리를 모두 맡기 때문에 실행기능상 더 효율적이다. 예를 들어 배우자에게 장 볼 거리 목록을 넘기면 마트에 갈 수고를 덜지만 집의 먹거리 관리 전부를 배우자가 맡으면 뇌의 부담을 크게 덜어 주게 된다.

- **시스템 단순하게 바꾸기**

정리 시스템을 꼼꼼하게 세우면 그 시스템에 따른 정리에 초집중할 때는 재미있겠지만 다른 일에 주의를 돌려야 할 때 다시 그 시스템대로 계속 정리할 수 있을 것인가의 문제도 생각해야 한다. 이럴 때 시스템을 단순화하면 장기적으로 유지하기 더 좋다. 예를 들어 '책은 책장에 색과 크기별로 제자리에 놓기'보다는 '책은 책장에'로 단순화하면 좋다.

- **미니멀리즘 실천하기**

미니멀리즘은 물건을 덜 소유하는 것을 뜻한다. 애초에 물건이 많지 않으면 어지럽혀져도 수습하기가 더 쉽다. 내가 아는 사람 중에도 관리하거나 잃어버리거나 정리하거나 청소할 물건을 줄이면 더 효율적으로 기능한다는 이유로 미니멀리즘을 추구하고 있다. 이 방법은 프로젝트를 진행할 때도 유용하다. 특히 장기적 프로젝트 중에서 현재 하고 있는 프로젝트 수를 제한하면 실행기능의 부담이 덜어진다.

- **몇 가지 일은 안 된다고 말하기**

이 경우 역시 현재 맡고 있는 일의 수를 제한해야 실행기능의 부담이 덜어지며 장기간 동안 해야 할 일에서 특히 신중을 기해야 한다. 우리가 평생 할 수 있는 일은 제한이 없지만 우리의 능력은 그렇지 않다. 접시가 가득 차면 또 다른 접시를 채우려 하지 말길 바란다.

평생 동안 계속, 할 일을 줄여야 하냐고 묻는다면 꼭 그렇지는 않다. 다만 ADHD가 있으면 신경발달 지연으로 인해 종종 실행기능이 한계에 도달하게 된다. 우리의 대처 능력이 필요한 만큼 더 빨리 향상되지 않으면 이를 따라잡는 것이 점점 더 어려워지고, 우리는 점점 더 많은 자신과 웰빙을 희생하게 된다.

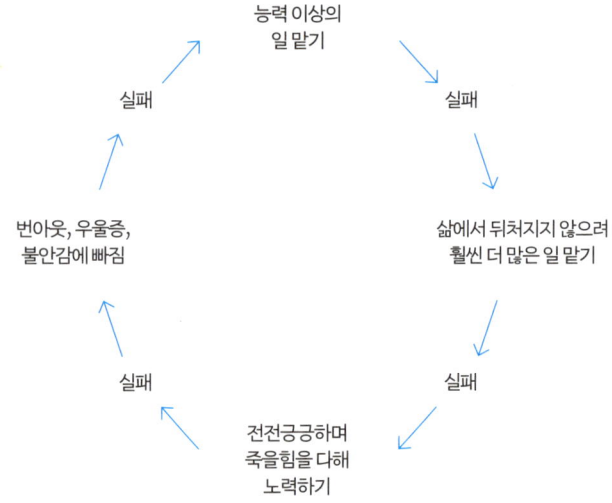

* 내가 채널 커뮤니티에 이 도표를 공유했을 때 누군가가 지적했듯, 우리는 성공을 해도 더 많은 책임을 맡게 되어 해내야 할 일이 늘기 때문에 똑같은 악순환에 빠질 수 있다.

이 악순환에서 벗어날 방법은 차츰 할 일을 줄이는 것이다. 현재 자신이 감당할 수 있는 수준으로 줄이는 것이 이상적이다. 그리고 더 열심히 노력하기 전에 기술을 좀 더 향상시켜야 한다.

마크 N.(66세, 미국)

"공인재무설계사인 저는 의뢰인을 만나 조언해 주는 일만 해요. 일정 관리, 기록, 의뢰인 면담 일정 조율, 수수료 수금, 운영 업무는 다른 사람이 맡아서 하고 있어요."

젠 M.(46세, 콜로라도주)

"기준을 낮추세요! 바닥이 지저분해도 그냥 두세요. 세탁바구니에 빨랫감이 쌓여 있어도 내버려두세요. 그냥 당신과 아이들, 식물, 반려동물을 굶기지 않는 일에 신경 쓰세요. 가능하면 잠잘 시간과 즐길 시간도 챙기세요. 빨랫감은 나중에 처리해도 되지만 인생은 나중이 없잖아요."

② 스스로에게 필요한 편의 제공하기

우리는 남들이 겪지 않는 어려움을 맞닥뜨릴 때 남들에게는 없어도 되는 도구가 필요하다. 키가 작은 내 경우를 예로 들어 보겠다. 나는 캐비닛 맨 위 칸에 손이 닿긴 하지만 안전을 위해서는 발디딤대가 필요하다. 높은 선반이라는 환경에서 일하더라도 디딤대라는 편의를 맞춰 주면 공평한 경쟁의 장이 만들어져 나 자신이 키가 큰 누군가보다 더 어려움을 겪지 않는다.

ADHD에도 이 개념을 적용하자. 편의를 제공하는 일은 대체로 그 비용을 치를 만한 가치가 있다(공짜인 경우도 많다!). 일과 환경을 ADHD 친화적으로 바꾸면 그렇지 않을 때보다 더 효과적으로 능력을 발휘할 수 있다. 가장 효율적인 편의 조건을 맞추기까지 시간이 걸리므로 필요할 때마다 미리 편의를 조금씩 갖추는 것이 바람직하다.

- **디디고 설 발판 늘리기**

자전거를 처음 배울 때 보조 바퀴를 쓰는 것처럼 새로운 시스템을 배우거나 새로운 책임을 맡을 때 도움이 되는 추가적 보조 방안을 마련해 놓으면 좋다. 예를 들어 나는 어떤 일을 할 때 처음엔 누군가와 함께 작업을 한다. 그러다 가끔씩 그 일을 혼자 해보면서 요령이 붙으면 온전히 혼자 힘으로 하려고 한다. 이런 방법이 좋은 이유는 어떤 일을 배우는 데 필요한 지원을 받을 수 있기 때문이다. 그러다 더 자신감이 생기면 더 이상 지원을 받지 않아도 된다.

- **스스로를 보호하기**

누군가가 도와주면 더 잘할 수 있는 상황이라면 구체적으로 도움을 청하자. 예를 들어 자신이 읽어 보고 따라 작성할 수 있는 문서를 누군가가 가지고 있다면 그 사람에게 그 문서를 보여 달라고 부탁하는 것이다(상대가 왜 그런 부탁을 하는지 알고 싶어 한다면 제8장 '깜빡깜빡하는 뇌를 위한 기억력 사용법' 참조).

- **정식적인 편의 제공 부탁하기**

　미국에서는 장애를 가진 학생과 직원이 타당한 편의를 제공받을 수 있도록 법적으로 보장되어 있다. 다시 한번 말하지만 ADHD도 장애로 여겨질 만한 자격이 있다. 개별화교육계획Individualized Education Plans, IEPS(개별 아동에 따라 학습목표, 학습내용, 학습방법, 학습환경을 다르게 설정하는 것 ─ 옮긴이)과 504플랜은 학생들을 보호하고 미국장애인법은 더 이상 학생이 아닌 이들을 보호해 주고 있다. 미국노동부의 직무조정네트워크 웹사이트(askjan.org)에는 장애나 결함에 따른 편의 리스트가 올려져 있으며 지도가 필요한 이들을 위한 실시간 채팅 옵션도 마련되어 있다.

스테퍼니 R.(33세, 노스캐롤라이나주)

"언니와 저는 둘 다 ADHD가 있고 같이 살아요. 저희는 할 일을 잘 마칠 수 있게 보디더블body double(때때로 책임 파트너로도 불리며 집중과 동기부여가 되도록 옆에서 같이 일하는 사람을 말함─옮긴이) 방법을 써요. 제가 설거지를 하면 언니가 주방에 앉아 시험지 채점을 하면서 서로서로 할 일을 계속하게 힘이 되어 줘요."

제시 A.(42세, 워싱턴주)

"저는 상사에게 뒤처져 있다거나 6개월이 넘도록 일을 제대로 못하고 있다는 지적을 받을까 봐 조마조마했죠. 그런데 얼마 전부터 상사가 매주 일 진행에 대해 확인해 주기로 한 덕분에 모든 게 '👍'이라는 청신호를 재깍재깍 받으며 안심하고 있어요."

리스. (40세, 버지니아주)

"처음 학부모가 되었을 때 학급 파티에 부모들이 가져와 주길 바라는 빵의 양에 충격을 받았어요. 저에겐 빵을 굽는 일이 지루하고 스트레스가 심해서 엄청난 부담을 느꼈거든요. 안 되겠다 싶어서 선생님들에게 얘기했어요. 저는 빵 대신 캐릭터 접시와 냅킨을 가져오겠다고요! 결과는 대박이었어요."

③ ADHD 세금을 감안해 조치하기

ADHD 세금은 커뮤니티에서 일상적으로 사용하는 용어로, 우리의 어려움을 고려해 주지 않는 세상에서 ADHD가 있다는 이유로 발생하는 추가 비용을 가리키는 말이다. 이 용어는 대체로 금전적 비용을 뜻하지만 에너지, 시간 등의 다른 여러 자원이 포함될 수 있다. 그리고 비용이 많이 든다.

ADHD 세금을 완전히 없앨 수는 없다. 하지만 이를 고려해 우리가 직면하는 위기를 어느 정도는 피할 수 있다. 비용도 줄일 수 있다. 가능할 경우, 장기적으로 그런 비용을 줄일 수 있는 도구와 시스템에 시간, 돈, 에너지를 투자하는 방식으로 ADHD 세금을 선불로 내면 된다. 커뮤니티 사람들과 우리를 사랑하고 도와주는 이들이 깨달은 사실이지만 이렇게 하면 스트레스가 덜할 뿐만 아니라 결과적으로도 훨씬 '비용이 덜 든다'.

- **전문가에게 의뢰하기**

ADHD가 있는 사람 중에는 잊어버리거나 망칠 만한 중요한 일을 다른 전문가에게 의뢰하는 사람이 많다. 회계사는 세금을 제때 내고 공제를 잘 챙겨 받는 쪽으로 도움을 받을 수 있다. 변호사는 중요한 서류를 검토하거나, 전문 분야별로 미래의 자산계획을 세우거나, 이

 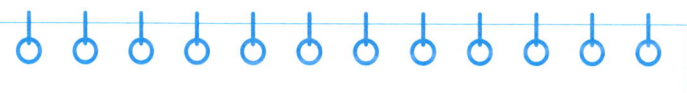

ADHD 세금의 예

- 지각 벌금
- 긴급 배송비
- 해지를 깜빡하는 바람에 내는 구독료와 회비
- 김이 빠지거나 어디에 뒀는 줄 모르고 있다가 버리는 음료
- 잃어버리거나 망가진 물건의 교체비
- 시간이 늦었거나 신분증을 깜빡했거나 엉뚱한 공항으로 가는 바람에 티켓 발권을 늦게 하거나 비행기를 놓치는 일
- 잘하다가 방심해서 또는 너무 부담에 짓눌려서 놓치는 선두 자리
- 광고판에 한눈팔다가 내는 자동차 사고
- 허구한 날 이것저것 찾느라 허비하는 시간
- 야채(음, 기다려 줄 테니 가서 냉장고 야채 칸을 확인해 보시길.)

혼 문제 등을 도와준다. 이혼 얘기가 나와서 하는 말이지만 변호사에게 혼전 계약서 초안 작성을 의뢰하는 것도 ADHD 세금을 낮추는 데 도움이 된다.* 사치처럼 느껴지는 서비스의 상당수가 우리에게는 실질적이고 유용한 편의다.

- **지름길 마련하기**

자주 하는 일의 경우엔 필요한 단계를 줄일 방법을 터득하거나 연습하길 권한다. 작업기억에 가해지는 요구를 줄여 그 일을 하다 딴짓을 하거나 뭔가를 놓칠 가능성이 낮아진다. 거의 모든 과정에는 지름길이 있으며 그 지름길을 터득하는 일에 시간을 들일 가치가 있다.

물리적 지름길을 갖춰 놓을 수도 있다. 예를 들어 코트 걸이가 있으면 코트를 제자리에 거는 과정이 4단계(옷장 문 열기-빈 옷걸이 찾기-코트 걸기-옷장 문 닫기)에서 1단계(코트 걸이에 코트 걸기)로 단축된다.

- **유용한 도구에 투자하기**

물건을 잘 잃어버린다면 타일Tile 같은 블루투스 위치 추적기나 내 폰 찾기 기능을 활용하자. 자꾸 약 먹는 걸 까먹으면 타이머캡 약통을 쓰는 방법도 있다. 다이어리를 자주 내팽개쳐 두고 다니는 편이라면 반짝이 스티커로 뒤덮여 있거나 최대한 컬러풀하고 흥미로운 디자인의 다이어리를 사는 것이 좋다. 그 편이 다이어리를 두고 나가는

---

* 이혼은 삶 가운데 가장 참담한 감정을 겪는 일이며 통계적으로 ADHD가 있는 사람에게 일어날 확률이 더 높다. 게다가 이혼 과정에서는 챙겨야 하는 서류와 기억해야 할 일이 터무니없을 만큼 많다.

것보다 비용 면에서 굉장히 이득이다. 다이어리를 필요할 때 못 쓰거나 못 챙겨 나온 것에 대한 답답함에 비하면 훨씬 나은 방법이다.

트래오나 W. (47세, 오하이오주)

"저는 스마트워치로 별별 일을 다 챙기고 있어요. 기상 알람, 출근 알람, 회사 출근 후엔 세 번의 휴식 시간 알람, 퇴근 알람 등이 연달아 떠요. 금식을 할 때나 혈당을 확인할 때 등을 알려 주는 건강관리 앱의 알림도 뜨고요. 뭐든 잊지 말고 챙겨야 할 거리가 생기면 어떤 식으로든 알림이 울리게 위치를 설정해 둬요."

로리 W. (17세, 미시간주)

"여섯 식구 중 세 명이 ADHD인 저희 가족은 스마트 스피커와 스마트 홈 기술을 이용해 루틴 수행의 '지름길'을 자동화해서 시간을 절약하고 뇌 부담을 덜고 있어요. 예를 들어 '취침' 루틴 때는 모든 불이 꺼지고 로봇 청소기가 청소를 시작해요. 식기세척기가 돌아가고 있거나 충전 중인 기기가 있다면 알려 주도록 되어 있어요."

진 A. (40세, 메릴랜드주)

"제 정신건강의학과 주치의 선생님이 알려 준 대로 문제를 해결할 우회적 대안을 찾아 두면 큰 도움이 됩니다. 예를 들어 저는 가끔씩 슬리퍼를 신은 채로 출근하는 버릇이 있어서 늘 차 안에 구두를 놔

뒤요. 회사에 다 와서 슬리퍼를 신은 걸 알아도 별문제가 안 돼요. 갈아 신을 구두가 있으니까요."

④ 자신에게 잘 맞는 시스템 세우기

우리는 현실의 자신보다는 이상적인 자신에게 맞춰 시스템을 세운다. 우리에겐 이미 습관, 기호, 거부감, 장점이 있다. 자신에게 잘 맞거나 맞지 않는 것에 대한 경험도 쌓여 있다. 이런 것들을 염두에 두고 시스템을 세우면 대체로 빈 토대에서 세우는 것보다 좋은 결과가 나온다.

- **전에 잘 맞았던 방법 활용하기**

예전에 도움이 되었던 전략을 용도에 맞게 바꿔서 다시 활용할 수 있다. 완벽하게 딱 맞지는 않더라도 대개는 살짝 수정해서 더 잘 맞출 수 있다. 새로운 시스템이 더 재미있고 신나겠지만 그런 신기함은 금세 사라지기 마련이다. 새로움으로 반짝반짝 빛을 발하던 단계를 지나서도 지탱이 되었던 방법이 있다면 필요할 경우 조정해서 다시 활용해 볼 가치가 있다. 그만큼 꾸준히 지킬 가능성이 높기 때문이다.

- **현재 자신의 성향 살펴보기**

흥미로웠던 회의가 끝난 후 다음 회의에 참석할 사람에게 브레인스토밍이나 많은 양의 정보를 쏟아놓는 데 30분가량을 더 쓰는 편이라면, 그 상대에게 다음 회의에서 그런 의견을 낼 생각이라고 미리 알려 주며 확인해 보면 어떨까? 상대방이 이를 원하지 않으면 시간을 두고 흥분된 뇌를 차분히 가라앉힌 후에 다음 일정을 자연스럽게 진행하는 편이 좋다.

- 기호 고려하기

ADHD가 있는 사람들은 경우에 따라 동기부여가 굉장히 힘들 수 있다. 그럴 땐 자신의 기호나 취향에 맞는 것을 활용하면 좋다. 예를 들어 영국 드라마 〈닥터 후〉 캐릭터를 좋아한다면 〈닥터 후〉 키홀더를 가지고 다니는 방법이 열쇠들을 잃어버리지 않을 가능성이 크다. 그런데 차고에 있는 걸 그렇게 싫어하는 사람이 일립티컬 머신을 그곳에 둔다고 한들 정말 괜찮아질까, 제시카?*

- ADHD가 있음을 잊지 말 것

현재의 우리는 신경전형인이 아니다. 미래의 우리도 신경전형인은 아닐 것이다. 기술을 향상시키고 자신의 결함을 어느 정도 줄일 수는 있지만 시간이 걸리는 일이고 쭉쭉 진전의 길만 걷지도 않을 것이다. 더군다나 결함이 어느 정도 없어지더라도 불리한 처지는 없어지지 않는다. 나는 여러 전략을 통해 내 결함의 일부를 줄인 이후에도 똑같은 뇌로 활동하고 있다. 내 뇌가 혼자 발이 걸려 넘어질 만한 영역

---

* 이 일립티컬 머신은 아직도 차고에 있다. 여전히 안 쓰고 있다. 그 밑에 예쁜 러그를 깔까도 생각 중이지만 그런다고 차고가 아닌 것처럼 보일까!

이 여전히 있다는 얘기다.

자신보다 훨씬 빠르거나 느린 사람과 2인 3각 달리기를 해본 적이 있는가? 맞다, 서로 보조가 맞지 않는다. 그런데 나는 너무 빠르기도 하고 느리기도 한 사람이다.

> **론 W.** (49세, 미시간주)
>
> "저는 탑승형 잔디깎기 기계를 모는 것은 좋아하는데 갈퀴로 낙엽 치우는 일은 싫어해요. 그래서 겨울 내내 낙엽을 그대로 두다가 마침내 좋은 방법을 알아냈어요. 잔디깎기 기계로 두껍게 쌓인 낙엽을 치우는 거죠. 그렇게 잘린 낙엽은 뿌리덮개로 쓰기도 해요. 겨울 내내 거슬렸던 이 골칫거리를 이제 오후 한나절 만에 해치우게 되었고 그 일이 재미있기도 해요!"

> **애슐리 W.** (26세, 싱가포르)
>
> "저는 기억을 잘 못해서 철저하리만큼 메모를 해서 정리해 둬요. 언젠가 서식 짜기에 초집중했을 때 워드프로세서에 사용자 정의 서식을 만들어 뒀어요. 덕분에 이제는 워드프로세서를 열어서 깔끔하고 보기 좋은 그 서식만 봐도 도파민이 분출돼요."

수동 모드에 대처하는 법

나는 유튜브 채널을 운영하며 내 뇌에 대해 배우면서 여전히 레스토랑에서 일을 하고 있었다. 그 무렵엔 서빙 경력이 오래되어 일에 익숙해진 탓에 별생각 없이도 척척 일을 해냈다. 한마디로 자동 모드에 이르러 있었다.

당시 레스토랑에서 가장 일을 잘하는 서빙 직원으로 손꼽히던 나는 짬짬이 주의를 돌려 유튜브 채널을 확인하며 댓글에 답하면서도 담당 테이블에서 불평이 나오지 않게 잘 챙겼다. 주문을 입력할 때는 손가락이 컴퓨터 화면 위를 날아다녔다. 그 순간의 다급함과 자극이 짜릿했다. 내가 그 일을 좋아한 이유는 몰입이 잘되었기 때문이다. 때로는 초능력자가 된 기분도 들었다.

그러던 어느 날, 레스토랑의 운영 시스템이 새롭게 다듬어지며 메뉴 구성이 변경되었다. 전체가 싹 바뀌진 않았지만 근육 기억이나 정신의 자동 모드에 의존하지 못할 만큼 변경되었다.

이제는 이른바 수동 모드에서 일해야 했다. 행동 하나하나를 생각하고 능동적으로 살펴 주문받은 메뉴가 어느 카테고리인지 화면을 쭉 훑어 해당 항목을 찾아야 했다. 다시 말해, 내 실행기능에 의존해야 했다.

결국 그 변화로 나는 무능력해졌다. 때로는 같은 폴더를 세 번이나 훑고 나서야 해당 메뉴를 찾기도 했다. 내 뒤에는 동료 서빙 직원들이 점점 짜증스러워하며 내가 주문 입력을 어서 마치길 기다리고 있었다. 그러면 새로운 시스템에 쩔쩔매는 내 모습을 지켜보는 것이 의식되어 초조해져서 머리가 더 안 돌아갔다.

주문 메뉴 하나를 입력하는 데도 시간이 너무 걸려서 자꾸만 일이 지연되었다. 담당 테이블 손님들의 불만 사항에 응대하느라 다른 일까지 엉망이 되었다. 전날까지 척척 해냈던 일들을 제대로 따라가지 못했다. 매니저가 알아차리고 서빙 일을 그만두라고 할까 봐 겁이 났다. 그렇게 되면 수입에 타격이 생기니 큰일이었다. 더 빨리빨리 해보려 애썼지만 오히려 실수만 늘어났다. 그때마다 그 실수를 바로잡기 위해 매니저를 찾아야 했기 때문에 일하는 속도가 더 더뎌졌다.

나는 더뎌진 속도를 따라잡기 위해 내 일의 다른 부분에서도 수동 모드로 들어갔다. 전에는 해야 할 일들을 다 잘 해내서 문제가 없었는데, 이제는 손님들에게 불만이 나오지 않도록 우선순위로 챙길 테이블을 정하고 건너뛰어도 될 만한 서비스는 생략했다.

내 실행기능에 일거리가 늘어나는 바람에 한때 레스토랑에서 가장 빠른 서빙 직원이었던 나는 가장 느린 직원으로 전락했다. 내가 맡은 일 중 단 한 부분을 자동 모드에서 수동 모드로 전환하는 것만으로도 몹시 힘들었다. 메뉴 항목들의 위치가 매일 바뀌었다면 나는 해고당했을 것이다.

다행히 매니저들이 나의 어려움을 이해해 주었고 레몬 위치나 부차적 업무 사항을 변경하지 않았다. 그 변화로 직원들에게 어려움이 있을 줄 미리 예상했던 것이다(내가 대다수 직원보다 더 어려움을 겪긴 했지만). 아울러 매니저들은 시스템을 더 변경하려면 우선 직원들이 바뀐 시스템에 익숙해져야 한다는 것까지 헤아렸다.

이제는 실행기능으로 힘들어지면 내가 의존하는 시스템 중에 수동 모드로 바뀐 부분이 있는지 확인한다. 그리고 스스로에게 이 점을 상기시킨다. 내 삶에 안 그래도 수동 모드가 산더미인데 일거리를 더 늘리기엔 적당한 때가 아니라고.

새로운 뭔가에 적응해야 할 때는 새롭게 바뀌는 시스템이 어느 정도인지 헤아리며 삶에서 자동 모드를 가능한 한 많이 지키려고 애쓰는 것이 좋다. 더 잘 살아가기 위해 노력하다 보면 우리에게 이미 잘 맞는 부분들을 잊어버리기 쉽다. 그런 부분들은 그대로 지킬 필요가 있다. 설령 그것이 언젠가는 개선하고 싶은 부분이더라도 일단은 지키는 것이 좋다. 그 부분들이 우리가 이루어 내려는 변화에 더 안정적인 기반이 되어 줄 수 있다.

그리고 새로운 시스템 때문에 힘들다면 시간을 갖고 기다리자. 처음에는 힘들더라도 나중에는 기가 막히게 효과적인 시스템이 되는 경우가 많다.

HOW TO ADHD

제5장

잠 못 드는 뇌를 위한
최적의 수면법

**잠 좀 자고 싶은데
내 뇌가 혼잣말을 멈추질 않아요.**
_곳곳에서 잠 못 이루는 ADHD 브레인들

수면 부족의 나비 효과

잠이 '던전 앤 드래곤'이라는 게임 속 캐릭터라면 혼란스러운 중립 노선에 있다고 말할 수 있다. 우리가 다음 날 무슨 할 일이 있는지, 몇 시에 일어나야 하는지에는 관심이 없다. 상황에 따라서는 잠을 자는 것이 무례하거나 심지어 금지 사항에 속한다는 사실도 신경 쓰지 않는다.

잠은 ADHD가 있는 많은 사람들에게 자기 내키는 대로 굴면서 자신이 누구의 하루를 망치고 있는지 상관하지 않는다. 나에게 잠은 세상에 나온 첫날부터 쭉 그래 왔다.

우리 가족에게 전설처럼 내려오는 이야기에 따르면 내가 병원에서 집에 온 첫날, 우는 것도 아니면서 너무 시끄럽게 굴어서 엄마가 나를 방에서 쫓아냈다고 한다. 아무리 애를 써도 내가 조용해지지 않았기 때문이다. 엄마는 하는 수 없이 생후 6개월 후부터 쓰려고 거실에 놓아둔 유아용 침대에 나를 눕히고 나서 방문을 닫으며 작은 목소리로 이렇게 기도했다고 한다.

"하느님, 제발 저 애가 살아 있게 해주세요."

그런 후 엄마는 이튿날의 전쟁을 대비한 휴식을 취하기 위해 침대로 뛰어들었다.

어릴 적 나는 이상한 곳에서 잠을 잘 때가 많았다. 유아용 흔들의자에서만 자려고 하거나, 안아서 이리저리 돌아다녀야 자거나, 아빠의 가슴 위에서 잤다.

"일어나질 못하겠네. 애가 자고 있어서!"*

어렸을 때 나는 몇 시간씩 깬 채로 누워 내 방 천장의 우툴두툴한 무늬를 멀뚱멀뚱 쳐다보거나 문을 빼꼼히 열고 거실의 TV를 몰래 내다봤다. 어떤 날에는 잠잘 시간에 몇 시간 못 자고 다리가 너무 아파서 깨었다가 소염진통제를 먹거나 뜨거운 물에 몸을 담그고 나서야 다시 잠들었다.

"통증이 심해지는 게 드문 일은 아닙니다." 주치의의 말이다.

하지만 아침에는 죽은 듯이 잤다. 시계 알람부터 아침밥과 그날의 수업 전체를 놓치기도 했다. 제때 일어난 날에도 녹초가 된 채로, 악몽 속에서 주먹싸움을 벌이기라도 한 것처럼 자주 턱이 아팠다.

"아이가 이를 가네요. 드문 일은 아니에요." 치과의사의 말이다.

---

* 엄마는 엄청 짜증스러워했지만 나는 감사하다. 지금까지도 사랑하는 사람에게 머리나 얼굴을 기대면 더없이 편안하니까. 안전하게 느껴지고 그 덕분에 편하게 잠자리에 들 때도 많다.

내 주치의와 치과의사의 말은 틀리지 않았다. 정말로 내가 겪던 증상들은 아동과 청소년 사이에서 드물지 않았다. 나에겐 더 많은 관심이 필요했지만 그러지 못한 문제도 있었다. 내가 잠 때문에 얼마나 심하게, 또 얼마나 자주 힘들어하는가였다. 자라면서 수면 문제를 벗어나는 아이들도 있지만 나는 아니었다.

십대 시절에는 침대까지 가기도 전에 잠이 들곤 했다. 심지어 집으로 들어가기도 전에 그런 적도 있었다. 어느 날 밤, 깨어 보니 부모님의 미니밴이었고 아직 행진 악단 유니폼을 모자까지 그대로 착용하고 있었다.

ADHD의 문제 중 가장 숨기기 힘든 부분은 수면 문제가 아닐까 싶다. 내 수면 문제로 가장 고생한 사람은 남자친구다. 이런 문제는 같이 사는 사람에게는 특히 더 숨기기 힘들다.

나는 저녁에 잠자리에 들기 전에 TV를 보면서 연신 자세를 바꾸거나 주위를 왔다 갔다 한다. 어렵사리 진정이 되어도 깜빡 잠이 들었다가 남자친구를 발로 차거나 '침대 요가'를 하다가 새벽 3시에 남자친구의 잠을 깨운다.** 어젯밤에는 남자친구가 막 잠이 들려고 할 때 내 다리가 허공으로 휙 뻗쳐 올라가더니 계속 그러고 있어서 겁을 먹게 했다. 나는 기억도 안 나는 일이지만.

잠이 들고 깨는 내 행동 패턴은 내 마음대로 안 되기 일쑤였고 내가 생각해도 확실히 이상한 면이 많았다. 그런 행동 패턴 때문에 너

** 나는 정말로 침대에서 요가 자세를 한다. 그때가 운동하기에 좋은 시간이라서가 아니라 내 뇌와 몸이 가만히 있지 못하기 때문이다. 그러다 가끔씩 내 신경계를 진정시키기 좋은 자세를 찾거나 결국 지쳐서 잠이 들어 버릴 만큼 에너지를 쓰기도 한다.

무 답답했지만 원인을 알 수가 없었다. 언젠가 내 채널의 수면 관련 에피소드에서 다음과 같이 얘기한 적이 있다.

"나는 수면 문제가 ADHD와 관련 있는 줄 몰랐다. 그저 내가 수면발작에 가까운 병이 있어 밤에 올빼미처럼 깨어 있고, 자다가 하지불안증후군을 보이며, 이를 가는 거라고 여겼다. 앉아서 좀 쉬려고 할 때마다 잠들기도 하는데 그게 잔다기보다는 피곤해서 기절하는 것이다. 아이스버킷 챌린지가 아니고서는 비상경보가 울려도 깨지 않을 만큼 곯아떨어지는데 그러려니 했다."

내가 배운 다섯 번째 사실들

수면 문제는 ADHD가 있다면 십중팔구는 가지고 있을 만큼 정말 흔하다. 내 주치의들은 내 수면 습관을 제대로 살피지 않았지만 살폈어야 했다고 생각한다. 수면 문제가 ADHD가 있는 사람들에게 너무 만연되어 있어서 진단 기준에 포함되어 있으니까.

2019년에 출간된《수면과 ADHD: 증거에 기반한 평가 및 치료 지침》Sleep and ADHD: An Evidence-Based Guide to Assessment and Treatment 초판에 따르면 ADHD를 가진 아동과 청소년의 73퍼센트, 성인의 80퍼센트가 수면장애를 겪고 있다.

다음은 ADHD에서 흔하게 나타나는 공존 질환이다.

- **폐쇄성수면무호흡증**

이 수면장애는 자면서 코를 골고 호흡을 멈추는 것이 특징이다. 성인에게 더 흔하게 나타나지만 ADHD 아동에게도 나타난다.

- **하지불안증후군**

이 질환은 다리를 움직이고 싶은 충동을 일으킨다. 그 충동이 대체로 저항할 수 없을 만큼 강렬하며 앉아 있거나 누워 있을 때 특히 심하다. ADHD와 관련된 과잉행동과는 달리, 주로 밤에 나타나고 나이가 들면서 점점 심해진다.

- **주기성사지운동증**

잠이 들려고 할 때 갑자기 다리를 차거나 팔이 툭 떨어지는 경험에 익숙한가? 그것이 바로 주기성사지운동증이다. 적어도 20~40초마다 반복되고 지속 시간이 잠을 방해할 만큼 길 경우엔 이 질환에 해당된다.[*]

- **몽유병/야경증**

이 두 수면장애는 잠든 것도 아니고 깨어 있는 것도 아닌 모호한 상태에 있을 때 일어난다. 대체로 어릴 때 부모들이 가장 먼저 알아본다.

---

[*] 이 질환은 수면 중 갑자기 온몸을 움찔하는 수면놀람증과는 다르다. 수면놀람증은 보통 수면을 방해하지 않는다.

- **불면증**

누구나 들어 봐서 알 만한 질환이다. 불면증이 있으면 잠이 들거나 계속 자는 데 어려움이 있어서 잠을 자고 싶지만 제대로 못 잔다. 불면증은 수면위상지연증후군의 진단 기준 중 하나다.

- **수면위상지연증후군**

몸안의 시계, 즉 생체리듬 circadian rhythm이 2시간 이상 지연되는 증후군이다. 예를 들면 이 증후군이 있을 경우, 자연스럽게 새벽 3시부터 정오까지 잠을 자고 싶을 수 있다.

- **과도한 주간졸림증**

이 질환은 명칭이 지닌 뜻 그대로다. 친구 집에서 영화를 한참 보다가 잠이 들거나 깨어 있을 수가 없어 교대근무 시간을 놓쳤다면 나쁜 친구이거나 게으른 직원이라서 그런 게 아닐 수 있다. 뭔가 문제가 있다는 신호일 수도 있다.

최근 연구에 따르면 비교적 중증의 ADHD 증상들은 비교적 중증의 수면장애 증상과 연관되어 있다(그 반대도 마찬가지다). 수면장애는 특정 유형의 ADHD에 만연해 있기도 하다. 예를 들어 과도한 주간졸림증은 부주의 우세형과 더 강한 연관성을 갖고, 하지불안증후군은 주로 과잉행동/충동성 우세형과 더 강한 연관성을 띤다. 복합형은 두 질환 모두를 갖게 될 위험성이 높다.

ADHD는 잠을 못 잘 가능성이 더 높다

사람들은 별별 이유로 잠을 희생시킨다. 대학원 진학을 준비하거나, 갓난아이를 돌보거나, 책 마감일을 맞추는 등 다양한 이유로 밤을 지새운다. 하지만 ADHD가 있는 사람은 안 자고 깨어 있는 것이 다음 이유 때문일 가능성이 높다.

- **아직 졸리지 않아서**

ADHD가 있으면 크로노타입chronotype이 더 늦어지는 경향이 있다. 즉, 자연스럽게 자고 싶은 마음이 드는 시간이 평상시보다 늦어질 때가 많다. 이런 크로노타입을 갖고 있으면 수면 호르몬인 멜라토닌 분비가 늦어져 취침 시간이 지체된다.

ADHD 및 수면 분야 전문가인 스티븐 베커Stephen Becker 박사에 따르면 이런 취침 시간의 지체는 자연스럽게 크로노타입이 늦어져 더 많은 수면이 필요한 청소년기에 특히 문제가 된다.

> **크로노타입**
>
> 생체리듬에 따라 하루 중 특정 시간대에 깨어 있거나 정신이 초롱초롱하거나 졸립거나 잠드는 상태가 나타나는 몸의 자연스러운 경향.

- **아직 할 일이 남아서**

우리는 집중하는 데 어려움이 있어서 숙제, 집안일, 취침 시간의 일과를 마치는 데 남들보다 더 오래 걸릴 수 있다. 깜빡했던 일들을 챙기거나, 시험을 코앞에 두고 벼락치기 공부를 하거나, 마감일 전날 밤에 프로젝트를 마무리하느라 밤을 새우기도 한다. ADHD가 있는 사람들은 시간관리, 동기부여, 집중 문제로 큰 어려움을 겪는데 이런 어려움은 대체로 수면에 지장을 준다.

- **너무 자극이 되어 있거나 또는 충분한 자극을 받지 못해서**

ADHD 치료에는 흔히 자극제와 카페인을 사용한다(카페인의 경우, 자가 치료법으로도 활용된다). 이 두 성분은 우리를 말똥말똥 깨어 있게도 한다. 일부 ADHD 뇌에는 이런 자극제가 역효과를 낸다. 실제로 많은 의사가 보고하듯 환자 중에는 약을 먹으면 오히려 더 쉽게 잠들고 약효가 떨어지면 더 잠들기 힘들어하는 경우가 있다. 뇌에 자극이 부족하면 오만 가지 상념이 밀려들거나, 배우자에게 시비를 걸거나, 간식을 먹으러 침대에서 튕겨 나갈 수도 있다.

- **보복성 잠 미루기가 발동해서**

비디오 게임을 하거나, 친구들과 메시지를 주고받거나, 뇌가 위키피디아라는 토끼굴에 뛰어들게 해주느라 잠을 안 자는 것을 말한다. 사실 이런 일들은 깨어 있는 동안 해볼 틈이 없었던 일이 아닌가.

- **수면 시간이 일정하지 않아서**

그동안 밝혀진 연구에 따르면 잠드는 시간이 일정하지 않을 경우 충분히 수면을 취하기가 더 힘들며, 이런 들쭉날쭉한 수면 시간은 루틴 부족과 연관되어 있다. ADHD 뇌는 루틴을 꾸준히 지키는 데 어려움이 있으므로 매일 같은 시간에 잠을 자기 어려워하는 것도 그리 놀랄 일이 아니다. 하지만 때로는 루틴 부족이 우리 수면 문제 탓에 일어나기도 한다. 어쨌든 3시간 동안 천장만 멀뚱멀뚱 쳐다볼 게 뻔한데 일정한 시간에 자러 가는 게 무슨 소용인가?

- **자는 게 지루해서**

지루함은 ADHD 뇌에 고통이며 잠은 지루한 일일 수도 있다. 재미있는 뭔가를 하다가 따분한 수면 모드로 넘어가야 할 때는 특히 더 지루할 수 있다. 마침내 잠을 자러 가도 지루해서 괴로운 마음에 숙면에 도움이 안 되는 활동을 하다 잠을 더 못 자기도 한다. ('저게 뭐지, 벌써 날이 밝은 거야?')

ADHD는 수면의 질을 높여야 한다

어떤 그룹에서는 잠을 거르는 것이 자부심 거리가 되고 심지어 당당히 뽐낼 일이 되기도 한다. 문득 대학에 다닐 때나 다른 신경다양성 neurodiversity을 가진 뇌들과 생활할 때 듣던 말들이 떠오른다.

"잠은 죽어서 자면 돼."

"잠은 의지박약의 증거야."

"풋, 난 잠 따윈 필요 없어. 잠은 나약한 사람에게나 어울리지."

이처럼 잠을 거르는 상황이 자주 발생하면 잠을 자지 않는 것이 정체성이 될 수도 있다. 일종의 라이프스타일이 되어 자지 않으려 기를 쓴다. 안타깝게도 아무리 이런 허세를 부려도 우리에게 잠이 필요하다는 사실은 달라지지 않는다.

잘 먹고 운동하는 것과 같이 뇌 기능에 도움을 주는 온갖 자기 관리 방법 중에서 충분한 수면을 취하는 것이 가장 중요하다. 잠을 충분히 자지 않으면 에너지 수준, 각성, 인지능력이 저하되고 감정 통제가 잘 되지 않는다. 게다가 ADHD 증상이 더 악화된다. ADHD 아동을 대상으로 한 연구에 따르면 정상 수면 시간이 30분만 줄어도 낮 시간의 기능과 행동에 타격을 입히기에 충분하다.

수면 부족은 ADHD 영향을 받는 다음의 실행기능에 영향을 준다.

- 주의 조절
- 회상기억 및 작업기억
- 처리 속도
- 반응억제

못 잔 잠을 주말에 몰아서 자면 된다는 생각이 잘못된 것이다. 잠은 부차적인 미션이 아니다. 인간은 잠을 꼬박꼬박 자야 하며 우리도 예외가 아니다. 아무리 우리가 푹 자는 게 유독 힘들어도 잠을 못 자면 그보다 더 큰 문제가 생긴다.

셸리 S. (49세, 캐나다)

"저는 잘 때 몸과 정신이 야단을 떨어 대요. 제가 잘 때 두 발을 비비적대서 우리 가족은 귀뚜라미 발이라고 불러요. 자다가 갑자기 몸을 홱 뒤집기도 하고, 이불을 둘둘 말기도 하고, 하룻밤에 네 번쯤 베개를 뒤집기도 해요. 정신적으로도 매우 각성이 높아서 무슨 소리가 들리면 잘 깨요. 꿈을 꾸며 엄청나게 많은 문제를 해결하는가 하면, 작업 중인 아트 프로젝트의 아이디어가 떠오르기도 해요."

크리스틴 H. (33세, 미국)

"미루기와 수면, 저 이렇게 셋이 고약한 삼각관계를 이루고 있는 기분이에요. 저도 잘 알아요. 충분히 잠을 자야 명료한 생각으로 더 좋은 결정을 내린다는 걸요. 하지만 미루기가 설렘과 모험을 약속하며 잠잘 시간을 미루라고 자꾸 유혹해요."

루카 H. (26세, 호주)

"저는 잠자리에 들 때마다 도파민 슬롯머신인 휴대폰을 손에서 잘 놓지 못해서 애먹고 있어요."

아드리안 G. (20세, 노르웨이)

"저는 어릴 때부터 과민한 뇌 때문에 악몽을 자주 꿨어요. 밤마다 비명을 지르며 깼고, 그런 날이 오래 계속되었죠. 지금은 잠이 잘 안 들어서 큰 스트레스예요. 무거운 이불이며 약이며 잠이 오게 해준다는 온갖 방법을 써봤지만 다 소용없어요."

숙면을 위한 도구상자

ADHD와 관련된 수면장애에 효과적인 치료법들이 나와 있지만 우리가 지금 당장 실천할 수 있는 수면 습관도 많다.

① 적절한 수면 시간을 우선순위로 삼기

살다 보면 잠이 잘 안 와서 힘들 때도 있고 하던 작업을 마치기 위해 잠을 건너뛸 때도 있다. 수면을 우선순위에 둔다는 것은 더 이상 잠을 선택사항이나 하루 중에 해야 할 다른 일들보다 덜 중요한 일로 여기지 말아야 한다는 얘기다. 어떤 일이 발생했을 때 먼저 잠을 내팽개치면 다른 전략들 모두 빛을 발하지 못하게 된다.

이렇게 생각할 수도 있다.

'새벽 6시 요가 수업이나 헬스장 수업이라면 일찍 일어날 가치가 있지 않나?'

물론 일찍 일어나고도 여전히 충분한 수면을 취할 수 있다면 당연히 가치가 있다. 심리학자이자 유튜브 채널 〈How to ADHD〉의 연구 자문을 맡고 있는 패트릭 라쿤트Patrick LaCount 박사에 따르면 "운동과 충분한 수면 사이에서 선택을 해야 한다면 답은 수면"이라고 한다. 운동이 ADHD에 미치는 긍정적인 영향을 연구한 분이 이렇게 말할 정도라면 수면이 얼마나 중요한지 알 수 있을 것이다.

수면을 우선순위에 두라고 해서 최대한 많이 자라는 얘기는 아니다. 심지어 8시간씩 자라는 얘기도 아니다. 사람마다 필요한 수면 시간이 다르며 평생에 걸쳐 달라지기도 한다.

많은 전문가들이 자신에게 필요한 고유의 수면 시간에 맞춰 자는 것을 목표로 해야 한다고 말한다. 다시 말해, 기운이 없고 졸린 게 아니라 정신이 개운하고 말똥할 만큼 잠을 자야 한다.

대니얼 C. (36세, 캔자스주)

"저는 평온하게 맞는 밤을 좋아해요. 그런 밤은 하루 일이 대체로 끝나 부담감을 갖지 않는 유일한 시간이에요. 혼자 있으면 감정을 숨길 필요가 없죠. 하지만 잠을 못 자면 이튿날에 계속 충동적인 결정을 내리게 돼요. 그래서 수면 습관을 조절하려고 애쓰고 있어요."

시즈에 T. (23세, 오리건주)

"제가 일찍 잠자리에 드는 습관을 들인 이유는 충분히 휴식을 취하려면 하룻밤에 11시간씩 자야 하기 때문이에요. 9시쯤이면 잠이 들긴 하는데 그 이후부터 두어 번 잠이 깨요. 그래도 자정이 지난 이후엔 확실히 잠이 들어서 깨지 않고 쭉 자요."

② 좋은 수면위생 습관 들이기

좋은 수면위생(건강한 수면을 위해 지켜야 할 생활 규칙이나 정보―옮긴이) 습관을 들이려면 더 나은 수면을 돕는 개인적 습관과 취침 전 의식을 따르고, 수면을 방해하는 행동을 피하는 것을 피해야 한다. 그렇다면 좋은 수면위생을 위한 습관과 의식은 구체적으로 무엇일까?

이는 답하기가 까다로운 문제다. 수면위생에 대한 일반적인 가이드라인을 뒷받침할 연구는 충분히 나와 있지만 어떤 방법이 효과적일지는 개인마다 다를 수 있다. 게다가 대부분의 수면위생 연구는 일반 대중을 대상으로 이루어졌기 때문에 ADHD가 있는 사람들의 경우엔 여전히 상대적으로 관련 정보가 크게 부족하다.

좋은 수면위생이 무엇인지 알더라도 우리는 그 수칙을 따르고 꾸준히 지키는 것이 어려울 수 있다. 보편적인 수면위생 팁이 ADHD가 있는 사람들에게는 너무 비현실적이기 때문이다.

'잠자기 2시간 전부터는 전자기기를 멀리하라고? 장난해?'

하지만 우리가 시도해 볼 만한 몇 가지 연구 결과가 뒷받침된 수면위생 전략이 있다.

- **자극제 복용 시간 정하기**

우리 대다수는 ADHD 문제를 다루기 위해 자극제와 카페인, 심지어 니코틴까지 활용한다. 자극제는 약효가 다른 자극제보다 오래가는 것도 있고, 특정 사람들에게만 약효가 더 오래가는 것도 있다. 어떤 이들에게는 취침 시간의 카페인 섭취가 수면에 '집중'하는 데 도움이 되는가 하면, 또 어떤 이들에게는 정오 이후의 자극제 복용이 수면을 더 힘들게 하기도 한다. 자극제 복용 시간과 그날 밤 수면의 질을 살펴본 후 최적의 복용 시간을 찾아내면 좋다.

- **잠자기 전에는 평상심 회복하기**

안정감이 들면 잠이 더 잘 오니 잠자리에 들기 전에 평상심을 회복하자. 다급하지 않은 문제라면 잠자기 전에 좋게 처리하거나 미뤄 두었다 다른 날 처리해서 잠잘 가능성을 높인다. 사랑하는 사람이 있는 경우에도 더욱 그래야 한다. 그 문제로 서로 따지며 괜한 인지적 자원을 고갈시킬 일도 없고 '지루한 참인데 싸우면 자극이 좀 되지 않을까!' 식의 심리가 발동해 ADHD에서 흔한 취침 시간 함정에 빠질 일도 없다.

- **취침 시간과 기상 시간 지키기**

수면은 두 가지 요소에 따라 좌우된다. 첫 번째는 생체리듬이고, 두 번째는 항상성(생체 내의 균형을 유지하려는 경향―옮긴이) 조절, 즉 수면 욕구 등의 생체 시스템 조절 과정이다.[*] 수면은 이 두 가지 요소가 함께 작동해야 가장 효과적이다. 따라서 잠을 잘 자기 위한 가장 좋은 방법은 취침 시간과 기상 시간을 가급적 일관되게 지키는 것이다. 그러면 체내 시계가 침대로 가라고 쿡쿡 찌르면서 수면 욕구가 커진다. 정말로 취침 시간을 조절해야 할 상황이라면 베커 박사의 권고에 따라 시간을 점진적으로 조절해 한 번에 15분씩 바꿔 보길 권한다.

---

[*] 이 과정은 배고픔이나 목마름과 비슷하게 작동한다. 아무것도 먹지 않는 시간이 길어질수록 배가 고파지는 것처럼 잠을 안 자는 시간이 길어질수록 더 피곤해진다.

- **침대를 보면서 잠 연상하기**

 침대에 누워 천장을 멀뚱히 쳐다보거나 이메일 답장하기 같은 일을 하며 보내는 시간이 길어질수록 침대를 깨어 있는 공간으로 연상하게 된다. 그러면 침대에 들어갈 때 뇌의 수면 신호를 약화시킬 수 있다. 전문가들의 조언대로 20분이 지나도 잠이 오지 않으면 침대에서 나오는 것이 좋다. 지루한 일을 하다가 졸리면 그때 다시 침대로 가면 된다. 침대에서 다른 일을 해야 한다면 작업할 때와 잠잘 때가 구분되도록 취침 시간을 알려 주는 신호를 마련해 놓는다. 예를 들어 잠잘 시간이 되기 전까지는 침대에서 베개를 치워 두는 식이다.

손 P. (46세, 미시간주)

"저는 대부분의 삶 동안 어느 시간에 자든 잠을 제대로 잘 못 잤어요. 그러다 지난해에 주치의 선생님이 카페인이 수면에 도움되지 않느냐고 물었어요. 그 말을 듣기 전까진 그런 시도를 해볼 생각을 아예 못했어요. 지금은 자기 전에 카페인이 든 차를 한 잔 마시면서 제 삶을 통틀어 가장 잘 자고 있어요."

루메나 N. (34세, 북마케도니아)

"저는 권고 사항과는 반대로 해야 잠이 잘 와요. 오전 2시부터 10시까지 자요. 자기 전에 카페인을 섭취하고, TV를 작은 소리로 켜놓아야 잠이 들어요."

레이븐 M.(27세, 테네시주)

"저는 불안감과 CPTSD complex post-traumatic stress disorder(복합성 외상후스트레스장애) 때문에 약을 먹으면서 그 부작용 중 하나로 수면 시간을 조절하게 되었어요. 하지만 여전히 야간 일과를 최대한 즐기다 자요. 취미 생활, 아로마테라피, 아이 마스크 등을 하거나 TV에 자동 꺼짐 기능을 설정해 놓고 제빵 서바이벌 〈더 그레이트 브리티시 베이킹 쇼〉The Great British Baking Show를 듣기도 하죠."

전자기기가 수면에 미치는 영향

취침 시간의 전자기기 사용과 관련한 조사를 보면 모순점을 발견할 수 있다. 통상적인 조언대로라면 스크린 타임(컴퓨터, TV 또는 게임기와 같은 장치를 사용하는 시간―옮긴이)을 제한하고 침실에서 전자기기를 치우는 것이 좋다. 하지만 취침 시간 몇 시간 전부터 전자기기를 멀리해야 할 필요성을 뒷받침해 줄 확실한 증거는 없다. (휴, 살았다!)

자기 전에 태블릿으로 리얼리티 방송을 보거나 위키피디아를 이리저리 돌아다니다 졸리는 사람이라면 당연히 이 방법을 이용해도 괜찮다. 다만 어떤 선택을 하든 이 점만은 명심하자. 과학 문헌에서는 침실에서 전자기기를 치우는 것을 건강한 수면과 더불어 건강한 대인관계에까지 도움을 주는 방법으로 강력히 내세운다는 것이다. 😐

③ 잠자고 싶은 동기 부추기기

우리는 인간으로서 당연히 잠을 자야 하고 잠이 너무 중요하다는 걸 잘 아는데도 밤에는 뇌의 작동을 멈추는 게 쉽지 않다. 우리는 신나고 다급하고 새로운 것에 끌린다. 잠은 신나고 다급하고 새로운 것과는 거의 반대다. 잠을 거르도록 부추기는 사회적 압박도 한몫한다.

다음은 취침 시간을 더 기분 좋은 시간으로 만들기 위한 몇 가지 전략이다.

- **낮 동안 욕구 충족시키기**

뇌에 필요한 수면 시간 채우기를 우선순위로 삼으면 취미 시간, 혼자 있을 시간, 사교 시간 등 하고 싶은 일들을 포기해야 하는지 걱정될 수도 있다. 당연히 그런 활동도 중요하다. 가급적 낮 동안에 부담 없이 원하는 일들을 하면 마땅히 자야 할 시간에 그런 활동을 할 가능성이 줄어든다. 정말로 자고 싶은 욕구도 더 생길 것이다.[*]

- **긴장을 풀어 주는 의식 만들기**

우리의 뇌와 몸은 자기 전에 긴장을 풀 시간이 필요하다. 단, 긴장 풀기 의식을 정할 때 하고 싶을 만큼 재미있되 너무 빠져들어서 중간에 멈추기 어렵지 않은 것으로 골라야 한다. 퍼즐 맞추기, 책 읽기, 메시지 주고받기, TV 프로그램 재방송 시청 등을 생각해 볼 수 있다.

---

[*] 잠을 자면 좋은 컨디션으로 다른 일들을 더 빨리 마칠 수 있어 수면과 원하는 활동 모두를 위한 시간이 생길 가능성이 그만큼 더 높다!

- **좋아하는 감각 고려하기**

ADHD를 겪고 있는 많은 사람들이 거칠거칠한 이불이나 이상한 맛이 나는 치약, 옷의 감촉, 잠옷의 라벨에 예민하다. 반면에 '기분 좋은 감각'에 끌리기도 한다. 취침 시간에 더 애정을 느끼려면 보들보들 포근한 이불, 실크 베개 커버, 두꺼운 이불, 에센셜 오일 디퓨저, 여러 가지 맛의 치약, 다양한 감촉의 평상복 등을 갖춰 놓는 것도 도움이 된다.

마리 S.(32세, 뉴저지주)

"저는 자기 전에 긴장을 풀기 위해 여러 일을 해요. 욕실에서 불을 은은하게 켜놓고 라벤더향 샤워젤로 샤워하고 깨끗한 잠옷으로 갈아입으면 긴장이 풀려요. 잠을 자기 최소한 45분 전에 이 의식을 꼬박꼬박 해요."

조(42세, 오하이오주)

"저는 《반지의 제왕》 오디오북을 10년이 넘게 듣고 있어요. 이제는 그 소리를 들으면 잠이 연상돼요. 파블로프의 개처럼 조건반사가 일어난다니까요."

> **앤 베티나 P.**(44세, 덴마크)
>
> "6개월 전쯤에 스마트폰으로 스도쿠를 했더니 잠이 잘 왔어요. 그 뒤엔 크로스워드 퍼즐(가로세로 낱말 퍼즐)을 했고, 지금은 TV 시리즈 몇 편을 봐요. 저에겐 이런 활동들이 뇌의 주의를 딴 데로 돌리는 데 정말 요긴해요."

> **앤드루 F.**(37세, 워싱턴주)
>
> "저는 초등학교 때부터 누군가의 말소리를 듣다가 서서히 잠이 드는 버릇이 생겼어요. 어렸을 때는 라디오 토크쇼나 야구 중계, 라디오 프로그램 재방송을 들었고, 대학생이 된 이후로는 팟캐스트를 들었어요. 15년쯤 전부터는 일요일 밤마다 어떤 프로그램의 '잠깐, 잠깐만… 말하지 마!'라는 대사를 듣다가 잠이 들어요. 월요일을 위해 정신을 준비시키는 방법이에요."

④ 자신의 크로노타입을 잘 다루기

ADHD가 있는 사람들은 대체로 올빼미형 크로노타입을 가지고 있어서 일찍 일어나길 부추기는 세상에서 충분한 수면을 취하기가 힘든 편이다. 하지만 아무리 늦게 자는 것이 ADHD 뇌의 흔한 크로노타입이라고 해도 유일한 시나리오는 아니다. 크로노타입이 시간이 지남에 따라 바뀌기도 한다는 점을 감안하면 특히 더 그렇다.*

자신의 현재 크로노타입을 제대로 알고 다루면 가장 정신이 말똥

한 시간대와 가장 잠이 잘 드는 시간대에 맞춰 하루 계획을 짤 수 있다.

- **자신의 크로노타입 알아내기**

2주 동안(여름이나 휴가 중일 때를 추천함) 졸릴 때 잠을 자고 알람 없이 일어나 보자. 그러면 자신의 현재 크로노타입이 무엇인지 알 수 있다. 그렇게 못하겠거나 2주까지 기다리고 싶지 않다면 505쪽 QR 코드를 스캔해서 아침형-저녁형 설문지 링크로 들어가 수면과 기상 습관과 관련된 질문에 답해 봐도 된다.

- **고도로 집중할 일을 하도록 계획 짜기**

예를 들어 저녁 올빼미형이라면 늦은 시간의 수업을 듣고, 아침 종달새형이라면 교대근무 시간을 이른 시간으로 조정하면 된다. 근무 시간이 오전 9시부터 오후 5시까지인 일반적인 직장도 ADHD를 배려해 유연하게 근무 스케줄을 제공해 줄 수 있다.

근무시간 변경이 불가능한 경우라면 집중력이 더 필요한 업무를 할 시간을 선택할 수는 있다. 크로노타입은 졸음이 오는 시간만이 아니라 가장 말똥히 깨어 있는 시간에도 영향을 미친다. 이 시간대에 맞춰 업무를 계획하면 생산성을 전반적으로 끌어올릴 수 있다.

- **아침에 할 일 미리 하기**

자신의 자연스러운 크로노타입보다 더 이른 시간에 일어나야 한다

---

* 재미있는 사실은 크로노타입은 임신 초반에 아주 급격히 바뀐다.

면 전날 밤에 미리 준비해 두자. 입고 갈 옷을 정하고, 가져가야 할 준비물을 잘 보이게 문가에 두고, 오버나이트 오트밀(오트밀에 우유 또는 요거트를 부어 냉장고에 하룻밤 동안 넣어 두는 것―옮긴이)을 만들어 놓는 등 상황에 맞게 준비하면 된다. 이렇게 미리 준비하면 자신의 크로노타입에 맞는 수면 시간을 최대한 채우면서 정신이 맑은 시간을 잘 활용할 수 있다.

- 가벼운 암시 마련하기

생체리듬은 환경적 암시, 그중에서도 특히 빛에 예민하다. 잠잘 시

 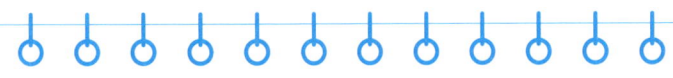

멜라토닌 보충제 사용 시 유의점

크로노타입이 늦는 편이라 잠을 자야 할 때가 되어도 멜라토닌이 분비되지 않는다면 제품으로 섭취해도 괜찮다. 사실 ADHD가 있는 많은 사람들이 멜라토닌 보충제의 도움으로 잠든다. 멜라토닌은 ADHD의 수면장애 치료에 가장 많이 쓰이는 약물이며 더 일찍 잠들게 해주는 면에서 효과가 크다.

그런데 멜라토닌을 처방전 없이 살 수 있고 규제를 받지 않아 의견이 분분하다. 어떤 사람이 먹어야 하고, 적정 복용량과 복용 기간, 하지불안증후군 같은 다른 수면 문제들에 영향을 미칠 가능성은 없는지 등이 문제시되고 있다. 복용 전에 의사와 상담하길 권한다.

간이 되면 스마트 전등이 점점 어두워지게 설정해 둔다. 뇌가 그 암시를 받고 자연스럽게 멜라토닌을 분비해 잠잘 준비를 한다. 스마트 전등으로 해가 뜬 것처럼 연출할 수도 있다. 또한 아침에 일어나면 가장 먼저 밖으로 나가 화초처럼 햇빛을 쬐는 것도 몸의 생체리듬을 조정하는 좋은 방법이다. 햇빛이 뇌와 몸에 이제 해가 떴으니 일어나야 한다고 신호를 전해 줄 테니까!

올리비아 L.(34세, 텍사스주)

"저는 주중엔 밤 11시가 되기 전까진 자고 싶은 마음이 안 생겨요. 저녁에 더 생산적인 사람이다 보니 제 뇌도 오후 1시는 되어야 그때부터 잘 돌아가요. 아침에는 동작이 굼뜨고, 빛을 싫어하고, 말하기 귀찮아요. 저도 아침형 인간이 되려고 정말 노력했는데 일찍 자고 일찍 일어나는 게 잘 안 돼요."

샤니아(49세, 미시간주)

"저는 저녁이 되면 뜨거운 물로 목욕하며 긴장을 풀어요. 육체적으로 고된 일을 하고 있어서 근육을 풀어 줘야 하거든요. 그런데 제가 저녁 올빼미형이라 하루의 마감 시간이 밤 11시여서 좀 문제예요. 월요일부터 금요일까지는 항상 아침 일찍 일어나서 비타민을 챙겨 먹어요. 주말엔 실컷 자게 저 자신을 풀어 주고요."

⑤ 대비책 마련해 두기

가끔씩 '좋다'는 방법대로 다 실천했는데도 여전히 잠을 못 이룰 때가 있다. 잠을 잘 못 자서 불안해지면 잠드는 것이 더 힘들 수 있으므로 대비책을 세워 둔다. 그래야 잠 못 드는 밤의 여파를 견뎌 내고 그다음 날을 잘 넘기게 된다. 잠을 못 잘 경우에 대비해 선택지를 마련해 두면 잠을 더 잘 자는 데 도움이 된다.[*]

- 자는 곳 바꿔 보기

잠자리 위치를 바꾸면 잠이 더 잘 올 수도 있다. 옮겨간 곳에서 잠들려 애쓰던 좌절감이 연상되지 않기 때문이다. 여전히 잠이 잘 안 오더라도 최소한 다른 사람의 잠을 방해하지 않으니 마음이 더 편할 수 있다. 자는 자세를 바꿔 보는 것도 괜찮다. 나는 어찌나 자주 몸을 뒤집는지 자다 보면 발이 베개가 있어야 할 위치에 가 있기도 한다.

- 휴식하기

도저히 잠이 안 오면 그냥 쉬는 것이 차라리 이로울 수도 있다. 이때는 명상이나 회복 요가 등을 하면 좋다. 아니면 그냥 눈을 감고 누워 있는 것도 괜찮다.

---

[*] 다만 대비책에 평상시보다 더 의존하는 것 같을 땐 스스로를 들여다보며 괜찮은지 살펴본다. 수면장애가 평소보다 심하다면 정신건강이나 신체건강, 대인관계, 직장생활 등과 관련해서 또 다른 문제가 있다는 신호일 수도 있다. 그런 가능성이 의심된다면 전문가와 상의하기 바란다.

- **기상 플랜 세우기**

ADHD가 있는 사람은 잠을 잘 못 자서 어려움을 겪지만 아침이 되면 대체로 잘 일어나지 못해 애를 먹기도 한다. 비상책으로 알람을 여러 개 설정하거나, 다른 사람에게 잘 일어났는지 확인해 달라고 부탁하는 것도 좋다. 그 외에도 바로 일어나게 도와줄 만한 것이라면 뭐든 해보자. 고양이와 같이 반려동물과 함께 사는 것도 도움이 된다. 직장에서 근무 시작 시간을 유연하게 조정하는 것 역시 유용하다. 물론 잠을 깨는 데는 커피의 효과도 빼놓을 수 없다.

제시카 M. (36세, 로스앤젤레스)

"명상 수업 선생님이 명상은 잠과 비슷하게 깊은 평안을 주고 기운을 회복시켜 준대요. 단, 처음부터 그렇게 해주는 건 아니에요. 처음엔 우리를 떠받치고 있는 스트레스 기둥을 발로 차서 녹초가 되게 해야 해요. 지금은 잠이 안 오면 명상을 더 하면서 제 몸과 뇌의 배터리를 재충전해요."

라파엘 B. (41세, 시애틀)

"전 잠이 안 오면 침실에서 나와 집중은 하되 자극을 일으킬 정도는 아닌 흥미로운 글을 읽어요. 대개는 위키피디아의 언뜻 사실 같은 허구와 같은 글이에요."

> **테레사 W.** (43세, 미시간주)
>
> "십대인 제 아이는 AuDHD(자폐Autism와 ADHD를 결합한 신조어 – 옮긴이)가 있는데 '불편한 상태'로 있어야만 잠을 잘 자요. 침실에 편히 누워 자지 않고 소파에서 옷을 다 입고, 가끔은 불까지 켜놓고 자고 있어요."

올빼미형일까, 종달새형일까?

나는 삶의 대부분을 '제시간에' 자러 간다는 것이 '새벽 5~6시에 떠오르는 태양에게 인사를 건넬 수 있을 만큼 일찍' 자는 것으로 여겼다. 그 시간을 넘겨서 자면 확실히 늦게 자는 것으로 생각했다.[*]

어렵사리 '제시간에' 자게 되었을 때는 스스로가 자랑스러웠다. 그날만이라도 내가 도덕적으로 우월한 인간이 된 것 같아서였다. 세상에는 이런 식의 생각을 갖도록 부추기는 말이 많다. '사람은 일찍 자고 일찍 일어나야 건강해지고 부자가 되고 아는 것도 많아진다', '일찍 일어나는 새가 벌레를 잡는다', '성공은 알람 일시정지 버튼을 이겨 낼 의지력을 가진 사람에게 온다' 등이다.

이번 장을 쓰기 위해 자료조사를 하다 우연히 《더 뉴요커》에 실린 눈길이 확 끌리는 제목의 기사를 봤다.

---

[*] 굳이 말 안 해도 알겠지만 나는 아주 '늦게' 잤다.

"아침과 도덕성은 서로 상관이 없다."

마리아 코니코바Maria Konnikova 기자의 설명에 따르면 몇몇 연구에서 사람들이 낮 동안에 밤보다 더 도덕적으로 행동하는 것으로 나타났다. 연구자들은 이런 현상에 '아침의 도덕성 효과'The morning morality effect라고 이름 붙였다. 하지만 여기에는 주의할 점이 있다. 시간대가 그 사람의 크로노타입과 일치할 경우에만 이런 효과가 나타난다는 것이다.

다음은 코니코바 기자가 취재한 기사의 일부다.

"어떤 사람들은 아침에 부정행위를 덜했지만 이는 애초에 그 사람들이 '일찍 일어나는 새' 유형이었을 때만 나타난 경향이었다. 반대의 경우도 마찬가지였다. 올빼미형은 저녁에 부정행위를 덜했다. 연구진이 내린 결론에 따르면 하루 중 특정 시간이 정직성에 미친 영향은 사람과 환경 사이의 동시성보다 약했다."

나는 도덕적으로 우월해지는 것을 우선순위로 삼지 않는데도 여전히 일찍 일어나야 한다는 압박감을 느낀다. 그래야 더 생산적인 사람이 되기 때문이다. 일찍 일어나야 낮 동안에 더 많은 일을 할 수 있는 이유는 그때가 사업체들이 문을 여는 시간이기 때문이다.

"크로노타입을 바꾸면 매일 새벽 6시에 요가하는 사람이 될 수도 있나요?"

내 질문에 베커 박사는 이렇게 말했다.

"좋은 질문이에요. 크로노타입은 평생 동안 시간이 지남에 따라 자연스럽게 바뀌죠. 하지만 의도적으로 바꾸는 것은 별개의 문제로 봐야 해요."

다른 연구자들도 같은 견해를 보인다. 코니코바 기자가 인터뷰한 행동과학자 수니타 샤Sunita Sah는 이렇게 밝혔다.

"자신의 경향을 극복해 자신의 체내시계와 잘 맞지도 않는 시간에 기능을 더 잘하도록 스스로를 단련하는 건 가능하다. 하지만 정말 말도 못하게 힘든 과정이다."

나는 이 기사를 보며 다른 사람이 아닌 내 크로노타입에 맞춰 적절한 취침 시간을 만든다면 더 좋은 상사나 파트너, 친구가 될 수 있을 것 같았다. 과거의 많은 경험이 힌트를 주었다. 나에게 적절한 취침 시간은 오전 12시 30분이다. 이 취침 시간을 잘 작동시켜 잠을 충분히 자고, 이를 당당하게 생각한다면 어떨까?

이 기사를 보면서 우리 사회가 사람들을 수면 패턴에 따라 평가하는 방식에 대해서 의문을 갖게 되었다. 어떤 사람이 남들보다 더 많이 잔다는 이유로 '게으른' 사람으로 여기거나, 새벽 6시까지 안 잔다고 해서 더 성실하게 보거나, 나이트클럽을 거르고 집에 가 버린다는 이유로 재미없는 사람으로 생각하는 일이 흔하지 않은가.

사람들은 저마다 필요한 수면 시간이 다르고 자야 할 시간에 겪는 변화가 다르다. 이제 이런 사실을 알았으니 수면 시간으로 사람을 평가하는 도덕적 판단 기준을 놓아줘도 되지 않을까? 사실 정오까지 자면서도 아주 놀라운 생산성을 보여 주는 사람들이 있는가 하면, 저녁 8시가 되면 피곤해하는 인싸들도 있다.

이제 우리는 크로노타입의 다양성을 고려하는 세상이 되도록 노력해야 한다. 세상은 기술의 발달에 힘입어 근무시간이 더 유연해졌고 재택근무도 흔해졌다. 인터넷 덕분에 표준시간대에 상관없이 다른 사람들과 언제든 연결될 수 있다. 일상의 일들에 온라인 옵션이 있어서 사랑하는 사람과 편지를 주고받거나 입출금이 자유로워져 우체국이나 은행 영업시간이 예전만큼 의미가 없어졌다. 연중무휴로 대기 중인 온라인 공증인을 찾을 수도 있다. 심야 서점이나 댄스 파티 브런치도 조만간 등장할지 모른다!

혹시 일반적인 영업시간이 아닌 시간에 문을 여는 사업체를 보거나 그런 사업체 운명을 직접 시작한다면 나에게 알려 주기 바란다. 늦게 일어나는 올빼미족과 일찍 일어나는 종달새족이 정말 가보고 싶어 할 곳이기에.

제6장

균형 있는 삶을 위한 시간 관리법

사람들은 시간이 원인에서 결과로
엄밀히 흘러간다고 생각하지만
비순차적이고 비주관적인 관점에서 보면
사실상 시간은 비틀비틀 째깍째깍하는
거대한 공에 더 가까워.

_〈닥터 후〉 10대 닥터의 말

시간의 음모

내 세상에서 시간은 항상 접혔다 펼쳐졌다 한다. 때로는 지금, 내일, 지난해, 5분 전에 끝냈어야 할 모든 일의 무게로 인해 시간이 나를 짓누르는 것처럼 느껴질 때도 있다. 그러다 보니 어쩔 수 없이 어떤 일을 하거나, 어디에 가거나, 친구를 만나러 갈 준비를 하는 데 걸리는 시간은 그 시간이 얼마나 되든 '적절한' 시간이 아니다. 작업이 예상보다 오래 걸리거나, 차가 막힐 것을 감안하지 않았거나, 5분 정도 짧게 샤워를 하고 나와 보니 30분이 지났다는 것을 알게 되기도 한다 ('이게 어떻게 된 거지?').

나에겐 집중력이란 확실한 존재감으로 다가온다. 집중력이 있을 때와 없을 때, 확실한 차이를 느낄 수 있다. 시간은 엄밀히 말해 형태가 바뀌는 것이 아니라 상태가 변하는 것이다. 예를 들어 마감일 직전이나 약속이 연이어 있을 때는 완고한 시간이 나를 냉혹하게 짓누르는 것 같다.

취미에 몰두하거나 공상에 빠져 있을 때는 시간이 구름에 실린 듯 감쪽같이 지나간다. 따분하거나 뭔가를 애타게 기다리고 있을 때는 시간이 미치도록 지루하게 똑똑 떨어지는 물방울 같다. 어렸을 때는 보통 15분 정도면 끝낼 수 있는 숙제를 1시간이나 걸려서 했다.

나(중학생): 너무 지루해! 시간이 너무 오래 걸려!

시계: 똑 (한없는 침묵) 딱…

반면에 한 가지 일에 집중하다 보면 1시간이 5분처럼 느껴질 때가 많았다. 시간이 훌쩍 지나가는 것 같다. 학교에서 내준 어떤 프로젝트를 30분쯤 하다 고개를 들었는데 이미 밖이 어둡기도 했다.

나(중학생): (그 일에 열중해서) 어디 보자. 아이스크림 막대를 이렇게 풀로 붙이면 여기 이 구조물이 쓰러지지 않을거야.

시계: (바늘이 만화 속 한 장면처럼 빠르게 돌아가며) 똑딱똑딱똑딱똑딱똑딱똑딱…

열세 살이 되었을 때는 내가 시간 관리에 형편없다는 점이 확실해졌다. 그런데도 여전히 사람들은 내가 시간 관리를 잘하길 기대했다.

"다음 주에는 꼭 작성해 와야 한다."

"잊지 마. 한 달 후가 마감이야. 거기에 맞춰 계획을 짜도록 해."

"15분 후에는 저녁 먹을 거지?"

그럴 때면 나는 고개를 끄덕이며 잘할 수 있는 척했다.

나이를 더 먹고 시간을 관리할 책임 거리가 늘어나면서 몇 분 늦던 것이 몇 주나 몇 달, 심지어 몇 년으로 길어졌다. 그 바람에 내 삶에 심각한 여파가 미쳤다. 대학교 입학지원서, 주차위반 딱지, 신용카드 청구서, 세금 등의 마감일을 번번이 놓쳤다. 결국 지각을 반복하다 해고되었다. 뒤처진 것을 따라잡으려 애썼지만 나는 항상 뒤처졌다.

시간을 더 효율적으로 짜려고 노력했지만 살아온 대부분의 시간 동안 나와 스케줄의 관계는 다음과 같았다.

① 스케줄을 짠다.
② 스케줄을 지키지 못한다.
③ 1번과 2번 단계를 반복한다.

레스토랑에서 서빙을 하는 몇 년 동안은 시간 관리 문제를 말끔히 회피할 수 있었다. 물론 서빙 일에도 시간은 중요하지만 '지금' 해야 하는 일에 최대한 집중하면 되었다. 출근 시간 외에는 어떤 특정 시간을 신경 쓸 필요가 없었다. 어떤 일이 얼마나 오래 걸릴지 계획할 필요도 없었다. 그냥 내 할 일을 최대한 빨리, 순서에 맞춰 해내면 되었다. 손님에게 물을 가져다주고, 주문을 받고, 받은 주문을 컴퓨터에 입력하는 식으로 할 일을 쭉 이어 가면 그만이었다.

직장 일 외에 다른 해야 할 일들은 그 일이 기억날 때 했다. 아니면 하고 싶을 때나 내 뇌에 발동이 걸릴 만큼 마감 시한이 임박했을 때

했다. 계획을 세웠다가 다시 계획을 세우는 데 시간이 너무 많이 들어 시간을 낭비하는 기분이 들었다.

나는 특정 시간에 일을 끝내려는 생각에 연연하지 말자고 마음먹었다. 그냥 할 일을 마치기만 하자고. 그래서 할 일이 많을 때는 기억이 나는 대로 일을 전부 다 했다. 그러다 보니 가끔은 한꺼번에 많은 일을 몰아서 하다가 의식을 잃기도 했다. 얼마 후 정신을 차리면 또 같은 패턴을 반복했다.

그것이 내 대학 생활의 패턴이었고, 유튜브 채널을 운영하며 서빙 일을 할 때도 또다시 그런 생활을 되풀이했다. 채널이 점점 성장하며 새롭게 생겨난 온갖 책임 거리, 마감 시한, 기대치가 뒤범벅되어 밀려들었다. 그때도 시간 개념을 잊은 채 조사하고, 대본 쓰고, 촬영하고, 편집하고, 일주일에 며칠씩 댓글에 답하느라 정신이 없었다. 이런 와중에 내 본업까지 병행했다. 그러다 댓글이 기하급수적으로 늘어나며 펍메드PubMed(의학 및 생명과학 논문 데이터베이스―옮긴이)에서 난해한 연구 논문을 읽고, 패트리온Patreon(콘텐츠 창작자가 구독자들에게 일정 금액의 후원을 받고 금액에 맞는 서비스를 제공해 주는 플랫폼―옮긴이)에 약속을 이행하는 특전을 얻고, 영상 제작을 위해 팟캐스트 인터뷰를 하고, 여러 회의에 참석하기도 했다.

전에는 지난 실패를 만회하기 위해 점점 더 많은 일을 했다면 이제는 성공한 덕분에 점점 더 많은 일을 했다. 그렇게 늘어나는 일들을 따라잡기가 갈수록 힘들어졌다.

너무 고단했다. 주로 새벽 2시에 영상 촬영을 할 때는 이런 식으로 스케줄 관리를 하다가는 도저히 안 되겠다는 생각이 들었다. 하지만 달리 어떻게 해야 할지 막막했다. 수치심도 들었다. 삶에서 어떤 일을 벌이든 시간 관리는 아주 기본적으로 요구되는 부분이고, 다른 사람들은 모두 시간을 잘 통제하고 있는 것 같았다. 다 큰 성인이 되도록 아직 시간을 제대로 관리하지 못하는 내가 바보처럼 느껴졌다.

내가 배운 여섯 번째 사실들

나는 내가 시간을 경험하는 방식이 다른 모든 사람들이 경험하는 방식과 동일하며, 단지 차이라면 다른 사람들이 시간과 싸워 굴복시키는 것을 더 잘하는 것뿐이라고 생각했다.

아니, 그건 틀린 생각이었다. 시간을 경험하는 방식부터 까먹기를 밥 먹듯이 하는 이유(제8장 '깜빡깜빡하는 뇌를 위한 기억력 사용법' 참조) 등을 볼 때 우리는 시간 관리 문제에서 아주 불리하다.

바클리 박사에 따르면 미국 전체 인구의 8퍼센트가 시간 관리에 어려움을 겪고 있다. ADHD가 있는 사람들은 어떨까? 98퍼센트다! 이들의 98퍼센트가 시간 관리에 어려움을 겪는다고 스스로 밝혔고 부모들도 여기에 공감했다. 아이스크림을 좋아한다고 스스로 밝히는 사람들의 비율도 98퍼센트가 안 된다.[*]

이런 사실을 알았으니, 내가 털어놓은 경험담이 남일 같지 않더라

---

[*] 아이스크림 관련 통계를 찾아보다 다음 글을 찾았다. "여론조사 기관인 유고브 옴니버스 YouGov Omnibus에 따르면 미국인의 96퍼센트가 아이스크림을 먹는다. 미국인이 가장 좋아하는 맛은 초콜릿(14퍼센트)이고, 바닐라(13퍼센트), 버터피칸(11퍼센트)이 뒤를 이었다."

도 이제는 스스로를 원망하지 않아도 된다(물론 늦어서 서둘러야 하는 상황이라면 지금이 몇 시인지 시간을 확인해야겠지만).

ADHD는 시간을 남들과 다르게 경험하게 한다

바클리 박사가 여러 강연과 저서, 연구논문을 통해 설명한 것처럼 ADHD가 있는 사람들은 사실상 '시간을 보지 못 하는 맹인'이다. 더 정확하게는 '시간 근시안'이다. 이는 의미 있는 많은 연구와 ADHD 커뮤니티의 생생한 경험으로 뒷받침되고 있다.

> **시간 맹인/근시안** time blindness/nearsightedness
>
> 시간이 얼마나 지났는지 인지하지 못하거나(또는 매우 어려움) 어떤 일이 얼마나 걸릴 지 가늠하는 것을 잘 못하거나 아주 어려워하는 것.

• **남들과 다른 시간 감각**

어떤 사람들은 '예리한' 시간 감각을 갖고 있다. 친구와 수다를 떤 지 얼마나 되었는지, 언제쯤 욕조의 물을 잠가야 할지를 칼같이 안다.* 그런 사람들은 시간이 얼마나 지났는지 비교적 정확히 감지한다. 생체리듬(즉, 체내시계)과 빛, 소리, 온도 변화 같은 환경적 단서가 그 비결일 것으로 추정된다.

---

* 나는 모든 사람들이 다 시간 감각이 부족한 줄 알았다. 우리 가족이 워낙 시간 감각이 없다 보니 그랬던 것이다. 지금 이 글을 편집하다가 이모 집에 가고 싶은데… 현재 이모 집은 손님이 편히 찾아갈 상황이 아니다. 욕실에서 물이 흘러넘쳐 방까지 들어차 있단다.

ADHD 뇌는 대체로 시간 감각이 '무딘' 편이다. 일부러 시간을 그때그때 확인하지 않는 한, 남들처럼 시간이 얼마나 지났는지 인지하지 못하거나 시간의 흐름을 감지하지 못한다. 초집중에 빠지지 않아도 알람이나 시간을 상기시켜 줄 뭔가의 도움이 없으면 다른 일로 넘어갈 때가 되어도 알아차리지 못할 수 있다. 과하게 몰입한 상태일 때는 알람 소리도 못 들을 수 있다. 동료 유튜버이자 친구인 제시 앤더슨Jesse J. Anderson은 이렇게 표현했다.

"시간 감각은 뭐랄까, 나에게는 없는 감각 같아. 내가 만약 고통을 느낄 수 없다면 이런저런 단서로 고통이 어느 정도일지 미루어 짐작할 거야. '찢어서 피부가 붉어졌네', '팔팔 끓고 있는 솥이잖아', '이런, 피가 나네' 하면서. 그런데 그래 봐야 그저 추측일 뿐이야. 시간도 똑같아. 단서를 활용할 수는 있지만 직접 감지하지는 못해."

- **남들보다 짧은 시간 지평**

ADHD 뇌에겐 시간 지평, 즉 '어떤 대상이 슬슬 현실적으로 느껴질 만큼 가까이 다가오는 시점'이 훨씬 더 짧은 경향이 있다. 우리 대다수에겐 프로젝트나 일이 '지금 존재하거나', '지금 존재하지 않거나' 둘 중 하나다. '지금 존재하지 않는' 대상은 뭐든 아예 존재하지 않는 것처럼 느낄 수도 있다. 우리는 대체로 현재에 살면서, 코앞에 닥친, 지금 해야 하는 대상에만 반응한다.**

** 내 유튜브 채널 PD 중 한 사람인 에디의 말마따나 '무조건 가장 크게 소리 지르는 의뢰인'에게 반응하는 셈이다.

그리고 특별히 설레는 일이 아닌 한, 이튿날 이후의 일들에 대해서는 계획을 잘 못 짠다. 그런 탓에 실수를 통해 배우기가 힘들다. 이미 그 실수를 잊어버린 것이다. 미래를 계획하기도 힘들다. 현실적으로 느껴지지 않기 때문이다.

이런 짧은 시간 지평 때문에 우리가 그렇게 시험 전날 밤이 되어서야 벼락치기로 공부를 하는 것일지도 모른다. 우리에겐 할 일이 정신적 '접시'에 놓이는 시점이 남들에 비해 마감 시한에 훨씬 더 가깝다. 머리로는 어떤 일이 다가오고 있는 걸 알아도, 신경전형적인 동료들과는 달리 그 일을 '이제 시작해야 해'라는 신호를 탐지하는 레이다에 도달하지 않는다. 그리고 그 신호가 레이다에 도달하기 전까지는 스위치가 '지금 존재하지 않는'에서 '지금 존재하는'으로 바뀌지 않는다.

- **시간이 더 쏜살같이 지나가거나 더 느릿느릿 간다**

"재미있을 때는 시간이 쏜살같이 지나간다."

이 말은 누구에게나 어느 정도는 맞는 말이지만 ADHD가 있는 사람은 더 극단적으로 경험한다. 따분한 일을 할 때는 시간이 끝도 없이 늘어지지만 뇌의 관심을 사로잡은 일은 몇 시간이 지나도, 심지어 며칠이 지나도 시간 가는 줄 모른다. 시간이 얼마나 걸릴지 가늠할 때는 기대가 되는 일은 필요한 시간을 너무 짧게 잡고,* 하기 싫은 일은 시간을 너무 많이 잡는 편이다.

---

* 어떤 일이 재미있을 것 같다고 해서 반드시 그 일을 하는 데 시간이 짧게 걸리는 게 아닌데도 나는 종종 그 사실을 깜빡한다.

ADHD는 더 많은 것을 고려해야 한다는 걸 잊어버린다

언젠가 한 ADHD 코치가 지적해 준 말처럼, 연극은 무대설치, 연극 그 자체, 정리의 세 부분으로 이루어진다. 저녁 준비부터 회의 참석에 이르기까지 우리가 하는 모든 일들도 그와 비슷하다.[**] 그런데 우리는 '무대설치'와 '정리' 부분은 깜빡한 채 그 일을 하는 데 필요한 시간만 고려하기 일쑤다.

예를 들어 차를 운전해 15분 거리의 목적지에 갈 때, 자신에게 15분을 할애하고 차까지 가는 시간, 필요할 경우에 주유를 할 시간, 주차장을 찾을 시간 등은 고려하지 않는다. 우리는 계획, 준비, 정리, 후속 조치도 필요하다는 걸 잊어서 시작도 하기 전부터 이미 지각 예약일 때가 많다. 우리는 그 외에도 다음과 같은 점들도 자주 깜빡한다.

- 일이 잘 풀리지 않을 가능성

우리는 모든 것들이 완벽하게 맞아 돌아가는 상황을 전제로 그 일의 계획을 세우는 편이다. 안타깝게도 일이라는 게 언제나 완벽하게 돌아가지 않는다.

- 생물학적 욕구

인간은 먹어야 하고, 물도 마셔야 하고, 화장실도 가야 하고, 잠도

[**] 나는 예전까진 이런 사실을 모르고 있었다! 하지만 맞는 말이다. 회의에 참석하는 일은 '회의장에 가기, 자료나 필기할 준비물 챙기기, 회의에 참석하기'로 쭉 이어지고 회의가 끝난 후에도 새롭게 알게 된 정보를 사람들에게 알려 주고 우리가 배운 것을 정리하는 식으로 전후 과정을 거친다.

자야 한다. 그런데 우리는 어떤 일을 하는 데 얼마나 걸릴지 예상할 때 잠깐 화장실에 다녀오거나 쉴 시간 등은 잘 넣지 않는 편이다.

- **다음 일로 전환할 시간**

어떤 일을 끝내자마자 바로 다음 일을 시작한다면 아마 일이 더뎌질 것이다. 그다음 일이 그냥 영상 회의여도 마찬가지다. 일의 전환에는 시간이 필요하며 우리의 뇌도 두 일 사이에서 전환할 시간이 필요하다.

- **부수적으로 따르는 일들**

어떤 일을 하려 할 때, 때로는 다른 일부터 먼저 처리해야 그 일을 할 수 있는 경우도 있다. 예를 들어 선물이 아직 도착하지 않았거나 포장지가 없다면 선물을 포장할 수 없다.

- **자신의 에너지 수준**

시간 관리가 사실상 에너지 관리인 경우가 많다. 원칙적으로는 어떤 일을 할 시간이 있더라도 실제로 그 일을 실행할 만한 에너지가 없을 때도 있다.

- **상상력을 발휘할 시간**

창의적 분야의 일을 하고 있다면 창의성은 그냥 나오는 게 아니다. 새로운 아이디어를 점화시키고, 묘안을 떠올리고, 아이디어에 영감을 불어넣어 줄 콘텐츠를 소비할 시간도 필요하다.

- 실수

저지를 만한 실수를 감안하지 않으면 다른 요인보다 두 배는 더 문제가 된다. 미처 주의를 기울이지 못해 실수를 저질러 그 실수를 바로잡아야 할 가능성이 높아지고, 일하는 도중에 한 번 더(혹은 두세 번 더) 확인을 해야 할 수도 있다.

ADHD가 없는 버전의 자신에게 계획을 맞춰 짠다

시간 근시는 실행기능 문제와 무관하지만 실행기능 문제는 시간 관리에 큰 영향을 미칠 수 있다.

- 작업기억의 어려움

해야 할 일을 잊어버리거나 깜빡 잊고 두고 온 것을 가지러 급히 되돌아가야 할 가능성이 높다. 우리는 이런 문제를 스스로 해결해야 하기 때문에 특정 작업들, 특히 관리하는 일을 하는 데 시간이 더 오래 걸린다.

- 정리의 어려움

우리는 물건을 엉뚱한 곳에 두고 잊어버리거나, 물건을 잘 찾지 못하거나, 필요한 물건이 어디에 있는지 알아도 쓰고 제자리에 가져다 놓지 못할 확률이 더 높다. 생각과 말을 잘 정리하지 못할 때도 많다. 우리는 확산적 사고를 하기 때문에 놀라운 상상력을 발휘하는 작가가 될 수는 있어도 수렴적 사고에 의존해 하고 싶은 말을 요약하는 일이나 뒤죽박죽인 뇌에 시스템을 세우는 일은 힘들다.*

- **주의력 통제의 어려움**

생산성에 큰 기복이 생긴다. 어떤 날은 초집중해서 많은 일들을 해내고, 또 어떤 날은 온갖 것들에 한눈팔다 해내는 일이 별로 없기도 하다.

- **반응억제의 어려움**

의도에도 없던 일을 충동적으로 시작하거나 도중에 잘 멈추지 못할 확률이 높다. ADHD 뇌는 많은 일을 해내기도 하지만 의도에 따라 이루어진 결과가 아닌 경우가 많다.

안타깝게도 대체로 우리는 이런 차이가 존재하지 않는 것처럼 시간 계획을 세운다. 그렇게 시간 계획을 세우는 게 당연하다고 여긴다. 우리 자신이 ADHD가 없는 사람과 똑같은 시간에 똑같은 일관성을 갖추며 일을 마칠 수 있다고 생각한다. 모든 증거들이 그 반대를 가리키는데도 계획한 대로 일할 것으로 기대하며, 시작하는 것을 머뭇거리거나 꺼리지 않는다.

그 결과는? 밤 시간과 주말까지 예상보다 일이 길어지거나 뒤처지기 일쑤다. 친구와의 약속을 취소하고, 잠잘 시간을 축내고, 자유롭게 쉬거나 즐길 틈도 없어진다. 성취감을 느끼고 그런대로 괜찮게 지내기 위해 자신에게 필요한 것들을 희생하며 남들 부탁을 들어주는 데

---

* 나는 예전에 기조연설 원고 전체를 다시 쓴 적이 있다. 이미 써놓은 원고를 찾아서 수정하는 것보다 그 편이 더 빨랐기 때문이다.

엄청난 시간을 쓴다. 그러다 번아웃에 빠지기도 한다. 또는 시간을 관리하려는 노력을 아예 안 하게 된다.

네이선 F. (44세, 호주)

"저는 15세이기도 하고 44세이기도 해요. 지난 30년 동안의 일들이 지난 한 달 사이에 일어난 일 같아요. 미래 일은 모두 내일 일이며 제가 아직 생각할 필요도 없는 어느 시점의 일이기도 해요. 이런 문제를 좋은 방향으로 풀어 갈 수 있는 방법을 못 찾겠어요."

댄 M. (40세, 아일랜드)

"저에겐 시간의 경험 방식이 딱 3가지 중 하나예요.
1. 지금 VS. 지금 아님
2. 모든 일이 다 왜 이렇게 오래 걸리지?
3. 잠깐! 어떻게 벌써 이 시간이 된 거지?"

저스틴 D. (29세, 켄터키주)

"저에겐 시간이 늘어났다가 줄어들었다가 날마다 달라요. 어렸을 때부터 쭉 그래 와서, 수시로 시간을 확인하며 방 여기저기에 시계를 놔두고 손목시계도 차고 있어요. 시간 확인하는 버릇이 어찌나 들었는지 사랑니를 뽑고 마취에서 깨어났을 때 가장 먼저 물은 것도 현재 시간이었어요!"

> **앤지 T.**(42세, 미주리주)
>
> "제가 ADHD로 겪는 남다른 점은 시간 근시안이면서 철저한 시간 감각인 크로노셉션chronoception도 가지고 있다는 거예요. 예를 들어 시간이 얼마나 지났는지는 기막히게 잘 알지만 어떤 일을 마칠 타당한 시간을 가늠하는 데 구멍이 있어요. 그래서 거의 예외 없이 항상 지각을 해요. 지각하지 않으려면 지루할 만큼 출근 준비를 일찍 일어나서 해야 해요."

시간 감각을 높여 주는 도구상자

일반적인 '시간 관리' 전략 대부분이 ADHD 뇌에게 효과가 없는 이유는 ADHD 특유의 어려움을 감안하지 않기 때문이다. 지금부터 그런 어려움을 감안한 타깃화된 전략을 모아서 소개한다.

그렇다면 이 전략들이 시간 관리를 잘하게 해줄까? 반드시 그렇지는 않다. 처음엔 잘 안 된다. ADHD로 겪는 시간과 관련된 어려움은 '일정표를 활용하는' 것만으로는 마법처럼 고칠 수가 없다.* 하지만

---

* ADHD를 겪은 많은 사람들이 오래전에 깨달았지만 일의 소요 시간에 대한 감각이 없는 뇌로 스케줄을 충실히 지키려고 애써 봐야 바로 실패하게 되어 있다. 재미있게도 ADHD가 있는 사람은 보통 다른 사람의 스케줄 짜주는 일을 더 잘한다. 아마도 차가운 실행기능을 활용하기 때문일 것이다. 그 일을 해야 할 사람이 우리가 아니기에 그 일이 재미있든 끔찍하든 별 감응을 받지 않는다.

시간이 지나면서 점점 며칠, 몇주, 몇달, 몇년에 걸쳐 통제력을 갖게 되면서 시간에 휘둘리기보다 주도적으로 시간을 관리할 수 있다.

① 시간 지혜 쌓기

시간 지혜는 시간이 얼마나 걸릴지를 파악해 그 정보에 따라 어떻게 할지를 판단하는 것이다. 구체적으로 말해, 특정 상황에서 자신에게 시간이 얼마나 걸릴지를 파악하는 것이다. 시간 지혜를 쌓으면 시간의 흐름을 감지하는 데 선천적으로 무딘 감각을 만회하기에 좋다.

- **계획을 세울 때는 거꾸로 거슬러 가는 순서로**

완수하고 싶은 일이 있다면 그 일을 마칠 시간을 가장 먼저 계획표에 적은 후, 거꾸로 거슬러 올라가며 계획을 정리한다. 그 일을 실행하기 바로 전까지 이루어져야 할 단계는 무엇이고, 그 단계를 마치는 데 얼마나 걸릴 것 같은가? 그 단계 전에는 또 어떤 단계가 이루어져야 하는가?** 이 전략을 활용하면 마감일이 '현실적'으로 느껴지지 않을 만큼 너무 먼 미래일 때 자신이 지금 하는 노력이 나중의 결과에 어떤 영향을 미칠지 더 잘 깨닫게 된다. 어떤 일을 해내는 데 필요한 모든 단계들을 더 쉽게 파악해 전반적인 소요 시간도 잘 판단할 수 있다.

** 이 전략은 ADHD가 있는 내게 시간을 효율적으로 관리하는 방법을 배우기 전부터 아주 유용했다. 가령 이 방법대로 계획을 짜면 화요일에 채널에 영상을 올려야 할 경우 월요일에는 영상을 편집해야 하고, 그러려면 일요일에는 영상을 찍어야 하며, 또 그러려면 일요일까지는 원고를 써야 했다.

- **그때그때 시간 확인하기**

 어떤 일의 소요 시간을 대략 가늠한 후에는 그 일을 하면서 실제로 얼마나 걸리는지 그때그때 확인한다. ADHD가 있는 사람은 시간에 낙천주의적인 경향이 있어서 어떤 일을 하는 데 예상보다 두 배 또는 심지어 세 배 넘게 걸리기도 한다. 자신이 해당 일에 대체로 어느 정도의 시간이 필요한지 알면 이후에 적절한 시간에 맞춰 계획을 짤 수 있다. 그리고 그 계획을 지켜 나갈 때 좌절감이 훨씬 덜하다.

- **자신이 어떤 시간을 '도둑질'하는지 의식하기**

 '잃어버린 시간을 만회하는 일'은 불가능하다. 한번 흘러간 시간은 다시 오지 않는다. 이제부터는 잃어버린 시간을 만회하려고 삶의 또 다른 영역에서 시간을 '도둑질'하고 있지는 않은지 의식하자. 그 영역에서 시간을 빼앗아 올 가치가 있는지, 아니면 새로운 계획을 세우는 게 좋을지 곰곰이 생각해 보자. 자신에게 중요한 또 다른 뭔가를 의도치 않게 소홀히 하다가 만회를 해야 할 일이 없어진다.

타린 G. (29세, 일리노이주)

"저는 스마트워치로 알림을 맞춰 놓고 1시간에 한 번씩 자리에서 일어나요. 이렇게 하면 1시간 동안 내가 뭘 했는지, 또는 아무것도 한 게 없는지 깨달을 수 있어요."

> **로라 P.(41세, 뉴욕주)**
>
> "저는 시간을 감지하는 나름의 해결책으로 책상용 러닝머신을 마련했어요. 러닝머신에서 몸을 움직이면서 일하면 시간이 지나가는 게 더 잘 느껴져요."

② 시간에 현실감 주기

시간 감각이 예리하지 않으면 시간의 흐름을 더 잘 헤아리게 해줄 시스템을 세울 필요가 있다. 시간이 덜 흐릿하고 덜 추상적으로 느껴지면서 더 뚜렷하고 더 실제적으로 다가온다. 그 방법으로 시계가 흔히 활용되고 추천되지만 다음의 방법도 시도해 볼 만하다.

- **구체적으로 시간 정하기**

어떤 일을 나중에 하기로 마음먹었다면 나중이 언제인지를 일정표에 적는다. '나중'의 구체적 시간을 정하거나 통상적으로 하는 다른 활동과 같이 묶어서 스케줄을 짜면 된다. 예를 들어 토요일 오전 10시나 내일 저녁 식사 후, 또는 앉아서 TV를 보기 전 등으로 정하면 된다. 여기에서의 관건은 그 '나중'이 실제 일로 일어나게 만드는 데 있다.

- **하루를 받쳐 줄 시간 기둥 세우기**

할 일이 없거나 특정 시간에 머물 곳이 없으면 시간은 금세 의미를 잃을 수 있다. 시간에 따른 여러 가지 규칙적인 일과 의식 들로 시간

기둥을 세워 두면 짜임새 있는 하루로 시간을 효율적으로 쓸 수 있다.* 꼼꼼하게 계획을 짜는 걸 좋아하지 않더라도 이 방법은 꽤 유용하다. 점심시간이나 잠자리에 들기 위해 긴장을 푸는 활동, 또는 몇 개의 알람 같은 반복적 활동 몇 가지를 하는 것만으로도 하루에 짜임새를 갖출 수 있다. 내가 이 책을 쓰면서 묵었던 공유 숙박집에는 저녁 5시가 되면 자동으로 '너 자신을 챙겨라'라는 사인 등이 켜졌다. 나는 그 등을 이제 일은 그만하고 편히 쉴 때라고 알려 주는 기둥으로 삼았다.

• 타임 버킷 만들기

타임 버킷time bucket이란 취미나 행정적인 업무, 몰입 활동 등의 특정 활동을 하루나 한 주, 한 달 중에 전념할 시간대를 말한다. 타임 버킷은 자신이 좋아하는 활동을 위한 시간을 따로 빼두고 그 시간에 하고 싶은 일을 얼마든지 할 수 있어서 유용하다.

예를 들어 화요일 저녁을 취미 활동 시간으로 정해 놓으면 그 시간엔 별 고민 없이 하고 싶은 취미 활동을 하면 된다. 그 시간을 따로 빼둔 덕분에 그 시간이 현실적으로 느껴져서 딴생각을 할 가능성도 낮아진다.

---

* 본업을 그만두면 생산성이 훨씬 높아질 거라고 생각하는 사람이 많지만 그 반대인 경우가 많다. 시간에 따른 규칙적인 일들로 계획의 중심을 잡아 주지 않으면 어떤 일을 특정 시간에 마쳐야 할 압박을 덜 받아 생산성이 떨어진다.

라이언 S. (47세, 미국)

"저는 문자판이 있는 아날로그시계를 써요. 디지털시계의 12시 정각부터 12시 15분까지는 저에겐 아무 의미가 없어요. 하지만 아날로그시계에서 시곗바늘 분침이 4분의 1을 돌면 어떨까요? 시간의 흐름이 확 와 닿아요."

맷 G. (45세, 오하이오주)

"제 일정표는 특정 업무뿐만 아니라 쉴 시간, 점심시간, 산책 시간 등의 스케줄로 빼곡해요. 시스템이 잡혀 있으면 훨씬 안심되어서 불안감을 줄이기 위해 제가 지킬 수 있는 선에서 생활에 단순한 시스템을 세우고 있어요."

③ 시간 문제에 대해 소통하기

사람들이 우리가 늦을 때 화나는 진짜 이유는 자신의 시간이 허비되고 있는데 정작 우리는 신경도 쓰지 않는 것처럼 보이기 때문이다. 우리 스스로가 뒤처져 있거나 시간 관리를 잘 못한다는 것을 인정하기가 쉽지 않을 것이다. 하지만 우리의 어려움을 상대에게 알려 주면 우리가 정말로 신경을 쓰지 않는 게 아님을 이해시킬 수 있다. 심지어 주변 사람들에게 도움을 요청하면 우리나 상대 누구든 시간을 허비할 일이 줄어든다.

이런 식으로 소통하려면 우리가 늦어지고 있을 때 사람들에게 알려 주는 것이 가장 자연스러운 방법이지만 또 다른 유용한 소통 방법도 몇 가지 있으니 살펴보자.

- **우선순위 정하는 일에 도움 청하기**

모든 일을 다 할 시간이 없을 땐 어떤 일이 중요하고 어떤 일이 중요하지 않은지를 꼭 혼자 판단할 필요가 없다. 다른 사람의 의견을 얻으면 오히려 윈윈전략이 된다. 우리가 모든 걸 다 하려고 스트레스 받을 필요가 없고 상대도 자신에게 가장 중요한 일을 먼저 해달라고 부탁할 수 있다.

- **다른 사람과 공유하며 현실성 체크하기**

시간 관리에 어려움이 없는 사람과 의논하면 계획이 시간적으로 무리인지 바로 식별해 줄 것이다. 심지어 비슷한 어려움을 겪고 있는 사람과 얘기를 해도 더 객관적이고 논리적인 관점으로 봐줄 수 있어서 도움이 된다(120쪽 '뜨거운 실행기능 시스템과 차가운 실행기능 시스템' 참조).

- **어떤 일을 맡기 전에 그 일에 수반되는 사항들 물어보기**

이렇게 하면 어떤 일에 수반되는 모든 단계와 정확히 실행하는 방법을 파악하는 데 도움이 된다. 알고 보니 간단한 부탁이 실제로는 14~38시간이 걸리는 일일 수도 있다.

- **필요할 경우, 시간상의 편의 부탁하기**

우리의 시간 근시안을 어느 정도 배려해 주는 편의들이 있다. 더 많은 확인 횟수, 더 늦거나 유연한 시작 시간, 시험이나 프로젝트에서의 추가 시간 등이다. 그런 편의를 활용하자.

헨리카 H. (42세, 핀란드)

"저는 논문을 쓸 때 지도 교수님에게 확실한 마감 시한을 달라고 부탁드렸어요. 그래서 정기적 면담에서 그때까지 작성한 논문만 보여드린 게 아니라 어떤 자료의 개요를 충분히 설명하라거나 어떤 장을 마무리 지으라는 등의 특정 목표를 제시받았죠. 그때는 ADHD 진단을 받지 않았는데도 다른 누군가가 마감 시한을 정해 줘야 할 필요성을 절실히 느꼈던 거예요."

리사 G. (48세, 호주)

"제 상사는 제가 집중력과 시간 인지력이 부족하단 걸 알고 있어요. 그래서 상사에게 허락을 얻고 작은 작업 공간에서 타이머와 알람을 사용하며 일해요. 알람을 활용해 점심시간과 명상 시간, 아이들 챙길 시간, 퇴근 준비할 시간 등도 제때제때 챙기고 있어요. 마감 시한이 비교적 짧은 경우엔 시간이 줄어드는 게 시각적으로 보이는 비주얼 타이머가 더 유용해요."

토니 S.(53세, 호주)

"제 아내는 이제 가족 공동 일정표에 모든 일들을 적어 둬야 한다는 걸 알아요. 그 일정표에 없는 일은 아내가 몇 번을 말해 줘도 제가 못 챙기거든요."

④ 시간이 중요하지 않은 시간 갖기

수많은 ADHD 뇌는 시간에 신경을 쓰며 스케줄에 맞춰 일하는 것이 부자연스럽고 스트레스도 심하다. 시간 관리는 필요하고, 사회생활에서는 특히 더 필요하지만 그렇다고 항상 꼭 필요한 건 아니다.

우리 뇌에게는 방랑할 시간을 주는 것이 좋다. 심지어 지친 뇌를 회복하는 데도 도움이 된다. 그런 시간은 시계가 아닌, 우리가 하고 있는 일 자체에 집중할 기회를 주기 때문이다. 더 깊은 차원에서 더 잘 일하고 더 잘 놀게 만들어 준다.

사실 시간이 흐르는 것을 잊을 때, 우리는 더 깊은 '몰입 상태'로 들어가기 쉬워진다. 몰입 상태란 어떤 활동에 완전히 빠져들어 자연스럽게 집중할 수 있는 상태를 뜻하며, 하고 있는 일에 열중해서 별 노력 없이 쉽게 집중할 수 있다. 그야말로 '무아지경'에 빠지는 것이다. 단, 어딘가에 가야 하는 상황이라면 스스로를 너무 깊이 빠져들게 놔둬서는 안 된다. 몰입의 깊이를 조절하기 힘든 사람들은 차라리 아무것도 하지 않으려 하기도 한다. 실제로 '5시간 후에 치과에 가야 해서' 아무 일도 시작하지 못한다는 하소연을 종종 듣곤 한다.

추가 시간을 활용하는 법

업무 진행 과정의 계획과 관련해서 ADHD가 있는 사람들이 자주 듣는 조언은 어떤 일의 소요 시간을 예상한 후에는 그 시간을 두 배, 아니 심지어 세 배까지 늘리라는 것이다. 스스로에게 그 일을 할 충분한 시간을 내주라는 의미다. 하지만 어떤 일을 하는 데 더 많은 시간을 할애할 경우, 이제는 시간이 여유 있다는 생각에 그렇지 않은 경우보다 자칫 작업의 진전이 더뎌질 수도 있다.

추가 시간을 갖는다고 시간을 더 잘 관리하는 건 아니다. 일의 집중을 이어 가기 위한 긴박감이 없어질 수도 있다. 추가 시간의 적절한 균형을 찾기 위해 일에 전념하는 시간 분량을 이리저리 조절하면 좋다.

다음과 같은 대안으로 자신에게 추가 시간을 내주는 방법도 있다.

- **완충적 시간 두기**: 일하는 데 필요해 보이는 시간만 딱 내주되 그다음에 할 일은 가급적 시간을 줄일 수 있는 일로 잡아 둔다. 예를 들어 그다음 일이 비디오 게임처럼 시간을 침해당하고 싶지 않은 일이라면 목표한 일을 제시간에 마친 것에 대한 보너스를 얻은 기분일 수도 있다.

- **스케줄 이중으로 짜기**: 일하는 데 필요해 보이는 시간만 내주되 문제가 생길 경우를 대비한 '안전' 블록으로 다른 날에 똑같은 분량의 시간을 일정표에 넣어 둔다.

- **휴식 갖기**: 일하는 데 필요해 보이는 시간만 내주면서 타이머를 설정한다. 타이머가 울리면 잠깐 하던 일을 멈추고 자리를 옮겨 스트레칭이나 윗몸일으키기를 하거나 생각하는 시간을 갖는다. 그런 후 다시

> 일로 돌아갈 준비가 되면 타이머를 재설정한다. 이렇게 하면 제한된 시간에 따른 긴박감으로 집중력이 생기고 다른 문제에서 신경을 거두면서 빠르게 도파민을 끌어올려 할당된 시간을 좀먹지 않으면서 일을 끝까지 해낼 수 있다.[*]

지금부터 뇌의 목줄을 놓아주면서도 스케줄을 놓칠 염려가 없는 전략 몇 가지를 소개한다.

- **스케줄 대신 순서대로**

우리 뇌는 특정 순서로 일하는 편이 특정 시간에 맞춰 일하는 것보다 훨씬 쉽다. 우리 커뮤니티에서 체크리스트가 인기 있는 것도 그런 이유 때문이다. 체크리스트를 활용하면 특정 시간에 C, E, F를 하는 것보다 훨씬 스트레스를 덜 받으면서 A에서 Z까지 해낼 수 있다.

- **회의와 약속 없는 날 만들기**

주중에 적어도 하루라도 회의와 약속을 잡지 않고 비워 두면 방해받지 않고 원하는 일에 몰입할 수 있다. 도저히 안 된다면 집중해서 일할 시간을 더 길게 잡아 두는 것만으로도 괜찮다.

---

[*] 바클리 박사의 주장에 따르면 ADHD가 있는 사람은 일을 하다 '휴식'을 하는 것이 할당된 일에서의 시간 관리 문제를 조정하기에 더 좋은 방법이다. 시간 감각이 없는 사람에게는 추가 시간만으로는 의미가 없기 때문이다.

- 유연성 있는 날을 따로 정해 두기

가능하다면 늦게 일을 시작하거나 늦게 퇴근해도 되는 날을 이틀 정도 정해 둔다. 이렇게 하면 미처 못한 일을 따라잡을 완충적 시간이 마련되어 그 주의 남은 시간 동안 일정을 지킬 수 있다.

- 시간 휴가 갖기

가끔은 하루 내내 특정 시간이나 특정 순서에 맞춰 해야 할 일이 없는 날을 갖는 것도 좋다. 뇌도 휴식이 필요하다!

린달 C. (30세, 캐나다)

"고대 그리스에서는 시간을 뜻하는 단어가 두 개였대요. 카이로스 kairos와 크로노스 chronos예요. 크로노스는 'chronological'(시간 순서에 따른)이라는 말의 어원으로 시간, 하루, 달 같은 특정 기간의 시간을 뜻해요. 카이로스는 계절, 타이밍, 순간같이 '때에 따른' 시간과 관련 되고요. '나는 월요일 오후에 장을 보러 마트에 간다'는 것이 크로노스 시간의 예라면 카이로스 시간의 예는 '나는 바나나가 떨어지면 장을 보러 마트에 간다'예요. 두 시간 모두 주기적으로 일어나지만 하나는 임의적인 일시를 가리키고, 다른 하나는 조건에 맞는 정해진 일시를 가리켜요.

ADHD가 있는 우리는 크로노스 시간을 어려워해요. 하지만 엄밀히 말하면 모든 문화들이 크로노스 시간을 쓰거나 좋아하는 것은 아니에요. 카이로스 스타일의 시간으로 좀 더 벗어나서 작동되는 문화도 많아요. 이 사실을 알고 난 뒤로 시간 관리와 관련해서 죄책감과 불안감을 덜게 되었어요. 저는 주로 카이로스 시간으로 살아요. 덕분에 크로노스 시간을 선호하는 북미 문화권에서 활동할 때 시간 관리에 써야 할 에너지를 더 많이 비축하게 돼요."

커스틴 C.(49세, 미시간주)

"교사로 일하는 저는 일주일에 하루는 가족에게 늦을지 모르니 기다리지 말라고 해요. 그날은 학교에 남아 계획을 짜거나 서류 작업 외 온갖 성가신 일들을 처리해요. 5시에 끝나든 늦게까지 일하다 경비원에게 쫓겨나든 그런 시간을 둔 덕분에 여유가 생겨요."

커트 W.(47세, 캐나다)

"저는 3년 전부터 사실상 시간의 흐릿함을 받아들였어요. 시간이 얼마나 지났는지 잘 모르거나 시간의 흐름을 느끼지 않으면 일이 더 쉬워요."

스케줄 젠가는 이제 그만!

유튜브 채널을 개설하고 1년쯤 지나자 눈뜨면 부딪치는 스케줄에 온 신경이 곤두섰다. 눈을 크게 뜨고 발톱을 세워 천장에 매달려 있는 야생 고양이가 된 기분이었다. 그때 ADHD 코치인 에릭 티버스Eric

Tivers를 만난 시간은 면담보다는 개입에 가까웠다. 티버스는 맛 좋은 지혜 너겟을 주며 반려동물을 안심시키듯 나를 살살 어르곤 했다.

"스케줄을 생각하면 뭐가 떠올라요?" 티버스가 물었다.

"글쎄요. 감옥?"

나는 스케줄을 엄격히 따라야만 그나마 잘 지킬 수 있었다. 그래서 무슨 일이 생기든 이를 악물고 예정된 일정을 해내려 했다.

'삶? 삶 같은 건 없어. 스케줄뿐이야!'

나는 같이 어울리기에 별로 재미있는 사람이 아니었다. 다음 약속 이행에 마음 졸이며 걱정을 붙잡고 살았으니 그럴 만했다. 그건 나에게도 별로 재미있지 않았다.

티버스는 스케줄은 원래 엄격해서는 안 되는 것이라고 설명했다. 자신에게 스케줄을 맞춰야지 스케줄에 자신을 맞춰서는 안 된다는 것이다. 그렇다면 내 실수는 뭐였을까? 도저히 비현실적인 시간 계산에 맞춰 애초부터 지키기 힘든 스케줄을 짠 탓이다. 초조해진 것도 당연했다.

티버스와의 대화를 계기로 나는 구글 캘린더 사용에 다시 도전했다. 그러다 할 일과 프로젝트의 스케줄을 블록 단위로 설정하는 '타임블록'을 알게 되면서 스케줄상의 활동들을 완벽히 지키려 안달하지 않게 되었다.

타임블록은 행군 명령 같은 게 아니라 그냥 그 활동을 할 시간을 잡아 두기 위해서 존재한다. 시간을 옮길 수도 있다. 나는 타임블록으로 규칙적으로 해야 할 일들의 시간을 정하면서, 내가 어떤 일을 하는 데 걸리는 시간이 내가 바라는 마땅한 소요 시간과 거의 별개라는 걸 깨닫고 충격을 받았다.

앞의 도구상자에서 소개한 전략들은 에릭 티버스를 비롯한 여러 사람들을 통해 배우거나 스스로 깨우친 것들이며 정말 효과가 있었다. 이제는 더 이상 새벽 2시에 영상을 찍지 않는다. 아무튼 대부분은 그랬다. 매주 일요일마다 쉬면서도 여전히 모든 일을 다 끝낼 수 있었다.

나는 일주일 내내 시간 단위로 스케줄을 짤 정도까지 내 시간을 '최적화'했다. 워라밸 work-life balance이 중요하다는 것을 의식해 개를 산책시키기도 하고 남자친구와 함께 시간을 보낼 수 있도록 평일에는 일을 오후 6시에 끝냈지만 언제나 해야 할 일이 더 남아 있었다.

추가로 더 해야 할 일까지 불쑥 생기면 주말까지 스케줄이 넘쳤다. 그 일을 주말 말고 달리 어느 시간에 넣겠는가? 항상 추가로 해야 할 일이 불쑥불쑥 생기는 바람에 시간이 걸리는 일은 다른 사람에게 위임했지만 내 채널 커뮤니티와의 소통, 새로운 아이디어 내기, 팀원들과의 대화 같은 일에서는 '생산적'이지 못했다.

나는 계속 시간을 최적화했지만 얼마 못 가서 일정표가 내가 그토록 두려워했던 엄격한 감옥으로 바뀌고 말았다. 그 모든 타임블록과 타임 버킷 안에는 나를 위한 공간이 없는 것 같았다. 한 타임블록을 놓치면 다음 3개월 동안의 스케줄 전체가 엉망이 될 것 같았다. 그래서 하는 수 없이 일부 시간을 스케줄을 다시 짜는 블록으로 잡아야 했고, 그 결과 더 많은 블록 간에 충돌이 생겨 차질이 생기는 블록이 더 늘어나기 일쑤였다.

나는 스케줄에 반항하기 시작했다. 원래는 과제 A를 해야 하는 시간에 프로젝트 C를 하다가 새벽 4시에 일어나 활동 Q를 하고 나서 곯아떨어져 시도 X를 놓치곤 했다. 블록 중에 몇 개는 무시하고, 또 몇 개는 옮기고, 몇 개는 휙 빼버렸다. 스케줄로 젠가를 하고 있던 셈이었는데, 이제는 정말로 흔들흔들 위태로운 지경이었다. 또다시 스멀스멀 혼돈이 다가왔고 그 뒤로 익숙한 친구까지 따라오고 있었다. 불안감으로 부채질된 우울증이었다.

'이 지경이면 하루쯤 놓친다고 무슨 상관이겠어? 어차피 다 와르르 무너져 버릴 텐데.'

나는 슬슬 내 일정표를 피해 다녔다.

그런 안개 속을 헤매다 어느 순간 문득 깨달았다. 시간 관리는 모든 일을 다 하게 해주는 마법 같은 해결책이 아니었다. 나 자신에게 과도한 스케줄을 지우느라 오히려 내가 가장 소중히 여기던 것들을 포기하는 대가를 치르게 했다. 반려견 공원에 가거나, 내 뇌와 몸에 방랑의 자유를 주거나, 비디오 게임에 푹 빠지거나, 위키피디아 토끼굴에 되는대로 빠져 보기 같은 일들을 멀리하고 있었다.

매분, 매시간, 매일을 최적화할 수 있는 일에도 한계가 있다. 그래도 괜찮다. 우리는 인간이지 컴퓨터가 아니니까. 우리에겐 그렇게 매 순간을 최적화해 사는 것들이 적성에 맞지 않으니까.

이후 나는 삶의 많은 것이 그렇듯 시간 관리 역시 균형잡기라는 것을 깨달았다. 시간이 삶을 살아가는 것보다 생산하는 것에 치중되지 않으면서도 생산적인 사람이 될 정도에 맞춰 시간을 잘 관리하면 된다고.

하루 정도 쉰다고 한 주를 망치거나 그다음 3개월이 꼬이지 않도록 시간을 균형 있게 관리해야 한다. 시간 관리가 삶에서 자발성을 앗아 가거나 일에서 즐거움을 앗아 가서도 안 된다. 사실 그 정도까지 최적화를 해야 한다면 접시를 너무 많이 채우는 격이다. 결국엔 번아웃에 빠진다. 아니면 나처럼 반항을 하거나.

신경전형적인 사람들조차 자신의 하루에 여지를 남겨 두어 스스로에게 숨 쉬거나 여유롭게 화장실을 가거나 예상보다 오래 걸리는 일을 하기 위한 완충 시간을 마련대 둔다. 나는 ADHD가 있기에 그런 여지가 조금 더 필요하다.

나에겐 방랑할 시간이 필요하다. 시간이 중요하지 않은 시간이. 스스로에게 그런 시간을 주지 않으면 어차피 내 뇌가 알아서 그럴 시간을 빼앗아 간다는 것을 알게 되었다.

제7장

산만한 뇌에 동기를 불어넣는 법

**삶에 대한 자신만의 목적을 갖고 있다면
거의 모든 문제가 원만히 풀릴 것이다.**
_프리드리히 니체

나는 내 느낌 가는 대로 해.
_바트 심슨

나 vs. 뇌

내 생의 대부분은 어떤 일이 중요하다는 걸 아는 나와 그 일을 하고 싶어 하지 않는 내 뇌 사이의 싸움이었다.

나: 이거 할 거야!

내 뇌: …싫어.

나: 그래도 중요한 인생 목표을 이루려면 이걸 정말 해야 해.

내 뇌: 인생 목표? 그게 뭔데? (하드 드라이브에서 인생 목표를 지우고 고양이 동영상을 덮어씌운다.)

나는 좋아하지 않는 일에 뜬금없이 동기가 자극될 때도 있다.

나: (녹은 아이스크림으로 케이크 만드는 법을 보여 주는 동영상을 보고 있다.)

내 뇌: 우와, 대박! 지금 당장 해보자.

나: 알았어. 그럼 오늘은 이메일에 답장을 안 해야겠네. (아이스크림을 꺼내며 노트북을 냉동실에 넣어 둔 채 문을 닫는다.)

보통 어떤 일을 해야 하거나 하지 말아야 할 이유를 이해하지만 그런 이해 자체가 동기부여에 불을 붙이기에 적합한 연료로 작동하지는 않는다. 동기부여에 불을 붙이는 데는 그 일이 내가 깊은 관심을 갖는 것과 관련해서 아주 중요한지, 아니면 전혀 관련 없이 시간만 왕창 허비하는지가 아니다. 중요한 건 내 뇌가 하고 싶어 하느냐 아니냐다.

때로는 어떤 일을 하려고 해도 내 뇌가 협력해 주지 않으면 도저히 할 수가 없다. 그럴 땐 인질 협상을 하는 기분이다. 때로는 내 뇌가 발길질을 해대고 '하기 싫어!'라며 비명을 질러도 어떻게든 그 일을 해 버릴 때도 있다. 하지만 그만큼 불리함을 감수해야 한다. 시간이 최대한 세 배나 더 걸리고, 효율성이 떨어지며, 다음번엔 그 일을 마치기가 더 힘들어질 가능성이 높다.

가끔은 내 뇌에 흥미를 일으켜 주의를 잘 끌어내긴 하는데 결국엔 뇌가 흥미를 싹 잃거나, 내가 뭘 하고 있었는지 까먹거나, 처음 맞닥뜨린 당황스러운 장애물에 발목이 붙잡히고 만다. 이런 식이기에 뜨다 만 담요와 이수하지 못한 학위가 몇 개인지 모른다.

나는 어떤 역할을 맡는 일이나 대학을 졸업하는 일, 집을 깨끗이 치우는 일이나 '제대로 된 직장'에 취업하는 일에 아무리 관심을 가져도 이런 목표를 고수하며 이뤄 내기 위해 필요한 일들을 피하거나 미루었다.*

그 일을 하도록 스스로를 납득시키려고 안간힘을 쓰거나 그 일을 할 방법을 알아내느라 너무 에너지를 써서 실제로 그 일을 완수할 에너지가 별로 남지 않을 때도 많았다. 어떤 일이 꽤 다급해지면 그제야 발동이 걸리기도 했다. 리포트 작성을 마치거나, 수업 시간에 늦지 않게 가려고 허둥지둥하거나, 오일 교환 시기를 6개월이 지나도록 방치하다가 장거리 운전을 해야 할 일이 생겨서야 지피루브Jiffy Lube(자동차 오일 교환 체인─옮긴이)로 차를 몰고 갔다. 이럴 때는 다른 모든 일들은 관심 밖으로 사라졌다.

나에게 중요하긴 하지만 다급하지 않았던 일은 어땠을까? 소설을 끝까지 읽거나, 밀프렙(일주일 또는 정해진 기간의 식사를 한 번에 미리 준비하는 것─옮긴이) 요령을 배우거나, 살인 미스터리 디너파티murder mystery dinner party(가상의 살인사건을 주제로 역할 놀이를 하는 사교 파티─옮긴이)를 여는 등의 일은 제대로 해본 적이 없었다.

이러는 것은 나에게도 주변 사람들에게도 이해가 안 되는 일이었다. 물론 '그럴 만한 이유'들은 있었다. 내가 게으르거나 의지력이 없어서인 게 틀림없었다. 어쩌면 그런 일에 정말로 관심이 없어서였거나.

---

* 재미있는 사실은, 이번 장의 교정을 보다가 편집자가 왜 'procrastinating on'을 'procrastinating'으로 고쳤는지 궁금증이 생겼다. 그래서 토끼 굴로 빠졌다가 그가 정말 맞았다는 걸 알았다! 'procrastinate'를 자동사로 쓸 때는 어떤 일을 미루는 행동에 대해 의미하는 용법으로 써야 한다. 아무튼 우리는 이런 식이다. 반짝반짝 새로운 것들에 더 흥미를 느낄 뿐만 아니라 더 잘 주의가 산만해지기도 한다(제3장 '내 안의 야수를 길들이는 법' 참조).

가끔은 내가 확실히 자기파괴적이라는 생각이 들었다. 그런 게 아니라면 왜 여름 내내 애쓴 끝에 통계학에서 A를 받고도 수강 신청에 그리 신경을 쓰지 않았겠는가? 어느 정도는 실패하길 원했던 게 틀림없었다.

좌절감이 들고 진이 빠졌다. 살면서 하는 일들의 대부분은 이것저것을 시도해야 할 뿐만 아니라 꾸준히 해야 한다. 그런데 나에게는 동기부여가 전혀 꾸준하게 되질 않으니, 노력을 해도 좀처럼 결실이 맺어지지 않았다. 나는 그 이유가 알고 싶었다.

내가 배운 일곱 번째 사실들

ADHD 뇌는 중요한 일이냐 아니냐에 따라 동기가 자극되지 않는다. 사실 우리에게 가장 중요한 일의 대부분은 ADHD 뇌가 실천하기를 본능적으로 고통스러워하는 것들이다. 즉, 너무 길거나, 반복적이거나, 지루하다. 어떤 목표를 이루기 위한 동기가 있다 해도 여전히 그 목표를 달성하는 데 어려움이 있을 수 있다. 목표에는 흔히 여러 과정이 수반되며 그 과정의 대부분은 우리 뇌가 지속적으로 견디기 버거운 특성을 갖고 있기 때문이다.

우리에겐 지연에 따른 고통을 모면하고 피하려는 경향이 있다. 이런 경향을 일컫는 '지연 혐오'$_{\text{delay aversion}}$라는 용어도 있다. ADHD 뇌는 대체로 지금 재미있는 뭔가를 하면서 얻는, 보다 즉각적인 보상에 주의를 돌리고 지루한 일을 맞닥뜨리는 고통에서 달아나려 한다. 해당 목표에 깊은 관심을 갖고 있더라도 다르지 않다.

그렇다면 ADHD 뇌에 동기를 부여하는 것은 과연 뭘까? 다음과 같은 일들이다.

- 다급한 일
- 새롭거나 신기한 일
- 적절한 수준의 도전적인 일
- 개인적으로 관심이 있는 일

다시 말해 자극적인 일이다. 그 이유는 뭘까? ADHD 뇌의 보상 체계가 일반적 뇌와는 본질적으로 다르기 때문이다.

ADHD는 도파민 체계가 남들과 다르다

도파민은 동기를 부여하고 행동을 부추기는 신경전달물질이다. 어떤 일이 기분 좋으면 도파민과 함께 만족스러움과 관련된 또 다른 신경전달물질들이 분비되어 각자의 수용체로 이동한다. 그로써 기분 좋게 해줬던 그 일을 기억하도록 뇌에 신호가 전달된다.

'그거 기분 좋았으니까, 다시 또 해!'

뇌가 '선구적' 도파민을 분비해 기분 좋은 결과가 일어날 만한 행동을 부추기기도 한다. 예를 들어 환급을 받게 될 세금 신고서 작성이 그렇다.

증거로도 보여지듯 ADHD 뇌는 선구적 도파민의 분비 방식이 신경전형적인 뇌와는 다르다. 도파민의 재흡수(신경세포가 일단 방출한 화학물질을 자극의 전달이 끝난 다음, 다시 세포 내로 흡수하는 일 — 옮긴이)가 도파민이 수용체에 이르기 전에 일어날 수도 있다.

이렇게 되면 우리 뇌는 세금 신고서 작성 같은 행동이 나중에 좋은 결과로 이어진다는 것을 '배우지' 못한다. 그런데 어떤 행동으로 좋은 일이 생길 게 없다면 그런 행동을 해서 뭐 하겠는가? 보다 즉각적인 보상을 주는 활동이 우리의 뇌를 납치하는 것처럼 느껴지는 이유가 여기에 있다. 세금 신고서 작성을 그만두고 비디오 게임을 시작하면 기분이 좋아지면서 도파민이 분비되기 때문이다. 도파민이 최소한 일부분의 수용체에 결합할 만큼 충분히 분비되면 우리 뇌는 비디오 게임을 우선순위에 두도록 학습한다. 다음 번에 세금 신고서 작성처럼 지루한 일을 해야 할 때, 게임 콘솔을 붙잡고 열심히 게임할 확률이 더 높다.

도파민 수준은 삶이나 감정, 자기효능감 등에 대한 인식에 영향을 미치기도 한다. 도파민 수준이 낮으면 동기부여가 안 되고, 일상적인 일에서 즐거움을 덜 느끼며, 몸이 피곤하다. 뇌에 자극이 덜 가게 된다. 그래서 우리가 마감일 직전까지 가서야 프로젝트를 시작하는 것이다. 또한 간단한 일을 너무 복잡하게 받아들일 수도 있다. 문체나 사용하는 컬러 펜을 바꾸거나 필기를 하면서 낙서를 끄적이기도 한다. 중요한 일을 바보같이 망치기도 한다. 본능적으로 우리 뇌를 자극해 동기를 일으키려면 다급함, 도전, 신기함, 흥미를 더 느껴야 한다.

보상이 너무 멀리 있을 때가 많다

동기부여에는 두 가지 유형이 있다. '내재적 동기부여'intrinsic motivation

와 '외부적 동기부여'extrinsic motivation다.

내재적 동기부여는 어떤 일을 그 자체로 즐겁고 만족스러워서 하는 경우를 말한다. 내재적으로 보상을 주는 활동은 외부 자극이 없어도 하고 싶어진다. 예를 들어 쿠키를 먹는 일이 내재적 동기부여에 해당된다. 쿠키 먹기는 누가 돈을 주지 않아도 기꺼이 하는 일이다. 그냥 맛있으니까 먹는다. 쿠키를 먹으면 즐거우니 먹고 싶은 것이다.

보상은 즉각적이다. 내 경우 내재적 동기부여를 활용하는 활동으로는 새로운 뭔가를 배우기, 반려동물과 함께 시간 보내기, 새로운 정리 시스템 세우기, 이불을 뒤집어쓰고 닌텐도 스위치에 착 달라붙어 있기 등이 있다. 모두가 그 자체를 위해 즐기는 활동이다.

외부적 동기부여는 어떤 일을 함으로써 또는 하지 않음으로써 일어나는 외부적 결과 때문에 하는 경우다. 예를 들어 강연에서 대충 얘기했다간 사람들이 눈치챌까 봐 열심히 하게 된다면 그것은 외부적 동기부여에 해당된다. 만들고 나면 맛있는 빵을 먹는다는 생각에 손에 반죽이 찐득찐득 달라붙어도 참고 빵을 만들거나 안 하면 벌금을 물어야 해서 (내가 아는 사람 중에 단 한 명도 재미있어하는 사람이 없는 일인) 세금 신고를 하는 것도 외부적 동기부여다.

좋은 성적이나 높은 연봉 같은 중요한 인생 목표 대부분은 외부적 보상이 따르기 때문에 동기부여가 된다. 우리는 좋은 학교를 졸업하고 싶고 돈을 더 많이 벌고 싶어 한다. 그런 바람을 이루기 위해 필요한 일들을 기꺼이 하려 한다. 적어도 이론적으로는 그렇다.

사실 긍정적 결과든 부정적 결과든 이런 외부적 결과는 대체로 동기를 부여하기엔 너무 멀게 느껴진다. 지금 당장의 비디오 게임이나 파티 같은 즉각적인 보상과 경쟁을 벌일 때는 특히 더하다.

이렇게 되는 원인은 '시점 할인'temporal discounting 때문이다. 시점 할인이란 미래의 바라는 결과를 지금 얻을 수 있는 결과보다 덜 가치 있게 인식하는 현상이다. 이런 시점 할인은 누구에게나 일어난다. 바로 이 시점 할인을 근거로, 성공적인 학기보다 성공적인 일주일을 보낸 것에 스스로에게 보상을 주라는 조언을 많이 한다.

하지만 ADHD 뇌는 시점 할인과 함께 더 짧은 시간 지평도 가지고 있다. 다음 주에 얻을 보상은 우리에겐 남들과 똑같은 식의 동기를 부여하지 않는다. 우리에게 다음 주는 존재하지 않기 때문이다(우리의 시간 경험 방식에 대해 더 알고 싶다면 제6장 '균형 있는 삶을 위한 시간 관리법' 참조). ADHD 뇌는 보상에 아주 민감하지만 보상이 특별히 두드러지지 않으면, 즉 솔깃하지 않으면 그 보상이 더 즉각적으로 일어나야 의사결정에서 고려된다.

어떤 일이 내재적 보상을 준다면, 굳이 외부적 보상이 필요 없을 만큼 재미있다면 시점 할인의 영향력은 약해진다. 그 내재적 보상이 아무리 멀리 떨어져 있는 것이라도 상관없다. 사실 이론의 여지는 있지만 외부적 동기부여에 의존하지 않는 편이 이롭기도 하다. 연구에 따르면 외부적 보상을 늘리면 실제로 내재적 동기부여가 줄어들 수 있기 때문이다.

행동에 나설 만큼 충분한 내재적 동기가 부여되지 않은 상황에서는 외부적 결과가 시간 지평에 나타날 때에 발동이 걸리는 '긴박감'이 중요한 요소다. 다만 ADHD가 있는 사람에겐 그 긴박감의 발동이 남들보다 더 늦다는 문제가 있다. 그 바람에 우리는 결국 막판에 가서 일을 끝내려 애쓰다 연달아 위기를 맞는다. 이런 식의 행동이 더 강화되기도 한다. 막판에 가서 일을 잘 끝마치면 뇌에서 엄청난 도파민을 분비하고, 그 분비된 도파민은 뇌에 이런 메시지를 전달하기 때문이다. '그거 참 기분 좋더라. 나중에 또 해.'

이런 순환 고리를 끊기 위해서는 실제로 동기를 부여할 만큼 즉각적이고 신나는 외부적 보상을 더해야 한다. 이를테면 일을 하면서 쿠키를 먹는 식이다.[*]

어떤 일로 떠올리는 감정도 중요한 요소다

전화를 거는 등의 '간단한' 일을 할 때 우리가 다루는 대상은 그 일만이 아니다. 그 일과 관련된 과거의 실패가 모여 쌓인 정서적 장벽도 다루게 된다. ADHD 코치이자 팟캐스트 〈ADHD 에센셜〉ADHD Essentials의 개설자 브렌단 마한Brendan Mahan은 이런 장벽을 '무시무시한 벽'이라고 부른다. 과거에 어떤 일로 어려움을 많이 겪으면 그 결과로 실패, 실망, 거절, 걱정 등이 더 많이 생기기 마련이다. 이런 부정적 경험을 많이 할수록 이 장벽이 높아진다.

우리는 단지 일을 끝까지 해낼 충분한 동기부여만 필요한 게 아니다. 우리 앞을 가로막는 정서적 장벽을 오를 만큼 충분한 동기부여도 필요할 때가 많다.

---

[*] 우리가 동기부여를 얘기할 때 곧잘 잊어버리는 부분이 있다. 어떤 일을 하지 말아야 할 동기도 언제나 상존한다는 것이다. 경우에 따라선 이 동기가 어떤 일을 하도록 부추기는 동기보다 강할 수도 있다. 부록3 '균형 잡힌 결정을 위한 워크시트'를 작성하면 동기를 자극해 자신을 이리저리 내모는 것이 뭔지를 이해하는 데 도움이 될 것이다.

사람은 누구나 실패했던 일을 둘러싸고 무시무시한 벽이 세워져 있다. 하지만 마한에 따르면 ADHD가 있는 사람들은 그런 벽이 많은 데다 대부분의 사람들보다 더 높은 편이다. 우리는 신경전형적인 동료들보다 훨씬 많은 실패와 비난, 거절을 겪었다. 실제로 ADHD를 겪고 있는 사람이 가장 흔히 지닌 감정은 위압감, 좌절, 절망, 두려움, 혼란 등이다.

설상가상으로 ADHD 뇌는 작업기억이 상대적으로 약한 편이다. 말하자면 우리가 어떤 일을 하고 있는 이유나 그 일을 완수했을 때의 느낌을 기억할 만큼 충분한 정신적 대역폭bandwidth을 가지고 있지 않을 수도 있다는 얘기다. 오히려 작업기억 '공간' 전체를 지금 당장 해야 하는 일과 그 일에 대한 느낌을 알아내거나 기억하려는 노력이 차지하고 있을 수도 있다. 그리고 그 노력의 결과로 우리가 마주하는 것은 온통 그 무시무시한 벽이다. 우리는 그 벽 너머를 볼 수가 없고, 반대편에 뭐가 있을지 들여다볼 창도 없다.

마한에 따르면 이 벽을 다루는 방법에는 여러 가지가 있다. 화가 잔뜩 나서 헐크 같은 힘으로 벽을 뚫고 나가면서 일을 마칠 수도 있다. 안타깝지만 이 방법은 대인관계에 상처를 입히기 쉽다. 벽을 부수고 나갈 때는 자신에게나 남들에게 언제나 다정할 수만은 없기 때문이다. 때로는 벽에 문을 달 수도 있다. 음악을 듣거나 즐겨 보는 TV 프로그램을 틀어 놓고 기분을 전환하면서 일하거나 그 일을 다 끝낼 때까지 나쁜 감정을 다른 데로 돌려 줄 만한 새로운 곳에 가서 일할 수도 있다.

하지만 대부분의 경우 그 벽을 올라야 한다. 지금은 물론이고 앞으로도 그 일을 마주해 잘 상대하려면 우선은 자신의 불안감에 직접 부딪쳐 그 일을 하기 위한 마음가짐부터 다져야 한다.

벗이자 동료인 다니 도너번Dani Donovan은 우리의 일을 방해하는 감정들을 다루기 위해 여러 가지 활동과 게임, 전략을 모은 워크북《디앤티플래너》The Anti-Planner를 만들었다. 도너번에 따르면 "무엇이 정신적 저항을 일으키고 있는지 분간하게 되면 특정 감정을 다룰 맞춤 해결책을 찾기가 더 쉽다."라고 했다.

행동이 동기를 부여한다

배우 활동을 하던 시절, 나는 2시간 동안 대사를 외울 만한 동기부여가 충분히 생길 때까지 기다리던 버릇이 있었다. 다만 그런 동기부여가 생긴 적은 거의 없어서 어쩔 수 없이 오디션 당일에 벼락치기로 외워야 했다.

그때는 몰랐으나 지금은 알게 되었듯 동기부여가 되어야만 행동에 나서는 것은 아니다. 오히려 그 반대의 경우가 많다. 행동이 동기를 부여할 수도 있다는 얘기다. 몇 가지 예를 보자.

- 휴대폰을 집어 들면 대체로 이메일, 문자, SNS를 확인하고 싶은 동기가 일어난다.
- 소파에 앉으면 리모컨을 집어 들고 싶은 동기가 일어난다.
- 자동차 여행 계획을 짜면 음악 플레이리스트를 만들고 싶은 동기가 일어난다.

이것이 바로 심리학자들이 말하는 행동활성화behavioral activation를 뒷받침하는 개념이다. 자전거나 모터스쿠터를 타러 나가기 위해서는 꼭 그러고 싶은 마음이 있어야 하는 건 아니다. 그냥 헬맷이나 보호대 등 보호 장구를 걸치기만 해도 된다. 바퀴의 공기를 체크하거나 자전거에 올라타거나 해도 된다. 그리고 나면 어떤 기분이 드는지 직접 느껴 보자.*

혹시 그래도 여전히 자전거를 타러 나가고 싶은 마음이 안 드는가? 당연히 그럴 수 있다. 일단 나갈 준비를 마치면 어쨌든 나가 보자는 식의 동기가 일어날 가능성이 높아진다. 덤으로, 이런 활성화가 부정적 사고 고리에 제동을 걸 수도 있다. '자전거를 타러 나가려면 너무 번거로워. 바퀴에 바람이 제대로 들어 있는지도 모르고. 이제는 그런 거 타러 다닐 여유도 없잖아'라던 생각이 '잠깐, 지금 내가 자전거를 타려고 하는 것이나 다름없잖아'로 바뀔지 모른다.

충분히 동기가 부여되길 바라는 대상이 무엇이든 우리가 취하는 행동이 그 동기를 늘리거나 줄일 수도 있다는 사실을 알면 도움이 된다. 행동은 동기를 유발한다.

동기부여의 문제만은 아니다

심리학자 아리 터크먼Ari Tuckman 박사에 따르면 대체로 동기부여는 우리가 자신에게 어떤 일을 하게 만들고 싶을 때 가장 먼저 당기는

---

* 자전거 얘기를 꺼내니 어린 시절 추억이 떠오른다. 엄마가 신체적 장애 때문에 자전거를 탈 수 없어서 우리와 같이 스쿠터를 탔다. 나에게 가장 즐거웠던 가족 나들이를 추억하다 보니 어느새 자전거를 타고 싶은 마음이 생긴다(금방 돌아올 테니 계속 읽고 계시길!).

지렛대지만 언제나 적절한 수단은 아니다.

동기부여는 '어떤 일을 하게 만들기'라는 큰 체계를 이루는 하나의 부분일 뿐이다. 게다가 문젯거리가 동기부여가 아닌 다른 것일 수도 있다. 다음과 같은 문제가 있을지도 모른다.

- **기술 부족**

해당 일을 할 방법이나 그 일에 수반되는 단계를 제대로 모른다. 혹은 기억하지 못한다.

- **자원 부족**

해당 일을 완수하기 위해 필요한 자원이 없다. 예를 들어 시간이나 물품, 에너지가 부족할 수 있다.

- **완벽주의**

항상 단짝인 불안감과 합세한 완벽주의가 시작을 못하게 막거나 정신적 고리에 갇히게 내모는 상황일 수도 있다.

- **지나칠 만큼 낙관적인 사고**

어떤 일을 해낼 만한 시간 여유가 있는지 확인도 하지 않고 내일 시작해도 된다고 생각한다. 이런 식의 사고를 긍정적 착각오류 positive illusory bias라고 한다.

- 망각

ADHD와 관련된 기억의 어려움 때문에 목표가 뭐였는지조차 잊어버릴 수 있다.

- 비현실적인 목표

목표 자체가 이루기 불가능하거나 꾸준히 지속할 수 없는 무리한 일이었을 수도 있다.

멀리사 H.(38세, 미국)

"뇌가 제 행동을 알아채기 전에 빠르게 어떤 일을 하면 만화 속에 들어온 기분이에요. 제가 건너는 다리에는 동기부여라는 널빤지가 빠져 있을지 모르지만 그래도 저는 그냥 허공을 걸으며 아래를 내려다보지 않아요. #cartoongravity."

카일 T.(27세, 몰타)

"제가 일을 마치기 위해 쓰는 주된 방법은 외부적 강요 체계를 세워놓는 거예요. 예를 들어 직장에서는 일을 못 끝내면 망신당할 거라는 생각을 떠올려 벽을 극복할 만한 강요를 끌어내요. 하지만 다른 일들은 선택의 여지가 없을 때까지 안 해요. 설거짓거리가 잔뜩 쌓여 음식 담을 그릇조차 없거나 마감일이 코앞에 닥쳐서 하룻밤 만에 에세이를 다 써야 하는 경우죠. 그야말로 패닉 상황으로 분출된 아드레날린의 롤러코스터를 탈 때까지 안 하는 거예요."

> **대니얼 C.** (36세, 캔자스주)
>
> "제가 가장 힘들어하는 일은 중요하고 지루한 일을 시작하는 거예요. 교수인 저에게는 성적 매기기가 그렇죠. 이 일을 잘하는 데 효과적인 전략이 딱히 없어요. 타이머나 다른 스케줄 알림을 활용할 만한 규칙적인 일도 아니고 일상적인 루틴으로 삼을 수도 없어요. 그래서 체계가 엉망진창이에요."

뇌를 반짝반짝 빛나게 하는 도구상자

ADHD 뇌에 동기를 불어넣기 위한 진짜 유익한 방법은 따로 있다. 유감스럽게도 ADHD가 있는 대부분의 사람들은 뇌가 어떻게 작동하는지를 잘못 알고 있다. 따라서 다른 사람들이 우리에게 시도해 왔던 '동기부여 기술'을 내재화해 스스로를 질책하고 벌주는 방식으로 동기를 부여하려 한다. 이런 방식은 무시무시한 벽을 통과하게 해주지만 벽을 높이기도 한다. 이렇게 입은 타격을 원상회복하고 우리 자신에게 더 효율적으로 동기를 부여하려면 시간은 걸리겠지만 분명 더 좋은 방법이 있다.

① 동기부여의 판자 채워 넣기

동기부여를 '하고 싶은 마음'에서 '실행으로 옮기는 행동'으로 건너가게 도와주는 다리라고 생각해 보자. ADHD가 있는 사람은 대체로

'동기부여 판자'를 다리를 건널 만큼 충분히 가지고 있지 않다. 다리 사이의 작게 벌어진 틈은 의지력으로 뛰어넘을 수 있지만 다리 중간의 판자가 유실되어 있다면 판자를 좀 덧대야 한다. 이때 약이 유용한 판자가 되어 줄 수 있지만 다음과 같은 전략을 활용해 보는 것도 좋다.

- **긴박함 더하기**

집을 깨끗이 치우고 싶다면 집으로 손님을 초대한다. 운동을 시작하고 싶다면 친구와 같이 운동 프로그램에 등록한다. 일을 제때 마무리해야 한다면 동료와 '업무 처리' 미팅을 잡는다. 마라톤처럼 장기 프로젝트는 여러 개의 작은 단위로 나누어 마감이 임박하기 전에 일을 시작할 수 있게 만든다. 지금 해야 할 일에 적절한 긴박감을 더하면 나중에 위기로 번지는 것을 막을 수 있다.

- **적절한 난이도 찾기**

일이 너무 쉬우면 자칫 지루해질 수 있다. 반면에 일이 너무 어려우면 좌절감이 들고 사기가 떨어져서 계속하지 못한다. 이미 숙달된 일이라 의욕이 안 생긴다면 난이도가 있는 요소를 더하자. 버겁다면 난이도를 한 단계 낮추고, 뇌의 상태가 저조한 날에는 두 단계 정도 낮추면 된다. 기준을 낮추면 완벽주의에도 도움이 된다!*

---

* 이런 방법으로 내가 가장 즐겨 드는 예가 있다. 앤 라모트 Anne Lamott의 글쓰기 책 《쓰기의 감각》에서 따온 목표인데 '거지 같은 초고 쓰기'다. 나도 이 책을 쓸 때 이 목표를 활용했다.

- 개인적 흥미 엮기

하고 싶지 않지만 해야 하는 일을 할 때는 스스로에게 이렇게 물어본다. '이 일에서 흥미가 끌리는 부분은 없어?' 개인적 관심사를 일에 접목하는 방법도 있다. 논문의 최종 초안을 전문성 있게 작성해야 할지라도 '던전 앤 드래곤'에서 따온 비유를 사용해 초안을 마무리하지 말란 법은 없지 않을까? 거북이에게 관심이 있다면 할 일 목록들을 체크 마크 대신 거북이 스티커로 표시하는 건 어떨까? 뭘 해야 할지는 언제나 원하는 대로 고를 수 있는 게 아니지만 그 일을 어떻게 할지는 어느 정도 통제할 수 있다.

- 신기함 더하기

지루하거나 반복적인 일을 새로운 장소로 옮겨서 하거나, 다른 사람들과 어울려 하거나, 새로운 도구를 활용하면 그 일을 끝까지 해낼 만큼 흥미로움을 가질 수 있다. 이 방법은 싫증이 난 시스템에 활용해도 효과가 있다.

바바라 루터Barbara Luther가 만들어 낸 신조어로 ADHD 코치들이 즐겨 쓰는 말마따나 '리스파클라이즈'resparklize(다시 불꽃 일으키기)를 하는 셈이다. 3주 동안 술술 잘 돌아가던 시스템이 '별 뚜렷한 이유도 없이' 갑자기 잘 통하지 않더라도 계속 활용하고 싶다면 리스파클라이즈하자! 다시 반짝반짝 빛나게, 즉 흥미롭게 만들 방법을 찾아라.

나타샤 L. (25세, 플로리다주)

"언제나 시작은 작게 해야 해요. 한꺼번에 다 처리하려 하지 마세요. 하나씩 하세요."

케이틀린 D. (37세, 오하이오주)

"저는 일의 유형별로 노동요가 있어요. '옷 입기' 노동요를 틀어 놓고 옷을 입어요. '설거지' 노동요를 틀면 그 일이 생각만큼 지루하지 않아요. 전부터 제 삶에 맞는 사운드트랙이 있을 거라고 생각했는데 노래를 이렇게 자활 전략으로 활용할 줄은 몰랐어요."

세라 G. (39세, 사우스캐롤라이나주)

"해야 할 일을 할 때 저의 취향을 반영하면 도움이 돼요. 저는 밀프렙을 만들 때 아기자기한 도시락 스타일로 만들거나 새로운 재료에 초점을 맞춰요. 러닝머신에서 운동할 때는 좋아하는 프로그램을 틀어 두고요. 새로운 스프레이형 세제로 청소를 하기도 해요. 정말로 가끔은 '새로움'이 도움이 된다니까요!"

② 마찰을 줄이고 바퀴에 기름칠하기

일 사이의 장애물을 더 많이 제거하면 일을 시작한 뒤 계속하기 위해 동기부여할 필요성이 그만큼 줄어든다. 장애물이 제거되면서 마찰이 줄어 일이 더 쉽다. '바퀴에 기름칠을 한다'는 의미는, 하고 싶은 가능성을 높이는 방법을 말한다(예를 들면 '보상을 더하기'가 있다. 더 자세한 내용은 232쪽 '보상을 더 부각시키기'에서 다룬다).

- **미리 할 수 있는 일 해두기**

잘 때 운동복을 입고 자거나, 수업을 예약하거나, 체크리스트를 만들어 둔다. 미리 할 수 있는 일을 해두면 해당 일을 시작할 때 할 일도, 중간에 막힐 일도 줄어든다.

- **그 밖의 장벽 제거하기**

피아노 앞에 방해가 되는 뭔가가 있으면 피아노를 치기가 힘들 것이다. 어떤 일이 감각 면에서 참기가 힘들다면, 가령 그 일을 할 때 너무 끈적거리거나 시끄럽거나 밝거나 등의 문제가 있다면 그 불쾌함을 피할 도구를 찾아라. 설거지할 때 고무장갑을 끼고, 시끄러운 곳을 지날 때는 귀마개를 끼고, 급한 볼일로 밖에 나갈 때는 선글라스를 쓰면 된다.*

---

* 일부러 찾지 않으면 못 알아보는 장벽도 있다. 자주 어려움을 겪는 일들의 '장벽 일지'를 쓰면 정확히 어떤 부분에서 막히는지 알아낼 수 있다. 그러면 미래의 자신을 위해 미리 장벽을 제거할 수도 있다! 장벽 일지는 내가 지금까지 해봤던 여러 방법 중 가장 효과가 좋으며, 덕분에 영상을 제때 잘 올리고 있다. 내 앞을 가로막는 장벽의 패턴을 구분할 수도 있었다.

- 쓰기 좋은 도구에 투자하기

우리 대다수가 일에 대해 부정적 연상을 하는 이유 중 하나는 일을 떠올릴 때 연상되는 도구 때문이다. 기분이 좋고 보기에도 좋은 도구를 고르는 것은 일이 잘 굴러가도록 '바퀴에 기름칠'을 하는 아주 유용한 방법이다. 게다가 장기적으로 보면 그것이 돈을 벌거나 절약하는 길이기도 하다. 한 예로, 음식 조리가 더 쉬워질 만한 '좋은 팬'을 사용하는 것이다. 그동안 요리 도구가 '너무 비싸'다는 이유로 배달 음식에 쓴 돈이 얼마나 되는가?

- 일하는 이유 되새기기

우리가 지금 그 일을 하는 데는 이유가 있다. 어쩌면 그 일 자체 때문이 아닐 수도 있다. 애니메이션 〈심슨 가족〉에 그런 이유가 사랑스럽게 잘 표현된 장면이 나온다.

매기가 태어난 후, 회사에 다시 출근한 호머 심슨은 상사가 붙여 둔 불길한 예감의 메모판을 딸의 사진으로 도배하다시피 한다. "Don't forget. You're here forever."(명심해. 넌 평생 여기에서 썩어야 돼.)였던 상사의 문구가 아기의 사진으로 가려지면서 이제는 이렇게 보이게 된다. "Do it for her."(딸을 위해 일해.)

- 물결 타기

어떤 중요한 일이 보통은 하기 싫은데 갑자기 달려들어 해보고 싶은 마음이 든다면 지금 그 일을 하자. 물 들어올 때 노를 저어야 한다. 아니, 더 정확히 말하면 마찰이 낮을 때 그 일에 착수해야 한다.

- **아이스크림 먼저 먹기**

친구이자 《왜 나는 쓸데없는 일에만 집중할까》의 저자인 제시 J. 앤더슨이 생각해 낸 방법이다. '개구리'(중요하지만 하기 싫은 일)를 먼저 먹기보다 아이스크림을 먼저 먹는 편이 좋을 수도 있다. 우리는 해야 할 일 중 가장 힘든 일을 붙잡고 애쓰기보다 즐기는 일을 먼저 하는 것이 생산적인 모드를 이어 갈 가능성이 훨씬 더 높다.

줄리 J.(32세, 플로리다주)

"저는 더 쉽고 재미있게 일할 수 있는 시스템을 세워요. 작업 환경을 전부 개인맞춤화해서 스티커를 붙이거나 페인트칠을 하죠. 보기에도 좋고 재미있고 다가가기도 쉬워지면 그 순간부터는 일이 잘돼요. 걸리적거리는 장애물도 전부 치워요!"

스키에 N.(22세, 싱가포르)

"저는 예전부터 억지로 공부하기보다 그에 대한 생각을 바꾸려고 애썼어요. '저 자신을 배움으로 초대'하려고 해요. 초대라는 긍정적인 느낌 덕분에 무시무시한 벽을 극복하기가 쉬워요."

스파이더(39세, 플로리다주)

"저는 아침에 ADHD 치료제인 애더럴을 먹은 후 1시간 정도 활동

> 을 미루고 빈둥거리며 앉아서 찬찬히 '활기를 불어넣어요'. 아주 차분한 비디오 게임을 하거나 정원이나 공원을 산책하면서 찍은 영상을 보면서요. 약이 효과를 발휘할 때까지 그러고 있으면 일을 시작할 만큼 활력이 차올라요."

③ 책임 추가하기

책임은 취해야 할 행동과 그 행동을 취한 결과(또는 그런 행동을 취하지 않은 결과) 사이의 거리를 단축하는 데 도움이 된다. 단, 책임만으로는 부족하다. 한 번 더 말하지만 언제나 동기부여가 문제인 것은 아니기 때문이다. 동기부여의 문제가 아닐 때는 책임을 더해 봐야 상황을 더 악화시킨다.[*] 하지만 해야 할 일의 자원과 기술을 가지고 있다면 늘어난 책임이 행동에 박차를 가하게 해줄 수 있다. 그 일을 했는지 안 했는지를 사람들이 다 알게 되기 때문이다!

• 할 일과 안 할 일 정하기

책임과 관련해서는 지금 할 일과 나중에 할 일을 분명히 해두기만 해도 충분할 때가 있다. 그 둘을 분간하는 데 도움이 필요하다면 중요한 일들을 확실히 진행하기 위한 계획을 세우거나 조정할 때 코치나 심리치료사, 친구, 동료에게 도움을 구하는 것이 좋다.

---

[*] 불안감, 공황발작, 해리 현상이 늘어난다.

- **생산성을 높이는 파트너 찾기**

특정 목표를 이루기 위해 서로 유대하고 지원할 목적으로 힘을 합치는 그룹이 많다. 이런 방법의 일환으로 누군가에게 '보디더블'을 부탁하는 것도 괜찮다. 자신이 일하는 동안 옆에서 말없이 앉아 있어 달라고 부탁하자. 다른 사람들이 일을 하거나 공부하고 있는 공공장소에 가도 좋다. 자신도 그곳 사람들과 똑같이 해야 할 것 같은 은근한 사회적 압력이 작용하기 때문이다.

- **피드백 과정 단축하기**

어떤 한 부분에 막혀 프로젝트를 마치는 데 애를 먹을 때가 있다. 예를 들어 마감일이 너무 멀어서 뇌에 발동이 잘 걸리지 않을 때는 마감일을 단축하거나 진행상황 확인 횟수를 늘리면 도움이 된다. 진행 상황을 확인해 줄 상대로는 상사나 동료도 괜찮고 그때그때 형편에 따라 아무 친구나 택해서 부탁해도 된다.

"이번 주 금요일에 내가 일을 얼마나 진행했는지 좀 봐줄래?"

- **경쟁처럼 만들기**

생산성을 게임화한 앱이나 프로그램, 시합 활용 외에 단순하게 할 수 있는 방법도 있다. 친구와 습관들이기 시합을 하는 방법이다. 예를 들어 아침에 일어나서 침대 정리하기 습관을 시합하는 것이다. 보기 좋게 정리된 침대 사진을 문자로 먼저 보내는 사람이 이기는 조건으로 하면 된다.

솔스티스 H. (33세, 미국)

"저는 '실행기능 거래'가 통상적으로 이루어지는, 정말 든든한 온라인 서포트 그룹이 있어요. 한 사람이 '에휴, 빨래를 해야 하는데 어쩌죠'라고 말하면 다른 사람이 이렇게 댓글을 달아요. '당신이 세탁기를 돌리면 나는 전자레인지에 저녁 거리를 돌릴게요'라고요."

에이미 H. (49세, 사우스캐롤라이나주)

"저는 그냥 한 사람의 삶을 보여 주는 유튜브 채널을 운영하는 척하면서 가짜 카메라에 대고 뭘 하고 있는지 얘기해요. 가끔은 그러는 게 효과가 있어서 계속해서 가짜 시청자를 즐겁게 해주고 싶어요."

캐서린 E. (30세, 버지니아주)

"제가 어떤 일을 할 때 가장 큰 동기부여가 되는 것은 누군가에게 확실한 인계 포인트를 부여할 때예요. 말하자면 직장에서는 제 일을 이어받아 업무를 진행하는 사람이 있는지 살피고, 집에서는 오늘 밤 파트너가 저녁을 준비하려면 깨끗이 설거지해 둔 그릇이 필요하겠다는 식으로 생각하는 거죠."

미루기의 올바른 방법

미루기는 ADHD가 있는 사람에게 흔한 버릇이다. 우리는 마감일이 다가오면서 긴박감을 느껴야 뇌가 발동되기 때문이다. 그래서 시간이 한참 남았을 때가 아니라 마감일에 임박했을 때 시작하는 편이 시간과 정신적 에너지를 훨씬 절약할 수 있다. 하지만 미루기도 방법이 중요하다.

조사에 따르면 능동적 지연행동active procrastination, 즉 '뇌가 발동될 때까지' 기다리거나 '제출일 전날까지 숙제를 미루는' 식의 미루기를 하는 사람들은 지연행동을 하지 않는 사람들과 비슷한 성과나 결과를 낸다. 반면에 수동적 지연행동passive procrastination, 즉 그 일을 생각조차 안 하려는 '현실 도피적' 미루기를 하는 사람들은 저조한 성적과 기회 상실 같은 안 좋은 결과를 겪을 가능성이 더 높다. 잘 기억이 안 나지만 안 좋은 결과의 사례는 이 외에도 더 있었다. 아이러니하게도 나는 이 조사를 다시 살펴보길 자꾸 미루고 있다.

아무튼 능동적 지연행동에도 나름의 대가가 따른다. 더 시급한 일을 마치려고 기를 쓰느라 중요한 뭔가를 무시해야 하는 상황이 생길 수 있다. 그렇게 애쓰다 이튿날 뇌의 기능에 타격을 줄 수도 있다. 이런 대가를 치를 만한 가치가 있는 경우도 있겠지만 그렇지 않을 경우도 있다.

ADHD가 있는 사람에게 모든 일을 미루지 않고 바로바로 하길 기대하는 건 비현실적이다. 하지만 미룰 작정이라면 신중하게 미뤄야 한다. 바로 이 점이 꼭 기억해야 할 핵심이다.

④ 보상을 더 부각시키기

우리의 동기를 보상으로 자극해 보자. 내재적 동기부여의 요소가 없는 일엔 외부적 보상을 더하는 것이 즉각적 흥미를 일으키기 좋다. 이루려는 목표나 보상이 너무 멀리 떨어져 있는 것처럼 느껴질 때 더 효과적이다.

- **자신에게 의미가 있는 걸로 보상하기**

사람들은 어떤 보상이 주어지느냐에 따라 저마다 다른 반응을 보인다. 우리에게 최고의 보상은 아마도 스스로 잘 허용하지 않았던 것이나 목표에 이르기 위해 취하는 단계들과 관련된 것일 수 있다.

내 경우엔 운동 기구를 마련해서 운동을 계속하게 하거나 보들보들하고 포근한 스웨터를 구입해서 입으면 글 작업을 이어가는 데 도움이 된다. 개인적으로 의미가 있는 보상이면 동기가 부여될 가능성이 더 높다.

- **보상의 척도를 전략적으로 조정하기**

경제적 측면에서 생각해 보자. 보상이 너무 크면 보상 시장의 유동성이 넘쳐 인플레이션이 일어난다. 식기세척기를 정리하는 보상으로 초밥을 준다면 이제는 초밥이 식기세척기 정리의 대가가 된다. 그다음 날 똑같은 일에 대해 그보다 적은 보상을 제시하며 뇌를 설득시키려 한다면 행운이 따라야 한다.

보상이 그다지 크지 않으면 충분한 동기부여가 되지 않는다. 솔직히 비디오 게임을 고작 5분 하자고 식기세척기 속 그릇을 정리할 생각은 들지 않을 것이다. 그릇을 꺼내서 정리하는 데만 5분이 더 걸리니 말이다.

- **더 즉각적인 보상 주기**

당장 발생하는 보상이 상대적으로 더 효과가 있다. 바로 긍정적인 피드백을 주는 것이 이런 보상의 좋은 예다. 보상을 미리 당겨 주거나 그 활동 자체로 보상이 되게 하는 방법도 있다. 얼마 뒤에 떠나기로 예정된 여행처럼 보상이 미래에 '갇혀' 있는 경우가 있다. 이때는 여행지 사진을 벽에 붙여 놓고 달력에 X 표시를 하며 보상이 점점 다가와 실감 나게 하는 방법도 괜찮다. 설렘을 이용하는 것이다!

- **할 일을 했을 때 보상 주기**

스스로에게 보상을 노력 여부와 상관없이 주거나 보상을 전혀 주지 않으면 보상은 동기부여를 부추기는 연료로써 효과가 없다. 할 일을 마친 직후나 어느 정도 진전을 이루어 낸 직후에 꼭 보상을 즐길 수 있게 하되, 특정 목표에 이르기 전까지는 한계선을 그어 놓아야 한다.[*]

---

[*] 나처럼 글을 쓰는 친구가 내가 이 책을 교정보고 있을 때 패키지로 된 격려품을 선물해 주었다. 몇 가지 미니 선물과 카드에 메모가 담겨 있었다. 읽어 보니 선물 하나는 바로 열어 봐도 된다고 했다. 나머지는 일을 4분의 1 정도 마쳤을 때, 절반 정도 마쳤을 때, 4분의 3 정도 마쳤을 때, 완전히 끝냈을 때 하나씩 개봉하라고 했다. 너무 귀여우면서도 동기부여가 마구마구 되는 선물이었다!

DJ D. (25세, 오하이오주)

"저는 일을 끝마쳐야 할 때는 가장 힘든 것부터 시작하고, 일을 다 끝냈을 때 즐길 재밌는 일도 미리 계획해 둬요. 또 리스트를 만들어 하나씩 체크해 나가면 다음 순서로 넘어갈 때마다 뭔가를 이뤄 낸 듯해 뇌에 도파민이 마구 뿜어져 나와요."

크리켓 W. (16세, 미시간주)

"예전에 엄마가 초콜릿을 이용해 저에게 수학 숙제를 시킨 적이 있어요. 처음엔 문제지를 다 풀면 작은 봉지에 든 초콜릿을 주겠다고 했어요. 그 방법은 영 먹히질 않았죠. 그러던 어느 날 밤에 엄마가 초콜릿 봉지를 뜯더니 문제마다 하나씩 초콜릿을 옆에 뒀어요. 그랬더니 즉각적 보상과 계속 문제를 풀도록 부추기는 동기부여가 동시에 일어났어요."

루실라 S. (30세, 멕시코)

"저는 운동할 동기를 자극하려고 수영 후에 쓸 명품 샤워젤을 저에게 선물했어요. 수영 후에 그 샤워젤로 씻으면 스파에 온 것처럼 좋아요."

⑤ 어떤 일을 진득이 할 거라고 기대하며 들뜨지 않기

'여기에서 나랑 놀자!' 이처럼 ADHD를 가진 사람은 새로운 모험을 시작할 때 마냥 신이 나서 해낼 것처럼 여긴다. 이 새로운 습관, 직장, 취미 등을 바로 자신이 찾던 거라고 여기면서 영원히 함께할 것처럼 생각한다. 그러다 생각처럼 되지 않으면 좌절하고 실망한다. 과거의 증거가 그 반대를 말해 주는데도 마법을 부린 것처럼 이번엔 자신이 일을 진득이 할 거라고 기대했던 것이다. 이런 실수를 더는 하지 않으려면 차라리 흥미와 동기부여에서 ADHD 고유의 남다름에 맞춰 계획을 짜는 것이 더 유용하다.

- **여러 취미와 일, 관심사 오가기**

어떤 일이 시들해지면 다른 뭔가로 주의를 돌려도 괜찮다. 딴 데로 벗어나 보면 다시 새롭게 느껴질 기회가 생긴다.

- **호박벌처럼 가루받이 해보기**

한 경험에서 배운 것을 가져다 다음 모험에 가루받이, 즉 수분受粉을 해보자. ADHD가 있는 사람들은 "이것저것 다 잘하는데 뛰어난 한 가지가 없다."라는 얘길 자주 듣는다. 그런데 이 말의 확장판인 다음 말을 들어 본 적이 있는가?

"이것저것 다 잘하는데 뛰어난 한 가지가 없지만 때로는 한 가지에 뛰어난 것보다도 더 잘할 때가 있다."

다양한 기술을 키우는 것에도 나름의 가치가 있다.

- **재평가 하기**

뭐든 전념할 만하다고 여겨지는 일에 일정 기간 진득이 있어 본다. 목표 날짜가 되면 그 일이 계속할 만한 가치가 있는지 따져 본다. 이런 식으로 하면 우리에게 도움이 안 되는 일에 계속 시간과 에너지를 쏟을 일이 없다. 이 전략은 어떤 프로젝트나 시스템이나 일 등을 이어 가다 첫 실패의 조짐이 보이면 바로 포기하는 ADHD 특유의 경향에도 유용하다.

캐셜 R.(45세, 루이지애나주)

"극단 활동을 하는 데는 ADHD를 가진 것이 큰 활력소가 됩니다. 저는 극단에서 단기간 프로젝트를 맡고 있는데 다양한 공연으로 흥미를 계속 자극해 줘요. 해당 공연에서 필요한 역할을 슬쩍 해볼 수도 있어요. 배우가 필요하다면? 제가 그 역을 맡겠다고 나서면 돼요! 무대 디자이너, 무대 설치자, 감독, 소품 담당자, 의상 담당자가 필요하다면? 그때도 제가 나서면 돼요. 그동안 여러 분야의 일을 잘 해낼 만큼 충분한 실력을 쌓았으니까요. 이런 식으로 뭔가 새로운 일에 나서면 가만히 있지 못하고 날뛰는 정신을 집중시킬 수 있어요."

제프리 C.(47세, 알래스카주)

"저는 가끔씩 도저히 동기부여가 되지 않을 때가 있는데 그래도 괜찮아요. 우리는 언제나 동기부여가 일어나지 않아도 괜찮을 필요가 있어요. 때로는 일을 끝내지 않고 세상을 즐겁게 살아가도 돼요."

때론 공을 놓칠 때도 있다

내가 이 책을 쓰고 있을 때, 내 유튜브 채널의 연구 자문인 라쿤트 박사는 자신의 내담자들에게 해주는 얘기라며 다음 이야기를 들려주었다.

축구팀에서 골키퍼를 맡고 있는 여덟 살 여자아이 C가 있다고 상상해 보자. 시합 종료 시간을 얼마 앞두고 상대편의 한 선수가 골대를 향해 공을 찬다. 골키퍼는 공의 방향을 가늠해 몸을 날리지만 추측이 완전히 빗나간다. 공은 반대편으로 날아와 골대에 꽂힌다. 경기는 그렇게 끝나고 C의 팀은 패한다.

A 코치가 C를 불러 고함을 지른다.

"너 왜 그래? 너 때문에 졌잖아. 같이 많이 연습했는데 요령이 그렇게 없어!"

C는 처참한 기분으로 기가 죽은 채 집으로 돌아온다. 다음 연습 때도, 심지어 다음 시합에도 C는 배가 아프다고 말하며 나가지 않는다.

이번엔 똑같은 상황에서 B 코치가 시합에서 진 후에 C를 불러 이렇게 말한다고 상상해 보자.

"자, 이리 와봐. 잘 듣고 기억해 둬. 상대 선수가 공을 어느 쪽으로 찰지 알아내려 할 때는 그 선수의 눈이 어디를 보고, 발은 어디에 두고 있는지 봐야 해. 알았지? 그래, 잘 알아들었구나."

C는 자기 때문에 팀이 졌다는 생각에 기분이 처참하긴 하지만 이번엔 다르게 시도해 볼 여지를 얻는다. 그리고 다음 번 시합에 경기장에 나온다.

라쿤트 박사는 내담자들에게 이 얘기를 들려준 후 이렇게 묻는다고 한다.

"당신의 아이가 재미있게 축구를 즐기길 바란다면 어떤 코치가 좋을 것 같나요?"

그러면 다들 하나같이 B 코치를 고른다.

"그럼 아이가 프로 선수가 되길 바란다면 어떤 코치를 고를 건가요?"

이번에도 역시 다들 B 코치를 고른다. 하지만 우리는 자신에게 동기를 부여할 때 A 코치처럼 말할 때가 많다.

'너 왜 그래! 이 일이 얼마나 중요한지 잘 알잖아. 더 빨리 시작했어야지. 왜 그랬어? 잘 알면서 왜 그랬냐고!'

'내가 못살아. 너 정말 …구나(자주 쓰는 말로 채워 보길. 아마 장애인차별주의적 말이겠지만). 어떻게 그렇게 중요한 일을 잊어버릴/놓칠/망칠 수가 있어? 어떻게 그런 뻔한 일을? 어른이면 어른답게 좀 굴어.'

ADHD를 가진 사람들 대부분이 이런 메시지를 듣고 자라며 내재화했다. 이런 메시지가 기본값이 되어 버렸다.

나에게 어떻게 책을 쓸 수 있었는지 묻는 사람이 많다. 책을 읽는 것조차 어려울 때가 많으면서 어떻게 쓰는 게 가능하냐는 얘기다. 솔직히 말하면 글을 쓰기가 힘들었다. 특히 이번 장은 말도 못하게 어려웠다. 할 얘기가 너무 많아 어디부터 얘기를 시작할지 막막했다. 사무실에서 이번 장을 끝낼 기운이 도저히 나질 않는데도 포기하고 집에 가고 싶지 않았다. 사무실 밖의 주차장에서 차 안에 앉아 1시간 하고도 17분 동안 앉아 있다 추워서 엉덩이가 떨어질 것 같은 때도 있었다. 이번 장의 '도구상자'를 마치기 위해 이번 장의 모든 도구만이 아니라 다른 장들의 이런저런 도구까지 끌어다 써야 했다. 그런 데다 마감 기일도 지키지 못했다. 써놓은 글을 읽어 보면 도통 마음에 들지 않았다. 엉터리 같은 글을 담당 편집자에게 보여 주기 창피해 A 코치의 목소리가 스멀스멀 들리는 듯 했다.

"너 왜 그래! 더 일찌감치 시작했어야지. 이걸 글이라고 쓴 거야? 대체 왜 너 같은 애한테 책을 쓰게 해준 거야?"

그럴 땐 라쿤트 박사가 내담자들에게 알려 주는 전략을 쓴다.

<u>스스로를 심하게 자책하고 있다는 자각이 들면 이렇게 자문해 보는 것이다.</u>

'B 코치라면 뭐라고 말했을까?'

B 코치는 내게 책을 쓰는 게 처음 해보는 일임을 깨우쳐 주었을 것 같았다. 하다 보면 요령이 생길 거라고. 지적 대신 글을 쓰는 내 속도에 맞춰 마감 기일을 조정해 보라고 권해 줄 것 같았다. 담당 편집자에게 방향을 잡아 주길 부탁해 보라고. 자존심을 억누르고 글쓰기 친구를 구해 애를 먹는 부분에서 도움을 받으라고. 얼어붙을 듯 추운 그 주차장에서 친구에게 문자를 보내 보디더블을 해줄 수 있는지 물어보라고.

나는 친구들에게 조언을 얻기도 했다. 어렸을 때 실제로 골키퍼로 뛰었던 도너번은 이런 말을 해주었다.

"모든 게 자기에게 달려 있다고 느끼는 순간에 공을 놓치면 전부 자기 탓이라고 여기기 쉬워. 하지만 이기든 지든 시합은 혼자가 아니라 팀의 다른 선수들과 함께 뛰는 거야. 때로는 시스템이 자신에게 잘 맞지 않을 때도 있어. 설령 잘 맞더라도 자신이 모든 공을 다 막아내길 바란다면 너무 비현실적이지. 하다 보면 공을 놓칠 때도 있는 법이야. 그래도 괜찮다고 여기며 현실을 너그럽게 받아들일 줄 알아야 해."

　나는 시도했던 일이 잘 풀리지 않을 때마다 그 경험을 떠올린다. 어떤 식으로 다르게 해보는 게 좋을지 마음에 깊이 새겼다. 그리고 다음번에 글을 써야 할 때 피하지 않았다.

제8장

깜빡깜빡하는 뇌를 위한 기억력 사용법

생각의 속도보다 빠른 것은 망각의 속도뿐이다.
우리가 더 잘 기억하게 도와줄
다른 사람들이 있어 다행이다.

_베라 나자리안 Vera Nazarian

건망증에 대한 대가

이 책을 쓰기 시작한 지 1년이 되어 갈 무렵이었다. 웹툰〈ADHD 에일리언〉ADHD Alien을 연재하고 있는 크리에이터 피나 바넬Pina Varnel과 ADHD 뇌 매뉴얼을 쓰면서 마주하는 어려움에 대해 얘기를 나누었다. 그러다 '잘 까먹는 문제'가 나왔는데 바넬은 내 책에서 그 문제를 어떻게 다루는지 물었다.

나는 바넬을 멀뚱멀뚱 쳐다봤다. 1년 동안 ADHD에 관한 책을 쓰면서 잘 잊어버리는 문제에 대한 내용은 아예 까맣게 잊어버렸던 것이다. 그 사실만으로도 그 내용을 넣어야 할 증거로 충분했다. 다만 너무 늦은 게 아닐까 싶기도 했다. 원고 마감일이 한 달도 남지 않은 시점에서 새로운 장을 추가하는 것은 고사하고 원고 마무리도 빠듯한 상황이었다.

내 건강을 크게 걱정하는 사람들은 새로운 장을 추가하지 말고 다른 방법으로 해볼 것을 제안했다.

"다른 장에 이 내용을 곁들여서 넣는 건 어때? 맨 끝에 재미있는 에피소드로 간단히 다루는 건? 놔뒀다가 다른 책을 쓸 때 활용하면?"

나는 고개를 내저었다. 어떻게든 되게 해야 했다. ADHD 경험의 90퍼센트는 두 가지 말을 되풀이하는 것이다.

"제가 딴생각을 했네요. 미안해요."

"깜빡했어요. 미안해요."

잘 잊어버리는 측면은 확실히 할 얘기가 많은 문제였다.

나는 패트릭 라쿤트 박사에게 연락했다. 그 역시 ADHD가 있다.

> 나: 안녕, 패트릭! '기억력 사용법'과 관련해서 토요일 아침까지 자료 조사를 해줄 수 있어요? 다음 주부터 그 주제로 글을 쓸 생각이에요.
> 박사: 당연히 되죠.

나는 월요일 아침에 다시 연락을 했다.

> 나: 안녕, 패트릭! 자료 보냈어요? 안 보냈으면 내일 얘기 나눌 수 있을까요? '기억력 사용법'을 주제로 목요일부터 글을 쓰려고요.
> 박사: 이런, 젠장. 뭘 깜빡한 것 같더라니! 내일 아침에 시간을 낼 수 있고, 산악 시간(로키산맥에 가까운 미국과 캐나다 일부 지역의 표준시 − 옮긴이)으로 오후 3~4시부터도 시간이 돼요.

그 후에 나는 라쿤트 박사가 '산악 시간'으로 말했던 걸 깜빡해서 얘기를 못 나눌 뻔했다.

그렇다고 내가 뭐든 잘 기억하지 못하는 건 아니다. 어릴 때 살던 집의 커튼 색을 지금도 기억한다. 학교 무도회에서 남자아이와 처음으로 춤을 췄던 일을 기억한다. 아니, 더 정확히 말해 남자아이를 마주 보고 서 있었던 일이며 노래가 나오기 시작했을 때 뭘 해야 할지 몰라 하다가 창피해서 화장실에 한참을 숨어 있었던 일까지 생생하다. 스무 살 때 패밀리 레스토랑에서 야간 근무를 할 때 요구사항이 지나치게 많았던 6명의 어른 일행이 팁으로 준 꾸깃꾸깃한 지폐 6장도 잘 기억난다. 하지만 어떤 일을 하려고 노력하고 있을 때 내가 뭘 하던 중인지 기억하는 건? 잘 못한다.

3시간 동안 암기했던 대사는?

십중팔구는 기억하지 못한다.

내 앞에 서 있는 사람의 이름은?

그건 …글쎄.

겉으로 보기엔 이러는 게 그리 큰 문제인 것 같지는 않다. 나는 그냥 웃어넘기기도 한다. 나를 나이게 하는 모습 중 하나다. 엄마가 입버릇처럼 했던 말처럼 머리가 몸에 붙어 있기에 망정이지 아니었으면 내 머리도 깜빡하고 놔두고 다닐지 모른다.

다만 내막을 들여다보면 그냥 넘길 문제가 아니다. ADHD를 가진 사람은 항상 잘 잊어버린다. 그렇게 잊어버려서 놓친 것들을 만회하느라 자신을 갈아 넣을 만큼 노력한다.

이런 건망증에 대한 대가로 나의 자존감은 더욱 낮아진다. 뻔하나 중요한 일을 잊어버린 걸 깨달으면 그 순간 부정적으로 생각한다. '나는 너무…'나 '나는 정말…' 같은 말로 시작되는 핀잔의 목소리가 머릿속에 울리고 때로는 입 밖으로 흘러나오기도 한다.

금전적으로 불안정해지기도 한다. 서류나 후속 절차를 깜빡하는 바람에 일자리를 놓친 일이 여러 번이다. 돈이 있는데도 납부를 깜빡해서 애써 쌓은 신용도를, 그것도 두 번이나 엉망으로 망쳐 놓았다. 신용도가 부족해서 아파트를 임대하지 못했을 때처럼 주거가 불안정해지기도 한다.

대인관계가 나빠지기도 한다. 나를 신뢰할 수 없다며 나에게 기대를 접은 친구가 한두 명이 아니다. 상대가 나를 어떻게 대하는지 제대로 파악하지 못해 관계가 틀어진 경우도 있었다.

'이 친구가 쌀쌀맞게 말한 게 이번이 처음인가, 아니면 50번째쯤 되었나? 아무튼 마지막으로 싸운 게 무슨 이유 때문이었지?'

잘 잊어버리는 사람들, 그중에서도 특히 우리같이 '자존감이 낮은' 사람들은 쉽게 조종당하기도 한다.

나는 스스로 마음먹으면 기억을 잘할 수 있다는 걸 알았다. 또한 내 기억력이 내가 필요할 때 제대로 작동해 줄 만큼 믿음직하지 못하다는 것도 알았다.

극히 불완전한 리스트지만 내가 잊어버렸던 일들

- 상대가 방금 한 말
- 내가 방금 한 말
- 내가 하고 있던 일
- 내가 방금 전에 들고 있던 열쇠/휴대폰/물건을 둔 위치
- 어제 있었던 일
- 10분 전에 화가 났던 이유
- 약을 먹었는지 안 먹었는지의 여부
- 어제 퍼뜩 들었던 인생 반전급의 깨우침
- 내일/다음 주/다음 달에 하기로 했던 일
- 해보려던 일을 위해 필요한 준비물
- 상대가 정한 한계선
- 내가 정한 한계선
- 방금 읽은 글 전부 다
- 이제는 다르게 하기로 했던 부분
- 천 번쯤 사용했던 앱을 열려는데 기억이 나지 않는 앱 이름
- 리모컨 작동법
- 내 외투
- 내 양말
- 문을 열어 주기 전에 입으려고 단단히 마음먹었던 바지

내가 배운 여덟 번째 사실들

유튜브 채널 개설을 위한 조사를 시작하기 전까지 내가 아는 기억의 유형은 단기 기억과 장기 기억 두 가지뿐이었다. 그런데 알고 보니 뇌 과학자들이 아직까지도 논쟁 중인 그 외의 유형이 한 무더기나 된다. 감각 기억, 암묵적 기억, 명시적 기억, 촉각 기억, 절차 기억 등 정말 너무 많아서 다 기억할 수가 없다.

기억이 복잡한 영역이긴 해도 ADHD를 가진 우리로선 다음의 사실만큼은 이해하고 있어야 한다.

우리의 장기 기억은 양호할까?

장기 기억을 대상으로 한 몇몇 연구 결과에서는 ADHD를 가진 사람들이 특정 유형의 기억 테스트에서 신경전형적 사람들에 비해 더 뛰어나진 않더라도 그에 못지않은 수행력을 보이는 것으로 나타났다.

일종의 장기 기억으로, 특정 경험의 세세한 부분(있었던 일, 했던 말, 그 순간의 느낌 등)을 떠올리게 해주는 에피소드에 대한 기억이 좋은 예다. 2008년 한 연구에 따르면 삶의 특별한 경험을 얘기할 때 ADHD 아동이 비ADHD 아동보다 더 길고 더 묘사적으로 서술했다.

나도 그런 경우에 든다. 어른이 된 지금도 어린 시절의 여러 장면을 마치 영화를 보듯 시각적·정서적으로 세세하게 묘사할 수 있다. ADHD가 없는 내 글쓰기 친구는 그렇게 못한다. 물론 그녀는 오늘 우리가 하기로 했던 일은 잘 기억하지만("친구야, 지금은 '기억력 사용법'을 쓰는 중이라는 거 잊지 마.").

반면에 ADHD가 있는 사람을 대상으로 한 일부 연구에서는 장기 기억의 결함이 발견되기도 했다. 왜일까?

기억력은 세 과정, 정보의 암호화-저장-회수의 3단계에 따라 좌우된다. ADHD가 있는 성인들의 장기 기억에 대한 메타분석(특정 연구 주제에 대해 이루어진 여러 연구 결과를 하나로 통합해 요약할 목적으로 개별 연구 결과를 수집해 통계적으로 재분석하는 방법 — 옮긴이)에서 나타난 바에 따르면 우리가 장기 기억에서 겪는 어려움은 실제로 암호화 단계에서 일어나는 학습 결함이다. 다시 말해 우리는 학습 결함으로 학습을 제대로 하지 못해서 기억도 못하는 것이다.

이와 같은 사실을 알면 정말로 흥미로울 뿐만 아니라, 암호화 과정을 지원하기 위해 우리가 할 수 있는 일이 많다는 점에서 유용하다. 이런 지원을 하려면 우선 작업기억과 이 작업기억이 ADHD 뇌에서 어떻게 작동하는지(^-^)를 이해해야 한다.

ADHD 뇌는 작업기억에 결함이 있는 경우가 많다

우리는 수많은 일상적 활동에서 작업기억을 사용한다. 예를 들어 메모하기 위해 펜을 찾는 동안 시간과 날짜를 기억할 때, 방에 뭘 하러 들어왔는지 의식하고 있을 때, 새로운 친교 자리에서 분위기를 파악하고 통성명을 나누며 상대의 이름을 기억할 때 등이다.

모든 사람들의 작업기억은 '공간'의 용량에 한계가 있다. 그래서 주의를 기울여야 할 정보는 이 공간에 계속 담아 두고, 그럴 필요가 없는 정보는 지워 버리고 끊임없이 교체되면서 새로운 정보를 담을 자리가 만들어진다. 나중에 필요한 정보의 경우엔 '메모'나 '공부' 같은 정보 암호화 기술을 통해 뇌의 하드 드라이브에 저장할 수 있다.

ADHD 뇌는 작업기억에 결함이 있는 경우가 많다. 우리는 본질적으로 공간의 용량이 작고, 이는 언어 작업기억과 청각 작업기억에서 특히 더하다. 그런 이유로 방금 읽은 글이나 방금 들은 상대의 말을 기억하는 데 애먹는다.

신경전형적인 학생이 다섯 개의 정보를 일시적으로 담아 둘 수 있는 작업기억 용량을 가지고 있다면, ADHD가 있는 학생은 세 개의 정보만 담을 수 있다.

교사가 학생들에게 문제를 내며 가능한 답 세 가지를 묻는 상황을 가정해 보자. 신경전형적인 학생은 두 번째 줄에 앉은 귀여운 남학생 생각을 하면서도 그 질문에 답을 잘할 수 있을 것이다. 하지만 교사가 세 번째 가능한 답을 알려 줄 때쯤이면 ADHD 학생은 집중을 다 하고 있더라도 문제 자체를 잊어버렸을 가능성이 높다. 모든 정보를 저장할 만한 공간이 없기에 어쩔 수 없다.

ADHD 학생은 주의와 행동의 방향을 돌리는 일에도 남들보다 더 많은 노력을 기울여야 한다. 주의 조절의 어려움 탓에 공간에 담긴 정보가 훨씬 더 쉽게 쫓겨난다. '가만히 앉아'서 '조용히 있어야' 한다는 등의 온갖 지시를 기억하느라 소중한 작업기억 공간을 쓰고 있기 때문에 우리의 뇌는 기억을 담아 두기가 쉽지 않다.

> **작업기억**
>
> 새로운 정보를 다루는 동안 그 정보를 머릿속에 일시적으로 담아 두는 기억.

우리는 정보를 떠올리는 일을 어려워 한다

애초부터 주의를 기울이지 않았던 일은 떠올릴 수 없으며, 앞에서 설명했듯이 주의력 조절에도 애를 먹는다. 게다가 우리가 겪는 장기 기억의 어려움을 부추기는 요소는 이것만이 아니다(여기에서 내가 말하는 '장기'는 어제 같은 시점에 일어난 일을 뜻한다).

이해가 안 되어 잘 기억하지 못하는 문제도 있다

정보를 암호화해 장기 저장하기 위해서는 뇌가 새로운 정보를 기존 정보와 비교한 후 어디에 정리 보관할지 파악해야 한다. 그러려면 이 일이 이루어질 충분한 시간 동안 작업기억이 이 모든 정보를 담고 있어야 한다.

새로운 정보가 이해하기 쉽고 익숙한 대상과 관련되어 있다면 이 암호화 과정이 빠르고 쉽게 이루어질 수 있다. 반면에 경우에 따라 기초적인 정보를 못 듣고 놓쳤거나 제대로 암호화되어 있지 않은 탓에, 상대방이 하는 얘기가 갈피가 잘 잡히지 않으면 암호화 과정이 일어날 시간이 충분하지 못할 수 있다. 결국 그 얘기는 새로운 정보가 우리의 뇌가 미처 암호화하기도 전에 새로 들어온 정보에 부딪쳐 작업기억에서 밀려나 버린다는 뜻이다.

나는 이런 사실을 호된 경험을 통해 직접 배웠다. 한 대학교수의 대수algebra 강의에 참관해 피드백을 해달라는 초대를 받았을 때였다. 강의 중반쯤에 교수가 문제를 냈다. 이 무렵의 나는 작업기억과 주의력을 지원해 줄 방법을 알고 있었는데도 그날 강의와 관련된 문제에 대한 어떤 질문에도 대답하지 못했다. 단 하나도.

교수는 훌륭한 강의 스타일을 보이며 중간중간에 강의를 멈추고 "혹시 질문 있으신가요?" 하고 물었다. 하지만 내 작업기억이 들어온 정보를 이해할 만큼 충분히 오래 담고 있을 수가 없었던 탓에 뭘 물어야 할지조차 구분하지 못했다.

내가 대학에 다닐 때 숱하게 느꼈던 것처럼 형편없는 학생이 된 것 같았다. 그러다 곧이어 그렇지 않다는 사실이 떠올랐다. 나는 단지 대수에 대한 기초 지식이 부족해서 그 교수의 말이 내 작업기억에서 사라지기 전에 암호화하지 못한 것이라고.

그 교수의 다음 강의 전까지 10분간의 휴식 시간 동안 나는 나름의 최선책인 구글 검색으로 대수와 관련된 기초 지식을 속성으로 파악했다. 대수의 기초를 다룬 여러 게시글을 훑어보며 몇몇 용어의 뜻과 방정식을 푸는 '5단계'를 익혔다. 그런 단계가 있는 줄 몰랐는데 그 단계대로 보니 이해가 확 되었다.

다음 강의에서는 교수의 말이 더 잘 이해되었다. 교수가 문제를 냈을 때 방금 알려 준 내용이 기억나서 몇 가지 질문에 바로 답하기도 했다.

그 수업에 계속 '매달려 있을 고리', 이 경우엔 구글 검색으로 얻은 정보 덕분에 나는 하나의 작업기억 공간에 여러 개의 데이터를 한꺼번에 담을 수 있었다. 또 그 덕분에 내 작업기억에 더 많은 정보를 계속 붙잡아 두며, 교수의 강의 내용을 일부나마 이해하고 암호화할 만큼 충분한 시간을 가질 수 있었다.

기억하길 깜빡해서 기억하지 못한다

대체로 ADHD 뇌의 장기 기억 문제는 저장이나 회수보다는 암호화와 관련된 어려움이다. 이런 경향에서 주목할 만한 예외도 있다.

ADHD 뇌는 단서 회상cued recall과 연속 회상serial recall에는 결함이 없지만 ADHD 아동 및 십대를 대상으로 이루어진 여러 연구에 따르면 자유 회상free recall에는 결함이 있다. 무단서 회상이라고도 부르는 자유 회상은 상기시켜 주는 단서 없이도 저절로 기억해 내는 능력을 말한다. 예를 들어 우리는 학교에 재킷을 가져간 것도 알고, 심지어 그 재킷을 어디에 뒀는지도 기억할지 모르지만 뭔가가 또는 누군가가 상기시켜 주지 않으면 교실을 나갈 때 재킷을 깜빡하고 챙기지 않기 십상이다.

물건이나 사람이 '눈에 보이지 않으면 곧 잊히는' 이런 경향은 때때로 대상 영속성object permanence의 문제로 잘못 여겨진다. 대상 영속성은 유년기 초기의 중요한 발달 지표로, 대체로 까꿍 놀이(어린아이에게 얼굴을 가렸다가 '까꿍' 하며 다시 보여 주는 놀이―옮긴이) 같은 놀이를 통해 발달된다. 아이들은 이런 놀이를 하면서 어떤 물건이나 사람이 눈에 보이지 않게 되어도 여전히 존재한다는 사실을 이해하게 된다.

친구가 같은 방에 있다가 나가도 여전히 존재한다는 사실을 '이해하는' 문제는 ADHD와는 무관하다. 그렇다면 친구가 방을 나가도 여전히 존재한다는 사실과 좀 이따가 친구가 집에 잘 갔는지 문자를 보내 확인해야 한다는 것을 '기억하는' 문제는 어떨까? 자유 회상이 필요한 일이다 보니 우리가 잘 못하는 부분이다.

익명(25세, 미국)

"저는 약속과 생일은 물론이고 심지어 휴일조차 잘 기억하지 못해요. 그래서 상기시키느라 늘 메모를 해야 해요."

쿤 S.(33세, 벨기에)

"잊어버리지 말자고 다짐해도 잘 안 돼요. 세상 무엇보다 중요한 일을 두고도 딴생각해서, 아마 세상을 깜짝 놀라게 할 만한 깨우침이 들더라도 머릿속에서 금방 증발해 버리고 말 거예요. 그런 생각이 들었다는 것조차 기억 못할걸요. 그냥 사라져 버려요."

데즈 C.(47세, 워싱턴주)

"저는 기억이 머리에서 빠져나가 버리거나 절대 잊지 않거나 둘 중 하나인 것 같아요. 중간이 없어요."

수잰 S.(37세, 알래스카주)

"제 자신에게 하는 가장 새빨간 거짓말은 이거예요. '그 일은 굳이 메모해 둘 필요 없어. 잊지 않고 기억할게.' 그렇게 말하는 99퍼센트를 잊어버려요."

"미안해. 내가 깜빡했어!"

우리가 겪는 자유 회상의 어려움은 왜 '미래계획 기억'prospective memory(미래에 할 일을 기억하는 능력)에서 결함을 보이는지에 대해서도 설명해 준다. 적어도 '시간의존적 미래계획 기억'time-based prospective memory에서 결함이 나타나는 이유를 확실히 밝혀 준다.

특정 시간 또는 특정 시기가 지나간 후에 해야 할 행동을 기억하게 해 주는 것이 시간의존적 미래계획 기억이다. 친구와 몇 시간 후에 연락하기로 했다고 가정해 보자. 아니면 우리가 그 친구에게 오후 4시에 전화 통화를 하자고 했다고 가정해도 좋다. 그러면 우리는 그렇게 하기로 계획하고 그 계획을 이해해 관련 정보를 뇌의 어디쯤에 저장한다(대개는 무작위적으로 불쑥불쑥 다시 의식하기 때문에 그 계획이 우리 뇌에 저장된 것을 알기도 한다). 하지만 막상 그 시간이 되면 우리는 그 계획을 까맣게 잊는다. 절반쯤은 몇 시가 되었는지도 자각하지 못한다(제6장 '균형 있는 삶을 위한 시간 관리법' 참조).

친구에게 전화하기로 한 걸 깜빡하면 그 친구에게 빌리려던 책에 대해 묻는 것도 기억하지 못한다. 다음에 만날 때 책을 빌리려던 계획은 '사건의존적 미래계획 기억'event-based prospective memory에 저장되는데, 이 기억은 ADHD 뇌에서 결함은 없는 것으로 추정되지만 외부 단서가 있어야 어떤 행동을 기억해 내기 때문이다. 하려고 했던 일을 기억해 내는 능력은 외부 단서가 수반되면 우리의 미덥지 않은 시간 감각이나 자유 회상의 어려움에 영향을 받지 않는다(하고 싶었던 말이 정확히 뭐였는지는 잊을 수 있지만 최소한 그 말을 하고 싶었던 것 자체는 기억하는 것이 보통이다).

> 하지만 누군가가 우리에게 저녁 식사 후에 뭘 해달라고 부탁했다는 이유만으로 우리가 실제로 그 부탁을 듣거나 암호화하게 되는 것은 아니다. 심지어 알겠다고 선뜻 대답했더라도 마찬가지다. 이때도 우리의 뇌는 방랑을 하므로… 그것도 아주 많이.

작업기억의 공간을 넓혀 주는 도구상자

그렇다면 우리는 그냥 기억하기를 단념하는 걸까? 아니다. 그러니까 그게… 얼마간은 아니다. 이 문제에서 중요한 것은 따로 있다. 우리가 잘 잊어버린다는 사실을 받아들이는 일이다.

우리가 기억하는 일에서 남들보다 애를 먹는 이유를 이해하면 어떤 전략이 도움이 될지 알아내기가 더 쉽다. 물론 그런 전략을 활용하길 잊어버리지 말아야겠지만. 지금의 나에겐 기억상의 어려움을 지원해 줄 방법이 많아서 예전처럼 많이 힘들지 않다.

다음은 내가 즐겨 쓰고 수시로 활용하는 전략들이다.

① 조수 활용하기

실행기능은 뇌의 CEO와 같다. 그런데 조수가 필요하지 않은 CEO가 있을까? 일정표, 체크리스트, 앱, 다이어리 등은 가상(디지털) 조수나 실제(아날로그) 조수의 역할로 활용하기에 좋다. 우리에겐 이런 도구의 활용이 쉬운 것은 아니지만 당면한 일을 제대로 처리하기 위한 작업기억 공간을 남겨 두는 데 유용하다. 여전히 우리는 보스이고, 조수는 우리의 뇌에 더 중요한 일을 처리할 공간을 지켜 주기 위해 존재하니 걱정할 필요 없다. 우리가 정말로 그 일을 하고 싶은지 아닌지를 결정하는 건 우리 자신이다.

- **일기**

일기를 쓰면 생각, 느낌, 꿈을 기록해 두고 상황의 진행 과정을 돌아볼 수 있다. 플래너 기능과 겸해서 활용하고 싶다면 불렛저널이나 히어로스 저널Hero's Journal(일상적 목표를 영웅의 모험처럼 해보게 하는 플래너 겸 일기—옮긴이)이 아주 유용하다.

- **투두**to-do **리스트**

우리는 종종 머릿속에 '할 일'을 너무 많이 담고 있으려다 위축감에 빠진다. 하고 싶은 일들을 비워 내고 실제로 할 수 있는 일로 범위를 좁히는 편이 낫다.[*] 라쿤트 박사는 할 일이 하루에 3~5가지를 넘지 않는 게 좋다고 권한다. 우리는 우선순위를 정하기 어려우니, 해내면 그날 하루를 성공적으로 보낸 느낌이 들 만한 일들을 추천한다.

잊지 말자. 투두 리스트가 짧다는 이유만으로 우리가 그 이상의 일을 할 수 없다는 의미는 아니다. 우리 커뮤니티에는 '투디드to-did' 리스트를 만들어 그동안 완수해 낸 일들을 기록하는 사람도 많다!

---

[*] 이렇게 좁혀 보면 생각보다 할 수 있는 일의 수가 적다. '일상생활'과 관련된 통상적 루틴의 일들은 이미 해왔던 일과인 데다 우리가 워낙 계획에도 없던 일을 즉흥적으로 벌이기 좋아하는 뇌를 가지고 있기에 그럴 수밖에 없다.

- **프로젝트 관리 소프트웨어**

이 프로그램들(Asana, Monday, Trello, Notion 등)을 활용하면 투두 리스트와 전체 프로젝트를 꾸준히 추적 관리할 수 있다. 단, 이 프로그램들은 처리 용량에 한계가 없지만 우리는 아니라는 점에 주의할 것!

안나마리진 V.(31세, 벨기에)

"주방에 큰 화이트보드를 마련해서 일주일 동안의 가족 일정과 중요한 일들을 적어 둬요. 식단을 써두기도 하고요. 그렇게 메모해 두고 한 주를 시작하면 주중에 까먹지 않으려고 애쓸 필요가 없어요."

피닉스 R.(39세, 캘리포니아주)

"저는 제 과잉 집착을 잊어버리지 않기 위한 도구로 잘 활용해요. 요즘엔 문구류에 집착 중이에요. 할 일들을 여러 가지 색의 펜으로 표시하는데 용무별로 분류해 집중하기가 더 좋아요. 예를 들면 전체 가족 행사는 보라색으로 표시하되 가족별로 색을 다르게 써요. 학교와 관련된 일도 별도 색을 정해서 구분해요."

젠 M.(40세, 노스캐롤라이나주)

"저는 할 일이 생길 때마다 일정표에 적어요. '미루지 않고' 당장이요. 앱을 깔아 투두 리스트도 관리해요. 종이에 적으면 그 종이를 어디에 뒀는지 자주 까먹었는데 앱을 활용하니까 관리하기 더 좋아요."

포스트잇 활용법

포스트잇은 훌륭한 조수가 되진 못하지만 우리의 조수를 돕는 멋진 도구로 활용할 수는 있다. 포스트잇을 단기 기억처럼 사용하면 딱이다. 다만 포스트잇은 중요한 정보를 적어 잠시 붙여 두는 용도로는 꽤 쓸 만하지만 정보를 오래 보관하고 싶다면 장기 기억(일정표 등)에 넣어 두는 것이 좋다.

② 작업기억의 부담 낮추기

우리에게 작업기억 공간이 상대적으로 작다면 더 효율적으로 써야 한다. 새로운 일을 할 경우에 특히 더 그래야 한다. 새로운 일은 작업기억에 더 많은 요구를 하기 때문이다. 아직 담을 데이터가 많은데다 담을 만한 공간이 충분하지 않아 부담을 준다.

 스트레스가 심한 일을 할 경우에도 효율성이 필요하다. 감정이 발동하면 우리의 뜨거운 실행기능 시스템도 발동되면서 인지과정이 닫히기 때문이다(120쪽 '뜨거운 실행기능 시스템과 차가운 실행기능 시스템' 참조). '정말 간단한' 일이 꼭 '정말 할 수 있는' 일이 아니게 되는 이유는 이런 부담 탓도 있다.

- **작업기억 공간 비우기**

　다들 그런 경험이 있겠지만 중요한 대화를 나누거나 머리를 많이 쓰는 일을 하던 중에 머릿속에서 불쑥 어떤 생각이 주의를 좀 기울여 달라고 조를 때가 있다. 그럴 땐 잠깐 메모하는 시간을 갖자. 그런 식으로 짐을 덜어 내면 작업기억 전체를 대화 상대의 말을 듣고 정리하거나 눈앞의 일에 주력하는 데 쓸 수 있다(우리가 하고 싶은 말이나 다음 주에 해야 할 일이 뭔지 기억해 내려 애쓰느라 일부분을 떼이지 않고 온전히 다 쓸 수 있다). 이렇게 메모하는 모습이 산만해 보일 수도 있기에, 나는 사람들에게 그 사정을 알려 준다.

　"이런 중요한 얘기 중에 딴생각이 끼어들면 안 될 것 같아서요. 지금 떠오른 생각을 잠깐만 메모해 둘게요. 그래야 제가 당신의 얘기에 온전히 집중할 수 있어요."

- **시각적·청각적 참고 도구 이용하기**

　체크리스트를 시각적 참고 도구로 이용하는 사람도 많다. 하지만 작업기억을 지원해 줄 방법은 이 외에도 여러 가지가 있다. 컴퓨터 작업을 할 때 듀얼 모니터를 쓰면 바로 눈앞에 많은 정보가 떠서 뇌에 담아 둬야 할 정보가 그만큼 줄어든다. 메모장이나 화이트보드에 메모해 두고 한 번씩 쓱 보며 참고하기에 좋다. 웹브라우저에 탭을 추가해 해당 탭의 클릭만으로 별도 창에서 그 웹페이지를 참고할 수도 있다. 요리나 청소 등 일을 왔다 갔다 해야 하거나 시각장애가 있다면 팟캐스트, 동영상, 직접 녹음한 사용지침 녹음본 등이 도움이 된다.

- **보디더블 활용하기**

누군가에게 보디더블을 부탁할 때는 우리가 일을 하는 동안 그냥 같이 앉아 있어 달라고 해도 좋지만 더 적극적으로 나서서 도와달라고 해도 된다. 이를테면 질문을 던지며 같이 공부하는 스터디 파트너나 일을 시작할 때 업무 관련 정보를 읽어 주는 동료 역할을 부탁해도 효과적이다. 보디더블을 적극적으로 활용해 일하거나 공부하면 정신적 부담이 덜어져 두 사람 모두 더 쉽게 일하고 좌절감도 줄어든다. 암호화, 분석, 업무 확인 등 고도의 인지력이 필요한 작업에 사용할 작업기억 공간을 비워 주기도 한다.

- **한 번에 하나씩 하기**

다시 말해 멀티태스킹 말고 모노태스킹하기다. 우리는 멀티태스킹으로 동기가 더 잘 부여되고 집중에도 도움이 될 때가 있지만 모노태스킹에도 나름의 장점이 있다. 할 일에 작업기억 공간을 더 전념시킬 수 있다는 점이다. 이는 온 머리로 집중해야 하는 작업이 따르는 일에서 특히 유용하다(93쪽 '멀티태스킹 제대로 알기' 참조).

- **한 번에 한 단계씩 해내기**

할 일을 개별적 단계로 나눠 한 번에 한 단계씩 끝내면 일이 더 잘 된다. 예를 들어 말을 꺼내기 전에 어떻게 말할지 정해 두거나 요리를 시작하기 전에 필요한 재료를 모두 가져다 놓는 단계를 설정해 두면 유용하다.

안드레아 M.(34세, 스웨덴)

"저는 일할 때 듀얼 모니터를 써요. 한 대는 필요한 정보를 띄우는 데 쓰고 다른 한 대는 글을 쓰거나 계산하는 용도로 써요. 'alt+tab'을 누르지 않아도 되니까 덜 산만해지고 굳이 안 열어도 되는 창을 열 일도 줄어들어요."

리스카리 V.(30세, 캘리포니아주)

"저는 필요한 걸 미리 챙겨요. 쿠키를 구울 때는 필요한 재료를 전부 꺼내 레시피 순서대로 쭉 늘어놔요. 계량컵, 믹싱볼 같은 도구도 손닿기 쉬운 곳에 두고요. 필요한 순간에 닥쳐서 찾을 일이 없으니 작업기억의 스트레스가 덜해 더 맛있는 쿠키를 만들 수 있어요."

③ 암호화 능력 키우기

우리의 장기 기억 문제는 암호화 단계에서 일어나므로 암호화 과정을 지원하는 방향으로 초점을 맞추면 좋다. 암호화 과정은 여러 단계를 거친다. 주의 기울이기, 새로운 정보 이해하기, 뇌에 처리할 시간 주기다. 인터넷에 암호화, 즉 학습과 공부에 도움이 되는 조언이 넘치지만 여기에서는 뇌 친화적인 방법을 몇 가지 소개한다.

- **새로운 정보를 걸어 둘 고리 달아 주기**

기억력이 '뛰어나다'는 건 상당량의 데이터를 남들보다 더 효율적으로 다룬다는 것이다. 자신에게 데이터를 걸어 둘 '고리'를 달아 주자. 미리 관련 문제나 주제에 대해 물어보거나 회의에서 다룰 내용을 대략 검토해도 좋다. 또는 구체적 얘기가 나올 때 잘 이해하기 위해 하려는 얘기가 뭔지 미리 묻거나 본격적인 학습에 들어가기 전에 새로운 내용을 빠르게 쓱 훑어보는 식으로 하면 된다.

- **적극적인 학습 전략 활용하기**

우리 뇌는 책 읽기 같은 수동적인 학습법으로 공부하면 방랑하기 쉽다. 읽는 내용을 가지고 이런저런 방법으로 활용하면 우리 뇌를 일정 부분 끌어들여 업무 활성 네트워크가 만들어지면서 디폴트 모드 네트워크에 문을 닫는다(디폴트 모드 네트워크는 우리 정신의 고질적 방랑벽이 원인이다). 읽으며 알게 된 내용을 글로 정리하거나, 플래시 카드를 만들거나, 책 내용을 짧게 메모하는 등의 방법이 있다.

- **자기만의 방법으로 바꿔 보기**

우리는 자신에게 의미가 있거나 신기하게 다가오는 것들을 가장 잘 기억한다. 배운 내용을 자신만의 방식으로 소화시켜 본다. 잊지 않고 기억하고 싶은 부분을 이야기나 두문자어, 우스갯소리, 그림 등으로 바꿔 본다. 연기하듯 소리 내 읽어도 좋다. 웃긴 목소리도 내면서!

- **다른 누군가에게 가르쳐 주기**

배운 것을 다른 사람에게 가르치면 그 내용을 더 확실하게 이해할 수 있다. 이때는 스스로에게 가르쳐도 되고 다섯 살 아이에게 가르치는 흉내를 내도 괜찮다. 아이도 알아들을 수 있을 정도로 설명을 잘 하면 그것은 내 것이 된다.

• 뇌에 쉴 시간 주기

새로운 내용을 익힐 때는 학습 시간 사이에 간격을 두어 뇌를 쉬게 하자. 명상을 하거나 낮잠을 자거나 이미 배운 내용을 복습하는 시간을 가지는 것도 좋다. 우리는 시험 전날 밤에 벼락치기 공부를 하기 일쑤지만 뇌에 쉴 시간을 주면 정보를 더 효율적으로 암호화하고 잘 기억한다.

• 잠자기

잠을 충분히 자면 집중력을 유지하기 쉽고, 덤으로 그날 배운 내용을 정리해 더 확실히 다지는 데도 도움이 된다. 잠을 자신이 책상머리를 지키지 않아도 되는 또 다른 공부 시간이라고 생각하자.

익명(20세, 플로리다주)

"초등학생 때 아빠가 플래시 카드로 공부를 게임처럼 만들어 웃긴 목소리까지 내며 수학 공부를 도와줬어요. 재미없으면 제 뇌가 어떤 정보도 흡수하지 않는다는 걸 눈치챘던 거예요. 그때는 ADHD 진단을 받기 한참 전이었는데도 아빠가 공부를 도와줄 기발한 방법을 생각해 줘서 너무 감사해요."

> **로라 W.**(29세, 호주)
>
> "저는 비서로 일하고 있어요. 항상 노트북을 챙겨 다니며 모든 지시 사항을 빠뜨리지 않고 기록해요. 새로운 일자리에 들어갈 때마다 모든 업무 단계를 꼼꼼히 기록하는데 분량이 많아서 덕분에 다른 사람들에게도 아주 유용해요. 마땅히 메모할 데가 없을 경우엔 머릿속에서 되뇌다가 한 번에 두 가지 일을 해달라는 부탁을 받으면 뭐랄까 눈앞이 캄캄해지는 기분이에요."

④ 단서 활용하기(단, 주의해서 활용할 것!)

ADHD를 가진 사람에게 단서 활용을 권하는 일은 불을 정말로 좋아하는 사람에게 가스 토치를 주는 것과 같다. 토치로 맛있는 크림 브륄레를 만들 수 있지만 집을 홀라당 태울 수도 있다.

단서는 자유 회상에 애먹는 뇌에 요긴하고 막강한 도구다. 또 한편으론 그 도구를 절묘히 잘 쓰기 위해서는 많은 기술이 필요하고, 뭔가에 불이 붙을 경우의 대처법도 배워야 한다.

• 물건들을 눈에 잘 보이는 곳에 두기

어떤 일을 연상하게 해주었으면 하는 단서는 눈에 잘 띄게 돼야 한다. 라벨과 투명 용기를 활용하면 좋다. 문가에 '런치패드launchpad(관련 링크 등을 모아 두어 검색을 돕는 인터넷 웹사이트—옮긴이)를 만들어 집을 나서기 전에 필요한 물건을 잘 챙기게 하는 방법도 있다. 야채는 냉장고 서랍 칸이 아니라 선반에 둔다. 반면에 눈에 보이는 게 너무 많아서 잘 못 보는 순간이 오기도 한다. 이럴 땐 물건을 좀 치워야 한다는 단서로 여기면 된다.[*]

- **할 일의 단서와 마주할 때는 시간과 장소에 맞춰 적절히 반응하기**

차를 운전해서 상점에 가는 길에, 언어학습 앱으로 공부할 시간이 되었다는 알림이 울리면 어떻게 해야 할까? 차분하게 그 알림을 무시하는 편이 낫다. 괜히 그 알림대로 따르다간 자동차 사고의 위험을 감수해야 하니까.

알림처럼 할 일을 상기시켜 주는 신호를 무시하는 것이 이미 습관처럼 되어 버렸다면 별난 단서를 만든다. 문손잡이에 양말을 걸어 두어 세탁소를 바꿔야 한다는 걸 상기시키거나 간식 수납장에 메트로놈을 넣어 두고 연습할 일을 떠오르게 하는 식이다.

별난 단서는 디폴트 모드 네트워크에서 나오도록 우리를 자극시킬 뿐만 아니라 그 단서를 놓치지 않고 알아볼 가능성도 높다.

- **할 일의 단서를 무시할 때도 신중하게**

할 일의 단서는 언제나 행동을 다그친다. 단서의 무시도 단서에 반응한 행동이다. 단서를 지키거나 무시하는 일에는 신중해야 한다. 어떻게 반응할지 정하기 전에 잠깐 생각할 시간을 갖자.

---

[*] 창의성을 발휘해 보는 방법도 있다. 우리 이모는 신발 안에 휴대폰을 넣어 둔다. 산책을 나갈 때 휴대폰은 깜빡해도 신발은 까먹을 일이 없으니까.

만약 그 단서를 무시하거나 얼렁뚱땅 넘기기로 정한다면 그런 선택을 한 이유에 주목해야 한다. 앞으로 단서를 다르게 개선하거나 지금 제거할 수 있는 행동의 장애물을 알아내는 값진 정보로 활용할 수 있다.

- **의도를 연상시켜 주는 단서 활용하기**

할 일의 단서를 어디에 둘지 신중히 따져서 정하되, 의도와 관련된 단서는 곳곳에 깔아 두어도 괜찮다. ADHD 코치인 캐롤라인 매과이어Caroline Maguire의 조언대로, 자신이 되고 싶은 사람이나 이루고 싶은 목표를 상기시킬 단서를 만들어 하루 종일, 또는 일주일 내내 눈에 띌 만한 여러 곳에 두면 좋다. 이런 식으로 단서를 두면 과제를 더 큰 목표나 가치와 연결해 애초에 그 일을 하고 싶었던 이유를 떠올릴 수 있다.

스콧 H.(39세, 일본)

"저는 처리해야 할 일들을 깜빡 잊을 때가 많아요. 제가 '정신없는' 사람으로 통하는 것도 그런 이유가 커요. 그래서 못 보고 넘어갈 일이 없는 곳에 물건들을 둬요. 청구서를 파일철 같은 곳에 넣어 두면 청구서 자체를 까먹을 확률이 100퍼센트니까요. 쓰레기봉투도 통로 가운데 둬서 버리는 날에 안 까먹고 내놓을 수 있게 해요. 아직 덜 끝낸 일이 있으면 보이게 놔둬요. 그래야 제 뇌가 뭔가 새로운 대상을 찾기 시작할 때 하던 일이 있다는 걸 알고 마무리하거든요."

> **차가타이 A. (26세, 튀르키예)**
>
> "저는 눈에 거슬리게 보일 만한 곳에 단서를 둬요. 컴퓨터로 일을 하다 보니 종종 모니터 한가운데에 포스트잇으로 메모를 붙여 놓기도 해요. 메모를 책상 같은 곳에 붙이면 대수롭지 않게 넘기기 쉬워요. 하지만 모니터에 붙이면 거슬려서 빨리 해야 할 일을 처리하고 포스트잇을 떼어 내야겠다는 동기가 자극돼요."

> **홀리 K. (33세, 오리건주)**
>
> "저는 어떤 경우든, 연상하는 데 2분 이상 걸릴 만한 단서는 쓰지 않아요. 떠오르는 시간이 오래 걸릴수록 이렇게 혼잣말할 가능성이 높아져요. '에이, 나중에 다시 생각해 보자.' 몇십 년의 경험이 증명해 주듯 비열한 거짓말이거든요."

까먹는 일의 즐거움

작업기억은 나의 ADHD 뇌에서 결함이 가장 큰 부분이다. 나는 작업기억이라는 것을 알게 된 순간부터 이미 그럴 것으로 추측하고 있다가 테스트를 해본 뒤에 확신으로 굳혔다. 테스트 결과지에서 그나마 완곡하게 알려 준 바에 따르면 내 작업기억은 '상대적으로 약한 부분'으로 나타났으니 말이다. 다행이라면 모든 일들이 다 내가 기억하

의도 연상 단서의 예

의도 연상 단서는 다음과 같이 여러 가지 형태가 가능하다.

- **한 단어로 된 연상어**: 의도를 혼자만 알고 싶을 때 유용하다.

- **엉뚱하거나 감동적인 포스터**: 우리는 특이하거나 감정을 자극하는 대상을 더 잘 기억한다.

- **비전보드**(원하는 삶이나 목표를 시각화해 놓은 보드 — 옮긴이): 두꺼운 종이나 출력물을 활용한 아날로그 판이나 가상 이미지판을 이용하면 된다. 되고 싶은 사람이나 이루고 싶은 궁극적 목표에 대한 비전에 힘을 실어 주기에 좋다.

- **우리의 뇌를 귀찮게 하는 질문**: 이렇게 자문해 본다. '나는 왜 그렇게 피아노 연습이 재미있을까?', '나는 왜 그렇게 돈을 잘 아껴 쓰는 걸까?' 우리 뇌는 질문에 대한 답을 찾으려는 경향이 있다. '음, 그 이유는 말이지…' 이렇게만 해도 내재적 동기부여를 높일 수 있다.

고 싶어 하는 것들은 아니라는 사실이다.

이따금 친구가 예전 일을 물을 때가 있다.

"전에 네가 어떤 문제가 잘 풀리지 않아 힘들다고 했는데 마음에 걸렸어. 요즘은 어때?"

"무슨 힘든 문제?"

나는 이렇게 대꾸할 수 있어서 좋다. 정말로 그 문제는 한참 전에 잊어버려, 미련 없이 훌훌 털어 버린 상태였기 때문이다. 또는 내 한계를 자꾸 잊어버리는 덕분에 새로운 프로젝트에 의욕적으로 발 벗고 덤벼들기도 한다. 그 기회에 한계를 시험하고, 때로는 한계에 변화가 생기기도 한다.

아이러니하게도 잘 잊어버리는 약점은 나에게 그런 약점이 없었다면 얻지 못했을 경험과 경력을 쌓게 해주었다. 남들과 다른 기억력을 가져서 유용한 보완 기술을 익히게 되었고, 뭘 어디에 뒀는지 잘 기억하지 못하는 덕에 이제는 웹페이지와 컴퓨터 프로그램에서의 검색 기능 활용에 도사가 되었다. 사람들이 어떤 것을 잊지 않고 기억하고 있을 거라고 넘겨짚지 않은 덕분에 어려운 과학 지식을 쉽게 잘 전달하게 되었다. 그렇게 안 하면 잊어버릴 것을 알기에 내가 배운 것들을 공유하고 싶은 동기가 부여되기도 한다.

나는 재발견의 기쁨을 즐기고 있다. 코트 주머니에 20달러 지폐를 안 꺼내고 놔두는 버릇이 있었을 때는 피치 못하게 현금이 떨어지면 옷 주머니를 여기저기 뒤져 보곤 했다("고맙다, 과거의 나야!"). 이번 주에도 재발견의 기쁨을 맛봤다.

"아, 맞다! 우리 새 차 뽑았지!"

이 책의 마무리 작업에 몰두하느라 며칠 동안 차를 못 봤더니 차를 샀다는 걸 몇 번이나 까먹었다. 눈에서 멀어지면 머리에서도 멀어지는 법이니까.

나는 여러 순간을 처음처럼 느끼며 대체로 세상을 어린아이 같은 경이로움으로 대하게 되었다. 맞다. 나는 뭘 잘 잃어버린다. 하지만 덕분에 잃어버렸던 걸 다시 찾았을 때의 기쁨을 누리고, 잃어버린 줄 알았던 그것을 소중히 여기게 된다. 어쨌든 찾을 수 없게 되어서야 그 대상의 의미를 깨달을 때가 많지 않은가.

이 순간 내가 가장 소중히 여기는 물건은 위스콘신대학교 오클레어 캠퍼스의 장애지원센터에서 일하는 멋진 여성이 건네준 배지다. 이 배지에는 이런 문구가 새겨져 있다.

'우리는 모두 이 세상의 일원이다'We all belong here.

그 여성의 이름은 생각나지 않지만 내가 마치 보물이라도 찾듯 열심히 배지가 든 바구니를 헤집는 모습에 지어 보이던 그 미소는 생생히 떠오른다.

무대에 올라 몇 년 만에 처음으로 사람들 앞에서 기조연설을 할 때 그 배지를 보며 용기를 얻었던 일도 기억이 난다. 내 기억력 탓에 연설을 망칠까 봐 겁먹었는데 그 배지는 연설을 망쳐도 나는 여전히 이 세상에 속해 있다고 안심시켜 주었다. 우리는 모두 이 세상의 일원이라고.

집에 돌아와서 그 배지를 어디에 뒀는지 아무리 생각해도 기억나지 않지만 다시 찾으면 유리 액자에 넣어 걸어 둘 생각이다. 찾았을 때 내가 그렇게 하고 싶어 했던 걸 기억한다면.

이것이 ADHD를 가진 내가 삶을 헤쳐 나가는 방식이다. 나는 이런 방식을 어느 정도 즐긴다. 밤에 콘택트렌즈를 빼면 모든 빛이 눈송이처럼 보이는 게 어느 정도는 좋은 것처럼. 특히 이런 도구를 터득한 이후에는 더 많은 선택지가 생긴 덕에 기억할 것과 잊어버려도 되는 것을 더 잘 선택하면서 삶을 헤쳐 나갈 수 있다.

나는 기억력의 어려움을 겪으며 내가 볼 수도, 느낄 수도, 만질 수도 없는 것들조차 더 확신을 갖고 믿게 되었다. 내 삶에는 띄엄띄엄 흐릿해서 내 상상력을 통해서만 선명해지는 꿈이나 기억이 너무도 많기 때문이다. 어릴 때 잃어버린 귀걸이에 대한 기억을 떠올리면 그 모습이 내가 꿈꾸는 미래의 모습만큼이나 가물가물하지만 나는 그 둘 다를 믿는다. 그 둘 모두 존재한다는 걸 믿는다.

내 건망증과 관련해서 내가 가장 좋아하는 한 가지는 새로운 프로젝트에 설렘을 느끼는 순간이다. 나는 지난번 프로젝트가 얼마나 어려웠는지 잊어버린다. 불리했던 일, 결과가 안 좋을 것 같아 초조해서 차 안에 앉아 한참을 울었던 일을 다 까맣게 잊는다. 이런 건망증에는 대가를 치러야 하는데, 그 얘기는 이 책의 끄트머리에서 꺼내려 한다. 그럼에도 불구하고 내가 아주 큰 꿈을 꾸고 큰일을 벌이는 이유는 잠시 동안이나마 현실의 갑갑함을 잊고 어떤 장애물이 놓여 있을지 초조해하지 않으면서 하고 싶은 일을 시도하기 때문이다.

ADHD를 가진 많은 사람들이 나와 똑같다. 그것이 우리의 강점 중 하나다.

제9장

감정의 바다에서 나를 구하는 법

감정이 있기에 인간인 것이다.
불쾌한 감정조차 나름의 목적이 있다.

_사바 타히르 Sabaa Tahir, 《어둠을 가르는 횃불》 A Torch Against the Night

경고: 이번 장에는 익사, 공황발작, 자살에 대한 내용이 있음.

감정의 파도에 휩쓸리다

다섯 살 때 아빠가 나를 부기 보드(누워서 타는 서프보드—옮긴이)에 태워 주려고 바다에 데려갔다. 내가 파도타기를 배울 수 있을 만큼 컸다고 우겨서 데려간 것이었다. 그때의 설렘이 지금도 생생하다. 우리 뒤쪽으로 파도가 높이 치솟자 아빠가 보드에 탄 나를 붙잡고 있다가 놓았을 때는 정말 짜릿했다.

다만 그 순간의 짜릿함이 파도타기의 전부가 아니라는 걸 미처 모르고 있었다. 다음 순간 파도가 나를 밑으로 끌어당기며 나와 보드를 이어 주던 손목의 끈이 풀렸다. 나는 물속으로 고꾸라져 데굴데굴 구르다 방향감각을 잃었다. 헤엄을 쳐야 한다는 건 알았지만 어느 쪽으로 가야 할지 감이 잡히지 않았다. 숨을 쉬지 않아야 안전하지만 숨을 쉬지 않을 수가 없었다. 결국 숨을 들이마셨다가 패닉이 와서 물속에서 허우적거리다 파도에 쓸려 캑캑거리며 해변으로 떠밀려 왔다.

아빠는 내가 물속에서 어떤 일을 겪었는지 몰랐다. 내가 얼마나 겁을 먹고 사투를 벌였는지 모르고 이렇게 물었다.

"재밌지, 그치? 한 번 더 하자!"

나에겐 감정이 곧잘 이런 느낌이다. 내 뒤로 파도가 몸집을 부풀리며 정점으로 치솟는 순간, 나는 풀어진다. 뒤이어 밧줄을 놓치면서 주변 사람들은 이해 못할 강도로 확 끌어당겨져 내려간다. 그러면 당황해서 상황을 더 악화시킬 말과 행동을 해버린다. 필사적으로 공기를 찾느라 물을 삼키는 격이다.

나는 감정의 물결이 밀려오는 것을 대체로 의식하지 못한다. 의식하더라도 괜찮다는 말을 듣기 일쑤다. 모두가 그런 감정을 그냥 해변에서의 하루처럼 대수롭지 않게 넘긴다. 지금 내 기억 속에는 감정의 경고 신호에 대해 말하려 애쓰던 순간이 숱하게 떠오른다.

양말 때문에 짜증이 나 있는 여덟 살의 내가 보인다. 솔기가 발가락 위쪽으로 쏠려 걸음을 뗄 때마다 거슬린다. 내가 양말을 고쳐 신게 멈췄다 가면 안 되냐고 묻자 이런 대답이 돌아온다.

"안 돼, 그럼 좀 어때. 괜찮아. 그냥 가자."

학교에서는 누가 나를 놀려서 내가 그 말에 상처를 입었다고 말한다. 친구는 나에게 너무 예민하다고 말한다. 선생님이 우는 나를 보더니 가서 얼굴을 씻고 오라고 말하고, 나는 그 말대로 따른다. 그렇게 기대에 걸맞게 행동하고 느끼려 애쓰며 하루를 보낸다.

멘붕 상태로 집에 돌아온다. 장난감을 가지고 놀다 떨어뜨려 망가져 버린다. 나는 울음을 그칠 수가 없다. 물속에 빠져 있으니까 아빠가 화를 낸다.

"뚝 안 하면 진짜 눈물이 쏙 빠질 정도로 혼내 준다."

파도가 더 덮쳐 온다. 숨을 쉴 수가 없다. 내 방으로 뛰어 들어가 이불을 뒤집어쓰고 베개에 얼굴을 묻는다. 그러고 있으면 기분이 나아진다. 밀려온 파도에 쓸려 해변으로 돌아온다.

시간이 지나 저녁을 먹을 때 언니가 나를 웃겨 준다. 나도 언니를 웃겨 준다. 둘 다 웃음보가 터져 계속 깔깔대다 그만 웃으라고 한소리 듣는다. 나는 웃음을 멈출 수가 없다. 너무 휩쓸려 있어서 빠져나올 수가 없다. 결국 식탁에서 쫓겨난다.

나는 하루 내내 내 감정이 잘못되었다거나 그런 식으로 느끼면 안 된다는 말을 듣는다.

"별일 아니야!"

"겁먹을 거 없어."

"진정해."

"울지 마."

열 살이 된 나는 아직도 수업 중에 눈물을 터뜨린다. 이제는 듣는 말의 메시지가 달라진다.

"이제 그럴 나이는 지났잖아."

"수선 좀 그만 피워."

"그게 무슨 큰일이라고 그러니!"

이번엔 엄마의 자동차 사고 후에 새로운 학교로 전학 가는 열두 살의 내가 보인다. 나는 죄책감, 두려움, 분노가 뒤섞인 감정에 빠져 있다. 연이은 변화에 너무 버거워하던 어느 날, 나는 꽥 소리를 지른다.

이모가 야단친다. 엄마에게 화내면 안 된다고. 엄마 잘못이 아니라고. 그만 소리 지르라고.

새로 전학 간 학교에서는 쉬는 시간에 매일 시나모롤을 사 먹는다. 물 위로 머리를 내밀고 있으려 안간힘 쓰는 나에게 그 달콤함이 구명 기구처럼 느껴진다.

조례 시간에는 옆의 남자애에게 손을 뻗는다. 슬퍼하고 있으면 안 되기에 행복해질 일을 찾으려 애쓰는 중이다. 하지만 너무 행복하면 안 된다. 문제가 안 될 만큼만 행복해야지, 문제가 될 만큼 행복하면 안 된다.

이제 나는 어른이 되었지만 머릿속에는 자라면서 들은 메시지가 메아리친다.

"겁먹지 마."

"진정해."

"울지 마."

"별일 아니야."

상처받은 느낌이 들면 나 스스로에게 그러면 안 된다고 타이른다. 그런 느낌이 틀린 이유를 알아듣게 가르친다. 감정이 일어나는 순간, 본능적으로 그런 감정에서 벗어나도록 타이른다. 두더지 잡기 게임을 하게 된다. 그건 부자연스러운 감정이라며 탁 때리고, 그건 잘못된 감정이라며 또 탁 때린다. 밀어 버리라고, 극복하라고, 괜찮다고.

누군가가 "신나지 않아?", "정말 슬프겠다." 같은 말로 그런 감정을 느껴도 된다는 메시지를 주면 요령껏 맞다고 대꾸한다.

서른두 살 때 처음 공황발작이 찾아와 나 자신이 풀어지는 듯한 기분을 느낀다. 누군가 내 삶을 엮고 있는 스웨터의 풀린 올을 찾아내 잡아당기는 것 같다. 나는 풀어진 스웨터를 다시 엮어 짜며 계속 밀고 나간다. 오늘 하루를 견디면 상황이 편해질 거라고. 아니, 이번 주만, 이번 달만, 이번 프로젝트만, 이번 유산만, 이번 이혼만, 이번 팬데믹만, 이번….

엄마가 돌아가신 후에는 파도가 너무 빨라 극복할 수 없을 정도로 밀려온다. 격랑을 일으켜 나를 해변에서 멀리멀리 끌어당겨 버린다. 한 번도 가본 적 없는 먼 곳으로. 아무도 내게 가까이 오려고 하지 않는다. 마구 허우적거리는 내 곁으로 왔다간 내가 붙잡고 밑으로 끌어내릴 수도 있기에. 사람은 물에 빠져 허우적거리는 순간엔 제대로 생각을 할 수 없다. 그건 감정에 잠겨 허우적거리는 순간에도 마찬가지다.

나는 거의 1년 동안 물에 빠져 구명기구를 움켜잡은 채로 해변을 찾지 못하고 허우적거린다.

어느 날은 해변을 찾을 거라는 믿음을 버린다. 그동안 스스로에게 '…만 하면 사는 게 더 편해질 거라고' 장담했지만 '…해도 편해지지 않은' 적이 너무 많아 더는 그렇게 믿지 않기로 한다. 해변이 없다면 그냥 물 아래로 헤엄쳐 내려가는 게 더 편할 것 같다.

마냥 이런 식으로 버틸 수는 없다. 너무 지친다. 퍼뜩, 그만해도 된다고 깨닫는다. 해변을 찾으려는 사투를 끝내도 된다고. 언젠가는 끝내게 될 것이 아니라, 어쩌면 끝낼 수 있을 것이 아니라, 지금 끝내도 된다고.

오싹해질 정도로 너무도 순식간에 일어난 깨우침이다. 더군다나 계속 버티는 방법과 비교하면 정말로 실질적이면서 쉽기까지 한 해결책이다. 겁에 질려 절망으로 곤두박질치던 나는 불과 몇 분 사이에 어떤 계획과 함께 안도감을 얻는다.

그 순간 내 안의 정신건강 담당 분신이 깨어나 위험성을 알아차리고 달갑지 않은 인명구조원처럼 뛰어든다. 이 정신건강 전문가 분신은 훈련을 받아 전에도 여러 번 비슷한 상황에서 다른 분신들을 도운 적이 있다. 그래서 발버둥치길 그만두고 이제 위험한 평안과 평온을 선택하려는 나의 또 다른 분신을 위해 어떤 조치를 취해야 할지 잘 안다. 시간을 가지고 거리를 두는 방법이다.

이제 나는 내 문제해결을 위해 선택하려는 것은 뭐든 피하며 이 예기치 못한 해일을 잘 타고 넘어가게 도와줄 사람들에게 전화를 건다. 자살예방 상담전화,* 몇 시간 거리에 있는 친구, 필요한 순간에 나서서 개입해 줄 만큼 가까이에 사는 전남친이다. 전남친은 나와 정서적으로 거리를 두려고 애써 왔지만 그날 밤엔 집으로 와서 나를 꼭 안아 주며 부탁한다.

"가지 마."

그때쯤엔 어느새 전남친의 말이 별소리를 다 한다는 듯이 들린다.

"당연하지. 내가 가긴 어딜 가."

나는 그를 걱정시킨 것에 죄책감이 든다. 이제 더는 위험하지 않다. 나 자신을 해치고 싶은 마음이 없으니까. 하지만 그의 말이 의미 있게 다가온다. 그가 나에게 관심을 가져 주고 있다고 느껴져서 내가

---

* 누구든 정신건강 위기를 겪고 있다면 여러 지원 기관에 도움을 요청하기 바란다.

겪는 어려움을 솔직히 털어놓으며 도움을 부탁한다. 울면서 내가 얼마나 지쳐 있는지 구구절절 풀어놓는다. 끝없는 고통의 바다에서 허우적거리고 있다고.

나는 예전에 심리치료사에게 육지에 닿을 방법을 물었던 적이 있다. 심리치료사는 내가 바다에서 잘 헤쳐 나가고 있다고 말했다. 그다음에 찾아간 다른 심리치료사는 이렇게 말했다. 내가 감정에 더 능숙해질수록, 그러니까 파도를 타면서 때때로 몸을 내맡긴 채 밑으로 끌어내려지길 잘할수록 더 쉽게 발밑으로 땅을 느낄 거라고 했다.

그날 밤, 전남친은 또 다른 말을 해준다. 내가 이 고통의 바다가 언젠가 끝날 거라는 믿음을 버렸다고 말하자 이렇게 대꾸한다.

"맞아, 끝이 없지. 고통은 언제나 있기 마련이니까."

세 사람의 말은 다 맞다. 그리고 셋 다 전적으로 맞는 말이 아니기도 하다. 그 이유를 알아보기 위해 지금부터 과학 얘기를 좀 해보자.

내가 배운 아홉 번째 사실들

ADHD 뇌는 감정을 잘 조절하지 못한다. 우리에게는 감정이 더 세게 덮치고 더 오래 이어진다. 신경전형적인 사람보다 감정에 더 잘 반응하는 경향을 띠기도 한다. 감정에 대한 이런 격렬함과 반응성은 우리가 세상과 소통하는 방식뿐만 아니라 세상이 우리에게 반응하는 방식에도 아주 큰 영향을 준다.

> **정서조절 곤란** emotion dysregulation[*]
>
> 정서적 반응을 통제하는 능력의 결함으로, 해당 상황에 적절하지 않은 극도의 반응이나 과잉 반응을 일으키는 것.

안타깝게도 정서조절 곤란은 《정신질환의 진단 및 통계 편람》DSM에서 ADHD 진단 기준으로 포함시키고 있지 않기에 ADHD의 조건이 아니다. ADHD를 가진 사람들과 그들을 치료하는 상당수의 의사들처럼 나도 몰랐던 부분이다.

ADHD의 정서적 요소는 ADHD만큼이나 오랫동안 관찰되어 왔지만 정서 문제에는 단순한 사실 하나가 얽혀 있다. 정서가 부주의, 충동성, 과잉행동에 비해 실험실에서 측정하기가 힘든 요소라는 것이다. 《정신질환의 진단 및 통계 편람(제2판)》DSM-II에 ADHD의 진단 기준이 바로 이런 실험실 연구에 따라 정해지면서 정서적 요소가 빠지게 되었다. 이런 이유 때문에 ADHD가 기분장애로 오진 받는 경우가 비일비재하고, 제대로 진단을 받고 나서도 필요한 지원을 받지 못하는 것이다. 우리는 감정 문제로 겪는 어려움이 얼마나 비정상적인 상태인지도 모른다. 우리는 감정이 남들보다 더 세고, 더 빠르게 덮쳐 온다. 그리고 의료들인과 교사들, 사랑하는 사람들 대부분이 잘 이해하지 못하는 방식으로 우리를 끌어내리고 만다.

---

[*] 'emotion dysregulation'과 'emotional dysregulation'은 서로 대체 가능한 용어로 자주 쓰이는 말이며 둘 다 의미가 같다.

ADHD 뇌가 감정 조절이 어려운 이유

감정 조절은 정서 상태를 통제할 수 있는 능력으로, 어떤 일이 우리를 자극할 때 마음을 가라앉히고 좋은 선택을 내리게 해준다. 듣기에는 단순한 능력 같지만 ADHD 뇌가 대체로 어려워하는, 다음과 같은 기술에 의존한다.

- **억제력**: 어떤 감정에 충동적으로 반응하지 않는 기술이다. 바클리 박사에 따르면 충동성이 일상적일수록 감정의 충동성도 더 높다고 한다. 충동성은 《정신질환의 진단 및 통계 편람》의 ADHD 진단 기준에도 포함되어 있다.

- **자기진정**: 어떤 감정을 겪은 후에 스스로 진정시키고 다독이는 능력이다. ADHD를 가진 사람을 스스로 진정시키는 나름의 방법이 있지만 그 방법이 언제나 건전한 것만은 아니다. 또 우리 나름의 건전한 방법이 언제나 '사회적으로 용납 가능한' 것도 아니다.

- **주의를 다시 집중시키기**: 바로 이 부분을 잘 못해서 우리의 장애에 그런 이름이 붙은 것이다.

- **자신의 감정에 대한 적절한 반응**: 해당 상황에서의 목표에 맞게 반응하는 것을 말한다. 당연한 얘기지만 이런 식의 감정 반응을 하려면 목표가 뭔지 알고 있어야 한다. 설상가상으로 감정 조절에는 차가운 실행기능이 필요한데, 감정은 우리의 뜨거운 실행기능 시스템을 발동시킨다. 일단 뜨거운 실행기능 시스템이 발동되어 감정에 '빨간불'이 들

> 어오면 우리는 더 이상 실행기능을 발휘해 그 상황에서 빠져나올 수가 없다. 상황을 누그러뜨리기 위해 자동반사적으로 의지할 수단인 차가운 실행기능이 작동되지 않아 빠져나올 도리가 없어진다. 이런 일은 누구에게나 일어날 수 있다. 누구든 감정이 치솟으면서 인지능력이 떨어지면, 감정을 조절하기 위해 필요한 인지능력도 약해진다. 하지만 감정에 충동적으로 반응하는 뇌를 가진 우리 ADHD는 치솟는 감정을 알아차릴 경황은 물론이고, 심지어 그 감정을 조절할 경황마저도 없을 때가 있다.

정서조절 곤란은 우리를 힘들게 한다

어릴 때 정서조절 곤란을 겪으면 '너무 예민하다'거나 '철이 없다'거나 '버릇없는 녀석'이라는 등의 꼬리표를 달 수 있다. 우리의 정서적 멘붕이 떼쓰는 것으로 오해받아, 우리 뇌가 어떻게 할 줄을 모르는 감정을 느낀 이유로 창피를 당하거나, 심지어 벌을 받기도 한다.

바클리 박사는 ADHD 성인이 직장에서 겪는 어려움을 통틀어(지각, 비체계성, 집중력 부족 등) 정서조절 곤란을 해고의 위기로 내모는 이유로 꼽는다. 우리는 순식간에 감정이 '범람해' 적절치 않은 상황에도 적나라한 감정을 표출한다. 설상가상으로 실수나 장애물이나 마감일, 부주의가 연달아 터지는 상황에선 평상심을 되찾을 겨를조차 없다. 그런 데다 답답하거나 분통이 터질 때 우리의 입 밖으로 튀어나오는 말들은 늦은 출근이나 지저분한 책상보다 용서하기가 더 힘들다.

하지만 ADHD는 답답함이나 분통 외의 여러 감정에서도 정서조절 곤란을 겪는다. 슬픔, 두려움, 열망, 거부(또는 거절, 거부당한 것 같은 주관적 느낌)의 감정이 견딜 수 없이 격렬해질 수 있다(거부민감성 rejection sensitivity에 대한 내용은 제10장 '마음이 통하는 관계를 만드는 법' 참조). 설렘, 기쁨, 재미, 사랑 같은 긍정적 감정도 걷잡을 수 없는 소용돌이를 일으킬 수 있다. 영화《노트북》을 본 사람이라면 수긍하겠지만 좋은 것이 너무 많아도 의아스러운 결정을 내릴 수 있다.

우리는 정서조절 곤란의 어려움으로 삶에 아주 현실적인 문제가 생기는 탓에 우리의 감정 자체가 문제라는 믿음을 가질 위험이 있다. 그래서 할 수 있는 한 감정을 피하려 한다.

감정을 느끼지 않으려고 애쓰기

너무 격하고 요란하고 조절이 안 되는 감정의 여파로 수년을 힘들어하다 보면 감정을 피하거나 억누르기 위해 별짓을 다 하는 지경에 이른다.

- 감당하기 어려운 감정이 일어날 만한 상황을 피한다.
- 다른 곳으로 주의를 돌려 그 감정을 외면한다.
- 자신의 감정을 '재구성'하거나 합리적으로 분석한다.
- 상황을 더 견딜 만하게 느끼려 애쓰면서 음식 또는 술, 마약에 기댄다.
- 감정을 숨기며 괜찮은 척한다.

가끔씩 거북하거나 불편하거나 너무 버거운 감정에서 주의를 돌리

우리가 감정을 조절하는 방법

제임스 그로스 James Gross 박사의 '감정 조절의 처리 모델'에 따르면, 감정을 잘 다루기 위해서는 5가지 전략이 있다.

1. **상황 선택**: 감정 조절의 어려움을 겪을 가능성이 낮은 상황을 고르는 전략. '클럽에서 생일 파티를 할 수도 있지만 거기 말고 레스토랑으로 가는 게 위축감이 덜 들 것 같아.'

2. **상황 변경**: 정서조절 곤란을 일으킬 것이 뻔한 상황을 바꾸거나 변경하는 전략. '생물학 강의 때 친구 옆에 앉지 말자. 함께 앉으면 자꾸 키득키득 웃음이 터지니까.'

3. **인지적 변화나 재검토**: 어떤 상황이나 그 상황에 대한 감정 반응에 다른 관점을 취하는 전략. 특정 상황에서 감정을 다르게 바꿔 생각할 수도 있다. '사실 그 직장에서 해고된 게 차라리 잘된 일이야. 어차피 그 일을 좋아하지도 않았잖아!'

4. **주의 배치**: 조절하기 힘든 감정에서 주의를 돌리는 전략. '아윽, 집안 꼴이 말이 아니네. 아참, 감정 챙기자! 리모컨이 어디 있더라?'

5. **반응 조정**: 감정 반응을 바꿔 보려는 전략. '아으윽, 수행 불안 performance anxiety이다. 심호흡이 필요해. 심호흡법을 어떻게 하더라? 아, 맞다. 4초 동안….'

거나, 그런 감정을 일으킬 가능성이 낮은 상황을 선택한다고 나쁠 건 없다(다음의 보충 설명 참조). 이런 전략을 신중히 쓴다면 매일매일 우리의 감정을 잘 다루는 데 도움이 될 수도 있다.

사실 이런 전략들은 사용 방식이나 강도에 따라 우리에게 건전하지 않을 수도 있다. 자칫 조정 가능한 대처 전략조차 조정이 불가능해진다. 예를 들어 이따금씩 '잠깐 이 책으로 도피해야겠다'는 식의 전략이 '1년 내내 책에다, 아니 더 정확히 말해 600권의 책에다 시간을 축내는' 결과로 이어질 수 있다. 연구에 따르면 인지적 회피(회피, 억제, 반추 같은 인지 기술을 활용하는 일련의 대처 메커니즘)가 ADHD를 가진 사람들 사이에서 유독 흔하게 나타난다. 신중한 대처가 정도를 넘어 불건전한 회피가 되어 버리면 우리가 직면해야 할 감정을 회피하거나 억누를 소지가 있다.

감정의 고질적인 회피는 문제가 있다

감정은 언제까지나 마냥 피하거나 억제할 수 있는 게 아니다. 감정을 무시하면 여러 가지 뒤탈이 따른다. 대립이 두려워 승진을 요구하지 못하면 경력을 진전시킬 기회를 놓칠 수 있다. 외로워질까 봐 겁내면 해로운 관계를 너무 오래 질질 끌고 갈 수 있다. 감정을 고질적으로 회피하면 마침내 더는 그 감정에서 도망칠 수 없는 지경이 되었을 때 대처할 도구가 부족해진다.

억제된 감정은 계속 억제되어 있지 않는다. 감정은 억누른다고 해서 점점 사라지는 게 아니며, 도리어 더 강해진다. 애초에 그 감정을 일으킨 상황이 해결되지 않으면 특히 더하다.

ADHD 아동의 부모 대부분은 '방과후 자제력 붕괴'라는 현상을 보게 된다. 아이가 학교에 갔다 집에 와서 자제력을 잃는 모습을 지켜보게 된다는 얘기다. 아이는 자신의 증상을 숨기고 감정을 억누르며 힘든 하루를 보내다 집에 오면 그 모든 증상과 감정이 밖으로 폭발한다. 성인의 경우엔 신경질이나 감정 기복, 공황발작 등의 심리적 증상이 나타날 수 있다. 강한 감정을 계속해서 억누르면 불면증, 만성통증, 위장병, 심지어 성기능장애 등의 신체적 증상이 생길 수도 있다.

감정을 회피하고 억누르면 삶이나 건강, 정신건강에 타격을 주는 것만으로 끝나지 않는다. 감정이 우리에게 알려 주려는 신호를 놓칠 수도 있다.

감정은 우리에게 필요한 정보를 준다. 감정은 언제나 우리와 교감을 나누며 어떤 것이 유익하고 어떤 것이 유익하지 않은지 신호로 알려 준다. 감정을 연기 탐지기처럼 생각하면 적절하다. 물론 실제로 불이 난 게 아닐 때도 감정이 경보를 울릴 수 있다. 이런 경보 시스템은 종종 과민할 수 있다. 하지만 불이 난 게 아니더라도 최소한 연기는 감지한 것이니 대개는 살펴볼 만하다.

안타깝게도 ADHD를 가진 많은 사람들이 감정과 거리가 벌어지는, 다음과 같은 심리적 증상을 겪는다.

- **분열**

주변 상황 또는 자신과 단절되거나 분리되어 있는 느낌.

- 쾌감 상실

보통은 재미를 느끼는 일인데도 그 일에 쾌감을 느끼지 못함.

- 감정표현불능증 alexithymia

감정을 인지해 표현하는 능력이 없거나 그런 능력에 결함이 있는 것. 뭔가가 잘못된 것 같은데 그게 뭔지 모를 수 있다.

감정의 회피가 반드시 이런 증상을 일으키는 것은 아니지만 일으킬 가능성은 있다. 어떤 증상을 일으키든 치료책은 똑같다. 자신의 감정을 느낄 줄 알게 되는 것이다. 감정을 느끼면 그 감정을 더 잘 처리하게 된다. 뿐만 아니라 감정을 잘 다루려면 자신의 감정을 정확히 구별할 줄 알아야 한다.

정신건강의학과 전문의 댄 시겔 Dan Siegel 박사는 "길들이려면 이름을 붙여야 한다."라고 말했다. 감정에 이름을 붙이면 편도체와 변연계의 반응이 줄어, 부정적 감정에 대한 감정 반응성을 낮출 수 있다. 자신이 어떤 감정을 느끼는지 알면 어떤 욕구가 충족되지 않는지도 가려낼 수 있다(맞다, 우리는 욕구가 있다. 인간이라면 누구나 욕구가 있다!).*

---

*   우리 대다수는 이런 사실을 배우지 않아서 감정에 대해 배우는 시간을 가지면 좋다. 감정이란 게 무엇이고, 어떤 이름이 있고, 각 감정별 쓰임새 등을 알아보면 유용하다.
심리치료사를 만나는 것도 도움이 된다. 자신의 감정을 들여다보며 이해하고, 버거운 감정을 건전한 방법으로 다루어 마음 놓고 감정을 인정할 수 있게 해준다. 이런 일은 학대나 트라우마를 겪은 사람들에게 특히 중요하다. 감정을 들여다보면 어떤 이유 때문에 닫혀 있었던 감정의 문이 열려 아직 건전한 방법으로 다루지 못한 감정들을 불러낼 수 있다.

제리카 T. (31세, 버지니아주)

"저는 감정을 건전하게 다룰 방법을 잘 못 찾겠어요. 제가 어떤 감정을 느낄 때 주변에서 그런 저를 바보 취급하면 특히 더 그래요."

헨드릭 M. (28세, 독일)

"저는 스스로 느끼는 감정을 깨닫는 것조차 힘이 들어요. 분석을 하다 실행기능이 슬금슬금 멈춰 버리는 수렁에 빠져요. 그러다 보니 감정에 자꾸 울타리를 치게 돼요. 하지만 그 감정이 울타리를 부수고 나올 땐 통제하기가 훨씬 힘들어요."

엘리 M. (25세, 콜로라도주)

"저는 격한 감정을 느낄 때 긴장증(운동, 행동, 감정이 극단적인 양상을 보이는 상태 — 옮긴이)이 있는 사람처럼 돼요. 어떤 버거운 감정이 일어났을 때는 아주 차분하거나 아예 아무 반응을 보이지 않아요. 그래서 가끔은 아무 신경을 안 쓰는 것처럼 보이지만 사실은 반대예요. 너무 신경을 써서 버거운 감정을 한 번에 한 조각씩만 처리할 수 있어서 그런 거예요."

제이 R. (38세, 캐나다)

"얼마 전에 제가 그동안 감정을 제대로 처리하지 않고 있었다는 걸 알았어요. '남자는 눈물을 보여선 안 된다'는 생각으로 감정을 숨기고 억누르며 살았죠. 그러다 저에게 ADHD가 있다는 걸 알게 되면서 답을 찾았죠. 요즘은 감정을 드러내려 애쓰고 있어요. '버거운 감정을 느끼는 것'은 자연스러운 일이니까요."

감정 신호를 잘 다루기 위한 도구상자

버거운 감정이 있을 경우엔 그 감정을 잘 다루어야 한다. 다행히도 배울 만한 방법이 많다. 다음은 내가 즐겨 쓰는 방법이다. 이 방법들이 살짝 위축감이 들더라도 걱정하지 말길. 연구 결과에 따르면 그냥 감정을 비판 없이 의식하기만 해도 더 쉽게 감정을 다룰 수 있다.

① 감정에 이름 붙이기

감정을 가려내는 일은 그 감정을 잘 다루게 해줄 열쇠다. 자신이 느끼는 감정이 뭔지를 분간하지 못하는 우리에겐 이것이 실제로 하기는 힘든 일일 수 있다. 우리 대다수는 감정과 생각을 구분하는 일조차 힘들어한다.* 다음은 감정을 더 쉽게 구분하게 해주는 ADHD 친화적 방법들이다.

---

*   감정은 신체적이거나 정서적인 경험이다. 생각은 착상, 견해, 믿음 등의 정신적 인지과정이다. '한 단어 일기'를 쓰면 이 둘의 구분에 도움이 된다. 생각은 표현하는 데 여러 단어가 필요하다('모두가 날 미워하는 것 같아.'). 반면에 감정은 한 단어만 있으면 된다('슬픔').

- 감정의 강도에 이름 붙이기

많은 경우에, 감정의 정체를 분간하기 전에 그 감정이 얼마나 강한지를 먼저 구분할 수 있다. 감정의 강도를 구분하는 방법에는 여러 가지가 있다. 색(녹색, 노란색, 빨간색 등)으로 구분하거나 1~10까지의 등급을 활용해 1은 가장 약한 강도, 10은 가장 높은 강도로 구분하면 된다. 대체 어떤 감정인지 아직 잘 모르는 상태더라도 강도를 구분하면 그 감정이 다룰 만한 감정인지 아닌지를 정할 수 있다. 가령 강도 10이어도 대개는 다룰 만하다. 또한 지금 당장 다루는 것이 좋은 생각일지도 정할 수 있다. 여전히 강도 10이라면 지금은 피하는 편이 좋을 것이다.

- 외부 힌트 활용하기

필링휠feeling wheel, 즉 감정의 구별을 도와주는 원형 도표를 활용하면 감정을 말로 더 잘 표현할 수 있다. 몸의 상태에 주의를 기울일 수도 있다. 유튜브 채널 〈디 아스피 월드〉The Aspie World('아스피'는 아스퍼거증후군 환자를 줄여서 부르는 말—옮긴이)의 운영자이자 ADHD를 가지고 있는 대니엘 존스Daniel Jones는 감정을 '움직이는 에너지'라고 말한다. 몸안의 그 에너지가 자신에게 뭘 하고 싶게 만드는가? 웃기? 울기? 몸을 마구 흔들어 대며 춤추기? 돌 던지기?

- 자신만의 명명 시스템 만들기

자기 감정을 표현하는 일이 색깔을 가리키는 일처럼 쉬운 일이 아닌 사람도 있다. 내가 아는 한 친구는 그날 느껴지는 감정을 감자의 여러 종류에 빗대 표현한다.

• 감정 이면의 감정 찾기

품고 있거나 표현하기가 상대적으로 불편한 감정은 이내 다른 감정에 가려지기 쉽다. 자꾸만 화난 감정이 감지되면 그 이면에 상심이나 두려움 같은 다른 감정이 있을지 모른다. 그 상황에서 겪은 첫 감정을 찾아야 한다. 실제로는 겁을 느낀 것인데 화내는 식으로 반응한다면 자신에게 필요한 결과는 물론이고 안심도 얻지 못한다!*

젠 D.(29세, 코네티컷주)

"느끼고 있는 감정을 파악해 제대로 이름을 붙이는 건 아주 중요해요. 그런데 몸의 신호가 별도의 설명도 없이 깜빡이는 엔진 점검등과 똑같이 느껴질 때가 많아요. 애초에 정체도 모르는 감정을 처리한다는 건 힘든 일이죠."

익명(20대, 미국)

"저는 버거운 감정이 들면 이미지로 그려 봐요. 보통 공기나 에너지, 큰 파도가 세차게 달려드는 이미지를 떠올려요. 그런 다음 저 자신

---

* 생각에서도 이렇게 해볼 수 있다. 가혹한 생각이 고개를 들 때, 특히 감정으로 둔갑해서 다가올 때는 그 이면의 감정을 찾아보자. '실패해서 사람들에게 비웃음을 당할 것 같은 기분이 들어.' 이 예의 경우엔 굴욕에 대한 두려움이 이면에 가려져 있을 수 있다.

을 단단한 이미지(절벽이나 나무 등)나 아주 민첩한 이미지(새 등)로 그리면서 감정이 가라앉길 잠시 기다려요. 아니면 제가 피뢰침이 되어 그 모든 감정을 땅으로 흘려보내는 상상을 하기도 해요."

에멜리 S. (24세, 스웨덴)

"집에서 심한 불안감에 빠지면 큰 소리로 이렇게 말해요. '내 이름은 …야, 나는 …시에 있는 집에 있어. 지금 내가 … 때문에 불안한데 기분이 안 좋아도 괜찮아. 이런 기분이 계속 이어지는 건 아닐 테니까.' 그러면 생각의 소용돌이에 빠지거나 생각을 억누르는 걸 막을 수 있어요."

② 감정에 자리 내주기

ADHD를 가진 사람들은 지금까지 수년 동안, 심지어 수십 년 동안 잘못된 감정을 느끼고 있다거나, 특정 방식으로 느껴야 한다는 뉘앙스의 말을 들어 왔을 것이다. 감정에 자리를 내주면 이런 잘못된 믿음과 싸워 우리의 감정을 잘 다루면서 우리가 느끼는 감정을 존중하게 된다. 자신에게나 남들에게 감정을 품어도 괜찮다는 메시지를 전달해, 감정이 일어날 때 그 감정을 더 쉽게 인정할 수 있다.

• **행동을 취하기 전에 기다리기**

어떤 감정을 일으킨 상황을 곧바로 '바로잡거나', 심지어 재구성하려 들 경우, 우리의 감정이 발붙일 여지를 주면 안 된다고 더 굳게 생각할 수 있다. 감정을 미처 파악하거나 처리할 시간을 갖지 못한 탓에 그다지 도움이 안 되는 행동을 취할 가능성도 높다.

감정이 치솟을 때 브레이크를 건다는 게 상당히 어려운 일이지만 기술을 익히면 잘할 수 있다. 뜨거운 감정이 올라올 때는 상대에게 생각할 시간을 달라고 부탁하거나 휴대폰 같은 소통 수단을 치우는 방법도 있다.

- **감정과 어울리기**

극도로 버거운 감정일지라도 언제까지나 계속되지는 않는다. 대다수의 경우, 몸이 격한 감정을 이어 갈 수 있는 시간은 약 20분밖에 안 된다. 감정과 어울리면서 그 감정이 사라지는 모습을 지켜보는 편이, 감정을 피하며 그 감정이 자기를 알아봐 줄 때까지 어슬렁거리게 놔두는 것보다 정서적 스트레스가 덜한 경우가 많다.

- **감정을 들여다볼 시간 갖기**

스케치를 하거나 그림을 그려도 되고, 일기를 쓰거나 다음번엔 어떻게 하고 싶은지 알아내는 데 도움을 줄 제3자와 얘기를 나누는 방법도 있다. 감정은 처음 일어난 순간에는 가장 절제되지 않은 상태지만 그때가 그 감정을 기록하기에 가장 좋다. 느끼고 있는 감정을 잘 들여다보면 그만큼 감정과 더 원활하게 소통할 수 있다.

로언 N. (31세, 콜로라도주)

"저는 혼자만의 시간을 가지며 감정을 글로 써봐요. 컴퓨터로 작성할 때도 있고 손으로 쓸 때도 있어요. 그렇게 하면 상황이 정리가 되어 지금 어떤 감정을 느끼고 있고 그 감정을 느낀 이유가 무엇인지를 파악할 수 있어요. 저에겐 CPTSD가 있어서 '이유'가 늘 분명치만은 않거든요."

샤론 G. (34세, 매사추세츠주)

"저는 감정의 격류에 휩쓸려 있을 땐 돌이킬 수 없는 결정을 하지 않으려고 죽을힘을 다해 노력해요. 어떻게든 스스로에게 시간을 주려고 낮잠을 자거나 오디오북을 듣거나 화장실로 가서 숨기도 해요."

줄리아나 N. (24세, 펜실베이니아주)

"저는 스스로 감정을 느끼게 해줘요. 아주 오랫동안 감정을 억누르다가 몇 달에 한 번씩 탈이 나서 이제는 어떤 감정이든 그냥 느끼게 놔둬요. 그러다 10~15분 정도 지나면 그 감정을 글로 적거나 누군가에게 털어놓으며 이렇게 물어봐요. '내가 과잉반응한 거야? 그렇다면 뭐에 과잉반응한 걸까? 과잉반응이 아니면 내가 잘 통제하지 못한 어떤 부분 때문에 그런 걸까?' 감정을 이리저리 들여다보다 제가 잘 통제하지 못하는 부분에 대한 반응이 많다는 걸 알면 스스로 더 연민이 들어요."

③ 감정 활용하기

감정을 억누르거나 회피하려고 애쓰면 감정이 얼마나 쓸모 있는지 모르기 쉽다. 감정은 나름의 존재 이유가 있다. 뭔가가 부족하거나 넘친다는 신호일 수도 있고, 어떤 일을 계속하거나 다른 일을 해야 한다고 알려 주는 지침이기도 하다.

- **감정을 동기부여의 연료로 삼기**

ADHD를 가진 사람은 열정에 내몰려 난관을 극복하거나 다른 사람들이 하지 않으려는 프로젝트를 맡는 경우가 많다. 강한 감정과 열정으로 다른 사람들의 동기를 자극하며 유능한 리더가 되기도 한다.

문제해결을 잘하려면 감정과 동기부여가 필요하다. 외부적 동기부여가 부족할 때, 즉 원하는 결과가 흡족할 만큼 빨리 나타나지 않을 때는 우리의 감정을 잘 활용해서 다시 엔진 속도를 올릴 수 있다.

- **감정을 나침반으로 삼기**

뭔가가 이상하다는 걸 때로는 직감이 뇌보다 먼저 알아차릴 때가 있다. 감정 레이다에 위험신호가 감지되면 확인해 보는 것이 좋다. 그러면 진짜 위험이 아니더라도 뇌가 안전하지 않은 뭔가의 낌새를 알아차릴지 모른다.

우리의 감정은 우리의 행동이 우리의 가치와 일치하는지 또는 일치하지 않는지를 알려 줄 수 있다. 어떤 일이 상대방에게 좋게 받아들여지고 있는지 아닌지에 대한 힌트도 준다. 욕구가 충족되고 있는지의 여부도 넌지시 알려 준다. 또한 우리의 한계선이 어디쯤인지 가리켜 준다(제10장 '마음이 통하는 관계를 만드는 법'에서 더 자세히 다룬다.). 자신의 감정에 주의를 기울이면 주어진 상황을 더 잘 헤쳐 나가며 올바른 방향으로 가고 있는지 파악할 수 있다.

- **감정 즐기기**

감정을 느끼는 것을 즐기는 사람들이 있다. 어쩌면 당신이 그런 사람일 수도 있다! 우리가 영화를 보러 가거나, 롤러코스터를 타거나, 슬픈 음악을 듣거나, 사랑에 빠지는 데는 다 이유가 있다. 감정을 느끼고 싶기 때문이다. 깊은 감정을 느끼면 살아 있다는 기분이 든다. 연구에 따르면 우리는 마음 챙김 상태에 있을 때, 즉 현재에 온전히 머물 때 더 행복해진다. 심지어 지금 안 좋은 일을 겪고 있더라도 마찬가지다.

- **유대감 키우기**

생각의 표현은 자칫 분열을 일으킬 수 있지만 감정의 표현은 대개 서로를 이어 준다. 픽사의 애니메이션 〈인사이드 아웃〉에도 그 점이 잘 담겨 있다. 슬픔을 표현하면 관계가 더 돈독해진다. 느끼고 있는 감정을 전하면 사랑하는 사람들과의 유대가 끈끈해지고, 불화를 해결하고, 공통점을 찾는 데 도움이 된다.

감정은 세상과의 유대에도 도움이 된다. 개인적 소통도, 예술적 소통도, 심지어는 과학적 소통 역시 그 이면에 진정 어린 감정이 묻어 있을 때 사람들에게 더 깊은 감응을 준다. 사람들은 웃음을 주거나 감정을 일으키는 말을 들을 때 더 잘 교감한다.[*]

타냐 K. (55세, 워싱턴주)

"설렘, 열의, 기쁨 같은 감정은 사람들과 유대를 쌓기에 정말 좋아요. 이런 감정에 별로 흥미 없어 하는 사람도 있지만요. 가끔은 좌절과 분노의 감정이 같은 처지에 있는 사람들과 유대를 키워 주기도 해요. 화나는 뉴스를 볼 때 다른 누군가가 좌절감을 표현하면 더는 혼자라고 느껴지지 않고 절망감이 덜어지죠."

샘 G. (28세, 프랑스)

"사랑은 동기부여에 불을 붙이기 아주 좋은 연료예요. 하기 싫은 일이어도 사랑하는 누군가의 삶을 더 낫게 한다면 동기가 더 자극되죠. 저 자신보다는 고양이나 파트너를 위해 할 때 더 잘하게 돼요."

에밀리 Z. (32세, 뉴저지주)

"예전에는 직감을 무시했지만 지금은 그렇지 않아요. 누군가가 어떤 일을 부탁하면 그 일에 대해 신체적 저항이 일어나지 않는지 잠깐 살펴보는 시간을 가져요. 부탁을 들어주기 전에 이런 확인의 시간을 가지면 좋아요. 하지만 승낙하고 나서 뒤늦게 강한 느낌이 밀려오면 그 사람에게 가서 '생각해 보니 …하다'라고 말해요."

---

* 이번 장은 많은 대목에서 내 경험을 논리적으로 분석하려고 애썼는데 생각만큼 좋은 글이 나오지 않았다. 그래서 처음부터 다시 쓰며 나 자신이 여러분과 충분한 유대감을 느끼도록 해주어야 했다.

④ 감정의 균형잡기

감정을 갖는 것은 자연스럽지만 감정적으로 '범람할' 경우엔 마음이 굉장히 불편해진다. 반응할 방법의 선택지가 줄어들 수 있고, 결국 후회할 행동을 하는 경우도 많다. 감정은 온/오프 스위치가 있는 것처럼 느껴질 수 있다. 꽥꽥 악을 쓸 때까지 감정을 무시하거나 억누르는 습관이 있다면 특히 더 그렇게 느껴진다. 감정을 직접적으로 통제할 수는 없지만 감정에 영향을 주는 방법은 여러 가지가 있다. 우리의 생각이나 행동, 환경 모두가 감정에 한 역할을 한다. 이 세 요소에 대한 사전 대책을 세우는 방법을 통해 감정의 볼륨을 조정할 수 있다.

- 명상하기

스트레스를 받을 때마다 아드레날린 수치는 높아진다. 아드레날린이 연달아 치솟으면 다시 낮출 겨를마저 없다. 정신없이 바쁘게 사는 ADHD의 삶에서는 이런 일이 흔하다. 아드레날린 수치가 사소한 스트레스 요인만으로도 벼랑 끝으로 떠밀릴 만한 아슬아슬한 지경까지 올라가기도 한다. 명상을 하면 연이어 스트레스를 받는 상황에서 규칙적인 휴식을 취하며 정서적 눈부심을 가라앉힐 수 있다. 다시 말해 평상심을 되찾는 것이다. 불쑥불쑥 튀어나오는 스트레스 요인으로 벼랑 끝까지 떠밀릴 가능성을 낮출 수 있는 방법이다. 이리저리 뛰며 바쁘게 살수록, 스트레스를 많이 받을수록 명상하기가 더 중요하다.

- 미리 도움 구하기

가능하다면 감정적으로 어려운 상황을 겪기 전에 계획을 세우자.

신뢰하는 친구나 정신건강 전문가와 함께 짠 계획이라면 더 좋다. 그리고 필요하다면 피하기도 하자. 감정을 고질적으로 회피하는 건 곤란하지만 자꾸만 억지로 감정을 느끼도록 떠밀어서도 안 된다. 그런 상황에서 벗어나 숨 돌리는 시간을 가져야 한다.

- **통제할 수 있는 일에 노력 기울이기**

괜찮지 않은 상황이 오래도록 이어질 때 내가 즐겨 쓰는 방법이 있다. 노력의 방향을 내가 직접 통제할 수 있는 일 쪽으로 돌리는 것이다. 감정 에너지를 통제 불가능한 일에 쏟는 것은 마음을 연에 실어 날리는 것과 같다. 맑은 날에는 괜찮겠지만 태풍이 닥칠 땐 연날리기를 자제해야 한다.

니키 P.(22세, 텍사스주)

"저는 크게 숨을 들이쉬며 두 손을 내밀었다가 입으로 숨을 내쉬면서 손을 아래로 내려요. 그런 식으로 신체적·시각적 신호를 보내면 진정이 돼요."

사만다 B.(37세, 앨라배마주)

"저는 도움을 얻으려고 기분안정제를 처방받았어요. 여전히 폭발할 때가 있지만 예전보다는 좋아졌어요."

넬리 U. (36세, 영국)

"깊은 블랙홀에 빠진 기분일 때 저는 어떻게든 현재의 순간을 느껴야 해요. 차를 우려낸 머그잔을 두 손으로 감싸 쥐고 온기를 느껴요. 얼굴에 크림을 바르면서 기분 좋은 향기와 부드러운 감촉을 느끼거나 반려견을 산책시키며 멋진 나무와 건물을 둘러보기도 해요. 이렇게 해도 여전히 기분이 처참할 때도 있지만. 그래도 바다에 빠져 허우적거리는 게 아니라 배를 꼭 붙잡고 있는 것 같아져요."

스콧 D. (35세, 오하이오주)

"저는 가급적 헬스장에 가거나 운동을 해요. 저에겐 그게 '리셋 버튼'이에요. 감정이 북받치거나 위축감이 들 때 음악을 들으며 운동에 집중하면 엔도르핀이 솟아나 편안해져요."

메건 C. (41세, 버몬트주)

"저는 위축감이 들 땐 아무것도 안 해요. 엉망이 되든 말든 놔둬요. 설거짓거리가 있어도 그냥 둬요. 회의와 약속도 취소해요. 투두 리스트에서 건너뛰어도 되는 일이 있는지 훑어봐요. 지금의 나에게 너무 버거운 일을 골라 미래의 나에게 넘기는 거죠. 미래의 내가 균형 맞춰 잘 해낼 거라고 믿으면서요. 지금까지 그런 믿음을 실망시킨 적이 한 번도 없어요."

때로 감정이 우리를 집어삼킬지라도

내 감정을 들여다보기 시작한 지 얼마 되지 않아 깨달은 사실은 내가 내 감정에 대해 아주 다양한 감정을 느낀다는 것이었다. 예를 들어 나는 슬픔에 대해서는 가져도 되는 감정이라고 느끼고 있었다.

어릴 때는 슬픔을 느끼는 것에 주눅이 들었지만 배우 활동을 하면서 슬픈 감정을 표현할 때 칭찬을 받았다. 카메라 앞에서는 눈물이 나올 만큼 약함을 느끼는 것이 그런 감정 표현의 한 비결이었다. 그리고 유튜브 채널의 영상을 찍으며 카메라 앞에서 나 자신의 감정을 풀어놓으며 눈물을 내보였을 때도 커뮤니티 사람들이 지지를 보냈다. 심지어는 그런 감정을 느껴도 괜찮다는 걸 보여 준 것에 고마워하기까지 했다.

엄마가 돌아가신 후에 심리치료사를 찾아갔을 무렵엔 슬픔이 그리 달가운 감정은 아니지만 적어도 사회적으로 용납 가능한 감정이라고 느끼고 있었다. 그때의 상황이라면 특히나 용납 가능한 감정이라고. 가까운 누군가가 세상을 떠나면 슬퍼하는 것은 당연하니까.

심리치료사가 내가 느끼는 슬픔을 이미지로 그려 보라고 했다. 나는 이미지가 바로 그려져 설명했다. 색색의 유리관들이 내 몸 구석구석을 흐르다 내 심장을 휘감는다고. 그 유리관들이 때때로 잠잠히 잠복해 있지만 어쩌다 엄마를 떠올리거나 누군가가 함부로 뱉은 댓글을 접하면 반짝 불이 들어온다고. 이 슬픔과 트라우마의 유리관들이 내 심장을 꽉 조여 와 아프다고 말이다.

상담 이후, 어떤 일로 슬픔이 자극되면 나는 이 유리관 중 하나를 집어 들어 내 머리 위로 들어 올리는 상상을 했다. 심리치료사의 조언대로 내 감정을 받아들이기 위해 그렇게 들고 호기심 있게 들여다봤다. 그러다 보면 격한 슬픔이 차츰 사라지면서 그 유리관이 펑 터져 유리 반짝이로 변했다. 그 반짝이가 소나기처럼 쏟아져 내리다 땅에 닿는 순간 눈송이처럼 사라졌다. 슬픔을 받아들여 사라지게 만들 방법을 마침내 깨달은 순간이었다.

심리치료사가 내 분노를 이미지로 그려 보라고 했을 때도 머릿속으로 분노를 그려 봤다. 빨간색과 검은색 크레용으로 낙서하듯 거칠게 그린 아이들의 모습이었다. 이어서 그 그림을 벽에 걸어 보라는 심리치료사의 권유에 따라 그림을 벽에 거는 모습을 상상했다.

"그게 마음속에서 어떤 느낌을 주는지 들여다봐야 할 것 같아요."

심료치료사가 넌지시 말하자, 내가 반발 조로 대꾸했다.

"뭐 하러요? 싫어요. 분노는 괜찮은 감정이 아니에요. 나쁜 거예요. 그런 분노를 뭐 하러 내 안에 받아들이고 싶겠어요? 분노를 느끼는 건 좋은 게 아니에요."

심리치료사가 분노가 왜 그렇게 싫으냐고 물었을 때 나는 끈기 있게 설명했다.

"분노는 안 좋은 행동을 부추기잖아요. 분노는 폭력적이에요."

내가 분노를 처음으로 알게 된 경험은, 버럭 화를 내며 자식들을 손바닥으로 때리면서 얌전하게 굴라고 야단치던 아빠의 모습이었다.

심리치료사는 어느 정도의 분노에 편안함을 느끼냐고 물었다. 나는 눈만 깜빡거렸다. 심리치료사가 설명을 덧붙였다.

"1부터 10까지의 척도에서 폭력적 분노가 10에 해당한다고 할 때,

어느 선까지 용납할 수 있어요? 그러니까 좌절감은 4이고, 짜증스러움이…."

"좌절감이요."

내가 끼어들어 말했다. 좌절감을 느끼는 건 용납이 된다고. 상담 이후, 나는 그 대답이 어느 정도 비겁한 변명이었다는 걸 깨달았다. 좌절감은 대체로 나 자신에게 드는 감정이었으니 용납할 수 있는 게 당연했다. 그래서 다른 사람들의 행동에 대해 느껴도 괜찮다고 용납되는 분노의 감정을 따져 봤고, 답은 '짜증'이었다. 일단 짜증을 느끼는 것은 용납하기로 마음을 먹었지만 그래도 겁이 났다.

몇 달 후, ADHD가 있는 사람이 흔히 그렇듯 나 역시 심리치료에서 진짜로 진전이 있는 건지 의심이 들었다.

담당 심리치료사는 이렇게 말해 주었다.

"지난 몇 회의 상담 동안 내담자분은 분노의 감정에 대해 얘기하셨잖아요. 저를 처음 찾아오셨을 땐 분노의 감정을 표출한 적이 없으셨어요. 진전이 되고 계신 거예요."

정말 그랬다. 감정을 느끼고 표출할 수 있으면 그게 진전이다. '나쁜' 감정이라고 믿게 된 감정의 경우에도 마찬가지다. 그렇게 감정을 느끼고 표출하지 못하면, 즉 감정을 잘 다루지 못하면 감정이 우리를 휘두르기 때문이다. 감정에 반응할 방법을 모르면 그냥 반응만으로 그친다.

이제 나는 분노가 일어나면 그 감정을 인정하고, 분노와 소통하며 적절한 한계선을 정할 수 있다. 예전처럼 점점 쌓이다 기어이 폭발시켜, 분노는 나쁜 감정이고 사람들을 상처받게 한다는 두려움을 더는 갖지 않게 되었다. 분노를 받아들이고 잘 길들이면서 더 건전하게 표출할 수 있다.

감정에 건전하지 못하게 반응하는 것일 뿐, '나쁜' 감정은 없다. 감정은 신호다. 이 신호가 전해지게 허용하면서, 신호의 의미를 해석할 방법도 알아야 한다. 우리는 자신의 반응 레퍼토리 중 고함지르기 같은 행동을 때때로 안 할 수 있지만 그런 행동을 유발하는 감정을 이해하면 그런 행동을 안 할 가능성이 더 높다.

나는 여전히 ADHD가 있고 그에 따라 버거운 감정을 느낀다. 나는 이런 점을 알고 난 후 어느 날 극심한 스트레스를 받다가 소극적 자살 생각에서 적극적 자살 생각으로 치달으며 급기야 자살 시도를 벌이다 스스로 멈춘 적이 있었다. 불과 몇 분 사이의 일이었다.

감정이 이렇게 순식간에 치달은 원인은 반응억제와 정서조절 곤란의 문제 때문이었을 것이다. ADHD를 가진 사람이라면 이런 점에 대해 알고 있어야 한다. 우리가 감정을 다룰 기술을 아무리 많이 가지고 있어도 감정은 때때로 우리를 집어삼킨다. 안 그래도 힘든 삶을 ADHD가 더 힘들게 만들기에 어쩔 수 없다. 슬픔은 일어나기 마련이다. 트라우마도 마찬가지다. 그리고 버거운 감정에 문을 열어 주면 홍수처럼 쏟아져 들어올 수도 있다.

하지만 나는 감정에 문을 열어 준 것을 다행이라고 여긴다. 고통의 광대함과 함께 고통을 사라지게 할 마법 따위는 없음을 이해한 뒤로 나와 다른 사람들을 빠뜨려 허우적거리게 하는 바다를 더 넓히지 않기로 마음먹었다. 덕분에 나에게 배가 필요하다는 사실을 깨달았다. 휴식이 필요할 때 정신적 도피처가 되어 줄 안전하고 따뜻한 곳이 필요하다는 것을.

　감정의 수위가 다루기 쉬운 편일 때는 내 심리치료사의 말이 맞았다. 내 감정을 인정하고 느끼길 더 잘하면 발밑으로 땅을 더 잘 느끼게 되었다. 때때로 물에 빠져 죽을 것 같은 기분이 들 때는 정말로 웅덩이 속에 엎어져서 그저 일어나기 위해 용을 쓰는 것 같다.

　감정으로부터 도망치는 게 아니라 감정을 다룰 줄 알게 되니 아직 구조될 수 있는 상태에 머무는 데도 도움이 되었다. 그것도 남들이 아니라 내 손으로 구조할 수 있게 되었다. 이제 나는 자신을 더 잘 구조한다. 내가 더 쉽게 구조할 수 있는 사람이 되었기 때문이다. 이제는 물에서 끌어내기가 더 쉬워졌다.

　나 자신의 감정을 이해하고 주의를 기울이게 되면서 남들의 감정도 더 잘 받아들이고, 다른 사람들의 수위가 높아질 때 나서서 도와줄 줄도 알게 되었다.

HOW TO ADHD

제10장

마음이 통하는 관계를 만드는 법

**친구를 얻는 방법은
친구가 되어 주는 것뿐이다.**

_랠프 월도 에머슨 Ralph Waldo Emerson

우리 모두는 친구가 필요하다

이 장의 시작 부분에 인용한 사상가 랠프 월도 에머슨의 말은 나를 불편하게 한다.

호혜주의가 우정의 열쇠인 건 맞다. 우정은 주고받는 것이다. 친구가 문자를 보내면 나도 친구에게 답문자를 보내는 것이다. 에머슨의 말은 그게 쉬운 일인 것처럼 들린다.

나는 삶의 여러 영역뿐만 아니라 사회생활에서도 모자라거나 넘칠 때가 많다. 그런데 대개는 사회적 노력을 잘 조절하지 못하는 것이 더 큰 문제다. 내가 어떤 과제를 한 달 동안 거들떠보지도 않다가 하루 만에 한꺼번에 처리하려고 한다면 과제 자체의 측면에서는 일단 마치기만 하면 되니 문제될 게 없지만 사람들이 보기엔 문제가 된다.

나는 아주 오래전부터 사회성이 미숙하다고 느껴 왔다.

친구: 안녕, 내 이름은 어맨다야.

나: 어… 안녕.

(열두 살의 나는, 새로 전학 간 학교에서 처음 만난 이 친구가 말을 계속하길 기다리며 한참을 말없이 있었다.)

친구: 너는 이름이 뭐야?

나: 아, 참! 제시카야. (창피해서 죽을 것 같음.)

약을 먹게 된 이후에는 더 자신감이 붙고 활달해졌지만 사회적인 자기 절제에서는 여전히 서툴렀다.

친구: 안녕! 나는….

나: 안녕! 내 소개를 할게!

ADHD를 가진 대부분의 사람들이 그렇듯 나도 크면서 친구들을 별로 사귀지 못했다. 사회규범을 대체로 이해는 했지만 적용을 잘 못했다. 사람들과 잠깐은 어울리는 척했지만 얼마 안 가서 내가 너무 시끄럽고, 너무 별나고, 너무 나대워져서 다들 슬슬 피했다. 그러다 결국 내가 사람들을 피해 나에게 어울리는 곳으로 도망치는 요령을 배웠다.

나는 자주 할아버지 할머니 집의 뒤뜰 수영장에서 놀았다.* 땅에서

---

* 나는 다섯 살 때 커서 물고기가 되고 싶어 했다. 나 자신이 물고기 떼 사이에서 헤엄치는 모습을 상상한 것은 아니었다. 그저 물고기처럼 행복하고 자유롭게 이리저리 헤엄치는 환상에 잠겼던 것뿐이었다.

는 어딜 가나 책을 가지고 다녔다. 책은 다른 세계로 들어가는 입구였다. 나는 책과 잘 소통할 줄 알았다. 등장인물들이 무슨 생각을 하는지, 무엇을 원하는지 알았다. 책 속에 다 나와 있었으니까.

내가 처음으로 또래들 사이에서 소속감을 느낀 건 남자친구가 생겼을 때다. 그 남자애와 헤어졌을 때는 내 세상이 무너졌다. 나와 나이가 같은 누군가에게 중요하게 여겨지고, 인정받고, 이해받는다고 느꼈던 곳에서 쫓겨난 것 같아 너무 아팠다. 그래서 다시는 그런 일이 없게 하겠다고 다짐했다.

그때부터 나는 연애 관계를 관리하고 유지하는 데 전문가가 되었다. 나는 항상 내가 관심을 갖는 것보다 나에게 더 관심이 많은 남자들과 데이트를 했다. 그들이 무엇을 좋아하는지, 어떻게 하면 그들을 행복하게 만들 수 있는지를 배웠다. 나는 사람들에게 잘 보이려는 사람이 되었다. 아니, 사람들이라기보다는 한 사람에게 말이다. 많은 사람들을 만족시키는 데 필요한 실행기능이 내게는 없었으니까.

하지만 유튜브를 시작하면서 세계 곳곳의 사람들, 그것도 같은 동료들 사이에서 깊이 있고 의미 있는 유대를 키워 가게 되었다. 온라인에서 커뮤니티를 만날 줄은 생각도 못해 봤는데 내 유튜브 채널로 커뮤니티가 이뤄지고 있었다. 드디어 내 사람들을 찾았다! 나도 친구들을 가질 수 있었다! 온라인에서 친구들이 생겼다.

이런 우정을 만나게 되면서 오랫동안 품어 왔던 믿음들이 차츰 신뢰성을 잃었다. 내가 사람들과 잘 맞지 않는다는 믿음, 그동안 내가 했던 일이나 만났던 연인 관계 외에 나에겐 설 자리가 없다는 믿음도 깨졌다. 온라인 우정 덕분에 나에겐 목적과 희망, 유대가 생겼다.

하지만 2020년 8월에 엄마가 돌아가신 이후, 온라인 우정의 한계를 느꼈다. 디스코드Discord(컴퓨터와 모바일에서 사용할 수 있는 채팅 프로그램―옮긴이)로 누군가를 안아 줄 수는 없다. 멀리 떨어져 있는 내 친구들은 곁에서 슬픔을 함께해 줄 수 없었다.

예전에는 바로 옆에 누군가가 필요할 때 주로 연인 관계에 기댔지만 이제는 한 사람으로는 채워지지 않을 만큼 슬픔이 너무 컸다. 새 파트너와 같이 있으려고 새로운 도시로 이사를 와 있었지만 내 슬픔과 팬데믹 격리를 겪으며 둘 사이가 틀어져 버렸다.

다시 싱글이 된 나는 엄마가 유산으로 남겨 준 돈으로 내 첫 집의 계약금을 냈다. 집 열쇠를 받던 날, 텅 빈 집의 바닥에 앉아 울음을 터뜨렸다. 그 엄청난 순간을 함께할 사람이 아무도 없다는 생각에 그만 감정이 북받쳤다. 전 세계에 친구들이 있지만 함께 피자를 먹으며 가구를 어디에 두면 좋을지 수다를 떨 사람이 한 명도 없었다.

그런 경험 이후 나는 어떤 관계도, 어떤 온라인 커뮤니티도, 어떤 장거리 우정도 나의 사회적 욕구를 제대로 다 채워 주지 못한다는 사실을 깨달았다. 인간은 사회적 동물이며, 사회성에 어려움을 겪는 사람들이라고 예외는 아니다. 우리 모두에게는 사람이 필요하다. 서로 공감하고, 슬플 때 안아 주거나 곁에 있어 주고, 소속감을 주는 의지처가 되어 줄 존재들이 있어야 한다. 내가 '직접 얼굴을 맞대는' 우정을 회피한다면 삶의 중요한 한 부분을 놓치는 것이었다.

그런 깨달음으로 지금의 내가 되었다. 이제는 어엿한 성인으로서 바쁘게 자기 일을 하면서, 막 알아가기 시작한 도시에서 친구들을 사귀려 애쓰고 있다. 이 책이 출간된 무렵엔 부디 이 여정에서 더 멀리까지 나아가 있기를 바란다. 특히 이번 장을 쓰면서 배운 통찰과 도구를 활용해서 진전을 이루었기를.

내가 배운 열 번째 사실들

ADHD가 있어도 친구를 사귀고 우정을 이어 가는 일에 어려움이 없는 경우도 종종 있지만 그렇지 않은 것이 ADHD의 전형적 경향이다. 사회생활에 힘들어하고 있다면 외로움을 겪는 문제에서 혼자가 아닌 셈이다(정말 아이러니한 일이다).

 이 사실을 처음 알게 되었을 때 관련 연구 논문을 읽으며 자꾸만 볼을 타고 눈물이 흘러내렸다. 이 말만으로 충분할 듯해 더 긴 설명은 생략하겠다.

ADHD는 친구 무리를 만드는 데 어려움이 있다

장애운동가이자 사회적 혁신가인 주디스 스노Judith Snow가 내 새로운 영웅이 된 계기는, 장애를 가진 사람들이 강한 사회지원망을 세울 방법을 연구하는 그녀의 노력에 감동해서였다. 스노는 '지원 서클'circle of support이라는 개념을 만들었는데, 우리 삶 속에 존재하는 사람들은 다음 4가지 서클 중 하나에 든다.

- **친밀관계 서클(서클1)**

우리와 가장 가까운 사이로, 우리를 깊이 알고 그 사람이 없는 삶은 상상할 수도 없는 존재들이다. 직계가족, 파트너, 절친 등이 해당된다.

- 우정관계 서클(서클2)

친한 친구와 동료들로, 좋은 소식이 있을 때, 가족과 싸우고 나서 하소연하고 싶을 때, 같이 웃고 싶을 때, 생일 파티에 사람들을 부를 때 생각나는 사람들이다.*

- 동참관계 서클(서클3)

공통의 관심사를 함께 나누는 사람들이나 지역사회, 직장, 교실, 클럽에서 소통하는 사람들이 해당된다.

지원 서클

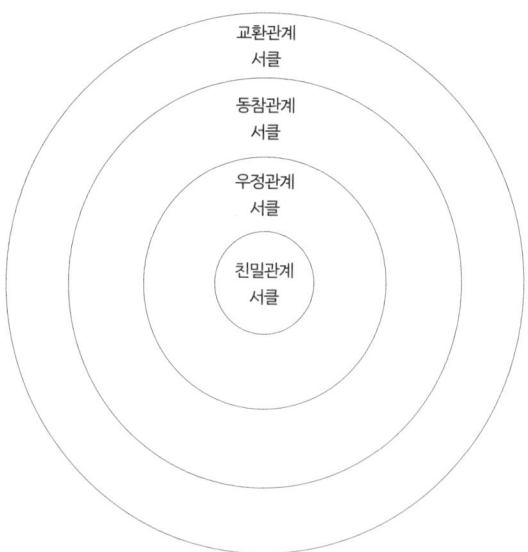

- **교환관계 서클(서클4)**

의사, 심리치료사, 가사도우미, 미용사, 거래처 사장 등 우리가 대가를 지불하거나 우리에게 대가를 지급하는 사람들이다.

스노에 따르면 장애를 가진 사람들은 비장애인들과 비교할 때 친밀관계 서클에 드는 사람들의 수는 비슷하지만 우정관계와 동참관계 서클의 수는 훨씬 적고, 교환관계 서클의 수는 훨씬 많다. 다시 말해 ADHD를 가진 사람들의 사회적 욕구가 가장 친밀한 관계나 거래 관계에 불균형적으로 치우쳐 있다는 뜻이다. 그중에서도 거래 관계는 그날 하루가 저물면 자기 집으로 돌아가고 새벽 2시에 전화를 해도 받아 주지 않을 사람들이다.

이런 경향이 나타나는 이유는, 간단히 말해 우리에게 친구를 사귀고 우정을 이어 가는 일이 남들보다 힘들기 때문이다. 우리는 장점이 많은데도 두드러지는 ADHD 증상들에 대해 낙인찍는 세상에서 사람들과 어울리기가 더 힘들다. 우리는 가만히 있질 못하고 충동적이다. 자기 차례를 기다리거나 흥미가 생기지 않는 활동에 계속 집중하는 일을 잘 못한다. 사람들의 이름을 자꾸 까먹는다. 더군다나 ADHD가 신경발달장애이다 보니, 우리 대다수가 또래들과 성장 속도가 잘 맞지 않는다. 크면서 우리보다 두세 살 어린 애들이나 나이가 많은 애들과 잘 지낼 수도 있지만 '미숙해' 보이는 데다 또래 애들은 이미

---

* 이 대목에서 의아한 생각이 들지 모르겠다. '뭐? 내 절친들과 파트너가 이런 사람들인데!' 그렇다면 내가 여기에서 뭘 강조하려는지도 짐작이 가지 않는가? 확실히 인간은 충족감을 느끼려면 삶의 이런 순간들에도 함께할 사람들이 필요하다는 얘길 하고 싶었다.

잘 따르는 사회규범을 충실히 지킬 만한 자기 절제 기술도 부족하다.

그 바람에 따돌림을 당하기도 하며, 또래들에 비해 사회성을 연습할 기회가 많지 않다 보니 어른이 되어서도 사회성 기술이 충분히 발달되어 있지 않다. 게다가 우리는 정신없이 바쁜 데다 대체로 좌충우돌하는 생활을 하기 때문에 친구들과 우정을 이어 갈 만큼 충분한 실행기능을 수행하기에 어려움이 있다.

ADHD는 많은 것을 놓친다

우리는 사람들의 생일을 깜빡 놓친다. 문자나 메일을 써넣고 '보내기' 버튼을 누르지 않았다는 사실을 놓친다. 사회적 신호를 놓친다. 우리의 행동이 주변 사람들에게 미치고 있는 영향을 놓친다.

연구에 따르면 ADHD 아동은 자신의 사회적 행동을 주시하면서 필요할 경우 조정하는 일을 잘 못한다. 사회적 신호를 조합해 조리 있게 정리하는 일을 남들보다 더 힘들어하고, 사회적 상황을 '가장 최근에 받은 사회적 정보'에 따라 해석할 가능성이 더 높기도 하다.

ADHD를 가진 성인으로서 내가 겪어 온 경험을 바탕으로 보더라도 정말 맞는 말이다. 우리가 친교 모임에 갔다가 집에 돌아와서 머릿속으로 자신이 잘못 처신했을지 모를 일을 하나하나 되짚어 보는 것도 괜히 그러는 게 아니다. 우리는 과거의 경험을 통해 자신이 깜빡하고 놓쳐 사회적으로 '잘못' 처신한 일들이 있을 수 있다는 걸 안다. 게다가 가장 최근에 받은 사회적 정보에 따라 해석을 하기도 해서 현재 받고 있는 메시지가 부정적이라면(만나서 즐거웠다는 문자에 상대가 답이 없는 등) 그 관계가 부정적인 상태에 있다고 생각한다.

스몰토크는 사회생활의 윤활유다

ADHD를 가진 사람이 스몰토크, 즉 잡담을 질색하는 이유는 그런 얘기가 가식적으로 느껴지고 지루할 때도 있기 때문이다. 예를 들어 '날씨에 특별히 관심도 없는데 어쩌라는 거야? 관심도 없는 얘기를 왜 해야 해?'라는 식이다.

우리는 빅토크, 즉 깊이 있고 의미 있는 대화로 바로 들어가길 더 좋아한다. 우리가 흥미 위주의 사람이다 보니 의미 없게 느껴지는 것에는 집중하기가 힘들다. 하지만 스몰토크에도 존재 이유가 있다. 괜히 그런 시답잖은 얘깃거리를 들먹이는 게 아니다. 그 이유를 말하자면 다음과 같이 한두 가지가 아니다.

- 상대방과 서로 잘 통하는지 떠보려고 스몰토크를 꺼내는 사람들이 있다. 이런 스몰토크는 더 깊은 관계로 발전시켜도 될지를 결정하는 데 유용하다.

- 스몰토크는 유대를 맺기에 상대적으로 덜 위험한 방법이다. 무턱대고 자신의 자세한 신상을 털어놓았다간 감정적으로나 신체적으로 위험해질 수 있다. 상대가 어떤 사람인지 감을 잡기 전까지 잡담 위주의 대화가 더 안전하다.

- 스몰토크를 들어 보면 상대가 어떤 대화를 반가워할지 가늠할 수 있다. 어떤 사람이 잡담으로 귀여운 고양이 얘기만 한다면 그 사람은 비교적 심각한 대화를 나눌 기분이 아닐 수 있다.

- 스몰토크는 여러 상황에서 바람직하다. 첫마디부터 빅토크를 꺼내면 상대방이 부담스러워할 수도 있고, 예상치 못한 말에 당황할 수도 있다. 스몰토크를 사회생활의 윤활유처럼 생각하면 적절하다.

  ADHD 뇌는 스몰토크를 어려워하지만 여러 가지 이점을 생각하면 때로는 노력할 만한 가치가 있다.

공감이 방해가 될 수도 있다

공감 또는 공감의 부족이 우리의 사회적 어려움을 심각하게 부추긴다는 개념은 나를 매우 놀라게 했다. 왜냐하면 우리는 그런 감정들을 느끼기 힘들기 때문이다(제9장 '감정의 바다에서 나를 구하는 법' 참조).

하지만 민감성과 공감은 서로 다르다. ADHD를 가진 사람들은 민감한 편이고 과각성hypervigilance이 있을 가능성이 높은 덕택에 남들의 감정을 알아챌 수 있지만 상대의 관점과 감정을 잘못 해석할 여지도 있다. 이런 오판이 일어나는 이유는 해당 상황과 관련된 결정적 디테일을 못 알아채고 놓치거나 자신의 얘기와 감정에 너무 휘말려 있다가 못 보고 지나치기 때문이다.*

공감력이 높더라도 그런 공감력을 유용하게 쓰는 데 어려움을 겪을 수 있다. 다른 사람이 고통을 겪는 모습을 보며 지나친 슬픔이나

---

* 공감은 두 가지 유형으로 나뉜다. 첫 번째, 인지적 공감은 다른 사람의 관점으로 바라보는 능력에 의존한다. 두 번째, 감정적 공감은 감정을 이해하고 구별하는 능력이 중요하다. 사람에 따라 한 유형의 공감에는 뛰어나지만 다른 유형의 공감에는 어려워할 수도 있다.

스트레스에 빠지면 잘 도와주기가 힘들다. 우리는 감정과 주의력의 조절에 애를 먹는 것처럼 공감력 조절에도 애를 먹는다.

사고방식이 퍼즐의 한 조각이다

ADHD와 사회적 어려움을 주제로 다루는 연구들은 대체로 우리의 행동과 우리가 이런 행동의 영향을 눈치채기 힘들어하는 문제에 중점을 둔다. 하지만 사회적 상황에서의 서툰 행동으로 성인으로서 인간관계에 타격을 받는 일은, 우리 ADHD만의 전형적인 문제는 아니다. 어쨌든 모든 사람들이 때때로 서투른 행동을 하지 않는가.

ADHD 코치 캐롤라인 매과이어는《왜 아무도 나와 놀아주지 않을까?》Why Will No One Play with Me?의 저자이자 신경다양성을 가진 사람들이 친구를 사귀는 방법을 이해하는 데 앞장서고 있다. 매과이어에 따르면 우리를 애정 결핍이 있는 사람이나, 너무 과하거나 이상한 사람처럼 보이게 만드는 것은 ADHD 행동 자체가 아니다. 집에 와서 사과나 변명을 하며 안심을 얻으려는 마음에 보내는 15개의 초조한 문자가 문제다. 그리고 우리에게 그런 문자를 보내게 몰아붙이는 근원은 사회적 상황을 바라보고 다루는 사고방식이다.

우리의 사고방식은 초조한 마음에 과잉교정, 반추, 생각의 소용돌이에 빠져들게 유도하는 하나의 근원이다. 실제로 우리 커뮤니티에도 사회적 상황을 헤쳐 나가면서 이런 경험을 하는 사람이 많다. 우리는 뭐가 잘못된 건지, 어떤 일이 일어난 이유가 뭔지, 그 일을 어떻게 바로잡을지 알아내려고 기를 쓰고 매달린다. 그러다 슬며시 감정적 추리로 빠져든다.

'내 느낌이 이러니, 틀림없이 그럴 거야.'

심지어 관계가 틀어질 거라고 생각하는 지경까지 갔다가 그 생각이 씨앗이 되어 정말로 관계가 틀어질 수도 있다.

다음은 우리 자신도 의식하지 못하는 사이에 우리의 사고방식에 영향을 미치는 요소들이다.

- **상대에게 비현실적인 기대 품기**

우리는 때때로 누군가에게 우리가 필요로 할 때마다 곁에 있어 주길, 해달라는 대로 다 들어줄 수 있길 기대한다. 우리에게 그 사람이 필요하다는 이유로, 아니면 그 사람이 전에도 그렇게 해주었다는 이유로 어떤 일을 당연히 해줄 거라고 생각한다. 우리가 그 사람에게 거는 이런 사회적 기대는 상당한 과각성을 요구하지만 상대로선 언제나 그런 과각성 상태를 유지하는 게 불가능하다. 우리는 그 사람에게도 자신만의 목표, 욕구, 감정 그리고 돌봐야 할 삶이 있다는 것을 잊기 쉽다.

- **스스로에게 비현실적인 기대 품기**

우리는 때때로 스스로에게 누군가가 우리를 필요로 할 때마다 곁에 있어 주길, 상대가 부탁하거나 필요한 일을 뭐든 다 해줄 수 있길 기대한다. 누군가가 우리를 필요로 한다는 이유로, 아니면 우리가 어떤 일을 때때로 할 수 있다는 이유로 당연히 그 일을 해줘야 한다고 생각한다. 우리가 스스로에게 거는 이런 사회적 기대는 상당한 과각성을 요구하지만 언제나 마냥 그런 상태에 있을 수는 없다. 우리는 우리에게도 자신만의 목표, 욕구, 감정 그리고 돌봐야 할 삶이 있다는 것을 잊어버린다.

- **결핍에 목매는 사고방식**

우리는 관계에서 '누구든 사귀자'나 '뭐든 하자' 식의 태도를 취하는 경우가 많다. 자신의 가치를 경시하다 못해 자신의 삶에 누구든 들어온 것을 행운으로 여기기까지 한다. 그러다 잘 맞지 않는 사람들과의 관계를 지키려고 엄청난 시간과 에너지를 축내기도 한다.

- **자신을 애정이 안 가는 사람이라고 생각하기**

우리는 기댈 사람이 별로 없는 탓에 '신경을 많이 써줘야 하는' 사람처럼 여겨지기 쉽다. 그러다 보니 우리와 가장 가까운 사람들은 가끔씩 답답한 마음이 들기도 하고, 도움의 손길이 필요한 우리에게서 벗어나 휴식이 필요할 때도 있다. 이런 상황은 우리에게 거부민감성의 방아쇠를 당겨 자신이 너무 부담스럽거나 가치 없는 존재이거나 심지어 애정이 안 가는 사람이라고 굳게 믿게 할 수 있다.

- **누군가와 어울리려면 자신이 '맞춰야' 한다고 생각하기**

자신을 맞추는 일이 적절한 경우도 있지만(공항 보안검색대 통과하기 등), 누군가에게 자신을 맞춘다고 해서 잘 어울리게 되는 건 아니다. 심리학자 브레네 브라운Brené Brown은 "있는 그대로의 자신을 희생시키면 남들과 분리된 느낌이 들 뿐만 아니라 자신과도 분리된 느낌이 든다."라고 말했다.

거부민감성과 사고방식

거부민감성(거절민감성)이란 거부를 당할 때나, 심지어는 거부당한 것 같은 느낌이 들 때조차 극심한 고통을 느끼는 경향이다. 거부민감성이 ADHD에만 나타나는 경향은 아니지만 감정 조절에 어려움이 있는 데다 실제로 평생 거부당한 경험까지 합해져 ADHD를 가진 사람들 사이에서 매우 흔하다.

   정서조절 곤란을 다루는 요령(282쪽 참조)을 익혀 두면 거부민감성을 다루는 일에도 유용하다. 하지만 여기에서 보충 설명으로 덧붙이는 이유는 우리의 사고방식 및 행동과 거부민감성을 경험하는 방식이 서로 영향을 미치기 때문이다. 우리는 감정을 잘 통제하지 못하지만 생각과 행동을 통해 감정에 영향을 미칠 수는 있다.

   거부민감성의 문제에 관한 한 우리는 이런 민감성을 피하기 위해 자연스럽게 행동을 조정한다. 사람들에게 잘 보이려고 노력하고, ADHD 특성을 억누르며, 자신을 깎아내려 사회에 맞추려고 한다. 때로는 위험한 사회적 상황을 아예 피하기도 한다. 우리는 메타인지, 즉 자신의 생각에 대해 생각할 수 있는 능력을 갖기 전부터 이미 거부를 경험해 왔다. 성인이 되었을 무렵 우리의 행동 때문에 종종 거부당한다는 것을 배우게 되고, 그 결과 거부의 고통을 피하기 위한 가장 흔한 전략으로 자신의 행동을 조정하는 것은 당연한 일이다.

   하지만 동기부여를 살펴보는 장에서도 얘기했듯 본능적으로 당기는 지렛대가 언제나 적절한 것은 아니다. ADHD를 가진 사람들은 대체로 사회적 상황에 대해 상당히 왜곡된 사고방식을 가지고 있다. 예를 들어

> 사람들과 어울리려면 완전히 다른 사람이 되어야 한다는 사고방식이다. 또 다른 극단적 예로는 '나는 이런 사람이니 알아서들 처신해'라는 식의 사고방식이다. 따라서 우리의 개별적 행동들이 아니라 대체로 그 행동을 하게 만든 근원인 이런 식의 사고방식을 조정하는 일이 가장 필요하다.

내 경우엔 바꿔야 했던 가장 중요한 사고방식이 다음이었다.

친구를 사귀는 일은 ~~오늘 오랜 시간에 걸쳐 서서히 다른 사람들이 나를 좋아하는 것이 유대를 맺는 일이 중요한~~, 단일여러 단계의 과정이야.

진정한 우정을 쌓으려면 시간이 걸린다

친구를 사귀는 일은 여러 단계의 과정이며 두 명 이상의 사람들 사이에서 일어나는 모든 과정과 마찬가지로 불확실성이라는 요소가 수반된다. ADHD를 가진 대다수가 이 불확실성을 슬쩍 지나치려 한다. 나 역시도 그랬다.

우리가 어떤 사람을 좋아해서 새로운 우정을 쌓을 가능성에 마음이 설레면 그 감정은 우리의 모든 감정이 그렇듯 아주 강렬할 수 있다. 때로는 그 감정에 대한 반응으로 이미 탄탄한 유대가 맺어진 것처럼 행동하기도 한다. 아주 친한 사이에서 주고받을 법한 인생사를 시시콜콜 털어놓거나 공들여 약속을 잡는다. 다른 관계와 의무를 소홀히 하면서까지 그 사람에게 과몰입하거나 받는 쪽에서 넌더리가 날 만큼 전화나 SNS로 뻔질나게 연락하기도 한다.

이런 행동은 때때로 사람을 질리게 해서 피하게 만든다. 설령 그 사람이 잘 받아 주더라도 나중에 우리가 그런 열렬함을 계속 보이지 못하면 실망한다. 최악의 결말은 우리를 이용하거나 함부로 대하는 사람에게 깊은 애착을 느끼는 것이다. 물론 가장 이상적인 결말도 있다. 더 안정적인 관계로 자리 잡아 마침내 우리가 예전부터 간절히 원했던 우정을 맺는 것이다.

이런 우정이 정말로 돈독하게 유지된다면 그것은 처음의 감정이 아주 뜨거웠기 때문이 아니라 그 우정이 꾸준히 이어졌기 때문이다. 우정을 맺는 것은 대체로 한 시간의 일이 아니다(우정을 잃는 것도 마찬가지다). 시간과 경험이 쌓여 어느 정도의 친밀함과 상호 신뢰가 생겨야 한다.

어떤 사람과 유대를 갖는 시간이 많아질수록 그 사람과의 유대감을 깨기가 힘들다. 앞에 나온 '지원 서클' 도표(316쪽)를 다시 떠올리며 얘기하자면, 우정관계 서클에 이르는 방법은 동참관계 서클을 거치며 오랜 시간에 걸쳐 노력하는 것이다. 동참관계 서클에서 거듭 시간을 보내지 않으면 진정한 우정을 얻을 수 없다. 이런 과정도 거치지 않고 누군가와 '절친 사이'처럼 친해지려 한다면 그것은 언제나 현금으로 바꿀 수 있는 게 아닌 수표 다발을 끊는 격이다.

우리 디스코드 커뮤니티를 관리하는 마이크는 그 이유를 이렇게 지적한다.

대다수 사람들은 자신이 당신의 중요한 개인사들을 아는 몇 명 안 되는 사람 중 하나라고 생각해서 당신의 최근 상황을 꾸준히 전해 듣길 기대한다. 그러다 당신이 어떤 사람을 갑자기 이런 친한 사이의 역할에서 제외시키면 그 관계에 금이 갈 수 있다. 그 사람은 당신이 모든 사람에게 친밀한 것을 보며 자기가 유일하고 특별한 존재가 아님을 알게 되거나 당신이 갑자기 멀리할 때 거부감을 느낀다.

우정을 쌓고 이어 가기 위해서는 시간이 필요하다. 함께 보내는 시간의 질도 중요하지만 오랜 시간에 걸쳐 쏟는 시간의 양도 중요하다.

우정은 개별적인 유대의 실 여러 가닥이 모여 엮어지는 것이다. 우정을 맺기 위해 필요한 시간을 대신해 줄 마법 따위는 없다. 함께 많은 시간을 보내서 서로 친구가 되는 사람도 있고, 함께 있으면 언제나 즐거워서 친구가 되는 사람도 있다.

정말 중요한 것은 함께하는 시간이 정확히 얼마나 되느냐, 함께하는 매 순간이 환상적이냐 아니냐의 여부가 아니라 서로를 엮어 줄 만큼 충분한 시간을 갖는 것이 아닐까?

불확실성을 질색하는 우리에게 특히 실망스러운 사실이지만 우정은 우리가 언제나 통제하거나 재촉할 수 있는 게 아니다. 심지어 언제나 예측 가능하지도 않다. 우정을 싹 틔워 가는 길에서 시간 압박, 삶의 이런저런 일들로 겪는 스트레스, 일정 관리 등 수많은 장애물이 방해할 수도 있다.

삶은 복잡하다. 우리가 정말로 통제할 수 있는 단 한 가지는 잠재적 친구에게 진짜 친구가 될 기회를 줄 수 있을 만큼 충분히 동참관계의 서클에 참여할지 말지다.*

'하지만 이 모든 일이 너무 오래 걸리잖아. 난 같이 어울릴 사람이 필요할 뿐인데.'

이런 생각을 하는 사람들이 들으면 더 좋아하겠지만 같이 어울릴 사람을 갖기 위해 꼭 친구를 사귀어야 하는 건 아니다. 나도 예전엔 친구부터 사귀어야 하는 줄 알았다가 그 반대로 뒤집어 생각하게 되었다.

'친구를 만들어야 같이 끼어서 어울릴 수 있는 게 아니야. 같이 어울리다 보면 때때로 친구가 생기는 거야.'

친구를 골라서 사귈 수는 없다. 단지 의미 있게 느껴지는 일을 누구와 함께할지 선택할 수 있을 뿐이다. 그런 후에 시간이 지나면서 서서히 어떤 관계로 진전되는지 지켜보면 된다.

네리 D.(42세, 캘리포니아주)

"저는 친하게 지내는 사람은 많지만 친구는 별로 없어서 언젠가 절친이 생겼으면 좋겠어요. 제가 너무 무심하거나, 아니면 너무 끼어들다 보니 사람들이 저를 질려 하는 것 같아요."

---

* 이 말에 너무 부담스러워하지 않아도 된다. 우리 대다수는 참여할 수 있는 활동이 몇 가지로 제한되어 있다. 또는 우리의 동참관계 서클로 사람들을 잘 초대하지 못하기에 유대를 쌓기 위해 도움이 필요할 수 있다. 《피아노 뒤에서》Behind the Piano를 읽어 보면 신체장애를 가진 주디스 스노가 어떻게 그녀만의 특별한 우정관계 서클을 쌓았는지 한 수 배울 수 있다.

샹탈.(20세, 이집트)

"알고 봤더니 제가 예전부터 사람들을 정말 좋아했더라고요. 그런데 늘 이런저런 모습으로 사람들을 실망시켜요. 전화하려고 했다가 까먹고 문자에 답문을 보내려다 걱정이 많아서 못하기도 했어요. 생일을 축하해 주고 싶었지만 산더미같이 쌓인 일을 하느라 정신이 없던 적도 있어요. 사람들에겐 그런 제가 별 신경을 안 써주는 무심한 사람처럼 보일 거예요. 전혀 그렇지 않고 단지 애정을 제대로 못 보여 주었을 뿐인데."

크리스 P.(39세, 와이오밍주)

"저는 딱히 친구를 사귀려고 한 적이 없어요. 그래도 몇 명 안 되지만 어울리는 친구가 있어요. 왜 저를 선택했는지 이유는 잘 모르겠지만 항상 고마워요."

레나 C.(53세, 스코틀랜드)

"저는 언제나 사람들이 절 좋아하지 않는 것 같아 불안해요. 그래서 사람들에게 친구가 되어야 할 이유를 끊임없이 증명하는 것처럼 굴게 돼요. 친구가 되어 줄 마음이 들 정도로 사람들에게 잘해 줘야 할 빚이 있는 사람처럼요."

단단한 관계를 만드는 도구상자

이쯤에서 바람이 있다면 친구는 찾는 게 아니라는 점을 확실히 알았으면 한다. 따져 보면 반가운 얘기다! 찾지 않아도 된다면 부담이 한결 덜어질 테니까.

친구를 잘 사귀지 못한다면 이제부터 더 수월하고 위험부담이 낮은 방법에 집중하면 된다. 뜻이 맞는 사람들과 함께 의미 있는 활동을 하는 방법이다. 여기에 나의 우정 맺기 여정에서 도움이 된 도구를 모았으니, 여러분에게도 유용했으면 좋겠다.

① 자신의 매력 찾기

우리는 자신의 자아관에 맞는 사람들에게 끌리는 경향이 있다. 따라서 자신의 좋은 면, 자신이 가지고 있거나 갖고 싶은 매력이 뭔지 곰곰이 따져 보면 유익하다. 그런 면들을 찾게 되면 남들이 바라는 모습이 아니라 있는 그대로의 자신을 더 잘 드러내고 다른 사람들과의 관계에서 소속감도 높아진다.

- **자신이 남들을 보며 높이 평가하는 자질에 주목하기**

그중에서도 특히 자신에게도 있는 자질에 주목하자. 다른 사람들에게 있는 특성은 높이 평가하지만 자신에게 그런 특성이 있으면 상대적으로 무시하기 쉽다. 내가 ADHD가 있는 다른 사람들과 어울리길 좋아하는 이유도 그렇게 소홀히 한 내 특성을 보기 위해서다. 흥미로운 이야기를 나눌 수 있는 사람들과 어울리다 보면 남들도 나에 대해 똑같은 흥미로움을 느끼겠다는 깨달음이 든다!

- **다른 사람들이 나에 대해 높이 평가하는 얘기에 귀 기울이기**

누군가 나를 칭찬할 때 자동적으로 부정하려는 마음이 일어난다면 그 칭찬을 부정하지 말고 기록해 두자. 스스로에게 고마워하며 인정하자. 그 사람의 말이 맞을 수도 있다. 칭찬의 말이 확실히 다가오지 않으면 구체적으로 말해 달라고 부탁하자.*

- **자신이 찾고 있는 대상 알아내기**

만약 함께 하이킹할 사람들을 찾고 있다면 '하이킹 동무 되기'가 내가 가진 매력이기도 한다.

- **재평가 시간 갖기**

우리가 가지고 있거나 갖고 싶은 매력은 시간이 지남에 따라 바뀔 수 있고 바뀌기 마련이다. 이제는 가진 매력이 더 많아졌거나 줄었을 수도 있고 다른 매력이 생겼을 수도 있다. 이제는 책까지 낸, 제법 잘나가는 유튜버가 되어 있을지도 모른다.

---

* 일반적인 칭찬은 받아들이기 어렵다. "제가 일을 잘했다니 무슨 말씀이신지? 제가 지각을 하는 바람에 엉망이 되어 버렸는데…" 반면 구체적인 칭찬은 오히려 반박하기가 더 힘들다. 칭찬한 사람이 우리가 기여를 한 어느 특정 측면에 만족스러워한 것은 사실이기에 받아들이기가 더 쉽다.

익명(23세, 오리건주)

"나 자신만의 긍정적인 면들을 리스트로 만들어 보세요. '나는 재미있는 사람이야. 나는 창의적이야. 나는 사람들의 말을 잘 들어줘. 나는 통찰력이 있어.' 이런 식으로 적어 보세요! 그러다 보면 자신이 정말 친구로 사귀기에 괜찮은 사람임을 깨닫게 돼요. 모든 사람들이 다 나와 친구가 되고 싶어 하는 건 아니겠지만 그래도 괜찮아요. 내 취향에 들지 않는 사람이 있는 것처럼 나도 모든 사람의 취향에 다 맞는 것은 아니니까요."

예세냐 R.(27세, 텍사스주)

"저는 ADHD 때문에 사회생활에 아주 심한 불안을 갖고 있었어요. 그러다 인지행동치료로 큰 도움을 받았어요. 무엇보다도 내가 소통이 잘 안 된다고 여길 때 들이대던 논리의 오류를 짚어 내서 좋았어요. 내가 스스로를 받아들일 줄 알면 사람들은 저절로 나에게 끌리게 되어 있어요."

마이클 K.(43세, 캐나다 온타리오주)

"저만이 가진 정신적 매력을 못 보는 사람이 늘 있기 마련이에요. 그 사람은 제가 아니니 모를 밖에요."

② 새로운 사람들 만나기

만나는 사람마다 다 마음이 통하진 않겠지만 그래도 새로운 사람을 만나는 일은 마음이 통하는 사람을 찾을 가장 좋은 방법이다. 새로운 사람들을 만나다 보면 별로 잘 맞지 않거나 함부로 대하는 사람들과 친구로 지내려 애쓰며 매달리지 않아도 된다. 어느 한 사람에게 지나치게 의존하지 않게 되어 그 관계가 더 잘 지속된다.

- **다양한 사람들을 만날 수 있는 곳 가기**

'친구' 만들기 공간이 있는 앱이나 공통의 관심사를 가진 사람들을 위한 다양한 웹사이트를 활용해 보길 추천한다. 이런 채널을 통해 사람들을 만나면 즉각적인 이점이 있다. 모두가 같은 이유로 접속한 것이므로 친구가 될 만한 사람을 찾기 좋다.

- **나의 장점이 빛을 발하는 곳에 가기**

춤보다 화술이 더 좋다면 사람들이 나의 얘기를 들을 수 있는 곳에 가서 어울려 보길 바란다. 춤은 기가 막히게 추는데 말이 서툴다면 춤을 출 수 있는 곳에 가서 어울리면 된다. 사회적 유대를 맺을 방법은 널려 있다. 가급적 자신의 장점과 잘 맞는 곳을 선택하자.

- **얘깃거리 준비하기**

앞에서 다룬 차가운 실행기능을 기억할 것이다. 할 말을 미리 생각해 두면 대화의 자리에 갈 때(또는 단단히 실언을 해버린 순간에도) 훨씬 부담이 덜하다. 매과이어는 3가지 정도의 얘깃거리를 준비해 가는 것이 좋다고 권한다. 내용은 논쟁의 여지가 없고 사람들이 터놓고 얘기할 만한 주제가 좋다. '상대를 알고 싶어하는' 질문도 괜찮다! 사람들은 자신에 대해 얘기하길 좋아하니까.

• 공통의 가치 찾기

공통 관심사가 단기적 유대를 맺기에 좋다면 공통 가치가 있으면 그 관계에서 세월의 시련을 더 잘 버티게 해준다. 공통 가치의 예로는 친절, 정직함, 유머, 유쾌함 등을 들 수 있다.

시오나 L. (32세, 네바다주)

"친구 사귀는 법을 소개할게요.
1단계: 수년에 걸쳐 가족들과 '던전 앤 드래곤' 연습하기.
2단계: 온라인에서 얼간이, 별종, 신경다양인 찾기.
3단계: 같이 '던전 앤 드래곤' 하자고 조르기.
4단계: 수년 동안 쭉 친구로 지내기."

맥스 V. (32세, 오리건주)

"제가 친구들을 사귀기 위해 가장 먼저 한 일은 다른 사람들도 자주 찾는 곳을 찾아 소속감을 느끼는 방법이에요. 저에겐 그런 장소가 극장이었어요. 극장에는 저처럼 영화를 보러 온 사람이 많아서 소속감을 느끼기에 딱이었죠!"

> **린지 J.** (37세, 메릴랜드주)
>
> "저처럼 별난 관심사를 가진 사람들을 보면 그냥 이렇게 말을 건네요. '안녕하세요, 전 어른끼리는 어떻게 친구를 사귀는지 잘 몰라요. 저랑 커피 한잔 하실래요?' 가끔은 이런 말이 잘 통할 때도 있어요."

③ 사회성 기술의 레벨 올리기

채널 운영을 위해 사회성 기술을 익히면서 깨달은 사실은 내가 친구를 사귀는 데 왜 그렇게 서툰지 나름대로 이유가 있었다는 것이다. 비디오 게임 용어로 말하자면 아직 준비도 안 된 레벨에서 플레이하기 때문이었다. 신경발달의 지연 탓에 나는 삶의 대부분을 아직 발달되지도 않은 기술이 필요한 레벨에서 플레이하고 있었던 셈이다. 그러다 좌절감이 와서 플레이하고 싶지 않아졌고 플레이를 하지 않으니 더 뒤처지게 되었다. 사실 날 때부터 사회성 기술을 가지고 태어나는 사람은 없다. 사회성 기술은 심지어 어른이 되어서도 배워서 습득해야 한다.

- **다른 사람들 관찰하기**

매과이어는 이 방법을 '사회적 스파이'라고 부른다. 여러 사회적 상황에서 다른 사람들이 통상적으로 하거나 하지 않는 행동을 지켜보면 우리의 이해도와 기대치를 수정하는 데 도움이 된다. 자신과 같은 유형의 뇌를 가진 사람들이 서로 어떻게 소통하는지 살펴보는 것도 유용하다. 사회적 규범은 여러 신경다양인 커뮤니티별로 다른 경우가 많으므로 자신이 속한 커뮤니티의 언어에 익숙해지는 것이 좋다. 안 그러면 그 언어를 쓰는 사람들과 어떻게 유대를 맺겠는가?

- 더 강한 사회적 암시 부탁하기

사회적 피드백 고리는 사회성을 키우는 데 도움이 된다. 우리에겐 안타까운 일이지만 이런 사회적 피드백 고리는 대체로 미묘한 사회적 암시에 의존해 순환된다. 자신이 그 암시를 놓치거나 잘못 해석하는 편이라면 암시를 더 명확하게 해달라고 부탁한다.

내 친구 알렉스는 내가 대화에 끼어들 기회를 못 잡고 있다는 걸 눈치채고 이렇게 말해 주었다.

"있지, 나도 잘 아는데 내가 흥분을 하면 다른 사람들이 말을 잘 못하게 하는 버릇이 있거든. 내가 그럴 땐 '퐁고!'라고 말해 줘. 그러면 알아채고 네가 말을 하게 해줄 테니까."

- 개인지도 받아 보기

어떤 사회적 상황을 헤쳐 나갈 방법을 몰라서 답답하다면 뭘 예상해야 할지 아는 것이 도움이 된다. 신뢰하는 사람에게 그런 상황에서 유의해야 할 점이 있는지 물어보자. 곧 가야 할 곳에 전화를 걸어 그곳의 분위기를 물어보는 것도 괜찮다. 온라인에서 특정 사회적 상황을 헤쳐 나갈 방법에 대해 개인지도를 해줄 사람을 찾아보는 것도 추천한다.

가면쓰기의 한계

사회성 기술의 레벨업은 '우리의 신경다양성을 내내 꽁꽁 숨길 방법을 익히는 것'이 아니다. 오랜 시간 그렇게 숨기며 지내다간 오히려 우리의 정서적·정신적 건강에 타격이 간다. 신경다양성을 숨기려다 보면, 우리의 필요성을 염두에 두지 않고 돌아가는 세상에서 우리가 더 잘 대처할 행동들을 억눌러야 하기 때문이다.

가면쓰기masking는 우리를 끼워 맞추는 데는 도움이 될지 몰라도 장기적으로 깊고 의미 있는 관계를 맺는 데는 도움이 안 된다. 우리가 신경다양성을 너무 숨겨서 서로를 못 알아본다면 외롭게 단절된 채 살아가게 될 뿐이다. 이번 장에서 우리의 목표는 다른 사람들과 잘 소통하는 일이다. 브레네 브라운의 말처럼 "있는 그대로의 자신을 희생시키지 않으면서 사람들과 진정으로 함께하는 방법을 배우는" 일이다.

- 즐길 만한 레벨에서 플레이하기

친교 활동 중에 좌절에 빠지거나 말도 못하게 불안해진다면 준비가 안 된 레벨에서 플레이하고 있는 것이다. '함께 요가하기'가 충분히 할 만한 레벨3 수준이라면 레벨 10인 '함께 요가 여행 떠나기'에 도전하려고 발버둥 치는 것은 현명하지 못하다. 편안한 레벨로 플레이를 하는 편이 훨씬 재미있으며, 그 레벨에서 플레이를 하면 할수록 레벨을 올리는 데도 도움이 된다.[*]

세바스티안 L.(29세, 과테말라)

"뭐든 그 순간에 자신이 정말로 관심 있는 일로 친구들의 주의를 끌어 보세요. 지금 제빵에 푹 빠져 있나요? 다음번 파티에 컵케이크를 만들어 가보세요. 하늘이 어두워지는 이유가 정말로 궁금한가요? 누군가에게 우주 전시관이 있는 박물관에 같이 가자고 해보세요. 그렇게 해보면 자신이 다른 사람들에게 얼마나 재미있는 사람인지 알게 될 거예요."

세라 N.(52세, 미국)

"저는 조용조용히 사람들을 모아 서로 이어 주는 사람들에게 잘 끌려요. 눈에 띌 만큼 사교적이진 않지만 친구들을 쉽게 사귀고 서로 어울리게 조심스레 자리를 만들기 좋아하죠. 이런 친목 욕구는 ADHD와 관련된 무기력에 도움이 돼요."

레이첼(28세, 워싱턴 DC)

"사회적 스파이 되기는 사회적 환경과 직업적 상황 둘 다에 큰 변화를 가져다줘요. 사람들을 그 사람의 눈높이에서 이해하게 하고 어떤 관계든 잘 풀어 나가도록 좋은 효과를 줘요."

---

* 하지만 가끔 새로운 레벨에 노출되기도 해야 한다. 새로운 레벨은 한계 테스트를 해보기 좋다. 어떤 일을 처음 할 때 즐겁지 않은 이유는 뭘 예상할지 모르기 때문이다. 이젠 해 봐서 알았으니 다음에는 더 재미있을 것이다!

④ 친목 활동의 루틴 만들기

우리는 자유 회상(255쪽 "미안해. 내가 깜빡했어!" 참조)에는 별 소질이 없다. 그런데 친목 활동을 루틴으로 짜놓으면 할 일을 기억하기 위해 자유 회상에 의존하지 않아도 된다. 다수의 연구에 따르면 사람들과의 유대를 삶의 규칙적인 생활로 삼을 경우, 우리의 행복과 웰빙에 결정적인 역할을 한다고 한다. 잠과 마찬가지로 친구도 부차적 미션이 아니다. 우리 삶의 주된 줄거리를 이룬다. 이 줄거리에 친구들을 엮어 넣자.

- **사람들과 안부를 나누는 날이나 시간을 정해 두기**

주간 강습, 클럽 모임, 게임 등을 활용해도 좋고, 일정에 잠깐 친목을 가질 시간을 빼놓아도 좋다. 위축감이 든다면 서클에 따라 우선순위를 정하는 것이 도움이 될 수 있다. 예를 들어 서클1 그룹에게는 쉬는 시간이나 일을 마친 후에 연락하고, 서클2 그룹과는 정해진 날에 연락하고, 서클3 그룹과는 주말에만 연락하는 식으로 하면 된다. 나는 보호막을 쳐야 할 때는 한 서클로 연락의 폭을 줄인다.[**]

- **특정 활동을 할 때 자주 찾는 사람들 두기**

볼링을 치고 싶을 때 함께할 친구가 있으면 좋다. 잡무를 함께할

[**] 보호막이 필요할 때 내 첫 본능은 누구에게든 응답하지 않는 것이다. 그러다 보호막에서 나오는 순간, 곧바로 부담감으로 위축된다. 이제는 누구에게나 응답해야 하기 때문이다. 그래서 사회적으로 위축감이 드는 순간을 감지해서 한 서클로만 응답 범위를 줄여 내 모든 관계를 다 방치하지 않으면서도 혼자 있을 시간을 더 가지는 요령을 익히고 있다.

친구를 두면 우정을 일상생활에 붙박아 두어서 좋고 지루한 일도 덜 따분해진다. 친구 집에서 크리스마스 선물을 같이 포장하면 혼자 하는 것보다 더 재미있다!

- **기억이 날 때 연락하기**

예전에는 대화를 막 시작했다가 연락할 누군가가 생각나면 불편했다. 얘기 중에 주의가 흐트러지는 게 싫었기 때문이다. 이제는 간단한 메시지로 안부를 묻는 식으로 연락해도 괜찮다는 걸 알았다.

'잘 지내시죠! 일하다 당신 생각이 났어요. 언제 한번 볼까요?'

타냐 S. (31세, 캐나다)

"저는 매일 점심시간에 절친들과 전화해서 스마트폰으로 게임을 하거나 화상 채팅을 하고 놀아요. 그렇게 규칙적으로 연락하고 지내니까 필요할 때 바로바로 뭉쳐요."

필립 K. (35세, 독일)

"주도적으로 나서세요. 모임 자리를 만들면서 누가 불러 주기만을 기다리지 마세요. 바로 오늘이 모임 계획을 짜기에 가장 좋은 날이에요."

그웨니스 T.(30세, 미시간주)

"저는 친구들과 계속 연락하면서 지내기 위해 좀 별난 일을 해요. 집안일을 위해 쓰고 있는 앱에 '친목' 섹션을 만들었어요. 그렇게 해놓으면 어떤 사람에게 문자를 보낸 지 한참 되었다는 걸 파악하고 '문자 보내기'를 투두 리스트에 집어넣을 수 있어요. 제 삶에서 친목 생활이 화장실 청소만큼 중요하기에 투두 리스트에서 그 중요한 일을 마치고 체크 표시를 해야겠다는 자극을 얻어요."

⑤ 한계선 전하기

사람은 서로의 마음을 읽을 수 없다. 남들은 우리가 왜 걸핏하면 말을 자르고 끼어드는지, 우리가 위축되었거나 과잉 자극된 상태에 있는지를 모른다. 저녁에는 가만히 앉아 있는 것에 한계에 다다른 상태임을 모른다. 상대가 방금 말한 그 행사에 정말 초대받고 싶어 하는 우리의 바람도 잘 모른다. 다시 말해 경우에 따라서는 우리가 직접 말을 해야 한다는 얘기다. 말로 명확하게 전달하면 그만큼 우리의 욕구를 충족시킬 가능성이 높고, 상대도 마음 놓고 자기 마음을 전하게 된다.

- **'하고 싶은 것'과 '기꺼이 하려는 것' 구별하기**

우리는 "정말로 하고 싶어!"라고 말은 하지만 진짜 속뜻은 "네가 그러길 바라는 것 같아 기꺼이 하려는 거야. 나에겐 너와의 우정이 소중하니까."인 경우가 많다. 둘 다 좋은 것이고, 둘 다 중요하다. 때로는 '하고 싶은 것'을 하고 때로는 '기꺼이 하려는 것'을 한다는 것은 그 우정이 서로 주고받는 호혜적 관계라는 의미다.

- **기대하는 것을 얘기하기**

이런 얘기는 경우에 따라 세심하고 감상적인 대화가 될 수 있지만 그냥 간단히 이렇게 말할 수도 있다.

"친구야, 오늘 저녁에 같이 헬스장 갈래?"

어떤 식으로든 기대하는 것을 전하자.

- **원하는 바를 요구하되 상대의 한계 존중하기**

베티 마틴Betty Martin과 로빈 달젠Robyn Dalzen이 《주고받기의 기술》 The Art of Receiving and Giving에서 얘기한 것처럼 받는 사람은 원하는 것을 요구하고, 기대하는 것을 밝히고, 주는 사람의 한계를 존중해야 할 책임이 있다.

- **자신이 주는 사람일 때는 자신의 한계 존중하기**

'나에게도 줄 게 있어! 누군가가 나에게 원하는 게 있다고!' 이런 흥분 상태에 있을 때는 그런 식으로 주는 게 자신에게 괜찮은 일인지 따져 보길 깜빡하기 쉽다. 자신의 한계를 인정하는 선에서 줄 수 있어야 한다.

- **자신만의 신조 정하기**

신조를 세울 땐 특정 사람이나 상황에 한정적으로 적용하지 않아야 한다. 당신이 잊지 않고 기억하기도, 다른 사람들이 수긍하기도 더 쉽기 때문이다. 나 자신의 현재 신조 몇 가지를 예로 들면 '친구들에게 돈 빌려주지 않기', '오프라인 우정 쌓기', '점심 휴식 시간은 매일 오후 1~2시까지' 등이 있다.

클라우디아 S.(32세, 멕시코)

"저는 예전엔 새로운 사람들을 만나면 낯을 가리고 저의 성격적 '결함'을 지나치게 의식했어요. 이제는 새로운 사람을 만나도 언제나 목소리 크고 산만하고 유치한, 있는 그대로의 저 자신이 되려고 해요. 처음부터 제가 어떤 사람인지 알려 주고 싶어서요."

멀린 S.(32세, 메릴랜드주)

"상대에게 바라는 기대에 대해 처음부터 솔직하게 얘기하세요. 문자를 보내는 일에 아주 서툴고 전화 통화를 더 선호한다는 걸 알려 주면 상대가 거기에 맞춰 조정하면 되니까요."

세바스티안 L.(29세, 과테말라)

"자기 자신을 깎아내리지 않는 뉘앙스로 자신의 한계와 어려움에 솔직해지세요. '베키! 이번 주말에 나한테 문자 좀 보내 줘. 내가 같이 놀기로 한 약속을 까먹지 않게 도와줄래?', 'X의 생일 선물을 사야 하는데 같이 가줘. 안 그러면 깜빡하고 그냥 올 수도 있어서.'"

친구가 무슨 소용일까?

어느 날 내가 좌절감에 빠져 심리치료사에게 물었다.

"친구가 다 무슨 소용일까요? 어떤 친구에게 답문자를 보내거나 같이 놀러 가기 위해 하던 일을 접어야 할 때가 있는데, 그래 봐야 딴 걸 했을 때보다 재미있거나 생산적이지 않은 게 보통이니까요. 그런 거라면… 친구를 두는 게 무슨 소용이 있을까요?"

그때의 나에게 친구는 그냥 일반적으로 있어야 하니까 두는 그런 존재처럼 느껴졌다.

심리치료사는 이렇게 말해 주었다.

"좋은 질문이에요. 정말로 친구가 무슨 소용일까요? 답을 곰곰이 생각해 보세요. 다음번에 어떤 친구와 같이 시간을 보낼 때 스스로에게 물어봐요. 그 사람과 함께 어울리면서 얻는 게 뭔지를요."

그 말에 그때껏 해본 적 없던 생각을 해보게 되었다.

'우정의 핵심은 친구가 생겼다는 게 아닐까? 내가 더는 혼자이지 않게 된 거야. 그래서 내 나름 잘 살고 있는지를 판단하는 항목 몇 가지에 체크 표시를 해보는 의미와도 같아.'

이제 나는 친구가 있으면 좋은 이런저런 점들을 찾을 줄 알게 되었다. 오락 잘하는 친구가 있으면 좋은 점은? '비디오 게임을 함께할 수 있지.' 유대나 관심이 필요할 때는? '파트너가 있으면 좋지.' 파트너가 없을 때의 유대나 관심은 어디서 얻지? '내 반려견이 있잖아.'

요즘엔 친구 없이 지내는 일이 예전보다 쉬워졌다. 매과이어가 짚어 준 얘기처럼 요즘은 앱을 잘 활용하면 예전에 다른 사람들에게 의지하던 여러 일상적 일들을 지원받을 수 있다. 공항까지 차를 태워 줄 사람이 필요하다면? 아파서 수프가 먹고 싶다면? 대신 장을 봐줄 사람이 필요하다면? 이 모두를 앱을 통해 도움받을 수 있다. 이용할 수 있는 앱 종류가 다양하니 자신에게 맞는 것을 활용하면 된다.[*]

친구가 우리 삶을 더 잘 꾸려 나가게 해준다고들 말한다. 나는 친구가 많지 않았기에 내 삶을 스스로 꾸려 나가는 법을 배웠다. 사실 내가 꾸려 온 삶은 친구들이 들어올 자리조차 없었다. 우정을 내 삶의 주된 줄거리로 엮으려면 친구를 사귀려 노력하고 거부당할 가능성과 불확실성을 감수할 만한 이유가 필요했다.

그저 '친구가 있으면 외롭지 않을 것'이라는 이유만으로는 불충분했다. 솔직히 말해 친구를 사귀려고 애썼다가 훨씬 더 외로워져서 혼자 지내는 것보다 못할 때도 많았다.

그러다 보니 슬슬 의문이 들었다. 친구 같은 건 뒤서 뭐 하냐고. 내가 특별히 필요한 것을 충족하려고 친구들을 찾는 것일지도 모르지만, 그래도 친구들과 같이 어울리면서 얻는 것이 뭘까에 주의를 기울여 보는 것도 좋을 것 같았다.

처음에 얻은 답은 실망스러웠다. 얻는 게 별로 없는 것 같았다. 생각해 보니 나에게 정말 잘 맞지도 않는 활동에 따라갈 때가 많았다. 같이 어울려 봐야 좋은 게 별로 없었다. 내가 치르는 대가에 비하면 훨씬 더 그래 보였다. 우정은 친구들을 기분 좋게 해주고 친구들의

---

[*] 앱은 이용 가능성을 높인다는 점에서는 요긴하다. 특히 장애를 가진 우리 같은 사람들에게 더더욱 그렇다. 다만 우리 삶에서 사람을 앱으로 완전히 대체한다면 외로움에 빠질 위험도 있다.

필요를 채워 주지만 정작 나를 기분 좋게 하거나 내 필요를 채워 주지는 않았기 때문이다.

그동안 계속해서 친구들을 기분 좋게 해주려고 애썼던 것은 처음에 세운 목표가 그냥 '친구를 사귀는 것'에 있었기 때문이었다. 하지만 이제는 새로운 목표가 생겼다. 나에게도 이로운 우정을 맺기 위해 방향을 새로 바꾸었다.

그러다 사람들을 내가 하고 싶은 활동에 초대하면 되겠다고 생각했다. 나는 소개팅 앱의 프로필 문구를 '나를 선택해 주세요! 내 매력을 확인해 보세요!'에서 '내가 추구하고 싶은 일에 함께할 친구가 필요해요!'로 바꿨다. 덕분에 나와 잘 맞는 사람들을 찾았다. 함께 있으면 나 자신이 될 수 있는 사람들이고 그중 몇 명은 ADHD가 있다.

어느 날 밤엔 눈물범벅이 되어 집에 왔다. 사람들과 어떤 활동을 하던 중에 내가 너무 흥분해서 막판에 사람들이 짜증스러운 표정을 지었나 싶어 몹시 속상했던 것이다. 그런데 이번엔 내가 잘못 넘겨짚은 것이었다. 알고 보니 다들 그냥 피곤했을 뿐이었다. 아무 문제가 없었다. 적어도 그 사람들에겐.

<u>내가 오프라인 친구들에게 얻고 싶었던 건 온라인 커뮤니티에서 찾았던 것과 같다. 바로 소속감이었다.</u> 그리고 서서히 그 소속감을 발견하고 있다.

이 장을 쓰고 있는 현재, 나는 문득 오늘 밤에 '던전 앤 드래곤' 게임을 해보고 싶다. 이 외에도 다른 여러 하고 싶은 일들로 생각이 흐트러지고 있다. 이 책의 편집 마무리가 예정보다 늦어지고 있는데도 내가 사는 곳에 와준 장거리 친구와 시내를 돌아다니기 위해 하루를

빼놓았다.

  나는 이제 안다. 친구를 사귀는 과정에 따르는 고통이나 노력을 완전히 피할 수는 없지만 그 고통이나 노력을 감내할 가치가 있는 우정을 추구할 수는 있다. 그러려면 나를 우정에 끼워 맞추기보다 나에게 잘 맞는 것을 선택하면 된다. 소속감을 느낄 수 있는 곳을 찾으면 된다. 나에게 좋은 친구가 될 만한 사람을 찾으면 된다. 내가 가치 있게 여기는 자질을 지니고 있고, 내가 나누어 주고 싶은 것을 가치 있게 여기는 사람, 노력을 해야 남들 앞에 드러나는 내 부캐릭터가 아니라 있는 그대로의 나를 알아주는 사람 말이다.

HOW TO ADHD

제11장

ADHD를
더 힘들게 하는 것들

상황이 복잡해지는 데는 한계가 없다.
언제나 하나의 일이 또 다른 일을 불러오기에.

_엘윈 브룩스 화이트 Elwyn Brooks White

ADHD를 가진 사람으로 산다는 것

지금까지 ADHD를 가진 사람이 공통적으로 겪는 경험들, 주의집중이나 실행기능, 시간 관리, 수면 등의 문제에 대해 다뤘다. 나는 그동안 유튜브 채널에 ADHD의 특정 어려움들에 대한 영상을 수없이 많이 올렸는데 그때마다 전 세계 브레인들은 내 게시글을 공유하며 하나같이 이렇게 외친다.

"이거야! 이거 완전 나잖아! 나를 완벽하게 설명해 줘!"*

이번 장에서는 ADHD를 가진 사람들 사이에서 나타나는 경험의 차이에 대해 얘기하려 한다.

---

* 확실히 우리 중에는 어느 때든 책상에 적어도 다섯 가지의 음료가 늘어져 있는 사람이 많다. '이걸 다 누가 가져다 놓은 거지?'

지구상의 모든 사람이 겪는 경험에는 수많은 생물학적, 심리적, 사회환경적 요인이 영향을 미친다. 따라서 동일한 상황에 놓인 두 사람이라도 각자의 경험은 다를 수밖에 없다. 이런 이유 때문에 어떤 사람에게는 도움이 되는 방법이 동일한 상황에서의 또 다른 사람에게는 전혀 도움이 되지 않을 수도 있다.

예를 들어 대형 화이트보드를 생각해 보자. 이 화이트보드가 어떤 사람에게는 아주 유용하지만 다른 사람에게는 마커 냄새가 거슬려 집중을 방해할 수도 있다. 혹은 작업 공간에 화이트보드를 놓을 자리가 없을 수도 있다.

이러한 경험의 차이는 우리가 모두 동일한 자원을 이용할 수 있고, 동일한 수준의 차별을 겪으며, 동일한 결함을 가지고 있고, 실행기능에 대한 요구가 같더라도 존재할 것이다. 심지어 ADHD 증상과 결함 정도가 시간이 지나도 변하지 않는다 해도 이러한 차이는 여전히 있을 것이다. 다만 우리는 자원의 이용이나 차별당하는 수준 등에서 서로의 상황이 다르고, 우리의 증상과 결함은 시간이 지나면서 변한다.

ADHD가 뇌 발달과 인지 기능에 미치는 영향은 모든 성별, 인종, 사회적 계층, 국적을 막론하고 별 차이가 없다. 하지만 '교차성'intersectionality(한 사람의 사회적 정체성에는 성별, 인종, 성적 지향, 계급, 장애, 연령, 종교 등 다양한 억압이 상호교차적으로 작용하기에 이를 복합적으로 분석해야 한다는 이론—옮긴이)이라 일컬어지는 이런 사회적 정체성은 우리가 살아가는 방식에 중대한 영향을 미친다.* 이는 우리가 어떤 불이익과 차별을 겪을 가능성이 있는지를 결정할 수 있으며, ADHD와 관련된 우리의 행동이 주변 사람들에게 어떻게 받아들여지는지,

ADHD 진단 여부와 진단을 받는다면 어떤 치료를 받을 수 있는지까지도 좌우할 수 있다.

내가 이런 사실에 막 눈뜨기 시작했을 무렵, ADHD가 생물심리사회적 장애라는 것을 알게 되었다. ADHD는 유전적인 요인이 강하지만 관련 유전자가 아주 많아서 ADHD가 어떻게 나타나는지, 증상의 심각도, 인지 결함이 실제로 우리에게 얼마나 영향을 미치는지는 여러 요인에 따라 달라질 수 있다. 우리의 사회적 정체성과 그로 인해 겪는 차별 수준 역시 당연히 여기에 영향을 미치지만 그것만이 유일한 요인은 아니다.

그 상호작용을 더 깊이 이해하고 풀어 나가려던 시점에 엄마가 갑작스럽게 돌아가시면서 조사가 잠깐 중단되었는데, 힘든 시간을 보내며 몸으로 직접 깨우치게 되었다.

나는 엄마의 사망 소식을 검시관 사무실에서 걸려 온 전화를 받고 알았다. 2020년의 일이었는데 그날은 내 이혼이 최종 확정되었다는 사실을 알게 된 날이기도 했다.

나는 괜찮지 않았다. 슬픔이 나를 집어삼킬 정도로 너무나 거대하고 압도적이어서 나는 정신적 에너지와 대처 전략들을 완전히 짓눌러 버렸다. 평소 사용하던 도구를 제대로 활용할 수 없었고, 익숙했던 방법도 더 이상 효과가 없었다. 비통함에 잠긴 뇌는 기능을 하더라도 예전과는 완전히 다른 방식으로 작동했다.

---

* 교차성은 미국의 변호사이자 학자, 사회운동가인 킴벌리 크렌쇼 Kimberlé Crenshaw가 여러 형태의 억압이 서로 별개가 아니라 연결되어 있음을 규명하기 위해 발전시킨 개념이다.

그러다 슬픔을 가누기 위해 애쓰기로 하면서 친구의 도움을 받아 피어 서포트peer support(같은 경험을 가진 사람끼리 고민이나 체험을 공유하며 서로 지지하는 것—옮긴이) 프로그램에 등록했다. 그리고 내가 '외상 손실'traumatic loss을 겪고 있다는 걸 알게 되었다. 말하자면 복잡한 성장 환경에서 자란 수많은 '어른아이'처럼 한 명 남은 부모마저 잃으며 어린 시절의 심각한 트라우마가 다시 나타났고, 그냥 두어서는 안 될 지경까지 이르렀다. 나는 트라우마 심리치료를 시작했다.

차츰 치유가 되어 갈 무렵, ADHD가 나에게 이전과는 다른 식으로 영향을 미치고 있다는 점에 주목하게 되었다. 알고 보니 내가 수년간 ADHD 탓이라고만 여겼던 증상들이 다른 요인들에도 영향을 받고 있었다. 그때부터 내 삶을 ADHD의 관점만이 아니라 'ADHD와 …'의 관점에서도 생각하기 시작했다.

그중 한 예가 ADHD와 트라우마의 관점이다. 정서조절 곤란은 ADHD 뇌에서 흔한 경험이지만 내가 어린 시절 겪은 트라우마와 평생 동안 되풀이된 그 트라우마 패턴의 영향으로, 개인적 정서조절 곤란 경험 방식은 엄마가 돌아가시기 전부터 이미 악화되어 있었다.

내 ADHD 충동성은 어떨까? 나는 심리치료를 통해 내 충동적 행동이 대체로 불확실성을 못 견디는 성향 때문이라는 것을 알았다. 이런 특성은 나처럼 불안장애도 있는 사람들 사이에서 흔하다고 한다. 내가 ADHD와 불안증을 함께 가지고 있던 청소년 시절에 내린 충동적 선택들은 여러 기회와 우정을 희생시켰을 수 있다. 하지만 그런 선택들이 그 기회와 우정이 어떤 결과로 이어질지 몰라 초조해하던 불안감을 가라앉혀 주기도 했다.*

알고 보니 내가 수년간 자존감에 손상을 입었던 것이 전적으로 ADHD와 관련된 원인 때문만은 아니었다. 내 ADHD로는 부응하기 어려운 신경전형적인 기대와 성별적 기대에 끊임없이 충돌한 탓이기도 했다. 나는 내 몸, 집, 대인관계에서 사람들이 '기대하는' 모습과 다를 때 수치스러움과 좌절을 느꼈는데, 내가 생각하는 사람들이 '기대하는' 모습의 기준이 ADHD와 함께 미국의 백인 중산층 시스젠더 Cisgender(생물학적 성과 성정체성이 일치하는 사람―옮긴이)라는 정체성과 크게 결부되어 있다는 사실은 미처 깨닫지 못했다.

그러다 시간이 지나면서 차차 내 어려움 속에 담긴 미묘한 차이를 이해하게 되었다. ADHD만이 유일한 요인이 아니었다. 어떤 면에서는 희소식이었다. 나에겐 늘 ADHD가 따라다닐 테고 정서조절 곤란을 수시로 겪을 것이다. 또 한편으론 키가 작다는 것처럼 내가 통제할 수 없는 다른 요인들도 나를 방해할 것이다. 그렇더라도 이제는 단순히 문자 그대로나 비유적으로나 발판에만 의존해 내 결함을 관리할 필요는 없다.

심리치료로 트라우마를 치유하게 되었다. 내 불안증을 인정하면서 내 불확실성을 신중히 받아들이는 연습을 하고, 건강한 한계선을 정하려 노력했다.

자라면서 내재화된 '의무들'과 '기대들'에서 벗어나 여성으로서의 시야를 넓히며 자존감을 높일 수 있었다.

---

*　　예를 들면 이런 식이었다. '그 기회가 수포로 돌아가지는 않을까? 그 친구가 나중에 나에게 상처를 주지 않을까? 에이, 불확실한 걸 감수하느니 차라리 충동적으로 날려 버리는 것이 마음 편할 거야. 맞아, 그럴 거야.'

내 경험 중에는 내가 바꿀 수 있는 측면도 있었고 바꿀 수 없는 측면도 있었지만 둘 다 내 ADHD 경험에 영향을 미쳤다.

나는 이런 새로운 시각으로 안개 속에서 나오면서 내 커뮤니티 사람들에게도 적용해 보고 싶었다. 우리는 ADHD로 연결되어 있지만 우리의 ADHD 경험을 특별하고 복잡하게 만드는 요인은 많다. 우리 커뮤니티 사람들은 ADHD 외에도 수많은 특징을 갖고 있다. 자폐 스펙트럼 장애Autism Spectrum Disorders, ASD, 호주인, 영재성, 별종, 집 없는 떠돌이, 이민자, 신체장애, 동남아시아인, 만성통증 감내자 등 다 열거할 수 없을 정도다.

이런 공존 조건들과 사회적 정체성을 비롯한 그 외의 여러 생물심리사회적 요인들이 각 개인의 ADHD 경험에 미치는 영향에 대해 알아 가던 중 차츰 또 다른 사실도 깨달았다. ADHD를 비롯한 여러 장애에 대한 편견이 또 다른 사회적 정체성들에 대한 편견과 교차하면서, 결국 우리가 마주하는 차별을 악화시키고 있다는 점이었다(더 자세히 알고 싶다면 370쪽 '낙인, 편견 그리고 차별' 참조). 나는 채널 커뮤니티 사람들의 복잡하게 얽힌 경험에 주목하면서 점점 우리 커뮤니티에 대해 제대로 알게 되었다.

엄마가 돌아가시기 직전에 작업했던 'ADHD를 가진 흑인으로 산다는 것'이라는 제목의 에피소드에 〈How to ADHD〉 커뮤니티의 한 흑인 멤버가 남긴, 두고두고 잊지 못할 댓글이 있다.

"우린 쭉 여기에 있었어요. 전에는 우리가 안 보였나요?"

나는 마음이 미어졌다. '그랬다'고 답할 수밖에 없었기 때문이다. 다른 모든 것을 배제할 정도로 ADHD에만 너무 치중했던 탓에 개인

별 경험의 차이를 고려하지 않았다. 나 역시 마찬가지였지만 의사, 전문의, ADHD 전문가들은 특정 영역에 온 관심을 쏟느라 더 큰 그림을 놓치는 경우가 많다. 우리는 그리고 나 역시도 더 잘할 수 있다. 우리를 의지처로 삼고 싶어 하는 사람들에게, 그들을 누구도 모방할 수 없는 복잡하고 온전한 인간으로 바라봐 주어야 할 빚이 있다.

내가 배운 열한 번째 사실들

ADHD의 경우엔 공존 질환이 있는 것이 일반적인 현상이다. 우리의 경험은 생물학 및 사회경제학적 요인들의 영향도 받는다. 나는 이런 복잡한 상호작용에 대해 이제 막 이해하기 시작했지만 그럼에도 다뤄야 한다고 생각했다. 이번 장의 모든 요인들이 ADHD를 가진 사람으로서 우리의 경험과 진료 접근성뿐만 아니라 ADHD의 발현 방식에도 영향을 미칠 수 있는 것들이기 때문이다.

각 요인들이 별도의 책으로 다루어도 될 만큼 중요하지만 이 책에서는 그중 가장 보편적이거나 가장 영향을 많이 주는 요인들을 소개한다. 가급적 커뮤니티 사람들의 경험을 당사자들의 목소리로 소개하기 위해 내 나름대로 최선을 다하겠다.

심리적 요인들

성인 ADHD의 60~80퍼센트는 다음의 질환 중 적어도 한 가지를 가지고 있는 것으로 추정된다. 이 질환들은 그 자체로도 복잡하지만 이 책에서는 ADHD와 상호작용할 만한 보편적 방식을 최소한 한 가지 덧붙여 소개하겠다.

다음 질환 중 하나라도 가지고 있거나 치료 중이라면 부디 이 책을 읽으면서 그런 측면을 좀 더 파고들어 보길 바란다.

ADHD에 흔히 나타나는 신경발달적 공존 질환

신경발달 질환은 필연적으로 신경계의 발달과 기능에 차이를 유발한다. 근본적이고 구조적 차원에서 우리의 뇌 작동 방식에 영향을 미친다. 뇌 작동 방식을 우리 뇌의 '오퍼레이팅 시스템' 또는 펌웨어라고 생각해 보자.* 우리의 기능적 결함은 줄어들 수 있지만 뇌 작동 방식에서의 핵심적 차이는 사라지지 않는다. 이런 차이에 따른 증상들은 잘 다루거나 감추거나 둘 중 하나만 가능하다.

ADHD는 신경발달 질환이지만(제2장 'ADHD를 둘러싼 오해와 진실들' 참조) 한 가지 신경발달 질환을 가지고 있다고 해서 다음과 같은 또 다른 질환이 방지되는 건 아니다.

- **자폐 스펙트럼 장애**

자폐 스펙트럼 장애와 ADHD가 있는(둘을 결합한 별칭인 'AuDHD'가 있는) 뇌는 제한적이고 반복적인 흥미를 보이며, 흥미가 생기지 않

---

* IT 분야의 커뮤니티 사람이 이 비유에 결함이 있다고 지적해 주었다. 오퍼레이팅 시스템은 컴퓨터에 내장된 게 아니라 설치하는 소프트웨어라는 이유였다. 그러면서 '펌웨어'가 더 적절한 비유라며 펌웨어가 깔려 있어야 다른 소프트웨어를 설치할 수 있다고 설명해 주었다. 어느 쪽이든 여러분에게 더 공감이 가는 비유를 쓰기 바란다.

으면 집중을 잘 못하는 ADHD와 관련된 어려움까지 가지고 있다. 그 결과 좁은 폭의 관심사 외에는 집중에 아주 애를 먹는다.** ADHD가 있는 사람들은 여러 이유에 따라 사회적 암시를 놓치거나 잘못 해석하지만 자폐 스펙트럼 장애까지 있으면 애초에 사회적 암시를 알아채는(또는 '읽어 내는') 일에서부터 큰 어려움을 겪어서 사회적 유대를 맺는 일이 굉장히 혼란스러울 수 있다.

- 틱장애

통제하기 힘든 언어적 충동이나 운동신경 충동이 있으면 ADHD에 따른 사회적 어려움이 가중되어 자신의 신경다양성을 숨기려는 압박이 더 심해질 수 있다. ADHD 인구 중 틱장애 발생 비율은 10퍼센트 미만이지만 투렛증후군을 가진 사람 중 60~80퍼센트가 ADHD도 함께 가지고 있다.

- 학습장애

ADHD 뇌는 학습장애의 유병률이 43~55퍼센트에 이른다. 일반 인구 집단의 5~15퍼센트와 대비된다.

다음은 보편적으로 나타나는 학습장애 유형이다.

** 한 AuDHD 친구는 농담으로, ADHD가 있으면 누군가를 처음 만났을 때 다짜고짜 공통의 관심사부터 확인한다고 했다. 그런 게 없으면 만나서 반갑다는 인사만 하고 냉정하게 가 버릴 수도 있다는 것이다.

– 난독증

글자 읽기 및 관련 기술에 영향을 주는 학습장애. ADHD 뇌는 대체로 글을 읽을 때 주의력 조절에 어려움을 느끼는데, 글을 읽는 과정 자체가 힘들면 학업에 더 어려움을 겪는다.

– 난산증

수학 관련 기술에 영향을 주는 학습장애. 이 장애는 학교 졸업 이후 한참 뒤까지 삶에 영향을 미친다. ADHD 탓에 안 그래도 금전 관리가 힘든 상황에서 난산증까지 있으면 위축감을 느낄 수 있다.

– 실서증 失書症

글쓰기에 영향을 미치는 학습 및 미세운동 장애. 실서증이 있는 학생은 알아볼 수 있는 글씨체로 빠르게 글을 쓰는 데 어려움을 겪는다. 여기에 정리정돈 및 필기와 관련된 ADHD의 어려움까지 겹치면 일반적인 학습 방식으로는 학업이 거의 불가능할 수 있다.

• 영재성

타고난 지능을 가지고 있으면서 ADHD가 있는 학생은 자신이 가진 이런 신경다양성의 하나나 둘 다에 대해 지원을 받기가 힘들 수 있다. '두 배로 남다른' 이런 학생은 ADHD와 연관된 주의력과 실행 기능에서의 어려움 탓에 높은 지능과 그 기량을 제대로 검증받지 못하는 경우도 있다. 한편으론 두 배로 남다른 이런 학생의 빠른 습득력에 교사들이 너무 깊은 인상을 받은 나머지, 다른 영역에서의 어려움을 미처 알아보지 못하고 제대로 도와주지 못할 가능성도 있다.

지금까지 얘기한 질환들은 발달 방식이 신경전형적인 방식과 차이가 있는 diverge 뇌가 원인이다. '신경다양적' neurodivergent 이라는 용어가 ADHD를 가진 우리 같은 사람들의 뇌를 일컬을 때 더 선호적인 표현이 된 이유가 여기에 있다.* 이렇게 발달 방식에 차이가 있다는 것은, 우리가 가진 질환의 증상들이 애초에 우리의 뇌 구조에 새겨져 있다는 의미다.

ADHD에서 흔히 나타나는 비신경발달적 공존 질환

반대로 비신경발달 질환은 뇌 발달의 차이에 따른 질환이 아니다. 소프트웨어나 악성 소프트웨어에 비유될 만한 이 질환들은 개개인의 관점과 사고 과정을 바꾸며 ADHD와 깊고도 까다로운 상호작용을 할 수 있다.

이 질환의 증상은 신경발달 질환의 증상과는 달리, 치료나 상황, 시간을 통해 바뀔 수 있다. 뇌에 따라 다음과 같은 질환들이 ADHD의 부차적 질환으로 나타나기도 하고 ADHD 여부와 상관없이 생기기도 한다.

---

*   모든 사람들이 '신경다양적'(혹은 신경다양성)이라는 용어의 사용을 좋아하는 건 아니지만 이 용어가 신경전형성을 중심 기준으로 삼기에, 우리 커뮤니티 사람들이 서로를 찾는 데 도움이 된다. 개인적인 의견을 덧붙이자면 나는 우리가 대체로 확산적 사고에 능하다는 사실을 흔쾌히 인정한다. 확산적 사고는 우리의 강점 중 하나다.

• 우울증

우울증의 가장 흔한 증상 한 가지는 쾌감 상실, 즉 '흥미나 쾌감의 현저한 감소'다. ADHD를 가진 사람이 동기부여를 흥미에 의존하는 데다 흥미롭지 않은 일을 하기 위해서는 보상이 있어야 한다는 점에서 볼 때 쾌감 상실은 상당한 무력감을 일으킬 수 있다.

우울증은 ADHD를 가진 대부분의 사람들이 가지고 있는 자존감 문제를 악화시킬 수 있다. 우울증이 있으면 스스로를 쓸모없다거나 낙오자, 짐덩어리로 여기게 된다. 이런 식으로 판단하고 비난하는 생각에 휩싸이면 바깥세상에서 우리가 너무도 자주 받는 부정적 꼬리표와 평가를 더 쉽게 믿게 된다.

• 불안장애

불안한 반추는 불안증과 ADHD에서 공통으로 나타나는 증상으로, 안 좋은 생각이 고장난 레코드처럼 계속 되풀이되는 것이다. 이렇게 불안한 생각이 머릿속에 굳어지면 중요한 정보를 놓치게 되어 더 많은 실수를 저지르고, 그 결과 더 불안해지는 역설이 일어날 가능성이 높다.

불안증은 때때로 신체적, 정신적으로 과하게 예민해지는 과각성을 유발하기도 한다. 불안증은 그런 불안이 우리의 생존에 도움이 된다는 믿음이 깔려 있어서, ADHD 때문에 뭔가를 놓칠 것 같은 상황에서는 더 초조해하며 경계를 강화하게 된다.

한편 ADHD 뇌는 다급해져야 동기가 자극되고, 불안증은 다급한 기분을 일으키는 방면으로 재주가 탁월하다. 그래서 불안증 치료는 받고 있지만 ADHD 치료는 받고 있지 않은 ADHD 뇌에 문제를 일으킬 수 있다. 다시 말해 스스로를 몰아댈 만큼 불안한 상황이 아닌데도 성취를 내기 위해 기를 쓸 때가 많아진다.

- 적대적 반항장애

ADHD 성인의 임상 표본 중 47퍼센트가 적대적 반항장애(권위에 대해 순종하지 않거나 반항하며 자극적인 반대를 일삼는 것—옮긴이) 진단을 받은 것으로 나타났다. 4퍼센트인 일반 인구 집단에 비해 훨씬 높은 비율이다.

많은 전문가들이 적대적 반항장애를 별개의 장애로 보는 것이 타당한가에 의문을 제기하고 있고, 그중에서도 특히 ADHD를 함께 가지고 있는 사람들의 경우를 문제 삼고 있다. 일부 전문가는 이 적대적 반항장애를 수년 동안 자신의 뇌에 잘 맞지 않는 방식으로 억지로 일을 밀어 붙여 온 결과로 나타나는 증상으로 본다.

임상 심리학자인 샤론 살린Sharon Saline 박사는 적대적인 행동을 보이는 사람이 모든 사람들과 모든 일들에 적대적이지는 않다는 점을 강조한다. 적대적인 행동은 관계에 따라 좌우되는데 사람에 대한 문제일 때도 있고, 일과 관련된 문제일 때도 있다.

- 트라우마 관련 장애들

ADHD 성인의 10퍼센트가 외상후스트레스장애PTSD를 가지고 있다. 일반 인구 집단의 PTSD 발병률이 1퍼센트밖에 안 되는 것과 대조된다. 일부 연구에 따르면 남성 참전군인 중 ADHD가 있으면

ADHD가 없는 경우보다 PTSD 유발 위험이 높을 것으로 본다.

ADHD와 트라우마가 둘 다 있으면 특정 트리거(심리적 방아쇠)에 격하게 반응해 감정적 범람이 일어날 수 있고, 실행기능이 급저하된다. 트라우마 트리거가 있을 경우 정서조절 곤란이 더 심해지고, ADHD의 충동성에 따라 그 트리거에 더 쉽게 반응할 수 있다.

• 물질사용장애

ADHD에서는 자가 치료가 흔하며, 특히 치료되지 않은 ADHD의 경우에서 더 빈번히 일어난다. 실제로 현재 ADHD 성인의 알코올 및 약물 의존율은 일반 성인에 비해 훨씬 높은 수준이다(조사 결과에 따르면 각각 25퍼센트와 13퍼센트).

ADHD 치료에 자극제를 처방하는 것에 대한 대표적인 우려는 오용 및 남용의 가능성이다. 약물 사용 이력이 있는 사람은 자극제 처방을 받을 수 없다. 여기에서 안타까운 아이러니는 자극제 치료가 ADHD가 있는 사람들의 약물 남용 위험을 실제로 줄여 줄 수 있다는 점이다.*

---

* 분명히 밝혀 두자면 자극제는 처방대로 복용하면 중독성이 없다. 내 커뮤니티 사람들이 즐겨하는 농담처럼 우리가 먹는 그 약이 정말로 중독성이 있다면 우리가 약 먹기를 왜 그렇게 자주 깜빡깜빡하겠는가? 하지만 그 약이 굳이 필요 없는데도 먹거나 기분 전환용으로 먹는 사람들이 대체로 그렇듯 자극제 정량을 크게 초과해 복용할 경우엔 중독성이 생길 수 있다.

ADHD와 식이 관련 문제

ADHD 청소년들을 치료하는 공인 소아과 의사 캐럴린 렌츠쉬 파셀스 Carolyn Lentzsch-Parcells 박사에 따르면 ADHD에서는 다음과 같은 식이 관련 문제가 상대적으로 더 흔하게 나타난다고 한다.

- **폭식증 및 폭식장애**: 폭식 후에 구토나 하제下劑로 속을 비우면 뇌에 도파민 분비가 늘어난다. 일부 사람들에겐 이것이 조정 불가능한 방식의 ADHD 대처법이 되어 주기도 한다. 폭식 후 속을 게워 내는 이런 행동 외에 과도한 절식이나 과잉 운동으로 도파민을 끌어올리는 방식으로 ADHD에 대처하는 사람들도 있다.

- **회피적/제한적 음식섭취장애** avoidant restrictive food intake disorder, ARFID: 음식 자체에 대한 두려움이나 그 음식을 먹은 후에 일어날 결과에 대한 두려움 때문에 음식물의 섭취량을 극도로 제한하는 장애다. ADHD와 관련된 감각 문제가 있고 음식과 관련해서 안 좋은 경험이 있다면 불안감에 따라 제한적으로 먹게 될 가능성이 있다. 이는 ARFID에서 전형적으로 나타나는 경향이다.

- **섭식장애**: 우리 ADHD 커뮤니티에서 식이장애(식이 행동과 관련된 이상 행동과 생각을 통틀어 일컫는 잘환으로 신경성 식욕부진증, 신경성 과식증, 비만이 포함됨—옮긴이)는 소수의 사례에 들지만 섭식장애를 겪는 사람은 많다. 섭식장애는 음식 섭취나 음식관飮食觀이 우리 삶에 부정적 영향을 미치지만 식이장애의 기준에는 못 미친다.

  섭식장애는 신체상(자신의 신체에 대해 지니는 느낌이나 태도—옮긴이) 문제에 영향을 받기도 하지만 감각 문제, 체내 신호를 감지하는 내부수용 감각 interoception 문제, 실행기능 결함이(또는 이 셋 중 하나가) 원인이 되어 나타날 수도 있으며, 식단을 짜서 장을 보고 음식을 준비하는 일을 잘 못하게 된다.

약효가 떨어지면 식욕이 왕성해지는 이유는 뭘까?

우리 커뮤니티의 많은 사람들이 궁금해하는 이 의문에도 렌츠쉬 파셀스 박사가 답을 알려 주었다. 자극제가 낮 동안 식욕을 억제해 우리의 기능이 계속 일을 하기에 충분할 만큼 음식을 먹지 않을 수 있기 때문이다. 그래서 약효가 떨어지면 뇌가 우리에게 이렇게 한마디 할 수 있다.

'이봐, 우리 지금 칼로리가 부족해! 뭐 좀 먹어!'

반대로 충분히 먹고 있었는데도 약효가 떨어져 비디오 게임의 '팩맨'처럼 냉장고를 뒤져 마구 먹어 댄다면 다음 두 가지 이유 때문일 수 있다.

- ADHD 충동성이 풀려나 음식을 보면 먹게 됨.

- 뇌가 충분한 도파민을 얻지 못해 다시 약 없이 고군분투하는 상황에 불만족스러워하게 됨.
  '나 지금 도파민이 필요해. 도파민을 얻을 방법도 알고. 쿠키가 어디 있더라?'

생물학적 요인들

뇌에 대해 얘기하다 보면 때때로 잊어버리기 쉬운 점이 있다. 우리에겐 신체도 있다는 사실이다. 뇌가 우리의 모든 부분에 영향을 미친다 해도 뇌 자체는 전체 신경계를 이루는 한 부분일 뿐이다. 지금부터는 우리의 뇌와 신체가 서로 어떻게 협력하는지 또는 어떻게 협력하지 않는지에 대해 얘기해 본다.

- 호르몬

ADHD가 사춘기 때 감지되는 경우가 많은 이유는 이 시기에 급격한 호르몬 변화가 일어나기 때문이다. 남자아이는 사춘기 중에는 테스토스테론 수치가 7배 늘어나고, 그에 따라 더 충동적인 결정을 내리고 더 과잉행동을 하게 된다.

여성호르몬인 에스트로겐은 도파민 생성과 연관되어 있다. 에스트로겐 수치가 높아지면 도파민 수치도 높아진다. 에스트로겐 수준은 월경 주기 내내 변동을 거듭하면서 월경 전 단계(월경을 앞둔 며칠간이나 월경 시작 전주)에서는 ADHD 증상을 악화시킬 수 있다. 그리고 출산 후와 폐경기에는 급격히 떨어진다.

- 생물학적 성

시스젠더 남자아이들 사이에서는 ADHD의 과잉행동 특성이 상대적으로 많이 드러난다면, 시스젠더 여자아이들은 주의력결핍의 특성이 더 두드러지는 편이다. 연구에 따르면 여자아이들은 진단을 받을 확률이 상대적으로 낮다. 진료를 받으러 가도 ADHD로 진단받을 확률이 낮고 진단을 받더라도 ADHD 치료를 받을 확률이 낮다. 하지만 남자아이들과 성인 남성들 사이에서도 비교적 발현이 억압되어 있는 경우엔 ADHD를 놓치고 넘어갈 수 있다.

- **나이**

　ADHD 발현은 나이에 따라 바뀐다. 나이를 먹을수록 주의력결핍의 발현 가능성이 높다. 충동성과 과잉행동 증상도 시간이 지나면서, 특히 압박 요인이 달라짐에 따라 차츰 진전된다. 아이 때는 충동성이 차도로 뛰어드는 식으로 나타난다면, 어른이 되면 사직서를 내버리거나 추가 업무를 덥석 받는 식으로 발현될 수 있다. 나이가 들면서 실행기능이 더 발달해 대처 기술, 즉 조정 가능한 대처술과 조정 불가능한 대처술 모두를 터득하기도 한다.

- **임신**

　기존 연구에서는 임신 중 자극제 복용에 따른 합병증 위험성이 아주 적거나 없는 것으로 나타나 있다. 하지만 이 연구 조사의 범위가 한정되어 있어서 일부 의사들은 환자에게 임신 후에도 자극제를 계속 복용하라고 권하는 걸 불편해하고 있다. 한편 내 담당 정신건강의학과 전문의가 말해 주었듯이 ADHD는 스트레스를 다루는 능력에 큰 영향을 미치므로, 당연히 태아에게도 안 좋은 영향을 준다. 최근 연구에서는 임신으로 자극제 복용을 중단할 경우, 예비 부모에게 부정적 영향을 미친다고 강조했다.

- **편두통**

　한 연구에 따르면 ADHD가 있는 남성은 비ADHD 남성에 비해 편두통을 겪을 확률이 두 배다. 나는 '조짐 편두통'migraines with aura을 겪으며 편두통이라고 항상 두통이 일어나는 건 아니라는 걸 알게 되었다. 머리는 말짱한데 화면이 보이지 않아서 글을 쓸 수 없을 때가 있다.

- **만성통증**

만성통증이 있는 사람들은 괜찮거나 중간 정도이거나 안 좋은 통증 상태에 맞춰 그날그날 대처해야 한다. 그런데 괜찮거나 중간 정도이거나 안 좋은 뇌 상태까지 맞춰야 할 경우엔 상황이 더 복잡해진다. 통증은 어느 수준이든 주의가 산만해지며 ADHD 뇌는 감각적인 산만함을 걸러 내는 데엔 재주가 없다.

만성통증이 있으면 정신건강과 신체건강에 이로운 활동을 피하게 될 수도 있다. 좋아하는 활동을 하면 도파민이 늘어나고 기분이 끌어올려지고 고통을 덜 느끼는 이점을 못 누리게 된다는 얘기다. 만성통증으로 도파민을 늘려 주는 활동을 안 하면 뇌가 집중하는 데 필요한 도파민을 얻지 못해 상태가 더 나빠질 수 있다.

ADHD가 있으면 어떤 만성질환이든 더 심해져서 치료하기 힘들다. 광범위한 추적 치료나 복잡한 약물 관리가 필요하기 때문이다. 삶의 요구에 응하는 데 애를 먹을 땐 '치료에 응하기'가 어렵다. 의료인은 이렇듯 치료에 응하기 힘들어하는 사람들에게 치료를 거부하기보다 환자와 협력해 환자의 신체뿐만 아니라 뇌에도 잘 맞는 치료법을 찾아야 한다.

ADHD 뇌는 예방적 건강관리 문제에서도 어려움을 겪는다. ADHD를 가진 대부분의 사람들은 복잡한 의료 체계, 검사 일정, 보험 문제 등의 지뢰밭을 헤쳐 나가야 한다. 이런 예방적 건강관리는 약속 자리

낙인, 편견 그리고 차별

ADHD를 둘러싸고 낙인찍기가 만연하며 ADHD를 가진 사람들에 대한 오해와 고정관념이 가득하다. 그에 따른 편견은 선입관과 차별로, 더 구체적으로 말하자면 장애인차별로 이어진다. 장애인차별은 신경전형적인 능력이나 신경전형인들이 본질적으로 더 우수하거나 가치 있다고 믿으며, ADHD를 비롯한 여러 가지 장애를 가진 사람들에 대해 차별하거나 사회적 선입관을 갖는 것이다.

장애인차별이 드러나는 예는 여러 환경에서 찾아볼 수 있다. 심지어 유치원 교실에서도 발견된다. 게시판의 '수업을 잘 듣기 위해 지켜야 할 규칙'을 보면 "눈은 보고, 귀는 듣고, 입술은 다물고, 손을 가만히 두고, 발을 얌전히 붙이기"라고 되어 있다. 이런 규칙을 따르는 게 당연시되고 있으며, 몇 가지 항목은 ADHD를 가진 사람들이 지킬 수 없는데도 규칙을 따르지 못하면 벌을 받는다. (제3장 '내 안의 야수를 길들이는 법' 참조)

ADHD가 있는 사람은 ADHD나 그 외의 신경다양적 특성을 내보이는 것이 사회적으로 용납되지 않으며 안전하지 않다는 메시지를 일상적으로 받는다. 사회적 상황을 헤쳐 나가며 기대에 부응하기 위해 여러 가지 대처 메커니즘을 적극 활용하는 데도 마찬가지다.

우리는 노골적 차별과 은근한 차별을 일상적으로 겪는다. ADHD를 가진 사람은 ADHD에 대한 편견뿐만 아니라 여러 가지 또 다른 소외적 정체성에 대한 편견까지 더해져 더 심한 차별을 받는 경우가 많다. 예를 들어 동성애 혐오와 성전환 혐오를 유발하기 쉬운 성소수층에 대한 편견을 겪으며 더 심각한 장애인 차별을 받을 수 있다. 미국에서는 똑같이

> 산만해도 흑인 아이들이 백인 아이들보다 수업을 방해한 벌을 더 많이 받는 경향이 있는데, 이 역시 '인종적 편견의 영향'이다. 그런 편견 탓에 '학교의 교사들이 아프리카계 흑인 아이들에 대해 또래의 백인 아이들보다 순진하지 못하고 조숙하고 공격적이라는 색안경을 끼게 되는 것'이다.
>
>   거의 모든 사회에서 사람들은 성별, 종교, 출신국, 민족, 성적 지향, 장애 등의 여러 이유로 차별을 받고 있다. 이런 교차성 모두는 이어서 살펴볼 사회환경적 측면에서 이야기할 모든 요인에 영향을 미칠 수 있다. 이 모든 차별은 어떤 정체성이나 존재 방식은 용납되지 않고 같은 일원으로 받아들일 수 없다는 낙인에 뿌리를 둔다.

에 제때 나가고 서류를 올바르게 작성하는 등의 일상적 어려움에 대해서는 제대로 다루지도 않는다. 게다가 예방적 건강관리의 본질상 다급하지 않기 때문에 우리로선 1년에 한 번씩 하는 검사, 검진, 치아 스케일링 등을 이행하기가 훨씬 더 힘들다.

사회환경적 요인들

우리는 뇌가 있고, 뇌는 우리의 신체와 융화된다. 또 이런 우리의 신체는 지구 전체, 아니 어쩌면 우주까지 아우르는 복잡한 문화적·경제적·환경적 시스템과 융화된다. 우리가 이 시스템과 상호작용하는 방식은 이 시스템이 우리와 상호작용하는 방식과 더불어 ADHD를 가진 우리의 경험에 지대한 영향을 미친다.

• **문화**

ADHD는 여러 문화에 똑같은 모습으로 나타나지만 ADHD를 인정하고 바라보고 지원하는 방식에서는 모든 문화가 똑같지는 않다. 정신건강의 어려움을 더 많이 인정하고 지원해 주는 문화가 있는가 하면 치료의 접근법에서도 문화별로 차이가 난다.[*]

게다가 문화별로 가치가 달라 다른 곳들에 비해 ADHD 뇌 상태에 더 잘 맞춰 줄 수 있는 문화들이 있다. 예를 들어 시간에 대해 더 느긋한 문화에서는 시간 근시안을 가진 ADHD 뇌가 더 부담 없이 기능할 수 있다.

• **사회화/사회적 기대**

ADHD를 가진 사람들은 사회적 기대에 발맞추지 못하는 경우가 많다. 이를테면 젠더 비순응(출생 시 부여된 성에 근거한 사회적 기대에 순응하지 않는 것―옮긴이) 성향이 상대적으로 더 흔하다. 여기에는 여러 가지 이유가 얽혀 있으며, 그중 하나는 ADHD를 가진 사람이 대개 성별 기반인 사회적 기대에 부응하기 힘들어하는 편이기 때문이다.

사회적 기대는 자신이 태어나서 살고 있는 문화에 따라 다르며, 우리는 대체로 한 문화 내에서도 요구하는 바가 저마다 다른 여러 하위

---

[*] 여러 연구에 따르면 전 세계에서 보고되는 ADHD 유병률이 서로 큰 차이를 보이는 것으로 나타났다. 하지만 체계적인 검토 결과, 이런 차이가 진단 기준과 결함의 평가 방식에 따른 문화적 차이에 기인하는 것일 수 있다고 밝혀졌다. 다시 말해 이런 유병률의 차이는 ADHD가 지역별로 다양한 비율로 나타나기 때문이 아니라 문화적 맥락에 따라 비롯되는 것으로 보인다.

문화와 씨름을 벌이기도 한다. 하지만 일, 친구, 가족, 사회, 정치적·이념적 커뮤니티 등의 기대에 부응하려면 실행기능이 필요하다. 이 모든 기대에 부응하려 애쓰다 보면 서로 맞서는 여러 요구를 다루는 능력에 과부하가 걸리기 쉽다.

- 종교

ADHD가 있는 사람들을 비롯한 많은 사람들이 희망이나 위안, 소속감을 느끼고 사회적 지지를 얻기 위해 종교에 의지한다. 안타깝게도 일부 전통사회에서는 ADHD와 관련된 인지적 결함을 도덕적 문제로 여기기도 한다. 그래서 그런 문제로 힘들어하는 사람들은 종교적 교리나 신의 도움을 구하고, 심지어 '기도로 악귀를 쫓아내야 한다'고 생각하기도 한다.

종교는 이런저런 도움을 주지만 언제나 우리에게 필요한 방식으로 도움을 주는 건 아니다. 더군다나 ADHD가 있는 사람들은 일을 '제대로' 하기 힘든 결함 때문에 스스로를 '불성실한 가톨릭교인/기독교인/무슬림'으로 생각해 종교에서 멀어지기도 한다.

- 민족 및 인종

ADHD의 진단율과 치료율은 수많은 요인들로 인종에 따라 큰 차이를 보인다. 미국에서 진행된 최근 한 연구에서 흑인 성인은 백인 성인에 비해 ADHD 진단을 받은 확률이 77퍼센트 더 낮았지만 흑인 청소년은 백인 청소년에 비해 ADHD 진단을 받은 확률이 24퍼센트 더 높은 것으로 나타났다. 한편 또 다른 연구에서는, 사회경제적 지위를 감안할 때 흑인과 라틴계 아동이 ADHD로 진단받아 약을 복용하는 확률이 백인 아동에 비해 낮았다. 아시아계 아동은 치료를 받지 않는 확률이 가장 높은 것으로 나타났다.

이런 확률들이 말해 주듯 ADHD 진단 및 치료 방식에서 인종에 따라 차이가 뚜렷하며, 이런 차이는 ADHD의 결과에도 영향을 미친다.

- 사회경제적 지위

ADHD는 잃어버렸거나 망가진 물건을 새것으로 대체할 여유가 있고, 하루 휴가를 내도 공과금을 납부할 여력이 되고, 뭘 먹어야 할지 모를 때 배달음식을 주문하고, 일상적 업무를 도와줄 사람을 고용할 여유가 있으면 살아가는 데 크게 힘들지 않을 것이다. ADHD가 있는 사람들 대부분은 이런 편의를 누릴 경제적 여건이 안 된다.

- 보살핌을 받을 기회

전 세계 ADHD 뇌들은 적절한 보살핌과 치료를 받을 기회를 보편적으로 누리지 못하고 있다. 걸림돌들이 수두룩하다. 이 글을 쓰고 있는 현재, 미국은 자극제 부족 문제를 겪고 있다. 영국에서는 국민건강보험공단에서 평가를 받으려면 대기자 리스트에 올려져 수년을 기다려야 한다. 그 외에도 러시아 같은 여러 나라에서는 자극제가 불법 약물이다. 또한 성인 ADHD를 전문으로 다루는 실력 있는 심리치료사의 수가 턱없이 부족하다. 다른 질환과 정체성(특히 사회적으로 소외되는 정체성)까지 가지고 있을 경우엔 자신과 잘 맞는 좋은 의료인을 찾기가 그야말로 하늘의 별 따기다.

- **점점 늘어나는 요구들**

살면서 이사, 결혼, 가정 꾸리기, 이직, 고령의 부모 부양 등의 특별한 일들이 생기면 실행기능에 대한 요구가 대폭 늘어난다. 예를 들어 대학에 갓 입학한 경우라면 연구가들이 말하는 이른바 '이중 결함'double deficit을 겪을 수 있다. 즉, 수강 신청하기, 새로운 캠퍼스에서 헤매지 않고 잘 찾아다니기, 편의 시설 활용하기, 스스로 밥 챙겨 먹기 등 늘어난 실행기능상의 요구에 쩔쩔매게 된다. 이와 동시에 새 친구를 사귀고, 룸메이트와 함께 지내고, 연애하고, 파티에 가는 등 여러 활동에 수반되는 새로운 사회적 맥락과 가중된 사회적 압박에도 힘들어하게 된다.

많은 사람들이 실행기능에 대한 요구가 점점 늘어나 대처 능력을 넘어서는 지경이 되어서야 ADHD에 대한 진단과 치료를 받아 보려고 나선다. 안타깝게도 이 말은 이미 툭하면 물에 빠져 허우적거리는 상태에 이르렀다는 의미다. 이미 주체할 수 없는 지경이 된 상태에서 비로소 ADHD를 이해하고 다루려는 셈이다.

이처럼 실행기능의 과부하 상태에서 막 진단을 받으면 여러 가지 새로운 전략을 실행하는 게 무리가 될 수 있다. 그러나 ADHD를 지원하고 치료해 줄 위치에 있는 사람들은 이 점을 잘 파악하지 못하는 경우가 너무 많다.

모든 요인들이 서로 상호작용한다

지금까지 살펴본 요인들 중에는 치료와 지원을 더 잘 받을 수 있게 해주는 요인도 있다. 또 어떤 요인들은 긍정적인 동시에 해로울 수 있다. 부정적인 요인들도 있다.

어쨌든 이 요인들과 ADHD 사이에서만 상호작용이 일어나는 게 아니라 이 요인들 사이에서도 서로 상호작용이 일어난다. 예를 들어 유전적으로 불안해하는 성향이 높은 사람이라도 특정 사회환경적 요인이 ADHD와 함께 살아가는 일과 결합해야만 불안 유전자에 '스위치가 켜져' 불안장애가 일어난다.*

문화적 차이, 의학적 차별, 보살핌을 받을 기회 부족으로 불안증이 치료되지 않으면 우울증으로 이어지기 쉽다는 점에서, 이 세 요인들은 ADHD를 다루기 더 어렵게 할 수 있다.

학생들은 우수한 성적을 받아야 하고, 부모들은 자녀의 실력 향상을 도와야 한다는 특정 문화의 환경은 ADHD를 가진 학생에게 유리하게 작용할 수 있다. 예를 들어 학교 공부에 쩔쩔매는 자녀를 둔 부모가 아이의 학습 스타일에 맞춰 가정교사 역할을 해주면 긍정적인 결과로 이어질 수 있다. 하지만 어떤 부모들은 학업에 힘들어하는 자녀를 보며 스트레스와 수치심을 느낄 수도 있다. 말하자면 똑같은 문화 환경이라도 부모가 매일 밤을 새우며 자녀의 숙제를 도와주도록 자극을 받을 수도 있고, 자녀가 '충분히 노력하지' 않는다는 좌절감에 아이의 정신건강이나 학업에 도움을 주려는 의욕이 꺾일 수도 있다.

내 경우엔 엄마의 죽음을 계기로 어린 시절의 트라우마를 마주하고 다루며 정신건강이 전반적으로 개선되었다. 하지만 이런 일이 가능했던 이유는 트라우마 심리치료사를 찾도록 도와준 지지망과 더불어 오후 3시에 상담을 받을 수 있는 유연한 일정과 지원팀이 있었기 때문이다.

치료 결과의 차이를 가져오는 이유를 노력이나 미덕, 심지어 그 사람이 가진 특정 진단만으로 단순화할 수는 없다. 그 외의 여러 요인들이 서로 상호작용하고 이 모두가 우리의 ADHD 체험에 영향을 미친다. 여러 요인들의 상호작용을 헤아리고 조목조목 분석하는 일이 부담스러울 수도 있지만 ADHD를 가진 사람을 잘 돕기 위해 정말 중요한 과정이다. 특히 그 사람이 자기 자신이라면 더더욱.

ADHD만의 문제가 아니다

나는 커뮤니티 사람들에게 ADHD가 본인의 교차성을 비롯한 그 외의 요인들과 상호작용을 하면서 일상생활에 어떤 영향을 미치는지 얘기해 달라고 부탁했다. 며칠 동안 사연들을 하나하나 읽으면서 그 놀라운 연계성을 훨씬 잘 이해하게 되었고, ADHD를 가진 사람들의 개인적 경험에 마음이 아플 때도 많았다. 그중 몇 가지를 여기에 옮겨 보았다. (경고: 사연 중에는 의료 여건, 인종차별, 성전환 혐오, 동성애 혐오, 섭식장애 등에 대한 솔직한 의견이 담겨 있음을 밝혀 둔다.)

* 우리의 DNA는 책으로 가득한 도서관과 같아서 '읽히는' 유전자들만 표출이 된다. 환경적 요인에 따른 유전자 스위치의 온-오프 원리를 연구하는 후생유전학後生遺傳學은 정말 끝내준다. 인터넷에서 한번 검색해 보길 진심으로 권한다.

타이거 T. (47세, 메릴랜드주)

"제 머릿속에서는 자폐 스펙트럼과 ADHD가 재미있는 이분법을 유발해요. 반복적인 일을 좋아하다가 좀 지나면 지루해하죠. 우리는 자극이 필요하지만 자극이 너무 과해도 안 돼요. 이 등식의 양변 모두가 피로를 일으키니까요. 그리고 ADHD 방어 메커니즘으로 발동되는 여러 체계가 저의 자폐 측면 때문에 생겨난 것이기도 해요."

리 D. (39세, 매사추세츠주)

"저는 게이이면서 ADHD가 있어서 커밍아웃의 문제를 이중으로 감당해야 해요. 제가 통제할 수 없는 이런 요인들로 비난받을까 봐 걱정돼요. 누군가에게 털어놓았다가 그 사람이 이해하지 못할 경우의 후유증이 조금은 두렵기도 해요."

세렌 S. (35세, 캐나다)

"ADHD가 있으면 운동기능과잉증이나 엘러스-단로스증후군, 자율신경이상증이 있을 가능성이, ADHD가 아닌 사람들에 비해 훨씬 높아요. 혹시 이런 질환이 있다면 ADHD가 원인일 수도 있는 일부 행동이나 어려움을 자신의 몸에 유용한 전략으로 조정할 수도 있어요. 예를 들면 관절 통증을 줄이기 위해 자주 움직이거나, 기립성조절장애(눕거나 장시간 앉아 있다가 갑자기 일어설 때 뇌, 심장 등의 혈류가 감소해 현기증, 구토 등이 일어나는 증세-옮긴이)를 다루기 위해 꼼지락거리거나, 별나게 앉아 있는 식이에요. 저는 관절 통증이 실행기능을 크게 악화시킨다는 것도 알게 되었어요."

트레이시 L.(38세, 캘리포니아주)

"ADHD와 비만공포증은 둘 다 자신이 '게으르지 않다'는 걸 증명하기 위해 과잉 노력하는 원인이 될 수 있어요. 자신의 신체를 배려하지 않으면서 소외감을 느끼는 게 자신의 잘못이라거나 자기관리를 잘하면 어려움을 다스릴 수 있다는 식의 메시지를 끊임없이 보내는 세상에서는 거부민감성이 더 심해져요."

N.C.M.(37세, 영국)

"못 배우고 가난한 부모 밑에서 태어나면 문제가 있어도 알아내기가 훨씬 힘들어요. 집에서는 책임감을 기르게 이끌어 줄 사람이 없고 선생님들은 가난해서 공부할 의욕이 없는 것으로 넘겨짚어 버려요. 이런 문제는 논의되는 일이 없어요. 온통 중산층의 관점으로만 다뤄지니까요."

마크 J.(63세, 캘리포니아주)

"저는 40세가 되도록 ADHD로 진단을 받지 않은 채 살았어요. 제3문화 아이(성장기 동안 두 개 이상의 문화적 배경을 경험하며 자란 사람-옮긴이)이기도 해서 제 여권의 문화와 다른 문화에서 자랐죠. 저는 언제나 규칙에 잘 맞지 않았어요. 스코틀랜드의 가톨릭계 학교에서는 가죽 벨트로 맞아도 손이 아프지 않을 정도로 혼나서 내 탓이라는 자책감이 자주 들었어요."

잉 D.(26세, 버지니아주)

"제가 정리정돈을 잘하는 것처럼 보인다고 해서 머릿속도 그런 건 아니에요. 서류 작업을 할 때 지나치리만큼 살펴보는 것도 아시아계 1세대 이민자의 ADHD 뇌를 감추기 위해서예요."

렉스 M.(34세, 노스캐롤라이나주)

"저는 ADHD가 있는 트랜스젠더예요. 가슴 바인더를 착용하지 않고 밖에 나가면 불편하지만 착용하고 나가면 옷에 대한 감각이 예민해져 불편해요. 한마디로 밖에 나가는 게 불편하다는 얘기죠."

세실리아 C.(37세, 멕시코)

"ADHD와 갑상선기능저하증이 같이 있으면 초건망증과 초우울증이 생겨요. 치료를 받아도 다를 게 없어요. 갑상선기능저하증 때문에 업무 시작을 예열해 줄 도파민이 부족해 안 그래도 힘든 상황에서 에너지가 고갈돼요."

엠리스 H. (32세, 캘리포니아주)

"돈 관리를 잘 못해서 섭식장애가 시작되었어요. 아무래도 ADHD가 있다 보니…. 처음 먹을 게 다 떨어졌던 날이 기억나요. 며칠이나 배를 곯으니 그야말로 악몽이었어요. 일부러 굶는 게 아니라 먹을 게 바닥이 나서 못 먹던 심정이란. 그러다 다시 뭘 먹게 되었을 때, 그걸 다 먹어 버리면 지난번의 고통을 또 겪을지 모른다고 생각했어요. 아껴 먹으면 끼닛거리가 남을 테니 굶지는 않을 거라고요. 이렇게 절제해 먹는 게 곧 절약으로 이어졌고, 아이러니하게도 쫄쫄 굶을 일이 없는 예방책이 되기도 했죠. 이제는 그렇게 먹는 게 본능처럼 배어 버렸어요. 지금도 스트레스가 심할 때는 일부러 억눌러야 적게 먹으려는 본능을 막을 수 있어요."

제네바 L. (34세, 미시간주)

"저는 선천적으로 안구진탕증(의지와는 관계없이 안구가 제멋대로 겉도는 상태-옮긴이)이 있어요. 두 눈의 힘이 서로 달라서 뭘 쳐다볼 때 고개를 기울이는 버릇이 들었죠. 게다가 ADHD의 '멍때리기 증상'까지 같이 있었는데 어릴 땐 그냥 '귀여운 여자애'로 바라보다가 나이를 먹으면서부터는 주변 사람들이 짜증스러워 했어요. 6학년이 되어서야 시각장애를 진단받고 수업 편의를 위한 개별화교육계획을 받았어요. 그래도 제가 애써 나서지 않으면 선생님들은 대부분 그런 편의를 무시하고 넘어갔어요."

줄리아 F. (38세, 뉴질랜드)

"ADHD가 사회경제적 지위의 영향을 받는다는 사실은 너무 가혹해요. 실행기능 장애에 도움이 되는 방법 대부분이 돈이 필요하니까요. 애초에 진단을 받는 것부터 비용이 많이 들어서 많은 사람들이 돈의 장벽에 가로막혀요. ADHD 커뮤니티에서는 공공 시스템 대기자 명단에 올라 봐야 별 의미가 없다는 걸 알아요. 삶이 말 그대로 무너져 내리지 않는 한 진단을 안 해주니까요. 저는 다행히 개인적으로 진단 받을 돈이 있었지만 자극제 처방을 받을 특별 권한을 새로 얻으려면 2년마다 추적 검사를 받아야 해요. 검사를 예약하는 데도 돈이 많이 들어요. 자극제는 규제 약물이라 매달 처방비도 나가요. 보통의 경우처럼 3개월마다 처방전을 받는 게 아니에요. 필요한 도움을 받으려고 해도 돈이 없으면 장벽이 정말 많아요."

아이크 A. (23세, 일리노이주)

"흑인이 치료를 받기가 힘든 이유 중 하나는 의료적 인종차별과 의료 시스템에 대한 우리 커뮤니티 사람들의 불신이에요. 실태가 이러니 우리는 진단을 받더라도 여전히 도움을 얻을 확률이 낮아요."

키리 S. (32세, 캘리포니아주)

"제가 예전에 무의식중에 제 증상을 감춘 이유는 흑인 청년이 지닌 이미지보다 '두 배로 건실한 청년'이 되어야 했기 때문이에요. ADHD의 특성은 흑인 청년을 바라보는 고정관념과 겹치는 부분이 많아요. 충동적으로 행동했다가 '에고, 저 청년 ADHD 검사를 받아 봐야 할 것 같네' 식의 우려보다 일탈로 비칠 가능성이 더 높아요."

내면의 나침반을 따르기 위한 도구상자

나는 앞에 소개한 사연과 같은 이야기를 수백 개나 읽으면서 이들의 회복탄력성에 경외감을 느끼고, 이따금씩 보호 요인(위험 요인을 개선하고 회복탄력성을 향상시킬 조건이나 그에 영향을 미칠 수 있는 요소 — 옮긴이)을 보며 희망을 품기도 했다. 하지만 대체로 우리 스스로 그 복잡한 어려움을 헤쳐 나가기 위해 얼마나 애를 쓰는지 새삼 느껴져 흐느껴 울 때가 많았다. 여러 요인들 사이에 일어나는 모든 상호 작용에 꼭 들어맞는 맞춤 전략을 제시한다는 것은 불가능하겠지만 우리 대부분에게 들어맞을 만한 보편적 원칙들은 있다.

① 자신이 겪고 있는 질환을 제대로 알기

많은 사람들이, 특히 의료 서비스에 대한 접근이 제한적인 우리 같은 사람들이 어떤 질환에 대해 도움이 될 방법을 찾는 계기는 스스로 의심하거나 자가 진단하는 것에서 시작되는 경우가 많다. 만약 자신이 여기에 해당된다면 가급적 전문가의 진단을 받고 다른 질환일 가능성은 없는지 확인하는 것이 좋다. 가급적 빠른 시일 내에 자신이 겪고 있는 문제의 요인들을 이해하지 않으면 그만큼 더 효과적인 해결책을 찾을 기회를 잃게 된다. 정확한 진단을 받으면 존재하지 않는 문제를 해결하느라 시간과 노력을 낭비하는 일을 막을 수 있으며 ADHD보다 더 근본적인 원인이 있을 경우, 이를 놓치지 않을 수 있다.

ADHD의 증상이 다른 질환들의 증상과 비슷하거나 반대로 다른 질환들의 증상이 ADHD와 비슷하기도 해서 질환에 대해 잘못 아는 일은 안타깝게도 드물지 않다. 우리 커뮤니티의 한 회원은 우울증으로 잘못 진단받고 치료를 받아 오다 20년이 지나고 나서야 자신이 ADHD라는 걸 알았다고 한다. 이후에 ADHD를 치료하면서 우울증도 나아졌다.

커뮤니티의 또 다른 회원이자 나의 친구도 그런 사례였다. 뛰어나고 강인한 트랜스젠더 여성이자 컴퓨터 프로그래머인 내 친구는 자신이 ADHD뿐만 아니라 자폐 스펙트럼도 가지고 있을 것이라고 의심했다. 하지만 신경심리학적 검사를 받고서 결과에 충격을 받았다. 알고 보니 자폐 특성이라고 생각했던 사고의 경직성이 사실은 심각한 강박장애OCD 때문이었던 것이다.

그 친구는 그동안 자신의 증상이 자폐 스펙트럼 때문이라고 믿었기에 관련 치료가 필요하다는 사실을 알지 못했다. 결국 마술적 사고(자신의 생각이나 욕망이 외부 세계에 영향을 미칠 수 있다는 믿음—옮긴이)와 광장공포증이 심해져 집 밖에 아예 나가지 못할 정도가 되어서야 치료를 고려할 수 있었다.

심리학은 불완전한 과학이지만 여전히 과학적인 타당성이 있다. 정확한 진단을 받으려면 의심되는 질환에 대한 전문 지식이 있거나 해당 분야를 전문적으로 수련받은 의료인을 찾아보는 것이 좋다. 더

불어 그 질환의 발현 및 경험에 영향을 미치는 문화적 배경을 이해하는 전문가를 찾는 것도 도움이 된다. 자신이 속한 특정 집단(여성, 성소수자, 유색인종 등)에 대한 전문성을 가진 의료인을 만난다면 자신의 증상이 그 질환의 특성에 맞는지 더 정확하게 가려낼 수 있을 뿐만 아니라 증상으로 인한 어려움을 줄이는 방법에 대해서도 더 효과적으로 안내해 줄 가능성이 크다.

물론 언제나 이런 의료인을 만나게 된다는 보장은 없다. 진료를 받게 된 의료인이 어떤 요소를 성급히 배제하거나 오진하는 듯한 기분이 들면 애태우지 말고 이렇게 물어보자.

"그 점을 배제하시는 이유는 뭔가요?"

"왜 …가 아닌 이런 진단을 내리신 건가요?"

의료인의 대답이 뭔가 께름직하면 다른 의사의 진단을 받아 보길 권한다. 내가 처음 진료를 받았던 의사도 엄마에게 이렇게 말했다.

"이 학생은 ADHD일 리가 없어요. 너무 똑똑해요."

ADHD 아동도 재능이 있을 수 있다. 심지어 커서 작가가 될 수도 있다.

마지막으로 덧붙이자면, 어떤 질환을 진단받을 정도는 아니더라도 여전히 해당 질환의 증상으로 어려움을 겪을 수 있다. 이런 경우에는 진단 여부와 상관없이 본인에게 잘 맞는 전략을 쓰면 된다.

② 전체적으로 바라보기

도구와 치료법을 찾을 때는 관련된 모든 요인을 곰곰이 따져 본다. 효과적인 치료와 지원을 받으려면 단지 어떤 질환만이 아니라 그 사람 전체를 헤아려야 한다. 또한 여러 다양한 공급처로부터 도움이 될 만한 도구를 살펴봐야 한다. 모든 도구를 한 매장에서 다 구할 필요는 없다.

- 호기심 갖기

스스로에게 도움을 주려면 모든 어려움의 원인을 ADHD에 있는 것으로 넘겨짚어서는 안 된다. 이런 의문도 가져야 한다. 'ADHD에 문화적 기대가 더해져서 그런 게 아닐까?', '혹시 불안 때문에 이러는 건가?', '지금 정말 화장실에 가야 하는 거야?' 어떤 문제를 다른 관점에서 접근하면 미처 고려하지 않았던 도구와 전략에 마음이 열릴 수 있다.

- 다른 질환을 먼저 치료할 수도 있다

자신에게 ADHD가 있더라도 우울증의 안개 속에 있으면 구분해 내기가 힘들다. 또는 ADHD 코칭이 도움되고 있더라도 먼저 PTSD 치료를 받아야 제대로 효과를 볼 수도 있다.

- 전략을 검토할 때는 다른 요인들도 염두에 두기

성능이 좋은 시간 관리 기기를 구매하면 시간 관리에 도움이 되겠지만 이때는 다른 점들도 고려해야 한다. '나한테 지금 기기를 살 수 있는 여유가 되나? 불안증이 그 기기의 사용에 걸림돌이 되진 않을까? 앞으로도 쭉 효과가 있을까? 아니면 내가 남들보다 유리하게 사용할 수 있는, 다른 시간 관리 자원은 없을까?'

- **자신의 교착성에 정통한 치료 찾기**

트라우마에 정통한 치료, 장애에 정통한 치료, 유색인종 및 성소수자에 대한 지지적 치료 등을 말한다. 연구를 통해 증명되듯 치료적 관계는 치료의 성공을 가늠하는 데 가장 중요한 척도다. 가장 생산적인 치료적 관계는 신뢰와 지지, 이해가 바탕이 되는 관계다. 이런 치료를 찾으려면 시간이 더 걸리거나 힘들 수 있지만(또는 돈이 많이 들 수도 있지만) 그만큼 더 좋은 보상으로 돌아온다.

- **괜찮지 않을 때를 위한 계획 짜기**

상황이 좋지 않을 때를 대비해 계획을 세워 두는 것도 좋다. 내가 즐겨 쓰는 예는 '건강회복 실천계획'Wellness Recovery Action Plan, WRAP이다. 정신건강의 어려움으로 힘들어하는 사람들이 만든 것으로, 증거에 기초한 실행법으로 인정받아 왔다. 건강회복 실천계획을 세우면 '건강을 잘 유지하면서 일상생활에서 실행할 실천 계획을 짜는 데' 도움이 된다.

③ 공존 질환, 정체성, 배경이 같은 사람들의 커뮤니티 찾기

여러 자료가 뒷받침하듯 ADHD 뇌는 같은 진단을 받은 사람들과 교류하며 더 힘을 얻고 낙인도 덜어 낼 수 있다. 실제로 나는 이런 효과를 〈How to ADHD〉 커뮤니티에서 거듭거듭 목격해 왔다.

우리 채널 커뮤니티의 설립 취지는 신경다양성을 가진 사람들을 가능한 한 포용하는 것이다. 커뮤니티에서 전 세계 브레인과 하트 들이 서로의 경험을 공유하고, 개인적 요인, 개인적 교차성에 대해 열띤 대화를 나누면서 그런 경험을 정상으로 여기는 데 도움을 얻는다. 더불어 스스로를 옹호할 힘을 키우고, 낙인이 씌워진 다른 차이들에 대한 연민과 이해도 높이고 있다.

물론 필요한 이해와 사회적 지지를 얻는 측면에서는 어떤 커뮤니티든 한계가 있기 마련이다. 〈How to ADHD〉 커뮤니티를 예로 들어 보자. 우리 커뮤니티의 주된 목적이 'ADHD에 대한' 논의를 촉진하는 것이다 보니 브레인들과 이 브레인들을 사랑하는 전 세계의 하트들이 쉽게 접근할 수 있는 방향으로 초점이 맞춰져 있다. 커뮤니티의 가이드라인도 이런 목적을 염두에 두었다.

한편 모든 커뮤니티는 저마다의 목적을 위해 활동하며, 제아무리 노련한 커뮤니티 관리자와 조정자라도 그 목적에 맞춰 그룹 전체의 필요성을 모두 채워 주기는 버겁다. 그런 탓에 어떤 커뮤니티도 이해와 소속감을 바라는 개개인의 필요성을 일일이 충족시키는 건 불가능하다. 사회적 동물인 우리는 누구나 다 자기 정체성의 한 측면만이 아니라 모든 측면에 대해 이해받고 소속되고 싶어 하며 그럴 자격이 있다. 따라서 자신이 낙인찍힌 정체성을 여러 개 가지고 있다면 한 개 이상의 커뮤니티가 필요할 수도 있다.

그것이 뭐든 본인이 겪고 있는 문제들에 주력하는 곳을 찾아 도움을 얻기를 권한다. 우리는 저마다 인생의 경험이 다르며 모든 경험은 특별한 유대와 도움을 받아 마땅하다. 개인적으로 나는 임신을 위해 제삼자로부터 정자 기증이 필요한 사람들을 위한 피어 서포트 그룹에 참여하고 있다.

한 가지 이상의 문제를 겪고 있다면 대개 한 그룹 이상을 찾을 만한 가치가 있다.* 같은 문제를 가진 사람들과의 유대에는 치유의 힘이 있다.

④ 자신이 선택한 여정 존중하기

다시 한번 강조하지만 우리의 ADHD를 잘 다루기 위해서는 때때로 초점을 넓혀 관련된 다른 요인들과의 상호작용을 살펴봐야 한다. 주위를 둘러보며 다른 사람들은 어떻게 하고 있는지 시야를 넓혀 살펴보는 것이 좋다.

'다른 사람들은 어떻게 헤쳐 왔을까?'

그런 뒤에는 초점을 좁혀 우리 내면의 나침반을 통해 점검의 시간도 가져야 한다.

'나는 여기에서 어느 방향으로 가고 싶어 하는 걸까? 나에게 타당하게 느껴지는 건 뭘까?'

때로는 특정 전략이나 치료법을 활용해야 한다거나 활용하면 안 된다는 사회적 압박이 우리의 필요나 원래 하려던 것에 대한 느낌을 뒤집을 때가 있다. 심지어 지금 당장해야 할 일의 여부조차 사회적 압박에 떠밀리곤 한다. 그러니 우리에겐 때때로 휴식이 필요하다! 우리는 남들을 동의하거나 협조하게 만들 수는 없지만 어엿한 성인으로서 뭘 할지 말지를 스스로 결정할 수는 있다. 그 선택이 '연구에서 제안하는' 것과 달라도 괜찮다. 남들이 기대하는 것과 달라도 괜찮다.

---

* 당신이 그룹 리더일 경우에 특히 그렇게 할 만하다. 그룹 사람들이 당신에게 기대 도움을 얻는 것에 익숙하다면 당신에게 필요한 도움을 주는 입장으로 전환하는 일에는 서툴 것이다. 당신이 단순히 참여만 할 수 있는 다른 그룹을 가져 보는 것도 좋다.

남들이 하거나 권하는 것은 대개 그 사람의 욕구와 경험, 가치에 바탕을 두고 있다. 우리 자신이 바라고 느끼는 대로 하는 것이 중요하다.

ADHD라는 꼬리표가 선물한 것

이번 장에서는 여러 가지 꼬리표에 대해 얘기했다. 사람에 따라선 이런 꼬리표가 감당하기 힘들 수도 있다. 걱정하는 가족, 친구, 동료 들에게 그런 꼬리표를 알리는 문제에서 특히 그렇게 느끼기 쉽다.

ADHD라는 꼬리표에 불편해하는 사람도 많다. 아이가 꼬리표 때문에 제약을 받을까 하는 걱정에 진단받게 하기가 주저된다는 부모들의 얘기를 곧잘 듣는다. 그렇게 걱정하는 마음도 이해가 된다.

나는 그런 부모들에게 조심스레 말해 준다. 아이에게는 이미 꼬리표가 붙어 있다고. 선생님, 또래들, 가족 모두가 자신들에게 잘 이해되지 않는 행동을 한다는 이유로 아이에게 게으르다, 산만하다, 멍을 잘 때린다, 책임감이 없다는 등의 꼬리표를 붙이고 있다고. 나중에 어떤 진단명을 받든 이미 붙어 있는 그 꼬리표가 더 오명을 씌우고, 수치심을 일으키고, 덜 정확하며, 훨씬 도움이 되지 않는다고.

우리의 경험을 정확히 설명하는 꼬리표를 갖게 되면 그런 경험을 이해하는 데 도움이 된다. 뭘 할 수 있을지도 알게 된다. 치료와 편의 등의 도움을 얻을 기회가 생긴다. 꼬리표 자체는 제약으로 느껴질 수 있지만 꼬리표를 통해 제대로 이해하고 치료받을 수 있는 기회가 생기면 우리의 기능과 능력은 떨어지는 게 아니라 오히려 더 좋아질 수 있다. 기구를 쓸 때는 그 기구가 어떻게 작동하는지 이해해야 한다. 우리의 뇌는 우리가 매일 써야 하고, 뭘 하든 써야 하는 기구다.

2022년에 〈블랙 걸, 로스트 키즈〉Black Girl, Lost Keys의 크리에이터 르네 브룩스Rene Brooks가 국제 ADHD 컨퍼런스에서 기조연설을 했다. 기조연설은 보통 75분 정도 이어지는데 브룩스는 단 10분 만에 마쳤다. 하지만 그 10분의 연설은 65분을 더 끌지 않아도 되었을 만큼 감동적이었다.

브룩스의 연설 제목은 'ADHD 진단 후 스스로에게 새로운 꼬리표를 붙여 줘라'였다. 그는 자신이 원했던 꼬리표들에 접할 통로가 되어 주었던 것이 ADHD라는 꼬리표라고 밝혔다. ADHD가 좋은 파트너이자 좋은 직원이자 좋은 친구 같은 꼬리표라며 이렇게도 말했다.

"사람들이 우리에게 그런 꼬리표에 대한 접근을 통제하려고 할 때가 너무 많아요. 이 ADHD라는 꼬리표가 우리에게 통로가 되어 주는데도 말이에요."

브룩스는 무엇보다 중요한 건, ADHD라는 꼬리표가 꼬리표를 공유하는 사람들의 커뮤니티에 접근할 통로가 되어 준 점이라고 했다. 덕분에 힘이 들거나, 소외감을 느끼거나, 감정이 북받쳐 허물어질 때 부를 수 있는 사람들이 생겼다고.

이 대목에서 우리 모두 눈물이 터졌다. 우리는 서로를 안아 주었다. 그 안에 모인 사람들이 다 안다는 듯한 눈빛을 보내며 하나가 되었다. 전에 만난 적도 없고 자신과 다른 꼬리표를 가지고 있던 사람들이지만 이 대목에서는 서로의 마음이 통했다.

우리 모두는 자신이 원하는 꼬리표에 접근을 거부당하는 기분을 알았다. 이해하는 사람들끼리 서로 소통하는 일이 얼마나 중요한지 깨달았다.

ADHD는 단 하나의 꼬리표로 전 세계 다양한 유형의 교차성을 가지고 있는 사람들을 이어 주는 신통한 능력을 가지고 있다. 어떤 설명도 필요 없는 동질감과 공감, 이심전심의 마음을 일으키는 한편, 아주 많은 사람들에게 들어설 자리를 내주기도 한다. 미디어의 정형화된 묘사에서는 우리 모두를 하나의 붓으로 그릴지 몰라도, 우리가 서로 이어지기 위해서는 자신의 여정만이 아니라 다른 사람들의 여정에도 주의를 기울여야 한다.

브룩스의 기조연설 후에 우리 중 몇 사람은 브렌단 마한의 팟캐스트 〈ADHD 에센셜〉에서 연설을 들은 소감에 대해 얘기하는 에피소드를 녹화했다. 그 에피소드를 보면 우리가 처음 만난 사이라는 걸 눈치채지 못할지 모른다. 짧은 유대에도 불구하고 우리는 각자가 얼마나 외로운지를 알았다. 저마다 남들은 전혀 모르는 어려움을 가지고 있기에 그럴 수밖에 없었다. ADHD에 대해 얘기하는 컨퍼런스에 참석한 이후이니 그런 외로움을 털어놓는 것은 적절하지 않다고 느껴졌다. 하지만 그렇게 숨기고 있으니 개인적으로 고통스럽고 서로를 진정성 있게 이해할 수도 없었다.

결국 우리는 자신만의 어려움을 혼자 외롭게 끌어안고 있지 않아도 된다고 서로서로 다짐했다. ADHD와 연관된 어려움이든 다른 어려움이든 더는 그러지 않아도 된다고. 공통의 꼬리표를 인정하는 것이 우리를 이어 주었지만 참된 진정성은 상대의 이야기에서 'ADHD와 …'에 대해 귀를 기울이는 것임을 깨달았다. 우리 대부분은 지금도 여전히 ADHD 외의 어려움을 얘기하며, 그래야 할 것 같을 때 도움의 손길을 내밀고, 가능할 경우 그 손길에 응한다.

그렇다고 해서 언제나 유대가 쉬운 것은 아니다. 몇 달 후, 더 깊은 논의를 갖는 자리에서 브룩스와 나는 이번 장에서 내가 다룬 질환 중 일부가 서로에게 다가갈 기회를 축소시킬 수 있는 점에 대해 의견을 나눴다. 가령 불안증은 도움의 손길을 내밀지 못하게 막을 수 있다. 트라우마는 고통과 불신을 유발할 수 있다. 브룩스가 용기 있게 취약성을 드러내며 밝힌 것처럼 우리의 경험에 '불안증', '거부', '민감성', '트라우마', '슬픔' 같은 말로 꼬리표를 붙이면 우리의 감정에 꼬리표를 붙이는 것과 똑같이(제9장 '감정의 바다에서 나를 구하는 법' 참조) 더 이해하기 쉬워진다. 그런 경험을 나누면 신뢰와 유대가 쌓여 인간에게 가장 필요한 기회, 즉 '서로'에게 다가갈 기회를 회복할 수도 있다.

HOW TO ADHD

제12장

서로에게 힘이 되는 마음 사용법

정말로 세상에 존재하는 머릿수만큼
마음도 많다면 그 마음만큼 사랑의 종류도 다양하리라.
_톨스토이, 《안나 카레니나》

모든 건 ADHD 때문이다

유튜브 채널을 개설하고 몇 달 지나지 않았을 때 내 유튜브 채널의 구독자들이 브레인들만 있는 게 아니라는 사실을 알게 되었다. 브레인들에게 마음을 쓰며 더 잘 도와주고 싶어 하는 사람들도 보고 있었다. 이 사람들을 내 영상으로 이끈 것은 결국 그들의 마음이었다는 점에서 나는 그들에게 '하트'라는 별명을 붙였다.

자신의 뇌도 아닌 남의 뇌를, 그것도 툭하면 논리와 이성을 싹 다 거스르는 것처럼 보이는 뇌를 이해하려고 일부러 시간을 내는 그 마음에 감사함과 경외감이 들었다. 그 사람들의 답답함에 공감이 되기도 했다.

나는 ADHD가 있는 사람과의 관계에서 어떤 기분이 드는지 잘 안다. 나 자신이 그런 관계 속에 살아왔으니까. 내 뇌는 내 바람대로 하지 않을 때가 너무 많다. 건조기에 옷을 넣기로 약속하고는 까먹고 안 한다. 뭔가를 가지러 '정말 급히' 집에 다녀와야 한다고 말해 놓고는 1시간 후에도 여전히 그 자리에 있다. 그렇게 우겨 대서 새로운 취미 생활을 위한 모든 준비물을 갖춰 놓았더니 일주일도 안 돼서 따분해한다.

내 뇌가 때때로 정말 충동적이고 창의적이고 재미있는 걸 좋아하지만 어떤 경우엔 그냥 협조 좀 해주면 좋겠다고 바랄 때가 많았다. 그런 뇌를 잘 다룰 방법을 배운 이후로 내 뇌와의 관계가 훨씬 더 좋아져서 다행이다.

나는 ADHD와 자폐 스펙트럼이 둘 다 있는 AuDHD인 사람과 사귀며 그에게 하트가 되었을 때 그동안 배운 지식이 그에게도 적용되리라 잔뜩 기대했다.

파트너가 뇌 문제에 따른 어려움과 부딪치는 모습을 보며 그동안 내 뇌를 다루는 방법과 관련해 쌓아 온 6년치의 지식을 내세워 적극적으로 도와주려고 애썼다. 내가 내 뇌를 다룰 방법을 어느 정도는 알아냈으니 그도 그럴 수 있을 것 같았다!

나는 인내심을 갖고 그의 어려움을 들어주며 이런저런 제안을 했다. 논문도 보내 주고 벽 여기저기에 기억을 상기시켜 줄 포스트잇을 붙여 놓기도 했다. 가면을 잡아당기며 '그 자신이' 되라고 격려했다.[*]

나는 더 좋은 파트너가 되어 '관계가 더 좋아질' 방법과 관련된 논

---

[*] 그런데 그는 가면을 벗는다는 것에 대해 겁을 먹었다. 과거에 자기 자신이 되어 보려 했다가 잘된 적이 없었던 탓에 자신의 신경다양적 특성을 내보이는 것을 안전하지 않다고 느꼈다. 그래서 비웃거나 소리를 질렀고, 끝내 헤어지고 말았다.

문을 읽었다. 자폐 스펙트럼과 감정표현불능증에 대해 공부하며 내 뇌를 이해했던 방식 그대로 그의 뇌를 이해하려 애썼다.

나는 '어쩌면' 효과가 있어 보이는 일들을 죄다 했지만 어떤 것이 효과가 있을지는 몰랐다. 벽에 스파게티를 던지며 어떤 것이든 들러붙기를 기대하는 심정이었다.

나는 효과가 있게 만들겠다는 의지를 불태웠다. 그는 그럴 가치가 있는 사람이었다. 그의 절묘한 타이밍의 유머 감각, 재치, 열정적 취미 활동, 정의감, 헛소리로 말을 뱅뱅 돌리지 않고 바로 본론을 말하는 화법이 좋았다. 우리는 가치와 희망, 꿈에서 서로 잘 맞았다.

나는 그를 사랑했다. 한편으론 외롭기도 했다.

새로운 관계에 대한 과집중이 시들해지자 그는 얘기를 나누다 곧잘 한눈팔거나 내 말을 자르거나 갑자기 화제를 바꾸었다. 관심을 끌려는 내 시도를 툭하면 무심하게 놓쳤다. 어떤 부탁을 들어주기로 해놓고는 까맣게 잊어버렸다. 나는 그가 에스프레소 머신, 모자 수집, 주물팬에 마음을 쓰는 것만큼 나에게도 관심을 가져 주길 간절히 바랐다.[**]

그는 더 잘하고 싶어 했고 나는 도와주고 싶었다. 하지만 우리 사이에는 소통이 잘 이루어지지 않았다.

나는 그가 얘기를 듣고 있는지, 자신만의 세계에 빠져 있는지 잘 구분이 되지 않았다. 그에게 어떤 기대를 해야 할지 막막했다.

[**]   돌이켜 보면 그는 이런 일들을 특별한 취미 활동으로만 즐긴 게 아니었다. 관계에서의 기대에 부응해야 하는 스트레스를 해소하기 위해 할 일이 필요했던 것이다. 그에겐 나도 특별한 존재지만 때로는 휴식이 필요했다.

'저 사람이 나를 위해 하고 있는 일이나 나와 하기로 약속한 일이 정말 원해서 하는 걸까? 앞으로도 꾸준히 그렇게 해줄까? 아니면 내가 그래 주길 기대한다는 생각에 억지로 저러는 걸까? 계속 그렇게 해주길 바라는 건 무리일까?'

내 좌절감을 얘기하려 해도 그의 감정이 격해지는 바람에 할 말을 제대로 할 수 없었고, 나중엔 내 감정도 격해졌다. 나는 이를 악물고 참았다. 안 그러면 사람들이 나를 비롯한 다른 ADHD를 가진 사람들에게 숱하게 내뱉는 말들이 불쑥 튀어나올 것 같았다. "도대체 왜 …하질 못해?", "까먹었다니, 그게 말이 돼?", "자기가 나한테 관심이 있다면 …했겠지." 속으로 이런 아쉬움도 들었다. '만약 …라면 서로 정말 잘 맞을 텐데.'(맞다. 나도 이 말의 아이러니를 안다. '이 관계에는 아주 잠재성이 많다'는 의미도 된다는 걸.)

결국 우리의 관계가 파국의 소용돌이에 휘말렸다는 것을 깨달았다. 그는 '엉망진창이 되어 버려' 자기가 뭘 해야 할지 생각하느라 온 에너지를 쏟는 것에 치를 떨었고, 나는 뭘 하려고 들지 않는 그의 모습에 좌절감이 점점 쌓였다. 나에겐 뭔가가 필요했지만 그는 뭔가를 재깍재깍 꾸준히 할 줄을 몰랐고, 어떤 때는 가장 중요한 일을 잊어버렸다. 못 알아보고 놓치기도 했다. 나를 실망시킨 일이 안 그래도 마음에 걸린 상태에서 내가 뭔가를 또 부탁하면 위험부담을 더 크게 느꼈다. 이미 '실패한' 적이 있는데 또다시 잘못될까 봐 겁을 먹었다.

나는 그가 주저하는 것을 눈치채면 안심시켜 주고 싶기도 했지만 인내심이 점점 바닥나고 있었다. 내가 가진 신경다양인 친화적인 관계 비결과 소통 도구를 전부 시도해 봤지만 더 열심히 노력할수록 더 욕구 충족이 안 되었다.

나는 관계에서의 이런 문제들이 우리 커뮤니티와 나 자신의 삶에서 되풀이되고 있다는 것을 알았다. 우리의 삶에는 충족되지 못하는 기대, 좌절감, 자신의 뇌를 대신해 일상생활을 헤쳐 나가기 위한 노력, 상대와 잘 지내려 애쓰기, 죄책감과 자괴감을 이어 가다 결국 자기 존중을 상실하거나, 심지어 관계의 상실에 이르는 일이 빈번했다.

신경전형적인 우리 엄마는 가사일, 가족 보살피기, 경제적 책임이 갈수록 늘어나다 번아웃에 빠졌다. 나는 ADHD가 있었을 가능성이 높은 아빠와 확실히 ADHD인 남동생이 겁이 날 만큼 격한 힘겨루기를 벌이는 모습을 지켜봤다.* 아빠가 우울증에 빠지는 모습도 봤다. 아빠는 엄마만큼 가정에 기여하지 못한다는 자괴감에 괴로워하면서도 뭘 어찌해야 할지 몰라 막막해했다. 아빠는 엄마가 가장 역할을 하며 온갖 일을 돌보는 것에 점점 더 체념했고, 그럴수록 엄마에겐 책임져야 할 일들이 늘어났다.

나는 줄곧 실행기능에서 이런 식의 도움을 받는 입장에 있었다. ADHD를 다룰 방법을 알기 전에는 특히 더 그랬는데, 지난 관계에서 내 파트너들은 결국 나를 챙겨 주며 내가 엉망으로 망쳐 놓은 것들을 정리해 주었다. 나는 자율성과 패스워드를 넘겨주며 아무래도 '어른'이 되긴 글렀다는 생각에 자괴감에 빠졌다.

---

* 이쯤에서 분명히 밝혀 두지만 ADHD를 '혼내서 고치려' 해서는 안 된다. 벌을 주는 방식은 남동생의 반항심만 키웠고, 누가 자기 뜻대로 따르지 않으려고 하면 억지로 따르게 만들려는 태도까지 배우게 했다. 남동생의 정신건강적 어려움을 고치기는커녕 더 악화시켰다.

채널 커뮤니티 회원들은 파트너가 자신을 아이 취급하고 부모님에게는 해결해야 할 문제처럼 취급당한다는 하소연을 자주 한다. 자신이 겪는 어려움을 친구들이 가볍게 여겨 농담으로 상처를 주거나 잔인한 말까지 한단다.

내 파트너도 전 여친이 대놓고 이렇게 말했다고 한다.

"자기는 도대체 왜 정상적으로 굴질 못해?"

우리는 '정상적'으로 굴 수가 없다. 그저 우리 자신이 될 수 있을 뿐이다. 충분히 우리 자신이 될 수 있을지도 의문이다.

우리를 사랑하는 하트들도 의문스러워한다. 자신들이 우리에게 너무 많은 걸 해주거나 너무 못해 주는 건 아닌지. 우리의 어려움을 과대평가하거나 우리의 재능을 과소평가하는 건 아닌지.

결국 우리 모두가 뭘 잘못하고 있는지 의문이다. 우리는 도대체 왜 제대로 해내지 못하는 걸까?

내가 배운 열두 번째 사실들

신경다양적 관계든 아니든 모든 관계는 충족되지 않는 기대에 따른 어려움에 부딪친다. 기대가 표출되지 않았거나 각자의 욕구 충족 방식에 충돌이 일어나면서 이런저런 어려움이 생기는 것이다.

ADHD는 해주기로 해놓고도 기대에 부응할 능력에 방해를 받는 탓에 이런 문제가 더 심해진다. 사실 관계에서의 문제는 ADHD 성인들이 치료를 받으려는 가장 보편적인 이유다.

그러니 브레인과 하트 여러분, 숨을 들이쉬며 긴장을 풉시다!

여러분 또는 여러분의 사랑하는 이가 ADHD를 가지고 있다면 어떤 좌절과 분노, 죄책감, 수치심이 들든 그것은 정상이며, 두 사람의 관계에서 겪은 어려움은 '누구나 다 겪는' 어려움이다. 그런 문제는 노력이 부족한 탓이 아니다. ADHD 때문이다. 우리에겐 실행기능의 어려움으로 '자신의 역할을' 꾸준히 하기가 힘들고, 신경다양성의 측면도 있기에 겉보기와는 사뭇 다른 내면의 사정을 겪는다. 이런 이유 때문에 모르는 사람들 눈에는 우리가 신경도 안 쓰는 것처럼 보일 수 있다. 특히 부응하기 힘든 기대를 거부하려 할 때 더더욱 그런 오해를 받기 쉽다.

우리는 겉으로 보이는 것보다 훨씬 더 많이 신경을 쓰고 있다

우리가 똑같은 일로 100번쯤 사과를 하고 나서도 계속 '실수하면' 신경을 안 쓰는 것처럼 보일 수 있다. 어쨌든, 정말로 그렇게 미안하다면 왜 고치려 하지 않느냐고 생각할 만도 하다.

우리도 노력하고 있다

우리 사회는 뭔가를 이루려면 노력을 해야 한다고 가르친다. 어떤 사람이 주어진 일을 해내지 못한다면 틀림없이 충분히 노력하지 않은 것이라고 여긴다.

이 말은 ADHD가 있는 사람에게는 해당되지 않는다. 우리는 똑같은 결과를 내기 위해 신경전형적인 동료들보다 훨씬 더 많은 노력을 쏟아붓지만 우리의 노력은 애를 쓴 흔적이 보이지 않기 일쑤다.

우리는 노력을 해도 티가 잘 나지 않을 때가 있다. 지시사항을 깜빡하고 놓쳤거나, 요청받은 내용을 잘못 이해했거나, 엉뚱한 일에 노력을 기울이기 때문이다. 노력의 상당 부분이 내면에서 일어나는 노력이라 겉으로 티가 나지 않을 수도 있다(제7장 '산만한 뇌에 동기를 불어넣는 법' 참조).

더 잘하려면 시간이 필요하다

사랑하는 사람이 어려움을 겪는 영역에서 더 잘하길 바라는 것은 무리한 기대가 아니다. 본인도 그러길 바란다! 흔히 일어나는 무리한 기대는 정작 따로 있다. 스스로를 바꾸거나 사랑하는 이를 도우려 애쓸 때, 그 변화의 비율과 강도에 거는 우리 자신의 기대치다.

자기계발의 기대치

@danidonovan

내가 기대하는 진전 상황

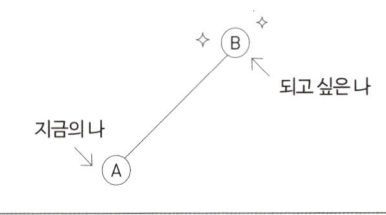

실제 진전 상황

우선 우리의 증상은 바꿀 수 없다는 사실부터 알아야 한다. 시간이 지나면서 개선되거나 악화될 수 있는 불안증이나 우울증 같은 질환과는 달리, ADHD의 증상들은 바뀌지 않는 게 보통이다. 결함은 개선이 되고 ADHD 증상을 감안할 경우의 기능 수준도 개선할 수 있지만 증상 자체를 없앨 수는 없다. 겉으로 보기에 ADHD 증상이 사라진 것처럼 보인다면 꽁꽁 숨기고 있는 것일 뿐이다(337쪽 '가면쓰기의 한계' 참조). 또한 대부분의 사람들은 한 번에 한 단계씩만 변화할 수 있다. 설령 우리가 요구받거나 스스로에게 요구하는 기대처럼 빠르게, 한 번에 여러 영역에서 변화할 수 있다 해도 대부분은 그 정도의 변화를 계속 이어 가기는 불가능하다.

애초에 우리를 염두에 두지 않고 만들어진 지원들

커플 심리치료부터 인터넷에 올라오는 '대인관계 요령' 관련 논문에 이르기까지 관계 문제에서 가장 많이 제시되는 해결책은 신경규범적(사회적으로 용인되고 기대되는 신경계 및 인지기능 패턴을 말함―옮긴이) 기준에 따른 것으로, 대부분이 전형적인 인지기능을 전제하고 있다. 따라서 우리의 실행기능 결함으로는 어떠한 전략이든 실행하기가 어렵다. 그 전략 자체나 그 전략을 응용하는 여러 측면이 우리 뇌의 작동 방식으로 해내기 쉽지 않다.

경우에 따라서는 신경전형적인 뇌에 맞춰진 해결책이나 체계를 신경다양성이 있는 뇌에도 적용하려다 역효과를 맞는다. 이렇다 보니 관련 당사자 모두에게 큰 좌절감을 불러오고, 트라우마를 재발시킬 수도 있다![*]

이중 공감 문제

2012년에 자폐 스펙트럼 장애 연구자 데이미언 밀턴Damian Milton 박사는 자폐인과 비자폐인 사이의 소통 문제를 이해하기 위한 일환으로 '이중 공감'double empathy 이론을 세웠다.

이전의 여러 이론에서는 자폐인이 공감과 '마음 이론'(상대방의 머릿속에서 일어날 만한 일을 상상할 수 있는 능력을 설명하기 위해 사용되는 용어)이 결여된 탓에 의사소통에 어려움을 겪는 것으로 봤다. 반면 밀턴 박사는 이런 소통의 어려움이 양쪽 당사자 모두의 공감과 이해가 부족한 결과라고 가정했다.

다시 말해 자폐인과 비자폐인은 뇌가 여러 면에서 다르게 기능하므로 자폐인만이 아니라 비자폐인 둘 다 상대방의 감정이나 생각을 이해하기 힘들어한다는 주장이다.

이것이 ADHD에 특정된 연구는 아니지만 두 질환 사이에는 겹치는 특성이 있고, 연구 범위가 확장되면서 이중 공감 문제가 특정 진단과 상관없이 자폐적 특성에 적용 가능한 것으로 증명되었다. 게다가 우리가 잘 알고 있듯 이런 공감과 이해의 어려움은 경험의 차이로 인해 복잡해지기도 한다.

신경다양적인 관계에서는 유대 실패, 오해, 의사소통 오류가 일어나기 마련이라 관계에서 스트레스가 상당하다. 다행히 이런 문제를 의식하는 것만으로도 의사소통을 더 잘 나눌 방법을 배우기에 좋은 출발점이 될 수 있고 도움을 구하는 데도 유용하다.

일부러 힘들어하는 게 아니다

이 말은 뻔한 얘기처럼 들리겠지만 막상 힘들어하는 순간이 닥치면 잊어버리기 쉽다. 우리가 힘들어하는 것은 선택사항도 벗어날 수 있는 일도 아니다. 그저 주어진 것이다. 우리가 ADHD와 관련된 어려움으로 힘들어하지 않았다면 애초에 ADHD로 진단받지도 않았을 것이다. 이 점은 함께 진단받은 다른 공존 질환의 경우도 마찬가지다.

우리가 힘들어하는 방식이 신경전형인의 관점에서는 이해가 안 되겠지만 우리에겐 이상한 일이 아니다. 우리의 진단을 감안하면 힘들어하지 않는 것이 오히려 이상한 일이다.

하지 못하는 데는 그만한 이유가 있다

우리가 사랑하는 사람들에게 거는 기대의 대부분은 상대가 당연히 그 일을 할 수 있다는 생각에 기반한다. 한 사회인으로서 우리는 언어구사 능력이나 장기 회상, 직업 등의 특징을 바탕으로 사람들의 지능과 역량을 추측하는 경향이 있다. 예를 들어 내 파트너가 재치 있게 말을 잘하는 심리학자이고 드라마 〈스타 트렉: 넥스트 제너레이션〉 시즌 4의 11화 제목을 정확히 말할 수 있다면(그가 방금 알려 주었는데 '데이터의 날'이라고 한다) 내 마음을 헤아려 꽃 선물을 할 줄도 알아야 하는 게 아닐까? 그런데 정말 그럴까? 꼭 그렇진 않다.

---

* 신경다양성이 있는 사람들에게 특별히 맞춰진 분야들이 괜히 존재하는 게 아니다. ADHD 뇌의 작동 방식에 잘 맞게 짜인 해결책이 필요하다.

인지능력은 말 그대로 인지적 능력이다

꽃을 사는 등의 일을 하려면 여러 가지 인지능력이 필요하며, 일정한 결과를 끌어내기 위해서는 이런 여러 능력을 다양하게 조합해 활용해야 한다.

우리는 이미 앞의 여러 장에서 여러 가지 인지능력을 살펴봤다. 잠시 간단히 짚어 보자면 처리 속도, 작업기억, 패턴 인식, 세트전환, 반응억제, 언어의 이해, 시각적/공간적 능력, 지각적 추론 등이다.

ADHD 뇌는 이런 인지능력 가운데 몇 가지에서 큰 결함을 가지고 있다. 적어도 우리의 인지적 강점에 드는 영역과 비교하면 결함이 있다. 더군다나 인지능력의 몇몇 조합에서 남들보다 더 어려움을 느끼기도 한다.

내 경우엔 레시피를 읽으며 이해하는 데 아무 어려움이 없을 만큼 언어의 이해 능력은 매우 높은 편이다. 하지만 반응억제 능력이 빈약해 한눈팔지 않고 주방에서 진득이 저녁 준비를 할 만큼 집중력을 이어 가기는 힘들다. 집중력을 유지하더라도 작업기억 능력이 상대적으로 약해 두 단계 다음의 요리 순서를 까먹을 확률이 100퍼센트다.

AuDHD가 있는 내 파트너는 본인의 경험을 컴퓨터 용어로 표현해 고성능 SSD 하드 드라이브와 고사양 그래픽 카드를 장착하고 있지만 펜티엄Ⅱ 프로세서에 0.5기가밖에 안 되는 램으로 돌아가고 있는 것 같다고 말한다. 그래서 시각적/공간적 처리나 패턴 인식에서는 높은 수준의 능력을 발휘하지만 프로세서가 느려서 새로운 데이터를 한 번에 조금씩만 처리할 수 있다.

이런 면이 우리의 관계에 어떤 영향을 미칠까? 파트너한테 나에게

꽃이 얼마나 중요한 의미인지 설명을 늘어놓을수록, 그러니까 수지의 남편이 꽃을 사다 준 얘기를 꺼내며 너무 로맨틱하지 않냐고 말하다가 꽃 관련 온갖 얘기를 늘어놓을수록 '꽃 선물을 받으면 정말 로맨틱한 것 같다'는 내 얘기의 핵심을 그가 처리하고 기억할 가능성은 떨어진다. 나 자신의 뇌도 생각을 정리하기 힘들어 옆길로 새지 않고 핵심을 잘 전달하지 못한다. 에휴.

일관성이 없다

ADHD를 가진 사람과 이들을 사랑하는 사람들이 가장 많이 좌절하는 부분 중 하나는, 우리가 한다면 할 수 있는 사람인데도 어떤 이유 때문에 기대에 부응하지 못할 때다.

맞다. 우리는 어제 어떤 일을 잘 처리했다는 이유로 오늘도 잘할 수 있다는 보장이 없다. 어제 12시간 동안 몰입을 하는 바람에 지금은 뇌가 너무 지쳐서 집중을 못할 수 있다. 잠을 잘 못 자서 감정 조절 능력이 완전히 실종되었을 수도 있다. 오늘따라 주의가 더 산만할 수도 있다.

내가 관계 맺기에서 큰 도움을 받았던 방법은 이런 비일관성을 인정하고 받아들인 것이었다. 덕분에 내가 때로는 집중을 잘하고 때로는 집중하지 못하는 것처럼 내 AuDHD 파트너도 내 얘기와 상황의 맥락을 고려해 이해할 때도 있고 그러지 못할 때도 있다는 점을 깨달았다.

감정이 방해한다

수치심과 불안감 같은 감정이 강력한 장애물이 되어 간단해 보이는 일조차 완수하지 못하게 방해할 수 있다. 안 그래도 어떤 일을 하는 것에 어려움을 겪는데 그 일이 '그렇게 어렵지 않다'는 당연한 인식 때문에 지난 실패들이 떠오르면 수치심과 부정적 감정까지 밀려든다.

우리는 그 일에 아주 신경을 쓰고 있고 얼마나 중요한지 알기에, 아직 끝내지 못한 데다 진득이 매달리지 못해 속상해하는 것이 어려움을 더 가중시킨다(이렇게 되는 이유가 궁금하다면 215쪽 '어떤 일로 떠올리는 감정도 중요한 요소다' 참조).

ADHD 특성들은 동전의 양면이다

많은 ADHD 특성이 적절한 상황을 만나면 강점이 된다. 예를 들어 때때로 대화를 어렵게 만드는 정서적 예민함이 다른 상황에서는 금세 상대의 말에 귀를 기울이며 이해심과 관대함을 보여 주기도 한다. 내 파트너는 나의 특징 중 여러 가지가 그를 답답하게 하지만 한편으론 나의 그런 면이 너무 좋다고 말한다. 그리고 솔직히 말하면 나도 그렇다.

다음은 ADHD의 특성들이 다른 사람들과의 관계에서 환상적인 면모를 보이는 몇 가지 예다.

- 충동성 → 즉흥적인 로맨틱 제스처!
- 확산적 사고 → 혁신적인 문제해결 재능 발휘!

- 발등에 불이 떨어져야 자극되는 동기 → 위기 상황에서 뛰어난 기량 발휘!
- 과잉행동 → 전염력 강한 에너지 발산!
- 남들보다 짧은 시간 지평 → 그 순간에 기쁨을 찾아내는 능력!
- 신기한 것에 자극되는 동기 → 자주 새로운 것을 시도하고 배워 공유함! 덕분에 웬만해선 관계가 지루해질 일이 없다.
- 정서적 예민함 → 깊이 마음을 써줌! 우리는 겉으론 안 그래 보여도 실제로는 마음을 쓰고 있다.

ADHD를 비롯한 여러 정신건강의 어려움에는 좌절감이 따르다 보니 ADHD를 가진 사람과 관계를 맺는 일에서 이런 이점을 잃기 쉽다. 하지만 우리가 어려워하는 방식에 잘 맞는 도움을 얻으면 잠재적 긍정성이 진가를 발휘한다. 동전의 양면 같은 ADHD의 이런 특성들에서 부정적인 면보다 긍정적인 면이 더 많이 나타날 수 있다.

어맨다(20대, 미국)

"저는 지루해지면 자극을 얻으려고 남편에게 얘기를 하지만 남편은 보조를 잘 맞춰 주지 못해요. 제가 열광하는 대상이나 관심사에 호응을 못 해주니까 외롭고 사랑받지 못하는 것 같아요. 남편도 저에게 상처를 주어 나쁜 사람이 된 것 같아 위축감을 느끼고요."

채드 M.(36세, 텍사스주)

"저는 ADHD 때문에 결혼생활이 끝장날 뻔했어요. 저는 최선을 다 하는데도 아내는 너무 관심을 안 가진다고 느끼는 악순환이 계속되 었어요. 그러다 약을 먹으면서 모든 게 바뀌었어요. 아내는 갑자기 달라진 저를 보면서 제가 관심이 없는 게 아니라 관심을 잘 드러내 지 못했다는 걸 알게 되었어요. 제 ADHD는 아직도 극복해야 할 어 려움이 많고 여전히 저희 부부에겐 힘들지만 행동과 동기를 구별할 줄 알게 되었어요."

아멜리아 B.(35세, 애리조나주)

"저희 커플은 일상생활에서 제 ADHD 때문에 툭하면 사소한 마찰 이 일어나요. 제가 열쇠를 챙기거나 빨래를 건조기에 넣는 일을 자 꾸만 깜빡하니까요. 파트너가 저를 보는 관점에 영향을 줄 만큼 큰 실수를 저지르고 나면 제가 제대로 된 어른이자 파트너라는 걸 매 일 증명해야 할 것 같아요."

리 D.(39세, 매사추세츠주)

"저는 잘 통할 것 같은 상대를 만나면 과집착하는 경향이 있어요. '리머런스'limerence(누군가를 향한 집착적, 강박적인 감정—옮긴이)와 비 슷한 감정이에요. 그래서 스스로 억제하지 않으면 한계선을 넘어 마 음에 상처를 주기도 하고, 관계가 손상되거나 아예 깨지기도 해요."

관계를 지키기 위한 도구상자

우리가 사랑하는 사람들을 도울 최상의 방법은 ADHD 치료법을 찾도록 같이 도와주는 것이다(64쪽에 치료법의 몇 가지 선택지가 소개되어 있다). 사람들은 다른 의학적 질환들에 대해서는 치료하여 잘 다루길 기대하면서 왜 ADHD에 대해서는 유독 다른 태도를 보이는 걸까? 게다가 대부분의 사람들은 다른 사람들의 건강 문제나 정신건강의 어려움을 돕도록 배우며 자라지 않았다. 설령 배웠더라도 사랑하는 이를 위해 도움이 될 만큼 객관적이지 못하다. 그렇다 해도 이미 하트인 당신에게는 당신의 브레인과의 관계를(또는 우정을!) 굳건히 지키기 위해 하트로서 해줄 수 있는 적절한 역할들이 여러 가지 있다.

① 공감하기

ADHD를 가진 대다수와 그들을 사랑하는 사람들 역시도 자신들이 겪는 어려움 속에서 외로움을 느낀다. 당신은 사랑하는 브레인의 경험을 제대로 다 이해할 수는 없지만 알아가기 위해 마음을 열 수는 있다. 그러면 좀 더 공감하게 돼 브레인이 평생토록 자신에 대해 '이상하다'거나 '잘못되었다'고 느끼며 쌓아 온 수치심을 해소하는 데 도움이 될 수 있다. 더 솔직하고 쉽게 ADHD 뇌의 차이점에 대해 얘기할 수도 있다. ADHD가 사랑하는 상대에게 어떤 영향을 미치는지 더 많이 알게 되면 하트인 당신의 경험을 정상적인 것으로 받아들일 수 있다. 그로써 당신도 외로움을 덜 느끼고, 자신에게 필요한 것을 더 잘 이해할 수 있다.

- 경험에 대해 묻기

ADHD를 가진 사람들은 대체로 서로 비슷한 경험담, 강점, 어려움을 가지고 있지만 그 발현 방식, 자신의 진단과 어려움에 대한 느낌, 그동안 해온 노력, 효과를 본 방법 등에서는 큰 차이를 보인다. 상대의 개인적 경험에 호기심을 보이며 뜻밖의 놀라운 대답이라도 공감해 주는 것이야말로 상대를 이해하고 상대 역시 이해받는 느낌이 들도록 이끄는 열쇠다.

- 내면세계와 사고 과정 헤아려 주기

여러분은 ADHD를 가진 사랑하는 이가 뭘 생각하고, 어떤 일을 한(또는 하지 않은) 이유를 안다고 생각할 것이다. 하지만 상대의 뇌가 자신의 뇌와 다르게 작동한다면 그 생각은 틀릴 가능성이 높다.

이중 공감 문제(406쪽)를 떠올리며 넘겨짚지 말고 물어보자. 이 말은 양쪽 모두에게 해당된다. 서로의 사고 과정과 내면세계에 대해 물어보면 더 깊이 공감하고 유대할 수 있다. 상대의 우선순위가 뭔지 이해하는 데도 도움이 된다. 상대가 원하는 것이 우리가 상대에게 해 주고 싶은 것과 같을 거라고 생각하지만 꼭 그렇지는 않기 때문이다.

- 옹호해 주기

상대의 어떤 행위와 행동이 무례해 보여도 나름의 전략이나 대처 메커니즘일 때가 있다. 가족이 모인 저녁 식사 자리에서 사랑하는 사람이 갑자기 자리를 박차고 나가면 그 사람의 욕구를 헤아리고 옹호해 주자. 어깨를 으쓱하며 정상적인 모습으로 인정해 주자.

"가끔씩 압도감이 밀려와서 자리를 피하려고 저러는 거예요."

그 사람에게 도움이 되는 방식으로 행동해도 된다고 격려해 주자. '이상한' 방식이더라도 격려하며 상대의 편이 되어 주면 이해와 공감을 받은 상대도 당신을 더 이해하고 공감하려 할 것이다.

제시카 H.(30세, 오하이오주)

"저와 파트너는 둘 다 다소 늦은 나이에 진단을 받았어요. 저희는 감정 조절에 어려움이 있는 데다 각자의 장애를 다루다 보니 유치한 싸움을 자주 벌여요. 그럴 땐 싸움의 원인을 생각해 보면 서로의 어려움을 더 잘 이해하게 돼요. 둘 다 틀을 벗어난 사고를 하기 때문에 다른 사람들은 찾지 못하는 해결책을 찾을 수 있어요."

콜린 H.(41세, 펜실베이니아주)

"저는 남편에게 뭔가 얘기할 때 손가락질 대신 손바닥을 펴 보여 달라고 부탁했어요. 다행히도 남편이 그래 주기로 해서 같이 살면서 별 충돌 없이 잘 지냈어요. 저는 스스로 뭘 잘못한 것 같으면 공포감이 들면서 분석마비analysis paralysis(생각이 너무 많아서 전혀 행동하지 못하게 되는 현상—옮긴이)가 와요. 손가락질은 심지어 대화를 꺼내려는 제스처일 때조차도 '어떡해, 내가 뭘 망친 건가?' 하는 느낌을 받아요. 손바닥을 펴 보이면 남편이 얘길 꺼내려는 걸 알게 돼서 지적질 당하는 느낌 대신 대화로 초대받는 것 같아요."

콜린 K. (35세, 콜로라도주)

"얼마 전에 아빠에게 ADHD 진단을 받았다고 말했더니 그게 어떤 기분인지 물었어요. 그래서 보통인 날, 좋은 날, 안 좋은 날의 상태를 얘기했고 아빠는 진작 알아채 주지 못해서 미안하다고 했어요. 아빠가 이해해 줘서 정말 좋았어요. 직장을 잃고 싶지 않아서 약을 먹는 게 걱정된다고 했더니 아빠는 이렇게 말씀하셨어요. '괜찮아. 더 나아지는 게 좋은 거지. 직장이야 새로 구하면 돼.' 이 말이 저에게 정말 큰 힘이 되었어요."

ADHD에 대해 얘기하고 싶어 하지 않을 때는?

ADHD를 가진 사람이 ADHD에 대해 얘기하고 싶어 하지 않는 이유는 여러 가지다.

- ADHD가 스스로를 공격하는 무기가 되어서.
- 자신의 ADHD에 대해 잘 이해하지 못하거나 자신에게 ADHD가 있는 줄 몰라서.
- ADHD라는 틀에 갇히기 싫어서.
- 적어도 지금은, 마음 편히 당신과 그 얘기를 할 만한 기분이 아니어서.
- 그 얘기를 꺼내면 회피하고 싶은 감정이 일어나서.

ADHD에 대한 얘기를 화제로 끄집어내고 싶다면 다음 팁들이 상대의 말문을 여는 데 도움이 될 것이다.

- **먼저 존중하기**: 우리는 정상에서 어긋난 사람들이 아니라는 점을 기억해 주기 바란다. 우리는 뇌가 다르게 작동할 뿐 비정상이 아니다. 우리가 신경전형적 기대에 부응하려다 마주치는 어려움을 인정한다면 좀 더 쉽게 우리를 존중하는 것이다. 이런 존중이 앞선다면 우리에겐 당신이 우리를 고치려는 게 아니라 도와주려 한다는 신뢰감이 생긴다.

- **어조에 주의하기**: 답답해하는 어조로 "정말? 왜 그랬어?"라는 것과 진심으로 궁금해하는 어조로 "정말? 왜 그런 건데?"라고 말하는 것은 큰 차이가 있다. 가능하다면 나무라는 어조가 아니라 정말로 듣고 싶어 하는 마음이 드러나는 어조로 말하자. 그런 다음엔 잘 들어주자. 우리가 남들과 다르게 행동하는 데는 대개 그럴 만한 이유가 있다.

- **다른 접근법 시도하기**: 대화가 꼭 언어로만 이루어져야 하는 건 아니다. 소통은 그림 그리기나 동영상 공유, 이모티콘이나 GIF 파일로도 가능하다. 수많은 브레인에겐 문자 같은 비동기적 소통이 더 편할 수 있다. 중요한 문제에 대해 스스로를 통제하며 하고 싶은 말을 곰곰이 생각해 보는 페이스로 얘기하기가 더 쉽기 때문이다.

- **대화를 끝내야 할 필요를 느끼면 끝내기**: 이런 대화는 억지로 끌고 가려고 해선 안 된다. 우리에겐 누구나 한계선이 있다. 그것이 ADHD든 아니든 스스로도 마음에 들지 않는 자신의 단면들에 대해 얘기할 때는 더 그렇다. 자신의 대화 한계선을 정해 두는 게 좋다. 그래야 문제를 억지로 해결하려다 괜한 화를 자초할 일이 없다(419쪽 '우유갑 규칙' 참조).

② 집중할 대상 고르기

ADHD가 있으면 삶의 여러 면에서 이런저런 일로 애를 먹는다. 여기에 다른 공존 질환까지 끼어들면 더 복잡해진다. 우리는 이 모든 일을 한 번에 다 처리할 수 없다. 적어도 한 번에 다 잘 해낼 수는 없다. 지금 집중해야 할 일과 일단 제쳐 놓아야 할 일을 결정한다.

- **우선순위 정하기**

ADHD가 있는 사람은 우선순위를 잘 정하지 못한다. 해야 할 일이 10개라고 가정하면 그다지 중요하지 않거나 우리의 실행기능에 가장 부담을 안 주는 일을 고르기 쉽다. 위축이 되어 아예 아무 일도 안 할 수도 있다. 한 번에 하나씩, 경우에 따라선 두 개씩 집중할 일을 골라서 해야 일들을 진전시킬 가능성이 높다. '끝내 놓지 않으면 우리 관계에 가장 큰 타격을 줄 일이 뭘까? 지금 상태와 달라질 경우에 가장 긍정적인 영향을 일으킬 일은 뭘까?' 이런 기준으로 순위를 정해본다.

- **실패하게 놔두기**

ADHD 자녀를 둔 부모들이 특히 유념할 부분이다. 많은 부모들이 우리 식대로 하는 걸 조마조마해하는 이유는 그러다 실패할까 봐 걱정되기 때문이다. 우리는 실패할 수 있다! 하지만 안전망이 있을 때 노력도 해보고, 실패도 해볼 여지를 가져야 한다. 혼자 힘으로 세상에 나가 훨씬 더 많은 책임을 맡기 전에 자신에게 잘 맞는 방식을 알아낼 기회이기 때문이다. 회복탄력성도 길러진다. 우리가 부모 없이 혼자 해야 할 때를 대비해 미리 해보게 놔두자.

- **신경 쓰지 않고 넘어가 주기**

우리는 아무리 보기 촌스러워도 욕실 벽지를 떼어 낼 여유조차 없을 수 있다. 내 남친은 내가 저녁을 만들 때는 레시피를 써야 하고, 그러면 냉장고에 남은 식재료를 넣어 둘 자리가 있어야 한다는 걸 예상하고 그 상황을 받아들였다. 터크먼 박사가 내 채널의 인터뷰에서 한 말처럼 그냥 넘어가 주기도 하자.

"내 파트너의 그런 점은 마음에 들지 않지만 어차피 세상에서 맘에 안 드는 일이 어디 한두 가지인가요?"

- **우유갑 규칙에 따라 다른 해결책 찾기**

'우유갑 규칙'은 실제 커플의 사연을 토대로 착안한 규칙이다. 아내가 모닝커피에 우유를 붓고 나서 냉장고에 넣지 않아 남편은 아침을 먹으려다가 어쩔 수 없이 미지근한 우유에 시리얼을 타 먹는다. 남편이 아내에게 우유를 먹고 꼭 냉장고에 넣어 달라고 부탁하지만 아내는 번번이 까먹고 우유를 밖에 그대로 둔다.

이 문제를 해결하기 위해 아내에게 우유를 냉장고에 넣으라고 계속 상기시킬 수도 있지만 남편은 다른 방법을 선택한다. 자기가 먹을 우유를 따로 사기로 한 것이다. 우리의 행동(대체로 ADHD와 연관된 행동)을 바꿀 수 있느냐 없느냐에 따라 성패가 좌우되는 방법이 아닌 다른 식의 방법이 효과적인 경우도 많다.

마거릿.(46세, 워싱턴주)

"많은 부모들이 제 얘기를 듣고 서로 격려해 주면 좋겠어요. 사람들은 이런 비난을 참 많이 해요. '아이가 힘들어할 줄 알면서 왜 그렇게 많은 걸 하게 놔둔 거예요?' 아니면 반대로 '왜 아직도 …를 같이 해주고 있어요? 이제 그 정도는 혼자서 할 줄 알아야 해요!' 이렇게 말하죠. 저는 신경다양성이 있는 아이들을 더 잘하게 격려하고 돕는 활동을 많이 하고 있어요. 그간 겪으며 알게 된 바로는 아이들은 도움이 필요 없거나 그 정도까지 도와주길 원하지 않으면 스스로 말을 하더군요. 다시 도움이 필요해도 말을 하고요."

레베카 C.(43세, 영국)

"제 파트너는 실행기능에 장애가 있는 일을 저와 바꿔서 해요. 저희가 자기 일보다는 서로를 위한 일을 해주는 것에 더 동기부여가 되기 때문이죠. 예를 들어 저는 우체국 가는 일을 힘들어하고 남친은 처방약 받아 오는 일을 힘들어해요."

제시카 K.(28세, 플로리다주)

"저희 가족이 냉장고 문을 열어 두는 등의 제 버릇을 감정적으로 받아들이지 않으려고 노력해 준 덕분에 저는 이제 수치감을 훨씬 덜 느껴요."

③ 해결책을 위해 머리 맞대기

ADHD와 관련된 어려움에 관한 한, 그 싸움은 당신 대 사랑하는 사람의 싸움이 아니다. 당신 두 사람 대 어려움의 싸움이다. 둘이 한편이 되어 싸워라! 협력할 방법과 협력의 정도는 그 사람과 어떤 관계에 있느냐에 따라 결정되겠지만 가장 효과적인 해결책을 끌어내려면 어느 정도의 협력이 필요하다.

- 목표를 확실히 설정하기

모든 당사자들이 목표에 합의하고 그 목표를 이루기 위해 노력할 이유를 이해해야 한다. 그래야 한편이 된다. 목표 달성 순간이나, 일주일 후나, 다 끝냈을 때 어떤 상태가 되어 있어야 성공인지를 미리 함께 정해 두면 모두가 성취 여부를 더 쉽게 가늠할 수 있다. 우리로선 자신감을 키울 수 있어 좋다. 자신이 '모자란' 사람이라는 생각이 내재되어 있는 우리 같은 사람들에겐 자신감이 정말 중요하다.

- 우리에게 잘 맞는 방법으로 목표를 이루게 해주기

ADHD 뇌는 많은 일을 할 수 있다. 단지 남들과 좀 다르게 할 뿐이다. 우리에게 '등결과성', 즉 다른 방법으로 같은 결과를 이룰 여지를 허용하느냐에 따라 우리가 과제를 성취할지 안 하고 방치할지가 좌우된다. 허용해 주지 않으면 당신이 모든 일을 직접 다 해야 한다.

- '그리고 또'의 해결책 찾기

나는 대화법 관련 책《결정적 순간의 대화》에서 본 이 개념이 정말 좋다. 가급적이면 타협하지 마라. 타협하면 두 사람 다 자신들에게 중요한 뭔가를 희생해야 하기 때문에 나중에 양쪽 모두 후회할 수 있다. 당신의 욕구와 또 상대의 욕구도 충분히 충족시킬 해결책을 찾아라.* 우리는 실행에 어려움이 있더라도 대체로 상상력은 뛰어난 편이다. 가능성 있는 해결책을 여러 가지 떠올릴 수 있다. 잘 생각해 볼 시간이 주어지면 특히 더 잘 떠올린다. 옆에서 상상의 폭을 좁히게 도와주기만 하면 된다.

- 당신의 길에서 벗어나지 않기

하루 일과를 마칠 때 당신은 당신의 브레인에게 코치나 심리치료사가 아닌 파트너이자 친구이자 부모이자 룸메이트다. 누군가가 정신건강에 어려움을 겪으면 함께 휘말리기가 매우 쉽다. 그렇다고 해서 누군가의 주된 도우미가 되려 하면 어쩔 수 없이 기존 역할을 희생해야 한다. 파트너에게 부모 역할을 하다 보면 연인으로서 뜨거운 감정이 사그라진다. 친구에게 심리치료사 역할을 해주려면 객관적인 관점을 취하려고 그 상황에서 자신을 배제하며 유대감이 사라지게 된다.

누군가의 지지망이 되기보다는 그 사람이 지지망을 세우게 도와줘라. 그 사람이 그것을 원하지 않거나 할 수 없어 하면 필요한 도움을 당신에게 전적으로 떠맡겨선 안 된다는 점을 확실히 밝혀라.

---

* '그리고 또'가 들어가는 말 중 내가 가장 좋아하는 말은 "자신을 부드럽거나 모질게 대하지 말고 다정하고도 또 엄하게 대하라."다. ADHD 코치 더스티 치푸라Dusty Chipura가 지금은 내가 책 이름이 한 글자도 기억나지 않는 어떤 책에서 보고 알려 준 말이다.

린달 C. (30세, 앨버타주)

"제 ADHD를 돕기 위해 사람들이 해주는 일 중 최고는 끼니를 챙겨 주는 거예요. 저는 일주일에 두 번씩 부모님과 저녁을 먹는데, 식사 준비에 쓸 뇌 공간을 다른 일들을 위해 자유롭게 쓸 수 있어요. 어느 날 저녁에 부모님과 함께 밥을 먹은 덕분에 그날 밤에 집에 가서 밀린 설거지를 할 만한 에너지와 뇌 공간이 충분히 남아 있었어요. 설거지 거리가 산더미처럼 쌓여 있었거든요."

크리스티 H. (38세, 콜로라도주)

"제 파트너는 제가 샤워하려고 했던 걸 상기시키며 물을 틀어 주고 씻는 동안 기다리거나 앉아서 얘기를 나눠 줘요. 제가 일을 할 때는 책상에 간단한 간식거리를 가져다주기도 해요."

로라 S. (37세, 인디애나주)

"제가 시간 맹인이라 번번이 시간을 못 지키고 늦어요. 그래서 제가 나갈 준비를 하면 파트너가 나갈 시간이 다가올 때쯤부터 몇 분 전인지 계속 얘기해 줘요. 그럴 때 정말 특별한 점은 그이가 핀잔하거나 답답해하는 어조가 아닌 그냥 시간만 알려 준다는 거예요."

④ 좋은 점 찾기

모든 사람들의 뇌는 기본적으로 제대로 되는 부분보다 잘 안 풀리는 부분을 더 많이 알아본다(그리고 또 기억한다!). 그러다 보면 정말로 잘 되어 가는 부분을 놓치기 쉬워 어떠한 관계에서든 실망을 느낄 수 있다. 사이가 점점 더 나빠질 가능성이 있는 관계에서는 더더욱 문제가 된다. 어떤 상황에 놓여 있든 가급적 좋은 점을 찾으려 하면 당사자 모두에게 좋은 격려가 된다. 아울러 둘의 관계가 더 즐거워질 수 있다.

• **상대의 노력에 주목하기**

뭘 잘 못했다고 해서 그 사람이 노력을 안 하는 것은 아니다. 오히려 그런 실수가 노력하고 있다는 증거인 경우가 많다. 룸메이트가 세제도 안 넣고 식기세척기를 돌렸더라도 어쨌든 식기세척기를 돌리기는 한 것이다! 상대가 정말로 애쓰고 있는지 잘 모르겠다면 물어봐라. 그리고 애쓰고 있다고 대답하면 그 말을 믿어라. 터크먼 박사의 연구에 따르면 관계를 더 좋아지게 하는 가장 중요한 방법은 ADHD가 있는 사람의 노력을 적극적으로 찾고 인정해 주는 것이다. 브레인 여러분, 당신의 하트를 위해 노력하고 있다는 신호를 보내서 도와주세요!

• **동전의 좋은 면을 보려 하기**

잊지 말자. 우리가 마음에 쏙 들어 하는 점들과 우리에게 좌절을 안기는 점들은 ADHD 특성이라는 같은 동전의 양면이다. 같은 ADHD 특성일지라도 그 특성 때문에 기분이 즐거울 때가 성가실 때보다 훨씬 더 받아들이기 쉽다. 그 사람의 충동성이 당신의 마음에 쏙 들게 표출되는 방법을 눈여겨 찾아봐라.

- **보이는 결과와 상관없이 과정은 성실하다고 믿기**

ADHD를 가진 사람이 처리하기로 약속한 문제에 신경을 쓰고 있다면 그 사실이 거짓일 때보다 진짜일 때가 더 많다. 신경을 쓰는 건 알겠는데 행동에서 그렇게 안 보일 때는 물어서 확인하는 것이 좋다.

"자기가 이 문제에 신경을 쓰고 있는 건 알겠어. 그런데 왜 아무 진전이 없는지 내가 이해할 수 있게 설명해 주면 안 될까? 정말 모르겠어서 그래."

물어보면 당신이 못 알아보고 놓친 부분을 알려 주거나 어떤 장애물에 막혀 있는지 설명해 줄 것이다.

- **잘 해낸 것을 축하해 주기**

ADHD를 가진 사람은 구체적이고 즉각적이며 긍정적 피드백이 굉장한 동기부여가 된다. 우리는 중요한 뭔가를 진전시키면 스스로에게 하이파이브를 보낸다!

조촐한 댄스파티를 열어도 좋고, 뭐든 기분 좋은 것으로 축하를 해라! 우리는 프로젝트를 기대 이상으로 잘 해내거나, 기발하고 새로운 아이디어를 내거나, 뛰어난 영업 실적을 올리면 칭찬을 받는다. 하지만 다른 사람들에게 '쉽거나 당연시되는' 일에 우리가 힘들어하며 노력을 쏟은 데는 칭찬을 받는 경우가 드물다.

스콧 D. (46세, 워싱턴주)

"저희 아빠는 자신이 해낸 일을 보며 인정할 줄 알아야 한다고 가르쳤어요. '감탄 시간'을 가지라고요. 우리가 잔디를 깎거나, 세차를 하거나, 울타리를 새로 교체하는 일을 마치면 아빠는 이렇게 말했어요. '자, 이제 감탄 시간이야.' 그러면 우리는 그 자리에 서서 우리가 방금 끝낸 일을 바라봤어요."

론 W. (50세, 디트로이트)

"저는 '불'을 연달아 끄면서 뭐 하나라도 놓쳐 모든 걸 홀라당 태워버리지 않기 위해 하루하루를 생존을 위한 노력으로 보낼 때가 많아요. 그런 저에게 아내는 이런 말을 해줘요. '여보, 정말 고마워. 당신 덕분에 내가 일하기 훨씬 편해졌어.' 그러면 갑자기 제대로 인정받는 것 같아서 자존감이 높아지고 계속 헤쳐 나갈 기운이 솟아요!"

⑤ 당신 자신을 돌보기

사랑하는 사람이 어떤 이유로든 힘들어서 쩔쩔매면 정서적으로 진이 빠질 수 있다. ADHD가 있는 사람들이 의도적으로 상대의 삶을 힘들게 하거나 상대를 소홀히 여기는 경우는 거의 없지만 중요한 것은 의도만이 아니다. 그 의도가 파트너인 당신에게 어떤 영향을 미치는가도 중요하다. 우선 당신부터 산소마스크를 써야 당신이 아끼는 사람 곁에 계속 있어 줄 수 있다.

- **한계선 정하기**

 자신의 평안을 유지할 수 있게 한계선을 정해야 한다. 다른 사람에게 한계선을 정하도록 부탁해도 되지만 한계선은 다른 누군가가 해주길 바라는 행동이 아니라 당신이 하는 행동에 초점을 맞춰야 한다. 다른 사람의 행동은 당신이 통제할 수 없기 때문이다. 다른 누군가의 행동과 관련된 한계선을 정할 때는, 예를 들어 그 사람이 악을 쓰면 말을 하지 않겠다는 식으로 정할 수 있다.[*]

- **외부의 도움 활용하기**

 당신이 처한 상황과 비슷한 경우를 다루고 있는 심리치료사나 피어 서포트나 친구들, 신경다양성이 얽혀 있는 관계와 관련된 논문 등을 통해 도움을 받을 수 있다. 당신의 경험을 존중받고 감정 문제도 더 잘 처리할 수 있다. 뿐만 아니라 필요한 지침을 얻게 되어 혼자 힘으로 다 해결하지 않아도 된다.

- **스스로에게 감정을 갖게 해주기**

 ADHD와 관련된 브레인의 행동에 짜증이 나면 그 행동이 의도적인 것이 아니라는 이유 때문에 자신의 감정이 잘못된 것처럼 느껴질 수 있다. 하지만 일어난 행동의 이유가 어떠하든 당신은 감정을 가져

---

[*] 한계선을 정했다가 괜히 상황을 악화시킬까 봐 걱정된다면 먼저 정신건강 전문가와 상담해 봐도 좋다. 한계선은 중요한 요소이고 관련 당사자 모두에게 더 큰 안정감을 줄 수 있다. 하지만 한계선에 익숙하지 않은 사람들은 상대가 한계선에 대한 말을 꺼내면 짜증을 내거나, 심지어 폭언을 퍼부을 수도 있다.

도 된다. 이해 가능한 것과 용납 가능한 것은 서로 별개다. 단지 ADHD가 있다는 이유만으로 브레인이 당신에게 상처를 주는 행동을 용납해선 안 된다. 당신의 분노, 상처, 슬픔을 느껴라. 그렇게 감정을 느끼다 보면 자신에게 필요한 것을 이해하고 그 감정을 조절해 당신의 브레인과 더 잘 소통할 수 있다. 또한 상대의 행동이 아니라 당신의 감정과 욕구에 집중하는 데도 좋다.[*]

- 휴식 시간 갖기

다른 사람들과의 사회적 유대 활동이나 취미 활동을 펼치기 위해, 심지어는 그냥 재충전을 위해서라도 두 사람이 떨어져 있을 시간을 갖자. 많은 사람들이(심지어 신경전형인 커플조차) 서로 떨어져 있는 시간 갖기가 서로의 관계에서 지속성과 행복을 지키는 중요한 요소임을 알게 되었다. 필요하다면 그 관계에서 완전한 휴식을 가져도 괜찮다. 어떤 사람에게 장애가 있다는 이유만으로 헤어지면 안 될 의무는 없다. 나도 안 되겠다 싶어 이런 휴식을 가진 적이 있다. 그리고 나서 우리는 1년 후에 재결합했다. 수차례 상담심리를 받은 뒤의 일이었다. 무시되는 기분을 고질적으로 느끼면 건강에 해롭다.

상대가 끊임없이 기대를 저버리는 관계도 해롭긴 마찬가지다. 때

---

[*] '비폭력대화' nonviolent communication를 주장한 마이클 로젠버그 Michael Rosenberg는 비난을 '충족되지 못한 욕구의 비극적 표출'이라고 일컫는다. 비극적인 이유는, 누군가의 행동을 꼬집어 핀잔을 주는 방식은 당신 자신의 감정과 욕구를 표현하는 방식보다 변화를 일으킬 가능성이 매우 낮기 때문이다. 비난받는 상대는 대체로 공격받는 기분을 느껴 방어 자세를 취하게 된다.

로는 지금 두 사람이 처해 있는 상황이 당신에게 이로운 관계가 아니라는 신호일 때도 있다. 심지어 서로를 정말 사랑하더라도 그럴 수 있다. 그럴 땐 그 관계에서 빠져나와도 된다.

클라우디아 B.(26세, 멕시코)

"저는 하트이고 남친은 브레인이에요. 사귄 지 9년이 되어 가는데 각자의 소통 방식을 이해하고 스스로의 한계선을 상기하는 방법이 우리의 관계 유지에 큰 도움이 되고 있어요. 때로는 남친이 감정이 격앙되어 다짜고짜 제 말을 자르고 자리를 뜨려고 할 때도 있어요. 그러면 저는 단호히 막아서며 이렇게 말해요. '내 말 아직 안 끝났어.' 처음엔 남친을 막는 게 너무 불편했지만 남친이 수도 없이 부탁했기에 그렇게 했어요. 남친은 그런 다툼을 소통의 문제라고 봐서 감정적으로 받아들이지 않아요."

캐스터 S.(24세, 영국)

"저희는 서로를 이해하기 힘들 땐 소통 방식을 바꿔요. 이런 식으로요. '우리 돌아가면서, 원래 전하고 싶었던 마음이 뭔지 얘기 좀 해보자. 난 화가 난 게 아니야. 내 감정을 제대로 표현하지 못한 것이지 자기 탓을 하는 게 아니야.' 파트너와 저는 불안증과 ADHD가 있어서 소통을 위한 도구 활용이 도움이 돼요. 어느덧 사귄 지 10년이 되었는데 언제나 자신의 기분 상태를 드러내거나 상대의 기분을 잘 이해하는 건 아니라는 점을 분명히 해두는 것이 저희의 비결이에요."

"어떻게 할까?"

ADHD가 있는 사람을 사랑하고 함께 사는 사람들은 상대가 어지럽힌 것을 치우고 점점 더 많은 책임을 떠맡으면서 상대가 실수할까 봐 노심초사하는 경우가 많다. ADHD가 있는 사람들은 스스로가 '부족한' 파트너 같아 실수를 하거나 뭔가를 '충분히' 못 할까 봐 끊임없이 초조해한다. 본인들도 거의 의식하지 못하는 사이에 이런 패턴에 빠져들고 만다. 이것은 두 사람 중 누군가의 선택이 아니라, 대개는 우리의 실행기능의 어려움 탓에 기본값으로 일어나는 일이다. 이런 패턴 방식은 누구에게도 좋을 게 없다.

내가 알아낸 더 좋은 방식이 있다. "어떻게 할까?" 이 간단한 물음으로 말문을 여는 대화다.

나는 부모님의 패턴이나 조부모님의 패턴을 되풀이하고 싶지 않았다. 파트너에게 부모 역할을 해주고 싶지 않았다. 파트너가 나에게 부모 역할을 해주는 것도 싫었다. 내가 원하는 관계는 진짜 파트너였다. 내가 존중할 수 있는 사람이었다. 나 역시 상대에게나 나 스스로에게나 존중받고 싶었다.

내가 파트너와 같이 살기 위해 파트너의 집으로 이사한 초반에 우리는 이렇게 물었다.

"우리 집안일은 어떻게 할까? 집안 관리와 청소에서 어떤 부분에 특히 신경을 써야 할까? 누가 어떤 일을 맡을까? 그 나머지 일은? 그냥 신경 쓰지 말까? 아니면 외부 도움을 받을까?"

이런 대화는 집안일에 대한 정신적·신체적 짐을 동등하게 분담하는 데 도움이 된다. 우리는 이렇게 세운 계획을 중간중간 점검해서 필요할 경우에 살짝 변경해 가며 굉장히 순탄하게 지냈다. 각자의 담당을 확실히 정해 놓으니 어떤 일이 되어 있지 않아도 나서서 대신해야 할 필요를 느끼지 않았다. 그저 서로에게 우리의 합의 사항을 상기시켜 주면 되었다. 서로 대등한 입장에서 협력하며 할 일을 동등하게 분담했다.* 우리는 둘 다 자신의 기여에 자부심을 느끼는 한편, 상대방의 노력을 인정했다. 잘 안 되는 부분이 있어도 스트레스를 받지 않았다. 외부의 도움을 받거나 신경 쓰지 않고 넘겼다.

3년 후, 어찌저찌하다 우리 사이가 앞의 내용에서도 얘기했던 파국의 소용돌이에 갇히면서 겸허히 깨달았지만 나는 여전히 파트너에게 부모 역할을 해주고 있었다. 그것도 내가 예상했던 것과는 다른 방식으로.

어떤 연애 관계든 정서적 문제도 상당히 큰 부분을 차지하며 당신이 어느 순간부터 두 사람 모두의 정서적 문제를 잘 조절하려고 애쓰게 될 수도 있다! 나는 자신도 모르는 사이에 이런 책임을 맡고 있었다. 나는 우리 관계의 정서적 건강을 지키기 위해 파트너에게 필요한 것을 헤아려 그의 욕구가 충족되게 나 자신의 ADHD를 맞췄다. 나에게 필요한 것을 헤아려 내 욕구가 충족되게 파트너의 AuDHD를 맞

---

* 파트너에게 정확히 절반을 분담해 주길 기대하는 건 비현실적이다. 파트너가 당신보다 일하는 시간이 긴 경우라면 그건 무리한 기대가 아닐까? 장애 때문에 집안일을 할 때 당신보다 두 배의 시간이 걸린다면? 대등성이 아니라 공평성을 목표로 삼자. '각자가 집안일을 얼마나 많이 하느냐'를 따질 게 아니라 각자의 관심사, 취미 생활 등을 할 수 있는 여유 시간과 에너지도 함께 배려한다. 각자의 욕구가 얼마나 잘 충족되고 있는지 살피자.

추려 애쓰기도 했다.

내가 파트너의 정신건강을 보살피고 우리의 관계를 지키기 위해 애쓰느라 이제는 너무 지친다고 말하자 그는 이렇게 대꾸했다.

"내가 언제 그래 달랬어?"

그런데 그게… 틀린 말은 아니었다. 그래야 할 것 같아서 내 스스로 떠맡은 일이라 그로서는 자신을 보살펴 주려는 내 노력을 수긍해 줄 수도 인정해 줄 수도 없었다. 알고 봤더니 파트너 역시 나를 위해 어느 정도는 그렇게 해주고 있었다. 약을 받아 올 때가 되면 잊지 않게 말해 주고, 내가 어질러 놓은 것을 치워 주고, 내가 슬퍼할 때는 자신도 과부하 상태라 혼자만의 시간이 필요한데도 곁에 있어 주려고 애썼다.

나와 파트너는 매주 관계 점검 시간을 가지기 시작했다. 다시 한번 물어봤다.

"어떻게 할까?"

"같이 있을 시간, 떨어져 있을 시간, 친구들과 어울릴 시간을 언제로 할까? 밤 데이트 때 뭘 할까? 우리 일정표에 적어 두자."

"지금 당신의 정신건강은 어때? 도움이 필요해? 필요하다면 어떤 식으로 도움을 얻고 싶어? 내가 어떤 역할을 해주면 좋겠어?"

ADHD가 (ADHD에 동반되는 공존 질환들과 함께) 관계에 영향을 미치지 않을 거라고 여긴다면 순진한 생각이다. 어떤 문제에 대한 수용은 멋진 태도지만 종착점이 아닌 출발점이다.

집안일이든 자동차를 구매하거나 아이를 키우거나 관계를 지키거나 누군가의 정신 건강을 보살피는 문제든 진정한 파트너십에 이르는 길은 똑같다. 함께 계획을 세운다면 나의 계획과 상대방의 계획을 두루두루 헤아려, 자신이 누군가를 챙겨야 할 사람이 아닌 성인이자 파트너로서 어떻게 할지를 결정할 수 있다.

계획이 언제나 완벽하게 척척 진행되는 건 아니다. 일주일 후에 본래 궤도에서 한참 벗어나 있을 수도 있다. 계획이 한쪽 사람에게 잘 맞지 않다면 살짝 변경해도 된다.[*]

오래된 습관은 바꾸기 힘들다. 나와 파트너도 자신의 욕구를 분명히 전하기까지 쉽지 않았다. 서로의 노력을 대신해 주는 게 아니라 지지해 주는 일도 마찬가지였다.

아, 참, 우리는 둘 다 불안증을 가지고 있다. 공통 계획을 짜두면 불안증을 꾸준히 점검하는 데도 유용하다. 그전까지 나는 불안증 때문에 자꾸만 새로운 계획을 짜려고 했고, 파트너는 자꾸만 불안한 마음으로 가능한 해결책을 곰곰이 생각하려다 8시간 동안이나 딴 데로 새서 방랑하다가… 내가 이미 더 좋은 계획을 생각해 놓은 뒤에 왔다! 알고 보니 이런 부분이 우리가 파국의 소용돌이에 빠지는 데 큰 역할을 하고 있었다.

우리는 현재 4년째 함께하고 있다. 우리의 관계는 예전의 그 어느 때보다 좋고, 각자 경험했던 그 어느 관계보다도 훨씬 건강하다. 우리가 계획대로 정말로 매주 만날까? 아니, 그렇진 않다. 우리 둘 다

---

[*] 계획을 적어 놓을 것을 권한다. 한 사람이나 두 사람 모두에게 ADHD가 있으니 누군가가 깜빡하기 마련이다. '괜찮아! 내가 기억하고 있으면 되지.' 자칫 이렇게 생각할 수 있지만 아니, 당신은 기억하지 못한다. 스트레스를 받거나 초조할 때는 특히 더 그렇다. 계획을 세울 땐 수첩을 가져와라. 일정표를 펴놓고 펜으로 꼼꼼하게 적어라.

ADHD가 있으니까. 못 만나고 지나쳐 버리면 서로 연락해서 다시 궤도로 돌아갈 방법을 놓고 솔직하고 무비판적인 대화를 나눈다.

　재미있게도 우리가 함께 계획을 세우면 실제로는 우리 둘 다에게 큰 도움이 되진 않는다. 각자 알아서 헌신적으로 챙겨 주려 노력할 때, 상대에게 더 도움이 되고 의미 있기 때문이다. 그래도 함께 계획을 짜고 실행하려는 노력이 도움이 되는 건 분명하다. 그 덕분에 더 낙관적이 되고, 힘이 나고, 서로의 노력에 감사하게 된다.

제13장

우리가 세상을 바꾸는 방법

우리는 사람들과 아주 살짝이라도
닿지 않으려 해서 흔적을 남기지 않는다.
_페기 테이볼 밀린 Peggy Tabor Millin

나는 방향을 바꾸기로 했다

내가 유튜브 채널과 함께 자기 성장의 여정을 시작하면서 내세운 전제는 ADHD의 어려움을 '극복'할 것이라는 다짐이었다. 엄밀히 말하면 나는 더 이상 ADHD를 달고 살지 않을 거라고 생각한 게 아니었다. ADHD의 측면 중 내가 좋아하는 부분은 지키고, 나를 방해하는 결함들과 대처 방법을 알아내는 정도면 충분하다고 생각했다. 마침내 기대에 걸맞은 사람이 되려고 했다. 잊지 않고 계속 연락하며 지낼 친구들과 깨끗이 정리된 집이 있고, 재정 관리를 똑소리 나게 하는 그런 사람이 되고 싶었다.

세상에는 우리가 우리의 장애물들을 '극복'하고 잠재력을 끌어내 '기대'에 부합하는 사람이 되게 하는 온갖 제안들이 나와 있다. 그 제안들은 '그냥 …를 하면 돼요'라고 말한다. '플래너를 사고, 타이머를 설정하고, 리스트를 만들면 된다'고. 이러저러한 '꿀팁을 활용하면' 우리의 장애물을 뛰어넘어 더 이상 힘들어하지 않을 수 있다고 제안한다. 그래서 나는 그렇게 하기로 했다. 내가 남들과 다르다면 다른 식으로도 해봐야 한다는 사실을 기꺼이 받아들였다.

다만 선뜻 받아들여지지 않았던 부분은 이런 접근법의 한계였다. 알고 보니 우리 뇌에 잘 맞는 방법을 따르고 세상에 더 쉽게 다가가는 도구를 갖추어도 그것이 만능 해결책은 아니었다. 누군가가 ADHD를 '극복'할 수 있었다면 그 사람은 나였을 것이다. 나에겐 그만한 시간과 에너지, 자원이 있었다. 그런 식의 극복을 내 경력으로 삼았으니 말이다. 안타깝게도 ADHD는 그런 식으로 극복되는 게 아니다.

우리가 사용할 수 있는 이런 도구의 대부분은 경우에 따라 한계가 있다. 그중 어떤 도구도 '어려움에서 벗어나는 탈출' 카드가 되어 주지 못한다. 필요한 도구들은 거의 모두가 우리에게 뭔가를 대가로 요구한다. 바로 시간과 돈, 에너지다. 우리는 그런 도구를 찾아 사용법을 배운 후 우리에게 잘 맞게 조정해야 한다. 여기에 더해 그 도구를 사용해야 할 필요성을 정당화하고, 다른 상황에 다시 적용해 보고, 비용을 추가로 들이기도 해야 한다.

아참, 또 있다. 그 도구를 사용하도록 떠올릴 방법도 찾아야 한다. 게다가 남들에겐 없어도 되는 이 도구들의 사용으로 우리가 축내게 되는 자원들도 문제다. 바로 친구들과 어울려 놀거나, 취미 생활을 즐기거나, 삶의 다른 소중한 것들을 누리는 데 전념하지 못하는 시간과 에너지 등의 자원이다.

더군다나 ADHD가 있는 사람에게 필요한 도구는 단 하나가 아니다. 이 책을 다시 휙 훑어보면 알겠지만 무려 수백 개에 이른다. 이 도구 중 수십 개쯤은 ADHD를 가진 사람에게 아주 중요할 수 있고 매일매일 써야 할 수도 있다. ADHD는 만성질환이기 때문에 이 도구들이 일시적으로만 필요한 것도 아니다. 이 책의 '간단한' 도구들은 내가 한 번에 하나씩 수집한 것들이지만 전부 펼쳐 놓고 보면 확실히 ADHD를 다루는 일은 간단하지 않다.

'그냥 이렇게 하면 돼요. 그리고 이것도요. 참, 여기 이 50가지도 해보세요.'

뭐랄까… 끝이 있긴 할까 싶다.

내 여정이 막바지에 이르렀을 때 내 도구상자는 넘칠 지경이었다. 나는 어떤 도구를 언제 어떻게 왜 써야 하는지 이해했다. 신경전형적 세계에서 그럭저럭 잘 기능하기 위해 필요한 것들을 갖추었고, 없는 돈까지 끌어모으며 그렇게 많은 도구를 마련한 내가 엄청 운 좋은 사람처럼 느껴졌다. 하지만 이용할 수 있는 도구가 아무리 많아도 도구 사용에 능숙해져도 어려움이 상쇄되는 건 아니다. 완전히 다는 안 된다. 정말 그럴까 의심된다면 휠체어 사용자 중 아무나 붙잡고 물어봐라. 휠체어 성능이 아무리 좋아도 휠체어로는 갈 수 없는 곳들이 있다. 휠체어를 타는 사람들에게 가해지는 편견과 낙인, 오해, 도덕적 판단의 문제도 있다.

도구를 갖추는 것만으로는 부족하다. 도구가 자신의 환경에 잘 맞아야 한다. 도구를 이용할 수 있는 상황이 갖추어져 실제로 이용할 수 있어야 한다. 도구가 필요한 사실을 마음 놓고 밝힐 만한 분위기가 되어야 한다. 만약 이상적인 세상이라면 이런 점들을 생각할 필요조차 없을 것이다. 우리가 제대로 기능하기 위해 필요한 도구가 환경에 갖춰져 있고, 누구든 굳이 이유를 설명하지 않아도 이용할 수 있으며 전기, 도로, 인터넷 같은 서비스처럼 공공 인프라의 하나로 자리 잡혀 있을 것이다. 이런 세상은 실제로도 실현 가능하다.

ADHD를 극복해 줄곧 상상해 온 아주 신경전형적인 삶을 살고 싶었지만 결국 내 능력의 한계를 인정하게 되었다. 자신의 정체성과 능력을 바꿀 수 있는 인간은 그리 많지 않으며, 세상은 언제나 변하고 그 속도도 빠르다는 사실을 깨달았다.

세상은 여러 시스템으로 이루어져 있다. 그리고 <u>시스템은 사람들보다 훨씬 더 유연하고 융통성이 크다</u>.* 언제든 시스템이 만들어질 수도, 해체될 수도, 재배치될 수도 있다.

나는 시스템 문제에 대해 많은 것을 배우던 중에 우연히 '장애의 사회적 모델'이라는 것을 알게 되었다. 이 모델에서는 장애를 어떤 사람의 의학적 질환 자체의 문제가 아니라 그런 사람이 살아가는 세상의 문제로 본다. 세상이 비장애인들의 필요를 맞춰 주는 것처럼 장애인들의 필요를 맞춰 주지 않아서 생겨나는 문제라고. 말하자면 세상의 시스템이 애초부터 그런 장애인들을 염두에 두지 않은 점을 지적하는 것이다. 내가 도구의 절반이나 사용할 수밖에 없었던 이유가 이런 시스템 문제 때문이었다. 그리고 나만 그런 게 아니었다.

---

* 예를 들어 코로나19 팬데믹 기간에 갑자기 집에서 재택근무를 하게 된 사람이 얼마나 많았는가?

ADHD를 가진 사람이 일관성 있게 생산성을 유지하고, 시간을 잘 관리하고, 집을 비교적 살 만하게 정리하도록 도와줄 광범위하고 정교한 시스템에 관심을 갖는 이유는 그저 재미 삼아 그러는 게 아니라 다른 선택의 여지가 없기 때문이다. 우리는 어떤 대가를 치르더라도 ADHD를 다루기 위한 노력에서 벗어날 수 없다. 온 세상이 우리에게 끊임없이 요구하기 때문이다. 그렇게 하지 않으면 우리는 부적격자가 되고, 환영받지 못하고, 해고당할 위험에 놓이고, 훨씬 큰 대가를 치르게 된다.

나는 사람들이 비신경다양인이 되기보다 신경다양성을 고려하는 환경을 만들기가 훨씬 더 쉽다는 것을 깨달았다. 왜 여태 이런 일이 시작되지 않았던 걸까?

내가 잠재력을 최대한 발휘하고 우리 커뮤니티 사람들도 그렇게 하도록 만들고 싶다면 먼저 힘써야 할 일이 있다는 걸 깨달았다. 우리가 그런 환경을 만들 수 있는 세상을 세우는 일이다. 쉽게 이용 가능한 시스템을 만드는 대가의 전부를, 안 그래도 힘들어하고 있는 사람들에게 지우지 않는 그런 세상이 만들어져야 했다.

우리에게는 우리 고유의 '휠체어'가 제공되어야 할 뿐만 아니라 우리의 편의에 맞는 우리 고유의 '휠체어 경사로'도 마련되어야 한다. ADHD를 가진 사람이 지금처럼 치르는 정신적·정서적·신체적 고충은 우리만이 아니라 우리를 사랑하는 이들에게도 큰 손실을 일으킨다(제12장 '서로에게 힘이 되는 마음 사용법' 참조).

손실로 말하자면 사회 전반적으로도 마찬가지다. 현재 고용주들은 높은 이직률과 번아웃 문제와 씨름하고 있다. 감옥 수감자 중 ADHD

치료를 받지 못한 사람들의 비율이 불균형적일 정도로 많다. 여러 연구에 따르면 ADHD로 발생하는 사회적 비용이 미국에서만 연간 수십억 달러에 이르지만 ADHD에 대한 치료와 지원은 그 비용의 티끌 수준밖에 안 된다.

지금의 방법은 누구에게도 득이 되지 않는다. ADHD를 가진 사람들에게 ADHD를 '극복'하길 기대하는 것은 우리에게 상처를 줄 뿐만 아니라 우리를 사랑하는 사람들과 사회 전반에도 상처를 준다.

더 좋은 방안이 필요하다. 그러려면 실현할 수 있고 지속 가능하며 모든 사람들에게 이로운 변화가 필요하다. 그래서 나는 방향을 바꾸기로 결심했다. 이제는 세상을 변화시키는 일에 나서겠다고.

내가 배운 열세 번째 사실들

세상을 변화시키기 위해 나서는 많은 사람들이 느꼈듯이 나 역시 변화가 이미 진전되고 있다는 사실을 알게 되었다. 세상은 이미 내가 유튜브 채널을 시작할 때의 상황과는 딴판이었다. 수년 사이에 훨씬 더 신경다양인 친화적으로 변해 있었다.

내가 그전부터 이미 해왔던 일들이 이런 변화에 한몫 했다는 사실과 우리에게 필요한 변화가 실현 가능한 일이자 모든 사람들에게 얼마나 이로운 일인지도 알게 되었다.

개개인의 자기 성장이 시스템을 변화시킨다

나는 처음엔 이 점을 깨닫지 못하고 하나의 단순한 해결책을 또 하나의 단순한 해결책으로 바꾸려 용을 썼다. 우리에게 ADHD가 있다는 사실은 달라질 수 없으니 달라져야 하는 건 세상이라는 식으로 문제를 바라봤다. 나라고 별 수 있겠는가? 인간이란 단순한 해결책을 좋아하는 것을.

우리는 우리에게 필요한 것들을 염두에 두지 않고 세워진 세상에서 적절한 자기 성장을 이루는 데 한계가 있다. 하지만 그렇다고 내 자기 발견의 여정이 시간 낭비였던 건 아니었다.

ADHD에 대해 배우면 자기불일치의 틈을 닫는 데 도움이 된다

ADHD에 대해 배우기 전까지 실제의 나와 '마땅히' 되어야 한다고 생각되는 나 사이에 엄청난 틈이 벌어져 있었다.

남들의 기대에 따른 '의무적인' 나도 있었다. 나 스스로를 부적격자로 느끼게 내몰았던 원흉은 ADHD가 아닌 이런 틈이었다. 이 틈 때문에 남들이 나에게 잠재력을 발휘하지 않고 있다며 가하는 질책들을 받아들여 녹초가 되도록 스스로를 혹사시켰던 것이다. 우리 커뮤니티에서도 이런 경향을 거듭거듭 확인하게 된다.

알고 보니 이런 틈을 가리키는 용어가 따로 있었다. 바로 '자기불일치'self-discrepancy다. 자기불일치는 정서적인 혼란과 정신건강상의 부정적 결과를 초래하기 쉬우며, 되고 싶거나 마땅히 되어야 할 것 같은 모습의 자신이 실제의 자신과 일치하지 않을 때 누구나 경험할 수 있다. ADHD에서만 일어나는 일이 아니다.

하지만 ADHD를 가진 사람이 겪는 자기불일치는 정말로 크게 벌어진 틈이 될 수 있다. 우리와 남들이 우리에게 갖는 기대는 대개 우리의 현실과 심한 불일치를 보인다. 우리는 때로는 굉장히 높은 수준의 성과를 낼 수도 있고, 가끔은 '간단한' 일로도 쩔쩔맨다. ADHD가 '보이지 않는' 장애이다 보니 대부분의 환경에서 편의를 제공받지 못하거나, 심지어 고려조차 되지 않는 점에서도 우리의 자기불일치는 다른 사람들의 경우보다 더 심각한 문제다.

내가 모아서 공유했던 도구와 정보는 내 ADHD를 극복하게 해주진 않았지만 이런 틈을 닫는 데는 도움이 되었다. 내가 배운 그 사실들 덕분에 비현실적인 기대를 놓아 버리는 동시에 내 ADHD를 감안하면 내 성과의 기복이 정상이라는 점을 이해할 수 있었다.

내 '잠재력'은 설정값이 아니라 하나의 범위였다. 이제 나는 더 높은 수준에서 더 일관적으로 성과를 낼 수 있는 도구들이 있었고 내 ADHD 행동의 일부(가만히 못 있기 등)가 사실은 나에게 유익한 대처 메커니즘이라는 것도 알게 되었다.

이런 배움을 통해 세상과 소통하는 방식과 나 자신을 옹호하는 방식에 변화가 생겼다. 목표했던 일을 더 자주 성취하기도 했다. 남들의 기대에 따른 '의무적'인 나를 기존의 내 모습에 더 가깝게 맞추면서 그와 동시에 내가 바라는 모습의 나로 지향해 나갈 수 있었다.

우리 커뮤니티의 많은 사람들이 나처럼 ADHD에 대해 배우도록 돕기도 했다. 덕분에 이제 우리는 자신과의 교류 방식이 예전과는 달라졌다. 우리 자신에게 말을 거는 태도, 우리 자신에 대해 말하는 방식이 변했다. 정신건강과 더불어 자존감도 높아졌다. 이제는 우리가 부족하다, 충분히 노력하지 않는다, 충분히 만족스럽지 않다, 잠재력을 최대한 발휘하지 않는다 등의 내재화된 부정적 메시지에 차츰 신경을 끄고 귀 기울이지 않는다. 우리가 이미 되어야 할 존재가 되어 있음을 깨닫고 다른 사람들에게도 일깨워 준다.

개개인의 자기 성장은 파급효과가 있다

세상을 변화시키기 위해 나서려면 다시 새로운 여정을 시작해야 할 것 같았다. 이번 여정에서도 앞으로 뭘 하게 될지, 뭐부터 배워야 할지 막막했다. 다만 내가 깨달은 사실이 하나 있었다. 일방적인 시스템의 변화 요구가 아니라 내가 몇 년 동안 해온 일들이 실제로 시스템의 변화를 이끌었다는 것이다.

깨닫고 보니 나는 그 시스템의 일부였다. 내가 ADHD를 받아들이며 이해하고, 내 ADHD에 대해 솔직히 얘기하고, 도움이 되었던 방법을 공유하면서 벌였던 노력이 내 주변을 넘어서서 아주 멀리까지 파급효과를 일으켰다. 그 노력은 사람들이 내 영상을 보면서 자신의 뇌에 대해 배우기도 하고, 스스로 전략 도구상자를 만들길 바라는 의도에 따른 것이었지만, 내 유튜브 채널 커뮤니티에서 그렇게 많은 사람들이 저마다의 파급효과를 일으킬 줄은 미처 생각하지 못했다. 나는 실제 사례를 접하며 그 파급효과에 대해 놀라움을 금치 못했다.

어느 날 스코틀랜드의 한 하원의원이 나에게 영상을 보냈다. 영상에는 스코틀랜드 의회에서 ADHD에 대해 잘못 호도하는 위험천만한 '다큐멘터리'에 대해 조치를 취해야 한다고 요구하는 그의 모습이 담겨 있었다.

어느 중학교 교사는 자신의 ADHD 학생들을 위해 서포트 그룹을 만들어 매주 모임을 갖고 있다고 알려 주었다. 또 일부 브레인들은 내 채널을 시청한 후 지지자가 되어 독자적 플랫폼을 개설했고, 책을 쓴 사람들도 있었다.

내가 채널 커뮤니티에 시스템의 변화에 주력하고 싶다고 얘기했을 때는 훨씬 더 많은 사람들이 관심을 보였다. 이후로 리소스 그룹을 만들기 시작했다거나, 우리 커뮤니티에 도움을 줄 수 있는 정책과 관련해서 정치 지도자들과 협력 중이라거나, 회사 사장에게 요청해 ADHD 직원들이 편의를 제공받게 되었다는 등의 소식을 전하는 사람이 점점 늘어났다.

그러다 서서히 깨달았다. 내가 알게 된 파문 하나하나가 내가 모르는 더 많은 파문을 일으키고 있음을. 이렇게 일어난 파문들 역시 또 다른 파문을 일으키고 있었다. 닿으려고 의도했던 사람에게서 멈추지 않고 계속해서 퍼져 나갔다.

그동안 나에게 와닿았던 파문들을 돌이켜 봤다. 나는 다른 사람들에게 영향을 주기만 한 게 아니라 다른 사람들의 연구와 그 이전 연구자들이 해온 연구에 영향을 받았다는 사실을 깨달았다. 내가 읽었던 논문의 연구자들은 어느 ADHD를 가진 사람의 유튜브에 자신들의 논문이 소개될 줄은 예상하지 못했을 테지만 결국 우리에게도 전해지게 되었다. 내 유튜브 채널이나 ADHD 틱톡이 화제가 되기 훨씬 전부터 여러 전문가들과 보통 사람들의 노력이 ADHD 세계에 파문을 일으키며 우리에게까지 와닿은 것이다.

다른 여러 지지 그룹과 조직, 커뮤니티에서도 파문을 일으켜 왔다.

성소수자 커뮤니티는 자신의 정체성에서 중요한 부분을 안전하게 밝히는 방법을 위한 토대를 마련해 주었다. 자폐인 및 장애 옹호 활동가들은 신경다양성, 장애인차별, 인지적 접근성에 대한 담론에 물꼬를 터주었다. 연구자들과 정신건강 의료인들은 자신들이 다루는 질환을 허심탄회하게 공개하며 자신들을 지지하는 커뮤니티에 더 많은 협력과 효과적인 지원이 이루어지도록 촉구했다.

나는 주위를 찬찬히 둘러보다 이 모든 파문이 한데 모여 중대한 변화의 파도로 바뀐 걸 깨달았다. 즉, 신경다양성에 대한 논의의 공론화, 성인 ADHD의 치료 접근성 개선, 신경다양성을 가진 사람들에게 더 공평한 환경 등의 변화를 일으킨 것이다. 다만 이런 변화들이 모든 사람들에게 다 적용되고 있지는 않다. 아직은 그렇다.

인지과학자 데어드레 켈리Deirdre Kelly 박사는 이렇게 말했다.

"미래는 이미 전 세계 곳곳에 존재한다. 이 사실을 받아들이고 좋은 면을 볼 줄 안다면 우리가 되어야 할 사람과 있어야 할 곳으로 더 가까이 이르게 해줄 결정을 내리고 행동을 취할 수 있다. 실현 가능한 일을 찾아 실현시켜라."*

---

* ADHD 친화적으로 설계된 상품과 서비스가 더 많이 개발되도록 촉구하는 한편, ADHD를 가진 사람들을 이미 개발되어 있는 상품과 서비스에 연결해 주기 위해 켈리 박사와 협력해 '이용 편의성 평가기준'을 마련해 두었다(무료 이용). 505쪽의 QR 코드를 스캔해 온라인 자료를 참고하기 바란다.

수용의 단계

우리의 삶 속에 함께하는 사람들인 가족, 친구, 동료를 비롯해 의료인 중에도 ADHD의 어려움을 회의적으로 바라보는 사람들이 있다. 우리 자신도 여전히 그런 관점을 가지고 있을 수 있다!

성소수자 커뮤니티에서 자주 회자되는 커밍아웃 단계가 있다. 1979년에 비비안 캐스 Vivienne Cass 박사가 개발한 모델에서 큰 부분을 차용해 와, 타인들이 받아들이기까지 이런저런 여정을 거치는 사람들에게 맞춰 확장 적용한 수용 모델이다. 이 수용 단계에서는 사람들이 저마다의 속도로 헤쳐 나가며 종종 단계 사이를 왔다 갔다 하는데, 여러 면에서 볼 때 장애의 수용 단계에도 적용 가능하다.

다음은 내가 ADHD의 수용 과정에서 지켜봐 온 단계들을 설명하기 위해 모니카 루에드케 Monica Luedke의 이 수용 모델을 변형해 본 것이다.

- **반감**: ADHD라는 질환 자체나 자신에게 ADHD가 있다는 사실을 부정하는 단계. "그냥 게으르고 절제력이 부족한 거겠지."

- **인정**: ADHD를 질환으로 인정하긴 하지만 여전히 이 질환에 대한 오해를 가지고 있는 단계. "너는 ADHD로 '보이지' 않는데.", "ADHD로 너에게 한계가 생겨선 안 돼!", "그 사람이 왜 편의를 받아야 하는데? 그건 부당한 특혜야!"

- **수용**: ADHD 뇌가 대다수 사람들의 뇌와는 다르게 작동한다는 점과 그런 차이 때문에 진짜로 결함이 일어난다는 점을 인정한다. ADHD로 겪는 문제들을 믿어 준다. "그래, 그랬구나. 나는 정서조절 곤란이

ADHD 때문인지 몰랐어. 이제야 이해가 되네."

- **수긍**: ADHD 경험에 대해 묻고 그 대답을 잘 들어주고, 필요한 도움을 받게 응원하며, 편의를 봐주는 단계. "여러 작업이 동시에 진행되면 우선순위를 정하는 데 어려움이 있다고 말해 줘서 고마워. 한 번에 한 작업에 집중할 수 있게 마감 시한을 따로 잡으면 도움이 될까?"

- **옹호**: ADHD를 가진 사람이 있건 없건 그들을 위해 소신 발언을 하고, 그들이 부탁할 필요도 없이 알아서 도와주는 단계. 또는 ADHD가 있는 본인이 남들 앞에서 필요한 것을 밝히는 단계. "여러분, 우리가 지금 이 부분의 진도를 너무 빨리 나가서 일부 학생들이 필기하기 힘들 수도 있어요. 강의 요점을 모두에게 이메일로 보내 줄게요. 그리고 조교에게 요약 자료가 있으니 필요하면 참고하도록 하세요."

당신의 삶 속에는 좋은 쪽이든 안 좋은 쪽이든 이 중 여러 범주에 들어맞는 사람들이 있을 것이다. 누군가가 현재 당신과 다른 단계에 있다고 해서 유감스러워할 필요는 없다. 당신이 나와 같다면 당신도 지금과는 다른 단계에 있었던 때가 있었을 것이다.*

단계의 여정에서는 필연적으로 이동이 일어나기 마련이다. 사람들이 꼭 우리가 바라는 속도로 움직이지 않더라도 대부분은 아는 것과 경험이 생기면 태도가 더 수용적으로 바뀔 수 있다.

이 대목에서 내가 잊지 못하는 에피소드가 있다. 어떤 사람이 내 영상을 보고 ADHD는 있지도 않은 가짜 병이고 내 말이 전부 말도 안 되는 거짓말이라며 분노에 찬 댓글을 달았다가 몇 년 후에 사과한 일이다. ADHD로 진단받은 후 선뜻 수용하지 못했는데 내 영상이 ADHD를 인정하는 데 정말 큰 힘이 되었다는 사람들도 있었다.

우리가 만드는 변화가 모두를 이롭게 한다

자신이나 다른 사람들에게 변화를 일으키도록 납득시키려면 동기부여가 중요하다. 그런 점에서 다행스럽게도 우리가 일으키려는 변화는 ADHD 브레인들과 우리를 사랑하고 관심을 가져 주는 하트들, 우리의 고용주들, 사회 전반에 확실히 도움이 된다.

신경다양성에 대한 열린 대화

지금까지 이야기했듯 신경다양성이라는 범주 내에서도 서로가 얼마나 다양한지를 이해하고, 이를 자연스럽게 받아들이는 문화를 형성하고 있다. 그리고 이제야 비로소 자신을 남들에게 맞추지 않아도 된다고 느끼는 사람이 많아지고 있다.

우리는 점점 더 많은 공간에서, 단순히 적응하는 것이 아니라 진정으로 속할 수 있는 환경을 찾고 있다. 우리에게 잘 맞는 대처 매커니즘과 도구들이 점점 더 자연스럽게 받아들여져 정상적이고 당연한 일이 되고 있다. 덕분에 우리는 자신이 가진 어려움을 숨기기보다 효과적인 방법을 활용해 더 나은 방식으로 살아갈 수 있는 기회를 얻게 되었다.

우리는 서로를 찾아내 돕고 지지한다. ADHD인지도 몰랐던 사람

---

* 우리는 남들에 대한 단계와 스스로에 대한 단계를 다르게 받아들일 수 있다. "다른 사람들은 편의를 제공받아도 괜찮지만 난 아니야! 나는 그런 편의 없이도 이 일을 해낼 수 있을 거야!"

들이 우리의 이야기를 듣고 정말로 '남일 같지 않아서' 진단과 치료를 받기로 마음먹기도 한다.

이런 대화가 없었다면 많은 사람들이 필요한 지원을 받지 못한 채 더 힘겹게 살아가야 했을지도 모른다. 다행히도 우리는 이제 ADHD에 대해 당당히 목소리를 내면서 우리의 가족, 친구, 직장 동료들도 ADHD를 이해하고 지원할 방법을 함께 찾을 수 있게 되었다.

성인 ADHD 치료가 개선되면

성인 ADHD는 항상 존재해 왔지만 그동안 진단도, 치료도, 또 제대로 된 지원도 부족했다. 이 글을 쓰고 있는 현재도 성인 ADHD 치료에 대한 지침은 마련되어 있지 않은 실정이다. 그 결과, 치료에 있어서도 편차가 매우 크고, 우리로선 의료인마다 다른 체계성 없는 치료로 어려움을 겪고 있다. 의료인들도 최적의 치료법을 추측해 선택할 수밖에 없다.

다행히 이런 문제에도 변화가 일어나고 있다. 우선 전문가들 사이에서 ADHD가 '자라면서 없어지는 질환이 아니라는' 견해에 공감대가 형성되고 있다. 현재 미국ADHD및관련장애전문가협회American Professional Society of ADHD and Related Disorders, APSARD는 ADHD 진단과 치료의 지침 마련을 위해 노력 중이다. 이는 ADHD를 치료하는 사람들과 ADHD 치료가 필요한 사람들뿐만 아니라 사회전반적으로도 좋은 일이다.

성인 ADHD에 대한 더 나은 치료는 정신건강 개선과 더 안전한 도로, 비만 및 중독률 감소, 기대수명 향상 등 우리가 바라는 모든 종류의 사회적 변화에 긍정적인 영향을 미칠 것이다.

직장과 고등교육 기관에서의 ADHD에 대한 지원 증가

ADHD가 있는 사람들은 직장과 학교에서 최선의 실력을 발휘해 의미 있는 기여를 할 때 큰 충족감을 느낀다. 점점 더 많은 대학이 뇌의 작동 방식이 다른 사람들을 지원하는 프로그램을 제공하며 학생들에게 활용하도록 격려하고 있다. 이런 지원책은 우리의 소속감과 정신건강 향상뿐만 아니라 졸업률 개선에도 도움을 준다. 많은 고용주가 진취성을 발휘해 신경다양성을 가진 사람들을 채용해 그들을 효과적으로 도와 좋은 성과를 내는 방법을 배우고 있다.

직장에서 편의를 제공해 주는 것은 대체로 장기 결근, 프리젠티즘Presenteeism(고용주에게 좋은 인상을 주기 위해 초과근무를 하는 것―옮긴이), 번아웃, 마감 시한 미완수, 직원 이직 등으로 치르는 높은 비용에 비하면 헐값이다. 우리 중 상당수는 잘 지원받으면 뛰어난 재능을 발휘한다. 또한 '실행가', '추진가', '문제해결사'로서의 특성을 가진 경우도 많다. 우리는 어떤 난관이나 장애물에도 단념하지 않고 신속한 결정력과 추진력으로 성과를 낼 수 있다. 대체로 더 힘든 문제일수록 파고들어 해결하고 싶은 열의가 높다. 문서 업무로 힘들게 씨름하는 시간을 줄일 수 있다면 우리에겐 새로운 아이디어를 내고, 문제를 해결하고, 협력하고, 남들이 꺼리는 프로젝트를 적극적으로 맡을 수 있는 시간이 그만큼 늘어난다.

모든 사람들을 위한 이용 가능성 증대

캐나다에서는 학교를 중심으로 ADHD에 필요한 도구들을 바로바로 이용할 수 있는 방안을 추진하고 있다. 편의를 이용하려면 싸움을 벌이거나 서류를 작성하는 게 아니라 필요한 사람 누구나 이용할 수 있는 표준적 체계를 갖추려는 것이다. 이는 인간이 가진 재능의 다양성을 고려하는 보편적 설계universal design의 사례라 할 만하다.

> **보편적 설계**
>
> 상품이나 서비스, 환경을 조정이나 조절할 필요 없이 가급적 많은 사람들이 쉽게 이용할 수 있도록 설계하는 것.

보편적 설계가 유용한 이유는 한 집단을 위해 시설의 이용 편의성을 갖추면 대체로 모든 사람들의 일상생활도 더 편리해지기 때문이다. 횡단보도의 낮춤턱이 좋은 예다. 낮춤턱은 휠체어 사용자들이 횡단보도를 잘 건너게 해주지만 여행 가방을 끌거나, 짐을 운반하거나, 전동 킥보드를 타는 사람들에게도 유용하다.

보편적 설계를 활용하면 해당 지원이 환경에 자연스럽게 융화된다. 우리가 이용하기 위해 일부러 애를 쓰거나 이용의 어려움 때문에 사람들의 주의를 끌 필요가 없다. 최종 사용자에게 선택권도 준다. 일하기 위해 책상의 스탠드를 켤지 말지를 본인이 결정할 수 있는 것처럼 스탠딩 데스크를 사용할지 앉아서 일할지를 스스로 결정할 수 있다. 그리고 다른 사람들도 모두 그렇게 할 수 있다.*

ADHD 친화적인 공간에는 대체로 화이트보드, 메모장 등의 사무용품을 바로바로 이용할 수 있게 비치되어 있다. 집중을 위해서나 일의 중압감에서 잠시 벗어나는 용도로 조용한 휴식 공간이 마련되어 있기도 하다. 필요한 도구들이 작업 위치에 놓여 있어서 직접 도구를 챙겨 오거나 찾아다닐 필요가 없다. 그리고 회의 없는 날도 있어서 초집중하다 다음 날 업무에 지장을 초래할 걱정 없이 마음 놓고 몰입에 빠질 수도 있다.

이 모두는 보편적 설계가 ADHD를 비롯해 여러 인지적 어려움을 겪는 사람들에게 보다 높은 이용 편의성을 갖춰 주는 동시에 다른 사람들에게도 유용한 도구를 제공해 주는 사례다. 사람은 누구나 작업 기억에 한계가 있어서 물건을 잃어버리거나 깜빡하기도 하고, 실행 기능에 과부하가 걸리기도 한다.

마이크로소프트사의 인지적 포용성에 대한 지침서에는 다음과 같이 설명되어 있다.

"어떤 업무든 잘 수행하려면 동기부여가 인지 부하cognitive load(학습이나 과제 해결 과정에서의 인지적 요구량—옮긴이)와 엇비슷하거나 인지 부하를 능가해야 한다."

인지 부하를 줄여 성공의 장애물을 낮추면 모든 사람들이 더 쉽게 장애물을 뛰어넘을 수 있다.

---

* 우리의 결함 때문에 이용하는 편의를 사람들이 '부당한' 유리함으로 잘못 해석해 비난하고 시기하는 일이 줄어들 수도 있다.

세상을 변화시키기 위한 도구상자

ADHD 커뮤니티에서 심심찮게 오르내리는 농담이 있다.

"ADHD가 있는 사람은 세상을 바꿀 수 있다. 단, 자기가 뭘 원하는지 기억하고 그 일을 이뤄 낼 만큼 체계성을 갖출 수 있다면."

정말 마음에 와닿는 농담이다. 나는 들을 때마다 다른 사람들과 같이 웃는다. 나는 이 농담에서 우리의 한계를 수용하는 애정 어린 메시지가 느껴져서 정말 좋다.

나는 우리가 ADHD여서 불가능하다는 이유로 세상을 변화시킬 수 없다는 식의 결론은 허튼소리라고 생각한다. 우리는 분명 세상을 변화시키고 있다. 그것도 ADHD를 '극복하지' 않고도 변화시키고 있다. 딴생각으로 산만해지는 와중에도, 약이 떨어지거나 장애물에 막혀 약을 구하기 힘들어하는 와중에도, 만성 고통을 다루는 와중에도 우리는 변화를 일으키고 있다. 더 ADHD 친화적인 세상을 만드는 일을 해나가고 있다. 띄엄띄엄 사이를 두면서 불완전하게, 또 때로는 의도와 다른 방향으로 흘러가기도 하지만 어쨌든 변화시키고 있다.

우리의 뇌와 맞서지 않고 협력하면서, 가장 큰 영향을 일으킬 수 있는 영역에 노력을 기울이며 변화시키고 있다.

① 자신의 연료 찾기

ADHD를 가진 사람은 더 쉽게 낙담에 빠지는 경향이 있다.

"나는 세상을 변화시키려고 (5분 동안) 노력했지만 잘 안 됐어."

변화는 대체로 오랜 시간을 거치며 서서히 일어난다. 변화는 씨앗을 뿌리는 것으로 시작되며 그 씨앗이 자라는 데는 시간이 걸린다. 또는 돌멩이를 던져서 파문이 어디까지 이르는지 보는 것과 같다. 때때로 좌절감도 수반되는 기나긴 여정을 가야 할 가능성에 대비해 연료를 비축해야 한다.

- **만일의 경우에 대비해 '좋은 자극을 주는 자료' 모아 두기**

나는 영상을 올리기 시작한 초반에 댓글을 하나하나 다 읽으며 고마운 마음이 들거나 내가 변화를 만들고 있음을 느끼게 해주는 댓글들을 따로 모아 두었다. 지치거나 낙담에 빠진 날에 그 댓글들을 읽으면 계속해 나갈 힘이 생겼다. 이런 식으로 긍정적인 자극을 주거나 기분 좋아질 자료를 모아 두면 좋다.

어떤 일을 시작해 좋은 아이디어라고 생각했던 이유들이 희미해질 때, 이런 자료들을 펼쳐 보며 '정서적 이유'로 자극 받을 수 있을 뿐만 아니라 긍정적인 기운을 얻을 수도 있다.

- **자신에게 필요했던 사람 되기**

옹호 활동가들이 대단한 일을 해내며 지속할 수 있는 이유는 우리에게 필요했지만 없었던 것을 포기하지 않고 이끌어 내고 있기 때문이다. 우리 자신에게 필요했던 지원을 끌어낸다면 다른 사람들에게도 도움이 될 수 있다. 그런 지원이 자신에게 얼마나 중요했는지를 상기시키는 데도 유용하다.

• 상상하는 시간 갖기

우리 뇌는 창의성을 발휘하고, 새로운 아이디어를 떠올리며, 틀에서 벗어난 사고를 하는 데 뛰어나다. 자신이 이바지하고 싶은 미래를 상상해 보자. 그 미래는 어떤 모습인가? 사람들에게 어떤 식으로 도움이 되는가? 세상의 다른 곳들에서는 어떤 일이 일어나는지 살펴보고 우리가 살고 있는 곳에서도 그런 일을 실행할 수 있는지 상상해 보자.

닉 K.(40대, 뉴욕주)

"제 비밀 무기는 크라우드소싱이에요. 마음이 통하는 사람들을 통해 저 자신을 잘 이해하고 있는 그대로의 저를 소중히 여기게 돼요. 공동체의식과 유대감을 느끼면서 낙인에서 자유로워져 이전까지 문화적 규범으로 여기던 기준을 재정의할 수도 있어요."

엠마누엘 A.(30대, 조지아주)

"신경다양인을 위한 서포트 그룹은 저 자신과 ADHD를 이해하는 데 큰 힘이 되었어요. 덕분에 외로움과 고립감을 메워 줄 다리를 놓기도 하고, 표상을 갖고 자신의 얘기를 하는 것의 힘을 이해하게 되었어요."

크리스 L.(37세, 워싱턴주)

"저는 'Soft Focuses'라는 게임을 만들었어요. 비신경다양인들이 ADHD를 가진 사람들이 매일 겪는 경험을 더 잘 이해하게 도와주는 게임이에요. 이 게임 덕분에 사랑하는 사람을 이해하는 데 큰 도움이 되었다고 말하는 사람이 많아요. 자신에게 ADHD가 있다는 걸 깨닫는 데 도움이 되었다는 사람들도 있고요. 비록 틈새 게임이지만 정말 자랑스럽고 이 게임으로 다른 사람들을 돕고 있어서 기뻐요."

 ## 연료 절약하기

세상을 변화시키려 한다고 해서 모든 부분에서 애쓸 필요는 없다. 우리 커뮤니티의 많은 사람들은 고개를 수면 위로 내밀고 있느라 애쓰는 일만으로도 지친다. 따라서 자신이 가장 큰 영향을 미칠 수 있는 영역에 노력을 쏟는 편이 낫다.

누구에게나 자신이 통제할 수 있는 일, 영향력을 미칠 수 있는 일, 영향권 밖의 일, 파문이 닿을 수 있는 영역이 있다. 자신의 영향권 안에 있는 일에 가급적 많은 에너지를 집중해라. 그리고 휴식도 취해라. 이 일은 단거리 달리기가 아니라 마라톤이다.

② 바라는 것에 더 집중하기

우리 커뮤니티의 운영 책임자는 오토바이를 배울 때 이런 조언을 들었다고 한다.

"가고 싶지 않은 방향은 보지 마. 그러다간 꽝 들이받게 돼."

커뮤니티 매니저 할리의 말로는 승마도 다르지 않다. 변화를 추진할 때도 마찬가지라는 사실이 연구를 통해 뒷받침되고 있다. 자신이 가고 싶은 방향을 바라보며 사람들을 그쪽으로 가도록 이끄는 것이 자신이 원치 않는 쪽에 있는 사람들을 바로잡으려 애쓰는 것보다 훨씬 더 효과적이다.

- **건설적인 목표 세우기**

작은 그림이든 큰 그림이든 긍정적인 목표 없이 나아가면 부정적 결과를 피하느라 애쓰다가 정작 긍정적인 결과로 이어지는 행동을 취하지 못하기 쉽다. 공은 던지지도 않은 채 농구 골대에서 공이 빗나갈 걱정만 하고 있으면 득점을 올릴 수 없다. (자꾸 목표를 까먹더라도 ADHD는 그러는 게 정상이다. 제8장 '깜빡깜빡하는 뇌를 위한 기억력 사용법'을 다시 살펴보길 권한다.)

- **긍정적인 틀에 맞춰 요구하기**

사람들은 대체로 어떤 일을 하지 않는 것보다 하는 것에 더 기꺼이 나선다. 그리고 어떤 부정적인 일을 하지 말아 달라는 요구를 긍정적인 틀을 씌워 말할 수 있다. 예를 들어 사무실에 새로 입사한 ADHD 직원을 보고 비난조의 말을 내뱉는 사람에게 그러지 말라고 요구하고 싶다면 명령 투 대신 호의적이고 격려 어린 말로 대해 달라고 부탁하면 된다. 긍정적인 틀을 씌워 말하는 것이 더 좋은 결과로 이어지는 이유는 상대에게 나의 요구사항이 더 구체적이고 분명하게 전해지기 때문이다.

- 생산적인 대화를 이끄는 사람들에게 응하기

나는 유튜브 활동 초반에 나의 관심이 스포트라이트와 같다는 걸 배웠다. 보여지길 바라는 곳에 빛을 비춰 줘야 한다.

생산적인 대화로 이어지지 않는 댓글은 무시하거나 지우거나 차단한다. 아니면 깍듯한 태도로 다른 관점의 의견을 밝히는 방법도 있다! 그래야 대화를 진전시키는 댓글에 응하면서 그런 댓글을 확산시키는 일에 집중할 수 있다. 다시 말해 악플러들에게 먹잇감을 던져 주지 말라는 얘기다.

- 지지하기

선거에서 한 표를 행사하는 것도 한 방법이지만 돈으로 지지할 수도 있다. 정신건강을 우선순위에 두고 있거나 그러기 위한 조치를 취하는 기업뿐만 아니라 ADHD 친화적인 운동, 상품, 서비스를 지지하는 방법이다. 자신이 귀 기울여 듣는 얘기, 공유하는 주제, 자신이 듣고 남들에게 전하는 메시지를 선택하는 식의 관심을 통해 지지하는 방법도 있다.

알렉시스 M. (30세, 오리건주)

"저는 작은 일들로 도움을 주길 좋아해요. 저희 집안에서 ADHD 진단을 받은 최고 연장자로서 집안의 ADHD를 가진 아이들을 배려해요. 비교적 감정 표현에 서툴거나 존중을 못 받는 아이들을 격려하며 얘기에 귀 기울이다 조언을 해주죠. 때로는 좌절감이 드는 상황의 맥락을 짚어 줄 때도 있어요. 저는 이런 배려가 아이들에게 평온을 안겨 주고 가족 문화를 이해하는 데도 도움이 된다고 생각해요. 부디 이 아이들이 크면서 겪게 될 부정적 상황들을 극복하는 데 힘이 되면 좋겠어요."

제이컵 K. (27세, 호주)

"저는 예전만 해도 어떻게든 제 능력을 증명해 보이려 안간힘을 썼어요. 이제는 그 반대여서 제가 이룬 성취의 대부분이 건강을 희생시킨 결과라는 점을 사람들에게 알리고 싶어요. 특정 편의가 필요한 것이 그 사람의 가치를 떨어뜨리는 의미가 아니라는 사실도요. 저는 계속 발전하면서 저의 성취들을 변화에 영향을 미치는 지렛대로 삼고 싶어요. '지금의 제 업무 능력에 만족하신다고요? 그럼 제가 한 손이 뒤로 묶이지 않은 상태라면 얼마나 더 높은 성과를 낼 수 있을지 생각해 주시면 안 될까요?' 저는 사람들이 어떤 필요성을 갖고 있든 간에 자신의 잠재력을 최대한 발휘할 수 있도록 싸우고 싶어요."

③ 이미 노력 중인 사람들과 손잡기

우리가 세상에서 일어나길 바라는 변화를 위해 이미 노력 중인 사람이 있을 것이다. 그런 사람들과 손을 잡으면 여러 옹호자와 조직의 노력을 더 효과적으로 사용할 수 있다. 같은 자원을 놓고 경쟁하거나 맨 처음부터 시작할 필요가 없기 때문이다. 그 사람들의 노력과 우리의 노력 사이에 어떤 틈이 벌어져 있는지 살펴보며 그 틈을 메울 수 있다는 점에서도 유용하다. 이미 진행 중인 노력을 지지하는 방법은 다음과 같이 다양하다.

- **기부나 모금 활동하기**

이 책은 '패트리온 브레인즈'Patreon Brains가 없었다면 세상에 나오지 못했을 것이다. 그분들의 기부 덕분에 낮의 본업을 그만두고 〈How to ADHD〉에 온전히 집중하며 책을 쓸 수 있었다. 내가 지금까지 얘기를 나눠 온 수많은 조직에서 강조하는 것처럼, 어떤 신조를 지지하는 가장 좋은 방법은 필요한 자원(돈, 물자, 자원봉사 활동 등)을 보태 주며 잘하도록 맡기는 것이다.

- **확산시키기**

댓글, 공유, 퍼가기를 하거나 어떤 조직이나 옹호자가 닿지 못할 만한 사람들에게 메시지를 전달하는 활동은 중대한 파문을 일으킬 또 다른 방법이다. 특히 고용주, 학교 이사회, 그 지역 의원 등 변화를 일으킬 만한 자리에 있는 사람들에게 메시지를 확산시키면 더더욱 도움이 될 수 있다.

- **자원 공유하기**

당신이 알고 있는 것을 공유하는 힘을 얕잡아 보면 안 된다! 누군가가 당신이 나눠 준 정보를 참고해 노력의 질을 높일 수도 있다. 공유할 때는 당신이 가진 정보를 한번 더 검토해 보는 것이 좋다.

- **협력하기**

내가 속해 있는 ADHD 및 신경다양성 옹호그룹에서는 협력이 환영받고 권장된다. 우리는 ADHD를 서로 다른 각도에서 다루고 서로 다른 매체를 활용하고 있다. 항상 모든 부분에서 의견이 일치하는 것은 아니지만 모두가 'ADHD를 가진 사람들이 더 살기 좋은 세상'이라는 목표를 위해 노력하고 있다.

토드 H.(44세, 호주)

"제가 시작한 서포트 그룹은 처음엔 5명에 불과했지만 18개월 사이에 35명으로 늘어났어요. 저희는 알고 있는 정보와 조언뿐만 아니라 진단 및 치료 과정을 비롯한 온갖 경험까지 주고받고 있어요."

클라우디아 S.(32세, 멕시코)

"저는 게이머들의 축제 PAX 컨벤션에 두 개의 참가단을 꾸려 비디오 게임과 TTRPG(테이블탑 롤플레잉 게임)에서의 교차성에 대해 얘기할 기회를 얻었어요. 그 일은 저와 참가단 동료들에게 정말 기분

> 좋은 경험이었어요. 마음이 열려 있는 청중 앞에서 이야기할 수 있어서 운이 좋았어요."

존 Y. (75세, 텍사스주)

> "저는 여러 교사, 상담사와 협력해 저희 학교에 ADHD 친화적 정책과 공간을 더 많이 만들도록 돕고 있어요. 교직 경험 35년과 저널리스트 경력 15년이 쌓이는 사이에 ADHD의 다양성을 옹호할 방법을 이해하게 되었어요. 그래서 ADHD가 있는 사람이 등장인물로 나오는 소설을 쓰고 있고 칼럼도 기고하고 있어요. 어려움이 있거나 신경다양성 질환을 가진 학생들이나 읽기 프로그램을 지원하는 멘토로 활동하고 있기도 합니다."

④ 우리 자신의 이야기 공유하기

정신건강에 대한 낙인을 줄이기 위한 연구에 따르면 스토리텔링은 변화의 토대를 마련하는 가장 효과적인 방법이다. 사람들은 데이터나 우리 자신이 얼마나 옳으냐에 따라 반응하지 않는다. 감정, 즉 어떤 일이 일으키는 느낌에 따라 반응한다.

단 한 사람에게라도 우리의 ADHD에 대해 얘기해 보자. 또는 ADHD에 유용한 세상을 향해 아주 작은 긍정적 행동 하나라도 시도해 보자. 이것만으로도 우리가 만난 적 없는 누군가나 접해 본 적 없는 시스템에 변화를 이끌 작은 물결이 될 수 있다.

조지프 (22세, 오하이오주)

"제가 살면서 내린 최고의 결정은 신경다양인인 것을 사람들에게 밝힌 일이에요. 그 뒤로 훨씬 더 저 자신이 된 것 같아요. 저와 같은 경험을 하는 사람들과 유대를 맺고 신경다양성에 대해 공개적으로 얘기할 수도 있어요. 제 말이 변화를 일으키고 있다는 얘기에 힘이 나서 계속해서 신경다양성에 대해 글을 쓰고 얘기하게 돼요."

줄리아 F. (39세, 캘리포니아주)

"저는 사생활에서나 직장생활에서나 제 AuDHD를 당당히 공개해요. 약호가 떨어질 땐 상사와 팀원들에게 솔직히 말해요. 딸아이도 자신의 뇌 작동 방식에 자신감을 갖고 절대 수치스러워하지 않도록 기르고 있어요."

토니 F. (43세, 콜로라도주)

"저는 정신건강과 사회적 다양성을 예술 창작 활동에 담아 인간으로 사는 의미에 대해 더 깊이 있는 대화를 나눌 기회로 삼고 있어요. 작품 속에 이런 질문을 담아요. '누가 사회적으로 수용 가능한 규칙을 이런 식으로 만들었고, 그 근거는 뭔가? 그 규칙을 따르지 않기로 선택하면 어떻게 될까?' 이런 작품 활동 덕분에 신경다양성을 가진 것이 덜 외롭게 느껴져요. 덤으로 신경전형인들이 자신뿐만 아니라 다른 사람들에 대한 이해를 넓히도록 함께 대화를 나눠서 좋고요."

> 알라나 G. (30세, 펜실베이니아주)
>
> "저는 편의가 필요할 때마다 ADHD 때문이라고 솔직히 밝히려고 해요. 꼭 그러지 않아도 될 때도요. ADHD 진단을 받으면 어른이어도 편의가 필요하다는 점을 사람들에게 알리고 싶어요."

> 젠 R. (32세, 미국)
>
> "힘들긴 하지만 저는 충분히 안전하다고 느껴지면 제가 ADHD가 있다는 사실을 주변 사람들에게 밝혀요. 사람들은 오프라인이든 온라인이든 매일 교류하는 누군가에게 AuDHD가 있다는 걸 알면 그 사람을 괴물처럼 보지 않거든요. 편견은 단순히 극단성이나 고정관념의 문제가 아니에요. '다른 사람'을 더 잘 이해하면 편견이 작동하지 않게 하는 힘이 발휘되니까요. 저는 할 수 있는 한 진짜 저답게 살아가며 제가 겪는 어려움과 성공에 대해 솔직히 공개하고 싶어요. 부디 저의 결단이 차갑고 냉정한 세상에서 인간적인 온기를 되살리는 데 보탬이 되면 좋겠어요. 다르다고 해서 열등한 것은 아니잖아요."

네 개의 눈으로 세상을 바라보기

ADHD를 가진 우리가 세상을 변화시키기 위해 나설 때는 변화를 대하는 관점이 남들과 같지 않다는 것을 알아야 한다. 사람들은 저마다 변화가 불가능하다고 확신하거나, 다른 식의 변화를 원하거나, 변화가 더 빨리 일어나길 바라거나, 지금 이대로도 괜찮다고 생각할 수도 있다.

　우리는 여러 가지 이유로 세상을 사람들과 다르게 인식할 수 있다. 그 이유는 우리의 뇌에 아주 자그마한 결함이 있기 때문이다. 우리는 세상을 항상 왜곡되게 본다. 나는 이 사실을 《나쁜 과학 대처법》을 읽고 알았는데, 이 책을 쓰면서 수집한 인용 대목 중 하나를 보고 다시 떠올리게 되었다. 워싱턴주에 사는 슬픔 상담사 브라이언이 사고로 손가락 하나를 잃었던 이야기 중 다음 대목이었다.

> 손가락을 잃은 후, 내 뇌는 손가락이 없어진 사실을 받아들이지 못해서 세상에 문제가 있다고 여겼다. 내가 테이블에 손을 얹으면 내 뇌는 손가락이 더 이상 없다는 것을 인정하기보다 손가락이 있어야 할 테이블의 그 자리에 구멍이 있다고 인식했다. 잘못되거나 상실된 건 세상이 아니라 나의 일부라는 사실을 뇌가 받아들이기까지 약 반 년이 걸렸다.

　우리가 세상을 바라보는 관점은 여러 감각을 통해 형성된다. 우리 뇌는 새로운 정보가 들어오면 기존에 알고 있는 정보와 비교해 해석하고 부족한 부분을 채워 넣는다. 이때 새로 들어온 정보가 자신에게 타당하게 의식되고, 현재의 관점에 잘 들어맞으면 쉽게 받아들인다. 하지만 우리의 자존감이나 정체성을 위협할 경우에는 대체로 거부해 버린다.

이 점을 이해하는 것이 중요하다. 사람들은 새로운 정보를 받아들일 때, 기존 지식을 완전히 대체하는 것이 아니라 가능한 경우 자신의 기존 관점 안에 통합하는 방식으로 받아들이기 때문이다.

관점은 억지로 강요한다고 변하지 않는다. 어떤 사람이 지닌 신념과 상반되는 정보에 대해 공감대를 이루려 할 경우에는 그 사람의 관점이 바뀌기까지 시간이 걸릴 수 있다. 그나마도 관점이 바뀌는 경우에 한해서다. 그 정보가 사실이라는 증거를 보여 줄 수 있더라도 마찬가지다. 사람들은 때때로 자신이 가진 관점에 요새를 빙 둘러놓고는 그 관점을 아무도 뒤엎지 못하도록 보강하기 위한 증거를 찾기도 한다.

어떤 사람을 우리의 관점대로 보게 만드는 더 쉬운 방법은 바로 유대다. 〈네 개의 눈〉Quattro Occhi이라는 이탈리아 시에서 시인이 사랑에 빠지면 세상을 두 개의 눈이 아닌 네 개의 눈으로 보게 된다고 이야기한 것처럼.

내가 이 시를 좋아하는 이유는 누군가를 사랑하는 것이 삶을 변화시킬 수도 있다는 중요한 이유가 잘 포착되어 있기 때문이다. 사랑에 빠지면 우리는 우리를 아름답거나 똑똑하거나 용감한 사람으로 생각하는 누군가의 관점을 통해 자신을 보게 된다. 그 사람은 우리가 힘들어하는 자신의 모습밖에 못 볼 때도 우리의 강점을 볼 수 있다. 그리고 우리는 그 사람의 관점을 통해 또 다른 세상을 경험한다. 물론 여기에는 위험도 따른다. 그 사람을 우리 자신보다 더 믿으면 여전히 세상을 두 개의 눈으로만, 그것도 내 눈이 아닌 그 사람의 눈으로만 경험하게 될 소지가 있다.*

모든 사람들이 똑같은 관점을 접하면서 다른 사람에게도 그대로 옮기는 곳에 오래 있을 경우에도 그렇게 될 수 있다. ADHD를 가진 우리 대부분이 바로 이런 경우에 놓여 있다. 우리에게 자신의 두 눈으로 세상을 볼 기회가 없는 이유는 생의 대부분을 신경전형적 관점의 인생관을 경험하고 내재화해 온 탓이다.

배우가 되려고 애썼던 시절에 만난 에이전트, 매니저, 캐스팅 책임자들은 자신들이 보기에 내가 어떠어떠한 사람 같다며 세상에 수용되려면 이러저러하게 달라져야 한다는 투로 말하곤 했다. 업계의 누군가가 마침내 나의 있는 모습 그대로 당당해도 괜찮다는 말을 해준 덕분에 비로소 나는 자아관과 이상적 자아상에 대한 관점을 바꿀 수 있었다. 그 뒤에는 다른 사람들의 관점 변화를 위해서도 힘쓸 수 있었다.

지금까지 내가 세상을 변화시켜 온 비결은 세상에 변화를 요구하는 것이 아니라 내 관점을 이야기하고 남들의 관점에도 귀 기울이는 것이다. 세상을 두 개의 눈이 아닌 네 개의 눈으로 보게 되면서 얻은 나만의 변화 비결이다.

그래도 될 것 같은 충분한 안정감이 느껴질 때 다른 관점에 마음을 열면 자신을 새로운 생각에 노출시켜 스스로에게 새로운 선택지를 주게 된다. 그로써 세상을 변화시키는 일에 좀 더 도움이 될 수 있다. 즉, 각자가 아는 것을 서로 공유함으로써 새로운 정보와 도구를 이용

---

*   이런 위험은 고립되거나 조정당하거나 가스라이팅을 겪는 학대 관계에서 특히 흔하게 나타난다. 자신의 관점을 벗어나 상대에게 이로운 관점으로 보도록 설득되어 점점 자신의 생각을 잃어 가는 지경까지 이르기도 한다.

할 수 있어 유용하다. 게다가 우리가 사람들과 함께 얘기를 나누며 그 사람들의 관점을 이해하려 노력하면 사람들이 우리의 관점을 더 명확히 들을 수 있다.

이 말은 달리 말해 세상을 바꾸려고만 해서는 안 된다는 얘기이기도 하다. 우리 스스로도 기꺼이 변하려는 마음을 가져야 한다. 이런 대화는 우리의 관점을 넓혀 주지만 때로는 우리의 관점을 위협하거나 무너뜨릴 수도 있다. 지금 내가 가진 관점도 커뮤니티 사람들, 연구가들, 다른 옹호 활동가들, 나의 팀원들, 인터넷에서 그때그때 만나게 되는 수많은 타인의 이야기를 듣고 배우는 과정에서 수차례나 극적인 변화가 일어났다.

이런 대화를 통해 우리 자신의 관점에 변화가 일어나면 마음이 혼란스러워질 수 있지만 더 힘을 갖게 될 수도 있다. 관점을 많이 공유할수록 우리의 관점은 더 완벽해진다. 또한 자신의 관점을 잃지 않으면서도 다른 사람들과 유대를 맺어 그 사람들의 관점에 귀 기울이기가 더 쉬워진다. 새로운 관점을 접하더라도 우리가 세우고 있는 세계관에 덜 위협이 되며, 더 나은 세상에 대한 이상이 확실해지고 성취가 가능해진다.

켈리 박사가 나에게 공유해 준 다음의 관점으로 이번 장을 마무리하려 한다.

"세상을 바꾸고 싶다면 지금, 이 순간, 있는 그대로의 여러분이어도 할 수 있다. 더 포용적이고 이해심 많은 세상을 바란다면 먼저 누군가를 포용하고 이해해라. 그러면 세상은 이미 더 따뜻하고 이해심 많은 곳이 되어 있을 것이다. 여러분은 시스템의 일부이기 때문에 그렇게 될 수밖에 없다. 우리 모두가 그렇다."

황금빛 숲속의 두 갈래로 나뉜 길에서,
몸이 하나뿐인 나그네인 나는
두 길 다 가보지 못하는 것이 아쉬워
한참을 그 자리에 서서
한쪽 길이 수풀 사이로 굽이 돌아가
더는 보이지 않는 곳까지 바라보았다.

_로버트 프로스트, 〈가지 않은 길〉*

스토리와 결말

'하지만'과 '그래서'

우리의 삶은 책 속의 이야기가 아니다. 우리는 다음에 일어날 일이나 다른 등장인물이 뭘 할지 정할 수 없다. 그럼에도 우리의 삶은 이야기로 가득하다. 우리 자신에 대해 말해 주는 이야기들로. 현실로 옮기려 애쓰고 있는 서술들로. 고쳐 쓰려 애쓰는 과거의 페이지들로.

우리 삶의 이야기는 영화와 책 속 이야기처럼 쭉 직선길을 따르지

---

* 나는 얼마 전에 이 시에서 가장 절묘한 대목을 놓치고 있었다는 것을 깨달았다(대부분의 사람들도 그 점을 놓쳐서 그렇겠지만 제목을 '사람들이 덜 걸은 길'The Road Less Taken로 잘못 착각하는 경우가 허다하다). 화자가 선택한 길은 사람들이 덜 걸은 길이 아니었다. 그가 시의 앞부분에서 지적하고 있듯, 발자취로 닳은 건 두 길이 비슷했기 때문이다. 하지만 자신이 한쪽 길을 택했기에 언젠가 훗날에 자신이 어떤 길을 택했는지 이야기하며 그 선택에 의미를 부여하게 될 것임을 알고 있다. "나는 사람들이 덜 걸은 길을 택했노라고 / 그로써 모든 것이 달라졌노라고."

않는다. '우리는 이렇게 하고 나서, 그다음엔 이거에 이어 이거를 하면 돼' 식이 아니다. 잘 쓰인 이야기가 모두 그렇듯 여러 장애물과 선택을 만난다. '하지만'과 '그래서'가 끼어든다.

우리의 주인공은 어떤 일을 한다.

하지만… 어떤 일이 일어난다!

그래서… 새로운 선택을 한다.

주인공이 마주하는 장애물이 내면의 장애물이든 외부의 장애물이든 우리의 주인공에게 이 시점은 선택의 순간이다. 가던 길을 계속 가려는 시도를 할 수도 있고, 방향을 바꿀 수도 있다.

주인공의 선택에는 제약이 따를 수 있다. 이상적인 선택지가 없거나 전개되는 이야기를 지켜보는 사람들이 타당하게 여길 선택을 내리기 위해, 필요한 정보가 부족할 수 있지만 선택지는 있다. 그리고 그 선택지를 고른다.

나에 대한 이야기를 좀 풀어 보자면 지난 7년간 내 뇌의 작동 방식을 배운 덕분에 이런 선택의 순간을 더 잘 알아보게 되었다. '하지만'(자꾸만 부딪치는 보이지 않는 장애물)을 잘 파악해 더 유용한 선택지를 얻을 수 있었다. 그 이전까지는 다음과 같은 식이었다.

'이 양식을 작성해야 해.

하지만… 자꾸만 좌절감과 위축감이 들어.

그래서… 어른 구실도 못하는 한심한 인간 같은 기분으로 이 일을 계속할 게 아니라 비디오 게임이나 하자.'

이랬던 내가 다음처럼 바뀌었다.

'이 양식을 작성해야 해.
하지만… 자꾸만 좌절감과 위축감이 들어.
그래서… 음, 이건 작업기억의 문제인 것 같아. 한 번에 한 단계씩 해 나가야 해. 작성 지침을 참고하거나 내가 양식을 작성할 때 문구를 읽어 줄 수 있는 적극적인 보디더블을 찾아보자.'

내 노력이 어떤 식으로 전개되어야 '당연하다'는 생각을 내려놓으며, 노력이 어떤 식으로 전개되었는지에 따라 선택을 내릴 줄 알게 되었다. 보이지 않는 장애물을 보이게 만들어 빙 돌아갈 수 있게 되었다. 어쨌든 가끔씩은 그럴 수 있었다. 여전히 장애물에 부딪칠 때는 어떻게 해야 할지도 안다. 장애물은 나를 더디게 가게 하지만 더 이상은 나를 막지 못한다.

내 뇌의 작동 방식을 알게 되었기에 실패를 자책하며 스스로를 존중하지 않던 태도를 버리고 실패를 부추기는 어려움들을 존중하게 되었다. 그 덕분에 궁극적으로는 스스로를 더 잘 존중하게 되었다.

영웅 이야기 속 영웅처럼, 또는 〈가지 않은 길〉의 나그네처럼 우리의 힘은 이야기의 전개 방식을 결정하는 것에 달려 있지 않다. 심지어 이야기가 어떻게 전개될지를 예측하는 것에 달려 있지도 않다.

우리의 힘은 들어오는 정보를 평가해서 새로운 선택지를 만들어 내는 것에 달려 있다.[*]

현재 나는 길 앞에 놓인 장애물을 헤쳐 나갈 방법만이 아니라 어떤 경로를 따를지에 대해서도 선택지를 마련하는 법을 배우고 있다. 지금까지의 여정 동안 나에게 유리하지 않을 만한 경로나 내가 가려는 곳에 이르게 해줄 경로를 나타내 주는 경고판을 수없이 지나왔다. 하지만 아무리 많은 경고판을 지나왔어도 여전히 길을 가다 막혀 이러지도 저러지도 못할 때가 있다. 이제는 도중에 만나는 장애물을 헤쳐나갈 선택지가 너무 많아져서 특히 더하다. 어떤 면에서 보면 내 도구상자 안에 ADHD 친화적인 선택지가 많아지는 바람에 여전히 더 열심히 노력하고 있는 셈이다.

내가 진정한 자기 성장을 원한다면 내 앞의 장애물을 헤쳐 나갈 방법을 선택하는 것만으로는 부족하다. 어떤 경로를 따라갈지도 선택해야 한다. 슬픔과 상실의 문제를 다뤄 주는 어느 상담사의 도움 덕분에 나는 스스로에게 그런 선택지를 내줄 수 있게 되었다.[**]

나에겐 선택의 여지가 없었다

나에게 이 책을 마무리하는 일은 7년의 여정을 마치는 것이나 다름없다. 그동안 내 뇌와 슬기롭게 살아갈 방법을 찾기 위해 내 삶의 상

---

[*] 이런 선택에는 행동이 수반될 수도 있고, 우리의 경험에 부여하는 의미가 수반될 수도 있다. 로버트 프로스트가 자신의 시에서 암시했을 수도 있듯이 우리가 우리의 이야기를 어떻게 말할지는 길을 선택한 날로부터 한참 지난 뒤에야 이야기할 수 있다.

[**] 그가 나에게 조심스럽게 지적해 주었듯 우리에게 완벽한 선택지는 없다. 하지만 특정 결과를 이루거나 피하는 것에 연연하지 않게 되면 우리에게 있는 선택지들을 더 잘 이용할 수 있다.

당 부분을 일시정지 상태에 놓고 있었다. 이 여정을 시작하면서 뇌와 맞서는 것이 아니라 뇌와 협력하는 법을 배워 그렇게 알게 된 모든 것을 내가 다시 찾을 수 있는 어딘가에 두는 일에 착수했다. 그리고 이제 그 일을 완수함으로써 내 삶으로 다시 돌아갈 수 있게 되었다. 다만 이번엔 '성공해서' 돌아간다.***

나는 이 여정을, 대부분의 사람들이 저녁 준비에 필요한 재료를 사러 마트에 다녀올 때의 계획과 같은 식으로 계획했다.

'후다닥 뛰어나갔다가 금방 돌아올 테니까, 그 프로그램 잠깐 멈췄다 보면 안 돼?'

얼마 지나지 않아 확실해졌듯, '내 뇌와 협력하는 법'의 레시피는 내가 생각했던 것보다 훨씬 더 복잡했고, 신경을 얼얼하게 하는 매운맛도 꽤 많았다. 그리고 여정의 막바지에 이를 때까지도 과연 이 지점까지 이를 수 있을지 완전히 확신하지 못했다. 어떤 사람이 내가 여기에 있으면 안 될 사람이라는 걸 알고 마트 밖으로 내쫓으면 어쩌나, 하는 생각이 자꾸 들었다. 대학을 중퇴한 나부랭이가 인터넷에서 연구 자료를 설명한다고? TEDx 강연을 한다고? 책까지 쓰고?

나는 사람들에게 잘 해낼 '잠재력'이 있다는 말을 그렇게 자주 들으면서도 그 이전까지 평생 장기 프로젝트를 끝까지 해낸 적이 없었다. 실패하거나 지루해지거나 번아웃에 빠질까 봐 조마조마했다. 때때로 정말 그런 순간들이 오기도 했다.

하지만 나는 해냈다. 스스로 신경다양성 대학에 가서 그 성취로 이

*** 브레인 여러분, 걱정 마세요. 그렇다고 제가 어디 가는 거 아니니까요.

책의 원고를 내놓은 것이나 다름없다. 나는 어느새 여정의 끝에 이르렀다. 그 순간 깨달았다. 드디어 멈춰 두었던 삶으로 돌아갈 수 있다는 것을.

설레는 마음에 나는 잠시 정지해 두었던 목표들을 짚어 봤다.

- 엄마를 위해 거의 다 마쳐 놓았던 뒤뜰 예쁘게 꾸미기. 여유로운 분위기를 일으키는 널찍한 화로 공간이 있어서 새로 사귄 친구들을 초대해 대접하기에도 쓸모가 있을 것 같다.
- 뒤뜰에 화룡점정이 되어 줄 만한 유기농 채소밭 만들기.
- 연기 수업에 내 대사를 더 잘 외워서 가기. 그래야 대사를 기억하려고 낑낑대느라 수업의 반을 헛되이 보내는 일이 없다.
- 내가 뒤처져 있는 부분에 전전긍긍하지 않으면서 친구들과 어울리기. 일단 사회적 상황을 헤쳐 나가는 요령을 이해했으니 동료의 건물에서 이따금 열리는 풀장 파티에 가는 일에도 더 자신감을 갖기.
- 에이전트와 캐스팅 책임자들에게 좋은 인상을 주며 내 팀에서 나에게 충분히 잠재력이 있다고 말했던 주역을 마침내 따내기. 그래서 엄마의 삶을 더 편하게 만들어 드리고, 예전에 잘하지 못했던 부족함들을 만회하기.

이중엔 더 이상 의미가 없는 목표도 많았다. 이 여정에 뛰어든 이후로 너무도 많은 것이 바뀌었기에.

엄마는 돌아가시고 없다. 이제는 그 사실을 받아들일 만큼 마음이 정리되었다. 더는 엄마의 삶을 편하게 해드리기 위해 내가 할 수 있는 일이 없다고 생각하면 가슴이 미어진다. 엄마를 더 편히 살게 해 드리는 게 그토록 절실히 성공하고 싶었던 이유였고, 애초에 이 여정에 오른 이유였으니 말이다. 의미의 상실은 제9장 '감정의 바다에서 나를 구하는 법'의 첫 부분에서 내가 털어놓은 경험을 유발시킨 주된 요인 중 하나였다.

방금 얘기한 집은 팔고 없다. 집과 함께 뒤뜰도. 그리고 지금 내가 사는 집에는 뒤뜰이 없다. 서빙 일을 그만두어서 동료의 풀장 파티에 갈 일도 없다. 지금은 시애틀에 살고 있고 이곳엔 아직 아는 사람이 많지 않다. 우리 집엔 풀장이 없기도 하고.

이제는 연기보다 지금 하는 일이 좋다는 쪽으로 마음을 정해서 연기 수업을 다시 받을 이유가 없다. 게다가 그 연기 수업장은 1,600킬로미터나 떨어져 있다.

나는 내 삶으로 다시 돌아갈 수도 있었을 것이다. 다만 이제는 7년이라는 시간이 흘러 그때의 삶으로 돌아갈 이유가 아무것도 남아 있지 않다. 이 사실을 깨닫는 순간 큰 충격이 몰려왔다. 내 여정을 '기대'에 걸맞게 끝내는 데 너무 연연하느라 그때의 삶이 더 이상 없다는 사실을 알아차리지 못하고 있었다니.

물론 이제 나는 새로운 직업이 생겼고, 새로운 도시에서 살고 있고, 새로운 파트너가 있으며 이런 삶의 변화가 정말 좋다. 그래도 돌아가려고 생각했던 삶의 일부분을 포기하게 될 줄은 예상했다 해도 전부 다 포기해야 할 줄은 몰랐다. 그건 내가 선택해서 일어난 일이 아니었다. 선택의 기회가 있었다면 그러려고 했을까?

도중에 새로운 걸 알게 되어 다른 선택을 내릴 수 있었다면 그때도 이 여정을 계속 이어 가기로 선택했을까? 예전의 익숙했던 삶이 사라지기 전에 이 여정이 충분히 진전되었다고 판단할 수 있었을까? 착수한 일을 마치려 너무 매여 있지 않았다면 내 삶을 일부라도 다시 시작했을까? 그 목표들을 이룰 만한 자질을 갖추기 위해 이 여정의 목표 중 마지막 조각이 서서히 사라지는 것을 알아차릴 만큼은 주의를 기울였다면? 어쩌면 더 중요하게 물어야 할 질문은 다음이었을지 모른다.

나는 이 여정이 끝난 후의 결과를 괜찮게 받아들일까? 살고 싶었던 삶으로 돌아갈 기회가 없어졌다는 사실이 정말 괜찮은 걸까?

여정을 걸어오며 내 삶을 성장시켰다는 사실에는 어떻게 느낄까?

이야기에는 또 다른 진실이 얽혀 있다. 이야기의 도입부에서 주인공이 찾으러 나서는 목표가 마지막에 이루는 목표와 반드시 일치하지 않는다. 의욕을 활활 불태울 만큼 너무도 소중해서 불길을 뚫고 용을 죽이는 위험까지 마다하지 않았던 목표를 이루지 못하며 끝날 수도 있다. 하지만 그럼에도 여전히 해피엔딩을 맞이한다. 왜일까?

여정의 끝에서 주인공이 깨닫기 때문이다. 자신이 찾아 나선 그것이 자신에게 실제로 필요했던 것이 아님을.

이제는 알게 되었듯 내 경우가 바로 그랬다. 내 뇌에 대해 배우기 위해 이 여정에 나섰을 때 필요하다고 생각했던 것은 ADHD의 어려움을 극복하고 '기대에 걸맞은' 사람이 되기 위한 도구와 지식이었다. 이런 도구로 보이지 않는 장애물을 헤쳐 나갈 수 있다면 마침내 삶의 행복과 만족감으로 내가 사랑하는 사람들을 잘 보살펴 줄 수 있을 거라 생각했다.

하지만 나에게 실제로 필요했던 것은 집착을 내려놓는 일이었다. 행복해지려면 '마땅히' 이러저러한 사람이 되어야 한다는 엄격한 기대치를 내려놓아야 했다. 이런 엄격한 기대치가 내 불행의 가장 큰 원인이었기 때문이다. 내 삶을 즐기고 사랑하는 사람들을 돌보기 전에 특정 수준의 기능을 갖추어야 한다는 생각부터 버려야 했다.

내가 진정으로 극복해야 했던 것은 '편향적 관점'이었다. 그래야만 내가 이미 할 수 있는 방식으로 내 삶을 즐기고 사랑하는 사람들을 잘 돌볼 수 있었다. 나는 지금의 나 자신, 나의 수준, 내가 가진 것을 받아들이고 '있는 그대로'의 나 자신과 내 여정에서 기쁨과 만족을 찾아야 했다. 아무리 내가 '더 많은 것'을 이루려 하고, 성장하려 노력하는 중이더라도.

내 자존감이 내가 아닌 사람, 내게 있지 않은 수준에 따라 결정된다면 스스로에게 실제의 삶을 살게 해주기보다는 평생을 잡히지 않는 허상을 좇으며 보낼지 모른다. 내가 원했던 삶을 잃어버렸을지도 모른다(실제로도 그랬다). 이 이야기를 시작할 때 쓴 것처럼 내가 아무리 원하는 삶을 살기 위해 '충분히 만족스럽고 유능한' 사람이 되는 목표를 이루려고 애썼더라도 말이다.

누군가가 모든 것을 다 잘해야만 가치 있는 사람이 되는 건 아니라고 말해 주었다면 좋았을 텐데. 답문자 보내는 걸 깜빡해도, 사업은 잘 운영하면서 차 안은 잘 정리하지 못해도 좋은 친구가 될 수 있다고 말해 주었더라면. ADHD를 비롯한 이런저런 면을 가진 지금 그대로의 내 모습으로도 사람들에게 받아들여지고 인정받을 수 있다고 누군가가 말해 주었더라면. 그랬다면 온 세상의 잡음 속에서 반대를 말하는 메시지를 깜빡하고 못 듣거나 내게 닿지 않았을 텐데.

그래서 여러분에게 해주고 싶은 말을 글로 적어 본다.

여러분은 지금도 이미 마땅히 되어야 할 사람이다. 여러분이 이용할 수 있는 도구와 기술, 자원을 통해 여러분이 가진 잠재력의 범위 안에 이미 이르러 있다. 그 범위는 시간이 지나면서 서서히 변할 수 있지만 그것이 우리 뇌가 작동하는 방식이다.

우리는 남들보다 일을 더 잘하는 날도 있고, 집중력 수준이 과제의 호감도에 따라 달라지기도 한다. 주의가 산만해질 때도 있을 것이다. 우리는 머리에 너무 부담을 주는 일이 없도록 메모를 해두어야 한다. 시간관념이 부족해 이런저런 일에 걸리는 예상 시간을 너무 낮춰 잡기도 한다. 어떤 일들은 기가 막히게 잘하면서 또 어떤 일들은 지지리도 못한다. 보여 줄 것이 많으면서도 그것을 일관성 있게 보여 주지 못해 애를 먹기 일쑤다. 그래도 우리는 지금 이대로도 받아들여질 수 있는 인간이다. 일단 ADHD를 없애야 받아들여지는 게 아니다. 여러분은 불량품이 아니므로 고쳐야 할 필요가 없다.

여러분의 뇌는 작동 방식이 남들과 다르다. 그러니 목표를 남들 방식으로 바꿔 잡아서는 안 된다. '뇌 작동 방식의 차이를 감안할 때 어떻게 해야 하는가'가 목표가 되어야 한다.

어떤 시도를 해보고 싶은가? 무엇이 가치 있는 일일까? 내가 하고 싶고 보여 주고 싶은 것은 무엇인가? 이제는 나에게 선택지가 생겼다고 생각하면 기분이 좀 끝내준다.

나는 '마땅히' 살아야 할 삶으로 돌아가지 않을 생각이므로 '마땅히' 가져야 할 것 같은 가치가 아니라 내가 추구하는 가치와 더 일치하는 삶을 살 수 있다. 내 가치가 무엇이고 내 가치에 일치하는 삶은 어떤 모습인지에 대해 얼마든지 생각해 볼 수 있다. 비교적 백지상태에서 시작하는 것이 좋다. 아직은. 예전에도 그런 선택을 했다면 얼마나 좋았을까 싶다.

내 뇌는 새로운 영웅의 여정을 떠올리는 데 이틀밖에 걸리지 않았다. 이번에도 나는 불길을 헤치고 용과 싸울 가치가 있다고 믿는 이상을 향해 나아가려 한다. 내 팀의 좋은 리더가 되고 싶고, 내 플랫폼에 나만이 아닌 다른 사람들도 목소리를 낼 만한 자리를 만들고 싶다. 내 개인적 여정의 중심은 이제 자기계발이 아닌 개인적 충족감이다. 자기계발에 7년을 전념했으면 꽤 오래 했다.

나는 내 뇌의 작동 방식을 이해했으니 새로운 경로로 가기로 선택했다. 신경전형적인 틀과 자신을 비교하기를 그만두고 내가 가진 도구상자로 있는 그대로의 내 모습에 바탕을 둔 삶을 세워 나가기로 했다. 어떻게 할지만이 아니라 어떤 것이 가치 있는 일인지도 배우고 싶다. 그러자면 '우리의 잠재력을 최대한 발휘할 방법이 뭘까?'가 아닌 '이미 있는 모습 그대로의 사람으로서 충족감 있는 삶을 살아갈 방법은 무엇일까?'에 대한 답을 찾아야 한다.

이번엔 몇 가지 체크포인트를 마련할 생각도 하고 있다. 나에게 경로를 선택할 기회가 있다는 것을 더 잘 기억해 내기 위해 '단서 회상'에 대해 배운 것을 활용하기로 했다. 이따금씩 주위를 둘러보며 지금 하는 일이 여전히 내가 하고 싶은 일이라는 것을 확인할 것이다. 그리고 미래의 상상이 내 흥미를 자극한다 해도 결과가 어떨지, 마땅히 어때야 한다는 식의 기대를 조금이라도 내려놓으려 애쓸 것이다. 결과가 그런 식으로 이루어지지 않을 수 있음을 이제는 알기 때문이다.

나는 특정 결과에 이를 때까지 나의 온 삶과 개인적 충족감을 보류하지 않아도 된다는 것도 배웠다.

> 7년의 여정을 이어 올 때나 '이 프로젝트부터 먼저 끝내야 한다'는 생각으로 전력질주하면서 그런 식으로 보류했던 적이 한두 번이 아니었다. 하지만 내가 배운 것이 있다면 무엇도 장담할 수 없다는 것이다. 언제나 '끝난 후에 시간이 있는' 것은 아니다. 이루길 바라는 결과가 언제나 가능한 일도 아니다. 어차피 아무리 해도 내가 ADHD가 없는 사람이 되는 날은 오지 않는다.
>
> 따라서 내 가치와 일치하는 삶을 살아가는 것을 지금 시작해야 한다. 더 늦기 전에. 물론 나에겐 한계가 있지만 같은 유튜버이자 ADHD를 가진 한나 하트Hannah Hart의 말처럼 창의성은 한계를 사랑한다.

이제 출발선을 긋자. 우리도 얼마든지 출발선을 그을 수 있다.

비로소 여러분 자신을 즐거워하며 받아들이고 존중하고 좋아하기 위해 여러분이 바라는 어떤 사람이나 어떤 수준이 되어야 할 필요가 없다. 여러분의 가치와 일치하는 삶을 살기 시작하면 된다. 가치 있는 사람이 되기 위해 모든 것을 다 잘해야 할 필요도 없다. 그런 생각은 우리가 잘못 배운 거짓말이다.

여러분은 이미 마땅히 되어야 할 사람이다. 지금 그대로도 내어줄 게 많은 사람이다. 그렇다고 성장하면 안 된다거나 목표를 추구하면 안 된다는 얘기는 아니다. 여러분이 삶을 즐기거나, 스스로를 좋아하거나, 재능을 기부하거나, 휴식을 하거나, 그 외에 보류해 온 일들을 즐기기 위해 권리를 얻을 필요가 없다는 얘기다. 지금도 이 모든 걸 할 수 있다. 아니면 그중 일부라도. 바라는 것보다 적은 부분이더라도.

모쪼록 이 책을 통해 지식만이 아닌 여러분 자신의 이야기에서 선택의 시점들을 더 많이 알아볼 수 있는 능력에도 눈을 떴길 바란다.

여러분이 지금 여정의 어디쯤에 있든 이 책을 내려놓고(바라건대 다시 보려고 할 때 잘 찾을 수 있는 곳에 두길!) 우리가 여러 쪽에 걸쳐 같이 여행하며 짚어 본 그런 삶으로, 우리에게 더 잘 맞는 삶으로 방향을 돌리길 바란다. 기대하고 있는 결과와 내재화시킨 기대치를 조금이라도 놓아주길. 부디 여러분이 배우고 성장하며 자신에게 중요한 영역에서 계속 진전을 이루길 바란다.

더 많은 도움이 필요하다면 음, 〈How to ADHD〉가 있다. 7년 전에 내가 배운 것들을 잃어버릴 수 없는 곳에 두기로 결심했고 그곳이 〈How to ADHD〉다. 결국엔 그곳에 내 뇌와 마음도 두게 되었다.

우리를 유튜브 채널이나 TEDx 강연을 통해 알았든, 이 책을 통해 처음으로 접하게 되었든 여러분은 혼자가 아니라는 것을 알기 바란다. 여러분은 소속되어 있다. 전 세계 곳곳에 우리의 커뮤니티가 있다. 부디 어디서나 우리의 뇌와 마음이 계속 서로를 발견하기를.*

---

* 처음 시작했을 당시에 내가 뭘 원하는지 분명치 않았다. 한꺼번에 너무 많은 일을 하려다 보니 장애물을 헤쳐 나가는 방식도 대책 없는 마구잡이식이었다. 내 여정에서 얻은 가장 효과적인 도구는 내가 이루려는 것이 무엇인지를 확실히 해두고, 장애물이 나타날 때 목표를 향해 더 잘 나아갈 수 있도록 헤쳐 나가는 능력이었다. 이 책의 부록4에 바로 이런 일에 도움을 주기 위해 만든 '장애물 헤쳐 나가기' 워크시트가 있으니 참고하길 권한다.

중요하게 할 얘기가 있다. 정말로.

내가 ADHD가 있다 보니
나에 대한 얘기를 비롯해
중요한 뭔가를 빠뜨리고
미처 하지 못한 얘기가 있다.

잠깐, 한 가지만 더!!!

자신의 강점 활용하기

이 책을 마무리할 즈음, 나는 할로웰 박사에게 연락하기로 마음먹었다. 정신의학자이자 여러 권의 책을 낸 베스트셀러 작가이기도 한 할로웰 박사는 ADHD 옹호자로서 ADHD가 가져오는 강점을 강조하며 이를 널리 알리는 데 힘쓰고 있다. 그는 언제나 나와 내가 하는 일을 진심으로 지지해 주었기에 혹시 내가 쓴 글을 마음에 들어 하지 않으면 어쩌나 걱정이 되었다. 왜냐하면 나의 글쓰기 여정은 아주 많은 부분이 나 자신의 한계를 배우는 과정과 깊이 연결되어 있었기 때문이다. (나는 할로웰 박사의 마음을 따르면서도, 연구 면에서는 바클리 박사의 연구 내용을 인용하고 있는 셈이다.)

세상을 헤쳐 나가며 나에게 의미 있는 목표를 이루는 일에 관한 수용이나 확인도, ADHD가 나를 특별하게 만든다는 이런저런 말들도 별로 도움이 되지 않았다. 정말 도움이 되었던 건 실증적이고 과학적인 차원에서 내 뇌가 작동하는 방식을 이해하는 것이었다. 이런 이해 덕분에 나는 내 뇌와 효과적으로 협력하며 살아갈 수 있게 되었다.

내 뇌가 지닌 불리함과 결함에 대해 하나씩 하나씩 배워 나가면서 힘이 생기고 타당성을 얻었다. 하지만 이렇게 배운 정보를 한곳에 모아 둔 지금, 내가 그린 ADHD의 그림이 너무 비관적으로 비치지 않을까 걱정이 된다. 이 세상의 나의 또 다른 버전들이 이 책을 우연히 발견한다면 힘이 될까? 아니면 우리가 세상에서 제 기능을 하기 위해 필요한 모든 도구와 전략에 위축되어 의욕이 꺾이는 건 아닐까? 심지어 절망감을 느끼면?

나는 ADHD가 긍정적인 면도 가지고 있다는 사실을 알고 있었다. 우리 커뮤니티에서나 나 자신에게서도 그런 면들을 목격했다. 다만 ADHD의 결함에 대해 배워 나가는 여정을 풀어내는 책에 그런 면들을 어떤 식으로 부각시키는 것이 좋을지 막막했다. 할로웰 박사가 자주 말하듯이 ADHD를 '선물'이라고 표현할 수는 없었다. 녀석이 종종 그럴 때가 있긴 하지만 연구 자료를 보면 선물은 아니라는 것이 확실한 마당에 그렇게 말하긴 곤란했다. 우리의 '초능력'이라고 불리는 초집중도 주의력 조절의 어려움에서 생기는 것이고 항상 즐거운 일만은 아니다. ADHD로 인한 어려움은 분명히 존재한다.

나는 할로웰 박사에게 ADHD의 강점에 대한 연구 자료가 있는지 물어봤다. 이 책에 관련 내용을 넣고 싶었기 때문이다.

"ADHD 연구에서는 그 부분을 깊이 다루지 않아요. 그리고 사람들은 내 말을 잘못 인용하고 있어요. 나는 ADHD가 선물이라고 말한

적이 없어요. ADHD는 잠재적인 선물일 수도 있지만 동시에 잠재적인 재앙이 될 수도 있어요. 중요한 건 자신의 ADHD 강점을 잘 살린 사람들의 이야기를 전하는 거예요. 그들의 이야기를 알려 주세요."

할로웰 박사는 자신의 강점을 유리하게 쓰는 사람들의 사례를 줄줄이 들려주었다. 나는 고개를 끄덕이며 메모를 했다. 그러던 중 그가 이렇게 말했다.

"그러니까 내 말은, 지금 당신을 보라는 거예요! 당신이 자신의 강점을 활용해 이뤄 낸 모든 일을 봐요!"

"제가요?"

내가 눈을 깜빡거리며 되묻자, 할로웰 박사는 이렇게 설명했다.

"우리는 대체로 자신의 강점을 인식하지도, 이를 활용하지도 않아요. 하지만 반드시 그래야 해요."

이것이 할로웰 박사가 사람들의 강점을 강조하는 이유다. 그렇게 하지 않으면 우리는 자신의 강점을 제대로 보지 못한다. 그의 환자 중 한 명은 머리가 아주 좋은데 자신이 그렇다는 사실을 깨닫지 못했다. 왜냐하면 자신이 부족하다고 느낄 때가 너무 많았기 때문이다. 아동만화 시리즈 《캡틴 언더팬츠》Captain Underpants의 저자 대브 필키Dav Pilkey도 마찬가지였다. 학창 시절, 그는 수업 시간에 떠들고 다른 학생들을 웃게 해서 자주 벌을 받았다. 하지만 그는 그 강점을 잘 활용했고, 덕분에 성공을 거두었다. 지금도 그는 많은 사람들을 웃기고 있다.

나는 내 여정이 시작된 과정을 되짚어 보았다. 그전까지만 해도 내 ADHD에 대해 이해하지도, 어떤 장애물이 있는지조차 알지 못했다. 적절한 도구도, 함께하는 팀도, 지난 7년 동안 배운 언어도 없었다.

'내가 뭘 한 거지?'

이미 가지고 있던 도구와 특성, 가치, 기술 들로 내가 할 수 있는 일을 한 것이었다. 그중엔 가지고 있으면서도 소중하게 여긴 적이 없는 것도 많았다.

나는 다른 선택지들을 충분히 생각해 보지도 않고 충동적으로 유튜브 채널을 시작했다. 그것이 틀에서 벗어난 발상이었다는 생각 같은 건 하지도 않았다. 그저 유튜브는 잃어버릴 걱정이 없다는 생각만 했을 뿐이다. 나는 다른 사람들을 도와주는 걸 좋아해서 열심히 만든 영상을 공개하기로 결심했다. 누구나 보도록 말이다. 인터넷에서 내 ADHD의 어려움을 솔직히 얘기하는 일의 잠재적 결과에는 관심도 없이 유튜브 채널 커뮤니티와 적극적으로 소통했다. 기꺼이 사람들을 믿는 내 '순진한' 열의 덕분에 진정성 있고 솔직한 모습을 보이면서 남들의 도움도 받아들일 수 있었다.

요가 학원에서 접수원 일을 하다 구글 검색에 너무 빠져 버려 해고되었던 원인인 채워지지 않는 호기심이 ADHD에 대한 정보를 탐독하는 데 쏠쏠한 도움이 되었다. 힘들게 영상 편집 방법을 알아내느라 고군분투했던 계기도 내가 말할 때 옆길로 너무 자주 새고 자꾸만 무슨 말을 하려고 했는지 까먹었기 때문이다. 바로바로 생각을 정리하는 것에 능숙해지려고 애쓰는 대신 원고를 쓰기 시작했다.*

물론 이런 방식에도 나름의 어려움이 있었다. 원고를 잘 외우지 못

---

* 편집자도 구했다. 아직 그럴 만한 형편이 못 되었을 때라 물물교환식으로 구했는데, 하다 보니 내가 다른 사람들의 빨래를 해결해 주길 좋아한다는 걸 알게 되었다.

해 애를 먹었다. 음, 이 문제에서는 내가 사무용품 전문점인 스테이플스에 가길 좋아하는 취향이 한몫했다! 연기 수업에 준비 없이 나갔던 경험이 쌓이면서 능숙해진 콜드 리딩(리허설이나 연습 없이 즉석에서 받은 대본을 큰 소리로 읽어 보는 것—옮긴이) 실력도 유용했다. 나는 포스터 보드에 글자 크기를 30포인트로 맞춰 출력한 원고를 붙여 놓고 한 줄씩 읽어 가며 카메라를 보고 크게 말했다. 내 영상들이 펀치 인/아웃 녹음(이미 녹음된 오디오의 일부분을 수정하고 싶을 때 많이 사용하는 방법—옮긴이)이 많은 이유는 각 줄의 사이사이마다 끊기는 부분을 감추기 위해서인데, 이 점이 커뮤니티 사람들에게 더 호감을 끄는 요소가 되기도 했다.

내 열정, 즉 좋아하는 일에 대한 집착은 언제나 나에게 연료를 채워 주는 힘이었다. 하나의 어려움을 헤쳐 나가는 법을 알아내기가 무섭게 또 다른 어려움이 튀어나왔다. 나는 따를 만한 지침이 없었기에 나에게 더 쉬워 보이는 방식으로 어려움을 헤쳐 나가기도 했다. 본능적으로 내가 약한 부분은 피하고 강점으로 방향을 돌렸다. 강점은 대체로 내가 겪는 어려움의 또 다른 이면인 초집중이었다. 나는 자주 과하게 몰입했다.[**]

나에겐 내 어려움과 연관이 없던 강점도 있었다. 나에게 익숙하지 않은 용어와 내용들이 나오는 연구 논문을 이해할 때 요긴하게 쓰인

[**] 부록5에 ADHD를 가진 사람들이 대체로 가지고 있고, 가치 있기도 한 강점들을 모아 만든 빙고판이 있다. 우리 팀이 패트리온 브레인즈의 도움을 받아 만들었다. 모든 강점을 다 가진 사람은 없겠지만 우리 대다수가 이 중 서너 가지 이상의 강점을 가지고 있으며, 이 강점들은 대개 우리의 ADHD와 연관이 있다.

영재급의 독해력이었다.

　연기 활동에서 얻은 기술을 이 활동에 전환해 쓸 수 있었다. 비교적 가만히 앉아 있거나, 취약성을 내보이거나, 비판적 피드백을 다루거나, 다른 크리에이터들과 협력하는 등의 기술은 이 활동에서도 유용했다. 당시 서빙 일을 하고 있어서 스케줄 조정이 유연했고, 일정이 밀려 글을 써야 할 때는 대신 일해 줄 사람을 구할 수 있었다. 근무 중에는 항상 메모장을 가지고 다니면서 새로운 아이디어가 생각나면 메모했다.

　예전엔 내가 시인들처럼 간단한 주제를 아름답고 복잡미묘하게 표현하는 능력이 없는 것에 좌절할 때가 많았다. 대신에 나에겐 극히 복잡한 개념이라도 쉬운 말로 표현해 내는 재주가 있었다. 결국 이 재주가 과학 지식을 쉽게 전달하는 방면으로 쓰임새를 발휘하고 있다. 복잡한 지식을 뉘앙스에 큰 손상 없이 누구나 이해할 수 있는 단어들로 요약할 수 있는 나만의 강점이다.

　내 강점을 활용할 때 좋은 성과를 냈던 지난날의 여러 일이 하나둘씩 떠올랐다. 책 읽기로 타낸 피자들(고마워요, BookIt!). CorelDRAW(코렐사에서 개발한 전문 그래픽 소프트웨어―옮긴이)에서 따낸 소소한 당첨권들. 미처 수강 신청을 못 했는데도 친구와 함께 수업을 들을 수 있게 쿨하게 받아 준 교수님 덕분에 받은 통계학 A학점. 내가 흥미를 느끼는 주제를 골랐던 덕분에 기막히게 잘 써냈던 리포트들. 서빙 일에서 수준급 실력을 펼쳐 4분 정도 늦어도 비교적 관대히 넘어가 준 레스토랑에 도움을 준 일. 내 채널에 대해 아주 좋은 평가가 달린 많은 리뷰와 회사로 걸려 온 격찬의 전화들도!

문득 유튜브를 시작하고 몇 년이 지났을 때 깨달았던 한 가지가 떠올랐다. 여전히 수많은 문제로 힘들어서 쩔쩔매는데도 어떻게 좋은 성과를 거둘 수 있었는지 혼란스럽던 때였다. 청소를 더 잘하려고 노력하는 대신 가사도우미를 고용하는 것에 죄책감을 느낄 때마다 나는 스스로에게 이렇게 말했다.

'큰 성공을 거두는 사람들은 못하는 것을 잘하게 된 사람들이 아니다. 그들은 자신의 강점을 최대한 활용하는 사람들이다.'

우리는 그럴 기회가 주어졌을 때, 이미 본능적으로 그렇게 하고 있다. 자신에게 힘든 어떤 일의 요령을 배우는 측면에서만 강점을 활용하는 것이 아니라, 자신이 이미 잘하는 일을 더 열심히 하면서 실력을 끌어올리는 데 강점을 활용하기도 한다.

우리는 타고난 강점과 능력, 재능, 소질을 가지고 있다. 이 모든 특성은 다른 사람들에게는 없는 우리만의 고유한 조합으로 이루어져 있다. 우리의 뇌는 일반적인 방식과 다르게 작동하기 때문에, 우리는 이미 남들과는 다른 강점을 가지고 있으며, 그러한 강점을 스스로 발전시켜 나가기도 한다.

우리의 능력과 강점을 남들이 생각하지 못하는 방식으로 활용할 줄 안다는 점을 이해하고 나니, 내가 왜 ADHD의 결함을 알면서도 여전히 신경다양인인 것을 좋아하는지 이해하게 되었다.

세상이 차츰 인정하고 있듯 흥미로운 일들은 중심에서 일어나기보다 변방에서 일어난다. 나는 내 신경다양성 덕분에 남들이 못하거나 시도할 생각조차 안 해봤을 일들을 해냈다. 그것이 가능했던 이유는 바로 나의 강점을 살리는 데 집중했기 때문이다.

그렇다고 우리가 ADHD를 가지고 있다는 사실을 '만회하기' 위해 특별해야 한다거나 대단한 일을 해야 한다는 얘기는 아니다. 그런 생각은 내재화된 장애인차별에서 비롯되는 것이다. 우리가 신경전형적이 되어야 마땅하다는 생각과 다를 게 없다. 아니 그 못지않게 해롭거나 심지어 더 나쁠 수도 있다. 이제는 똑같은 기준에 부응하는 것으로 그치지 않고 남들보다 더 뛰어나기까지 해야 한다는 기대를 지우는 셈이기 때문이다.

내가 우리의 강점에 집중하고 싶어 하는 이유는 할로웰 박사와 똑같다. 안 그러면 평생 우리가 잘하지 못하는 일에 매달려 살 가능성이 있기 때문이다. 우리에게 강점이 있다는 사실조차 알지 못할 수도 있다. 우리의 강점은 사회가 기대하는 방면의 강점이 아니라 우리가 '안 좋은 것'으로 들어 온 특성의 또 다른 이면에 존재하는 경우가 많다.

우리 모두 자신의 남다른 강점이 무엇인지 호기심을 가져야 한다. 자신이 가지고 있지 않은 강점의 벌충을 위해 서로가 상호의존적으로 잘 의지할 방법도 배워야 한다. 이는 강점과 약점 모두 평균에서 거리가 먼 사람들, 즉 변방에 있는 사람들에게 특히 더 필요하다.

'던전 앤 드래곤'의 비유를 하나 더 들자면 최전방에 마법사를 배치하거나 마법사가 용과 혼자 싸우길 기대해선 안 된다. 그러다간 죽는다. 서로 다른 기술과 강점을 가진 사람들을 모아서 모두가 자신이 뛰어난 일에 집중할 수 있게 해야 한다. 모든 일을 다 잘하는 사람은 없다. 사람들이 자기편을 분열시키지 않으려는 것도 그런 이유 때문이다.

우리는 때때로 우리의 발목을 잡는 부분들의 실력을 높여야 할 때도 있다. 하지만 그러기 위해 이미 잘하는 부분을 희생하는 것은 타당하지 않다.

나는 처음 여정을 시작할 때 이 점을 몰랐다는 것이 오히려 기쁘다. 알았다면 7년이라는 시간을 내 어려움들의 '극복'에 쏟아붓지 않았을 것이다. 그 시간 덕분에 모은 도구들을 이 책에서 공유하게 된 점도 기쁘다. 우리는 우리가 겪는 어려움에서 완전히 벗어날 수는 없다. 그런 어려움 중에는 충족감 있는 삶을 살기 위해 필요한 것들도 있다. 이를테면 수면, 친구 사귀기, 시간 개념 등이 해당된다. 따라서 책을 내기 위한 2년간의 장기 프로젝트처럼 ADHD에 친화적이지 않은 일을 해야 할 경우에 유용하게 쓸 도구가 있으면 좋다. 나 역시 이 책을 쓰는 동안 수많은 도구를 사용해야 했다. 도구를 가지고 있으면서 그 도구를 사용할 방법과 시점에 대해 알고 있으면 우리의 강점을 독자적이면서도 세상을 변화시키는 방법으로 적용하기가 더 쉽다.

이 세상의 또 다른 나인, 독자 여러분이 부디 이 점을 알았으면 좋겠다. 이 도구들을 잘 사용하게 될 때까지 기다릴 필요는 없다. 전략을 깜빡 잊어버렸다가 다시 못 찾아도 괜찮다. 설령 이 책에서 읽은 내용이 한 단어도 기억나지 않더라도 뇌와 협력하는 것은 지금 당장 할 수 있는 일이다.

여러분의 강점을 활용하면 된다. 이 방법은 '뇌와 맞서지 않고 슬기롭게 협력하기'의 완벽한 그림은 아니지만 내가 겸허히 깨달은, 절대적으로 가장 중요한 교훈이다. 우리의 강점이 곧 우리의 잠재력이다. 따라서 강점의 수준을 높이는 것이야말로 무엇보다 현명한 일이다. 우리의 어려움을 잘 헤쳐 나가는 요령을 익히는 데 시간이 걸리지만 강점을 활용하는 일은 바로 시작할 수 있다.

여러분도 처음엔 나처럼 자신의 강점을 깨닫지 못할 수 있다. 여러분에게는 강점인 그 일이 그리 힘들지 않은 일처럼 느껴지기 때문이다. "글쎄요. 그런 일쯤은 정말 쉬운 일이잖아요, 안 그래요?"라며 자신의 강점을 깎아내리기 쉽다. 아니, 그건 누구에게나 쉬운 일이 아니다. 여러분의 강점을 활용하려면 여러분이 쉽다고 느끼는 그 일을 하면 된다.

'내가 쉽게 느끼거나 거뜬히 해내는 일이 뭐더라? 사람들이 내 능력에 감탄하는 일이 뭐지? 사람들이 나에게 도움을 요청하는 일은 무엇이지? 어려운 일을 원하는 대로 해볼 기회가 생긴다면 그 일을 어떤 방법으로 할까?'

이 질문에 대한 답이 바로 여러분의 강점이다. ADHD를 가진 우리 모두에게 강점이 있다. 결국 나를 여기까지 데려온 것도 그런 강점이다. 우리 커뮤니티의 최대 강점은 '서로'다. 우리에겐 자신을 위한 일보다 다른 사람을 위한 일에 더 쉽게 나서는 경향이 있다. 우리는 도와주는 걸 좋아한다. 어려움을 겪는 심정을 잘 알기 때문이다. 우리 커뮤니티는 효율적인 상호의존에 뛰어나다. 내가 커뮤니티에서 직접 깨우쳤듯 서로의 강점을 활용하는 것이 강점이다. 우리가 그럴 수 있는 기회만 있으면 된다.

우리는 이상한 사람이어도 괜찮다. 어려움을 겪어도 괜찮다. 우리는 더 열심히 노력하지 않아도 된다. 우리는 남들과 다르고, 아름다운 사람들이며, 혼자가 아니다.

부록

부록 1

도구상자 워크시트

도움이 될 것 같은 도구들:

현재 써보려 시도 중인 도구들:

1. ------
2. ------
3. ------

내 도구상자 속 도구들:

부록 2

허가서

_____는(은) 다음과 같은 일을 그만해도 된다.

(해당되는 일들을 살펴보면서 마음껏 더 추가해도 된다.)

- ☐ 더 열심히 노력하기
- ☐ 잃어버린 시간 만회하기
- ☐ _____
- ☐ _____
- ☐

- ☐ _____
- ☐ _____
- ☐ 그 외에 뇌가 '지금 할 시간이 있다!'고 꼬드기는 일들

기간은 _____부터 다음의 경우에 해당될 때까지로 한다.
(날짜)
(다음 중 최소한 한 가지 항목에 동그라미 치기)

노력을 어디에 기울일지에 대한 더 좋은 생각이 떠오를 때까지 / 뇌와 더 잘 협력할 방법을 알 만큼 이 책을 충분히 다 익힐 때까지 / 적절한 휴식과 자기돌봄의 시간을 가질 때까지

_____
(종료 시점 기준을 추가로 써넣는다.)

이 허가서는 만료일을 정하지 않으며 언제든 재발행할 수 있다.

서명 : 당신의 뇌

증인 :

부록 3

균형 잡힌 결정을 위한 워크시트

목표를 이루는 데 도움이 되는 변화를 고려할 때 우리 대다수는 모든 '측면'을 검토하지 않는다. 이때 특히 잘 까먹는 부분은 두 가지다. 동기부여 문제와는 별도로 우리의 발목을 잡는 측면(기술 격차, 자원 격차, 목표를 까맣게 잊어버리는 건망증)과 어떤 경우든 변함없이 지켜 갈 동기다.

다음의 빈칸을 채운다. 다 작성했으면 전반적으로 살펴보며 각 칸의 항목을 비교한다. 누군가와 찬찬히 논의하며 피드백을 부탁하는 것도 좋다.

마지막으로 다음에 답한다.

'이 변화에 따르는 대가를 치를 만한 가치가 있을까?'

'이런 변화가 내가 노력을 기울이고 싶어 하는 부분일까?'

내가 이루고 싶은 목표:

이 목표를 이루기 위해 고려 중인 변화:

	이점/찬성	대가/반대
변화하지 않기	현상 유지를 하면 어떤 점에서 이로울까? 계속 같은 행동을 할 경우, 이점이 뭘까?	현상 유지를 하면 어떤 점에서 불리할까? 행동을 변화시키지 않을 경우, 단점이 뭘까?
변화하기	행동을 변화시키면 어떤 면에서 득이 될까? 행동의 변화로 일어날 만한 좋은 일은 무엇이 있을까?	행동을 변화시킨다면 단점은 뭘까?

변화에 따르는 대가와 이점을 따져 본 후 명심할 점:

이것은 여러분 자신의 결정이다. 변화를 찬성하는 쪽으로 저울을 기울이기 위해 어떤 조건이 필요할지는 자신이 직접 결정해야 한다. 예를 들어 이끌어 내고 싶은 변화에 보상을 주는 조건을 붙일 수 있다. 아니면 이 워크시트를 참고해 자신에게 더 가치 있는 방식으로 목표를 이루게 해줄 다른 식의 변화를 시도해도 된다! 변화의 방향을 결정할 때 복잡한 감정이 드는 것은 흔한 일이다.

부록 4

장애물 헤쳐 나가기

다음의 빈칸을 채운다. 원하는 만큼 복사해서 연습해도 괜찮다. 지난 일을 떠올리거나 미래의 상황을 가정하면서 어떤 장애물이 있을지 알 경우에 어떤 행동을 취하고 싶은지 답해도 된다. 같은 '상황'이라도 선택 사항들을 살펴 신중한 선택을 내릴 수 있으면 대체로 더 도움이 되는 방식으로 나아갈 수 있다.

나에게 정말로 중요한 것(내가 걷고 있거나 시작하고 싶은 영웅의 여정)**은 무엇일까?**

그것이 나에게 중요한 이유는? 내가 이루고 싶어 하는 일은 무엇일까?

그 목표를 진전시키는 데 도움이 안 되는 장애물이 나타난다면 어떤 식의 장애물일까? 그런 '상황'이 어떻게 보일까?

내가 하고 있는 일(행동)**:**

하지만(마주친 장애물):

_____

_____

그래서(도움이 안 되는 행동/선택):

_____

_____

목표의 진전에 더 도움이 될 방식으로 나아가려면 어떻게 변화를 줄 수 있을까?

내가 하고 있는 일(행동):

_____

_____

하지만(마주친 장애물):

_____

_____

그래서(도움이 될 가능성이 있는 새로운 행동/선택):

_____

_____

새로운 정보가 생기면 다른 선택을 내릴 수도 있다는 사실을 잊지 말자. 이 경로가 여전히 타당할지 확인하기 위한 재평가를 언제쯤 할 계획인가?[*]

_____

_____

* 일정표에 표시를 하거나 휴대폰에 알림을 설정하는 등으로 잊지 않게 해둔다.

부록 5

강점 빙고

강점을 활용해야 할 상황이 오면 다음의 강점 칸들을 훑어보며 스스로가 인정하거나 다른 사람들이 높게 평가하는 자신의 강점들에 동그라미를 쳐보자. 이 리스트로 빙고를 해봐도 된다. 어떤 강점에 대해 칭찬을 받게 될 때마다 그 강점에 체크를 하자! 선택은 여러분의 몫이다!

창의성	새로운 경험에 대한 개방성	자발성	공감력	적응성
독창성	다재다능함	끈기	직관력	높은 활력
열정	압박 상황에서의 냉철함		유머감각	문제해결력
틀을 깨는 사고	빠른 학습력	감성지능	위험을 감수하는 대범함	유연성
호기심	패턴 인식 능력	연관성 형성 능력	임기응변	회복탄력성

참고문헌

이 책에서 인용한 연구 자료에 관해 좀 더 자세히 알고 싶다면 저자의 웹사이트(https://howtoadhd.com/book)를 방문하거나 아래의 QR 코드를 스캔하기 바란다. 다양한 ADHD에 관한 유용한 영상 링크, 관련 단체, 읽어볼 만한 추천 자료, ADHD 친화적 평가 기준(ADHD Friendly Rubric), 관련 블로그, ADHD 옹호 활동가, 팔로우할 만한 해시태그 등을 찾아볼 수 있다.

용어풀이

ADHD 커뮤니티가 서로를 위한 공통 언어를 찾고, 존중받고, 힘을 갖게 되면서 한때는 너무 부끄러워서 쉽게 이야기하지 못했던 경험들을 이제는 자유롭게 나눌 수 있게 되었다. 다음 용어들에 대한 정의는 이 용어들이 현재 ADHD 커뮤니티와 이 책에서 어떻게 쓰이고 있는지를 밝히기 위해 실은 것이다.

언어는 끊임없이 변화하고 있으며 최첨단 과학이나 급속도로 발전하는 문화와 관련된 분야일수록 특히 더 빠르게 변한다. 따라서 이 정의를 공식적이거나 절대적인 것으로 내세울 의도가 없다는 점도 밝혀 둔다.

*일부 단어 뒤에 붙인 ★표는 유튜브 채널 〈How to ADHD〉에서 처음 사용한 용어를 가리킨다!

가면쓰기 masking: 여러 가지 신경발달 진단과 관련된 행동 대신, 사람들의 기대에 부응하는 신경전형적 행동을 하는 것. 가면쓰기는 의식적이거나 반의식적인 것일 수도 있고, 사회적 길들임으로 몸에 밴 습관일 수도 있다.

감정표현불능증 alexithymia: 자신의 감정이나 남들의 감정을 인지해 표현하는 능력이 없거나 그런 능력에 결함이 있는 것.

거부민감성 rejection sensitivity: 거부나 거부당한 듯한 주관적 느낌에도 극심한 고통을 느끼는 경향. '거절민감성'이라고도 한다. 거부민감성은 ADHD에만 나타나는 경향은 아니지만 ADHD를 가진 사람은 정서조절 곤란으로 인한 어려움을 겪는 데다 실제로 신경전형인에 비해 더 자주 거부를 경험하는 탓에 아주 흔하게 나타난다.

결정장애 decision paralysis: 잘못된 선택을 내리면 어쩌나 하는 조마조마함과 위축감으로 결정을 내리지 못하는 것. ADHD를 가진 사람이 '꽉 막힌' 기분에 빠지거나, 어떤 과제를 시작하지 못하거나, 다른 일을 하며 할 일을 미루면서 흔히 보이는 장애.

교차성 intersectionality: 사회운동가 킴벌리 크렌쇼가 만든 개념으로, 여러 가지 형태의 불평등이나 불리함이 서로 뒤섞이며 연결되어 대체로 납득이 안 되는 장애물을 만들고 있다는 것을 이해하기 위한 하나의 비유다.

내부수용감각 interoception: 배고픔, 목마름, 피로 등 체내에서 일어나는 신호를 감지하는 감각.

내재적 동기부여 intrinsic motivation: 단순히 흥미롭거나 재미있거나 만족스럽다는 이유로 어떤 활동에 참여하거나 어떤 과제를 완수하고 싶어지게 하는 자극.

미래계획 기억 prospective memory: 미래에 할 일을 기억하는 능력. 미래계획 기억에는 여러 유형이 있는데, ADHD에서는 그중 시간의존적 미래계획 기억에 결함이 있다.

브레인 Brains★: ADHD와 신경다양성이 있는 사람들을 부르는 애칭. 자신의 뇌와 맞서지 않고 뇌가 어떻게 작동하는지 배우는 사람들을 가리킨다. (반가워요, 브레인 여러분!)

브레인 스무디brain smoothie★: 개개인의 뇌 속 특정 신경전달물질들의 구성 또는 현재의 조합을 가리키는 비유어.

비자폐인Allistic: 자폐 스펙트럼 장애가 없는 사람을 지칭하는 말.

사람 우선 언어person-first language: 사람이라는 것을 최우선적으로 강조하며, 장애를 어떤 사람의 정체성에서 부차적 측면으로 여기는 언어.

생체리듬circadian rhythm: 하루 주기로 수면과 각성 사이클 및 신체 기능을 조절하는 자연스러운 내부 과정. 몸안의 자연스러운 '생체시계'.

세트전환set-shifting: 다양한 인지적 요구에 따라 여러 과제와 활동 사이를 전환하는 것.

시간 맹인/근시안 time blindness/nearsightedness: 시간이 얼마나 지났는지 인식하는 일이나 어떤 일이 얼마나 걸릴지를 추정하는 일을 잘 못하는 것.

신경계에 매운맛이 있는neuro-spicy: 신경다양인 커뮤니티에서 진단을 받지 않은 사람들을 비롯해, 뇌의 작동 방식이 다른 사람들을 통틀어 붙이는 애정 담긴 수식어.

신경다양성neurodiversity: 사회학자 주디 싱어Judy Singer가 뇌(신경 유형)의 구조 및 기능에서의 다양성에 대한 인식을 불러일으키기 위해 만든 용어. 'neurodivergent/neurodivergence'가 신경학적으로 비전형적인 발달 양상을 띠는 개개인을 가리키는 용어라면, 'neurodiverse/neurodiversity'는 신경전형적인 사람들을 비롯해 다양한 뇌 유형을 가진 사람들을 통칭하는 말이다.

신경다양인 neurodivergent: 신경의 발달 및 기능이 전형적으로 여겨지는 기준과는 다른 사람을 포괄적으로 아우르는 지칭어.

신경전형적 neurotypical: 다음의 경우에 해당될 때 붙이는 말이다.
① 신경학적인 발달이나 기능에서 전형적인 양상을 겪었거나 겪고 있는 사람.
② 신경학적인 발달이나 기능에서의 전형성을 전제로 설계된 것.

실행기능 executive function: 장기적 목표 달성을 위해 효율적인 계획을 세우고 우선순위를 정해 지속적으로 노력하게 자율적 조절을 돕는 일련의 하향식 인지과정.

외부적 동기부여 extrinsic motivation: 행동에 나섬으로써 또는 나서지 않음으로써 일어날 외부적 결과에 따라 활동에 참여하거나 과제를 완수할 의욕을 돋우는 자극.

자기불일치 self-discrepancy: 우리가 생각하는 자신의 현재 모습(실제 자아)과 되고 싶은 모습(이상적 자아) 사이의 격차. 자기불일치 이론에 따르면 이런 차이는 결국 실망과 불만족, 두려움과 위기감, 수치심, 당혹감, 도덕적으로 열등하거나 나약하다는 느낌 등의 부정적 감정을 일으킨다. 내재화된 장애인차별을 비롯한 장애인차별이 이런 자기불일치를 부추긴다.

자유 회상 free recall: 자극이나 트리거 없이도 자발적으로 기억 속 정보를 불러오는 능력. '무단서 회상'이라고도 부른다.

작업기억 working memory: 기억의 한 유형으로, 우리가 작업을 하는 동안 머릿속에 새로운 정보를 일시적으로 담아 두게 해주는 기억.

장애 disability: 미국장애인법에 따르면 장애는 '일상생활의 중요한 활동 한 가지 이상에 지속적인 제약을 주는 정신적·신체적 결함'을 말한다.

장애인차별 ableism: ADHD를 비롯한 여러 장애를 가진 사람들에 대한 차별 및 사회적 편견. 신경전형적 능력이나 신경전형적 능력을 가진 사람들이 본질적으로 더 우수하거나 더 가치 있다는 믿음에 바탕을 두고 있다.

정서적 충동성 emotional impulsivity: ADHD를 가진 사람이 ADHD가 없는 사람에 비해 사건과 트리거에 대한 감정적 반응이 빠르고 강하게 나타나는 경향. 이런 경향은 ADHD가 반응억제 결함에 따라 자극이 일어나면 자동적으로 반응하는 것과 관련되어 있다.

정서조절 곤란 emotion dysregulation: 감정적 반응을 통제하는 능력의 결함. 그에 따라 해당 상황에 적절하지 않은 극심하거나 과도한 반응을 일으킬 수 있다.

정체성 우선 언어 identity-first language: 어떤 사람의 신경다양성을 그 사람의 정체성에서 근본적인 측면으로 인정하는 언어. 장애 옹호 활동가들, 그중에서도 특히 청각장애인이나 자폐인 옹호 활동가들이 이 언어의 사용을 강력히 선호한다. 이런 질환을 '고치거나' '치료해야' 하는 것으로 여기는 사람들이 쓰는 '사람 우선 언어'의 주장에 낙인과 편견이 깔려 있다는 것을 그 이유로 들고 있다.

초집중 hyperfocus: ADHD를 가진 사람이 주의력 조절의 차이에 따라 겪는 깊은 몰입 상태나 보속증.

크로노타입 chronotype: 당신의 생체리듬에 따라 하루 중 특정 시간대에 깨어 있음/각성 상태나 졸림/잠듦 상태를 띠는 몸의 자연스러운 경향.

편의 accommodations: 장애를 가진 사람의 접근 가능성을 끌어내기 위한 업무, 도구, 활동, 환경 등을 일부 변경하거나 조정하는 일.

하트 Hearts★: ADHD가 있는 사람을 사랑하고 아끼면서 도움을 주거나 더 좋은 관계를 이어나갈 방법을 배우고 싶어 하는 사람들을 가리키는 애칭.

확산적 사고 divergent thinking: 가능성 있는 여러 가지 해결책을 찾아내거나 통통 튀는 생각의 전환을 통해 창의적인 아이디어를 끌어내는 인지과정. 확산적 사고는 보통 즉흥적으로 일어나고, 순차적으로 이어지는 경우가 드물며 풍부하고 독특한 아이디어를 낳는다.

감사의 글

먼저 브레인 애드보킷과 패트리온 브레인즈의 모든 분들께 감사드린다. 이 책을 내기까지 오랜 여정을 이어 올 수 있었던 것은 모두 그분들 덕분이다. 내가 여기까지 오도록 시작의 문을 열어 준 사람은 스콧 멜빌이다. 멜빌은 번아웃 직전에 이르러 포기하려는 나에게 계속 헤쳐 나가도록 아낌없는 지원과 격려를 보내 주었다. 멜빌과 더불어 뜻을 같이해 준 수많은 멋진 브레인이야말로 〈How to ADHD〉가 살아남아 잘될 수 있었던 이유다. 유튜브 채널과 이 책의 모든 것이 다 그분들 덕이다.

나와 끈기 있게 함께 일해 준 편집자 엘리시아 량에게는 내 편의를 봐주고, 귀 기울여 들어주고, 배우려 애써 주어 고맙다는 인사를 하고 싶다. 내가 원고를 보냈을 때 원고가 늦었다는 지적도 하지 않았다. 대부분의 사람들과 달리, 딱히 '마감'에 대해 들먹이지도 않았다. 그러기는커녕 이렇게 말해 주었다.

"좋은 책이에요. 자부심을 가지셔야 해요."

정말 좋은 책이고 자부심을 느끼며, 이런 결과가 나온 데는 량 편집자의 몫이 적지 않다. 그녀는 몇 주에 걸쳐 책을 정교히 다듬는 일을 도와주고, 내 비전을 믿어 주었으며, 필요한 순간마다 지도의 손길을 뻗어 주었다. 나의 매니저 리네아 토니와 출판사 로데일, ADHD 친화적인 책에 대한 내 이상을 실현시켜 준 로데일의 도서팀원들 테리 딜, 에단 캠벨, 안드레아 라우, 이레네 응, 더스틴 애믹, 조너선 성, 레이 아르준에게도 감사의 마음을 전한다.

나의 글쓰기 친구 테레사 와일러는 이 책을 쓰기 시작한 지 2주가 지났을 무렵, 안절부절못하는 내 전화에 일일이 응해 주고 그 뒤로도 쭉 곁에서 지도해 주며, 주문도 걸어 주고("충~분해! 충~분해!"), 맥앤치즈도 만들어 주면서 매 장의 틀을 잡는 힘든 일을 함께해 주었다. 정말 고맙다는 말을 하고 싶다. 와일러는 책 쓰기 작업에서 효과적인 상호의존이 뭔지를 보여 준 훌륭한 본보기이며, 독자에게 필요한 메시지를 잘 전달하는 법을 알려 주었다.

내가 잘 이해하고 있다는 확신을 갖게 한 일등공신인 패트릭 라쿤트 박사에게 감사 인사를 전한다. 과학 커뮤니케이터로서 과학 지식을 얼마나 잘 전달할지는 내가 이용하는 정보의 질과 그 정보를 얼마나 잘 이해하느냐에 따라 결정된다. ADHD에 대한 좋은 정보를 널리 퍼뜨리는 일에 깊은 관심을 가지고 있는 라쿤트 박사는 수년 동안 이 두 가지 변수 모두에서 도움이 되어 주었다. 이 책을 위해서도 인용문 자료를 모으고, 여러 연구를 철저히 조사하고, 긴 시간 대화를 나눠 주고, ADHD와 관련된 최신 개념을 조사하고, 내가 쓴 글을 단어 하나하나까지 끈기 있게 검토해 주는 등 여러 방면에 도움을 주었다.

제10장 '마음이 통하는 관계를 만드는 법'에서 크나큰 협력을 해준 《왜 아무도 나와 놀아주지 않을까?》의 저자 캐롤라인 매과이어에게도 감사드린다. 자신의 지식을 아낌없이 나눠 주며 처음부터 끝까지 든든한 멘토가 되어 주었다. 내가 실패할 것 같아 겁먹고 주눅 들어 있었을 때조차 나에게는 책을 낼 수 있는 능력이 있다고 믿어 주었다. 매과이어, 당신이 맞았어요!!

이 책에 직접적인 기여를 해준 연구 및 활동의 주인공들인 캐럴린 렌츠쉬 파셀스, 다니 도너번, 브렌단 마한, 아리 터크먼, 르네 브룩스에게도 감사드린다. 예나 지금이나 변함없이 우리 커뮤니티에 기여를 해주는 그 대단한 노력에 경외심을 보내며, 이 책에 대한 도움에도 감사 인사를 전한다.

글을 쓰고 편집하는 작업의 마지막 달에 매일같이 곁에서 적극적인 보디더블, 지원군, 동료 역할을 두루두루 해준 유튜브 〈How to ADHD〉 채널 커뮤니티의 매니저 할리 로스에게 고마운 마음을 보낸다. 그 세 역할 중 단 하나라도 없었다면 나는 계속 헤쳐 나가지 못했을 것이다.

〈How to ADHD〉의 운영 책임자인 제시카 (J2) 비아에게도 고맙다. J2는 너무 멋지고 IT 기술에 해박해서 한동안 다들 그녀가 AI가 아닐까 생각했던 적도 있지만 전혀 아니다. 굉장히 인간적이다. 가장 최첨단의 AI조차 〈How to ADHD〉와 내가 계속 진전하며 꾸준히 제 기능을 하도록 운영하진 못했을 것이다. J2가 아니면 못하는 일이다.

현재와 지난 수년 동안 함께해 준 〈How to ADHD〉의 제작팀 전원에게도 고맙다. 이 팀원들 덕분에 내 영상이 현실로 실현되었다. 내 비전도 마찬가지였다. 〈How to ADHD〉의 키를 잡고 있는 현재의 PD 에디 홀렌벡은 창의성을 촉진하는 환경을 조성해 냈을 뿐만 아니라 영상 제작에 참여하는 모든 팀과 활발하게 소통하면서 영상을 만드는 일이 영상을 보는 것만큼 재미있는 일이 되도록 해주고 있다.

커뮤니티 담당자로서 아주 잘 관리해 주는 스콧 멜빌, 마이크 오를레만스, 크리스 헨드릭슨, M. 스빈트, 매논 M., 재클린 컬러에게도 브레인들이 자기다워질 만한 안전한 온라인 공간을 지켜 주는 그 수고와 호의에 고마움을 전한다.

책이 나오기까지 긴 과정 동안 아이디어, 인용문, 사연을 알려 주고 지지와 격려를 해준 모든 브레인에게 인사를 보내고 싶다. 여러분은 〈How to ADHD〉가 갖는 중요한 가치에서 아주 큰 몫을 담당하고 있고, 이 책은 여러분이 함께해주지 않았다면 완결되지 못했을 거예요. 우리의 강점을 증명해 준 여러분에게 감사드립니다.

내 파트너이자 아이의 아빠가 되어 줄, 라파엘 보카마초에게도 고맙다. 라파엘, 당신은 마음 사용법에 대해 많은 것을 알려 주었어요!

마지막으로 사랑하는 엄마에게도 감사드린다. 엄마는 저에게 장애가 있는 사람들이 활동에서 배제되어야 할 이유가 없다며, 목소리를 낼 수단만 주어지면 누구나 목소리를 낼 수 있다고 가르쳐 주었어요.

HOW TO ADHD